国家哲学社会科学成果文库

NATIONAL ACHIEVEMENTS LIBRARY
OF PHILOSOPHY AND SOCIAL SCIENCES

# 敌人论

左高山　著

中国人民大学出版社

# 作者简介

**左高山** 1971年1月出生，湖南双峰人，哲学博士，中南大学升华学者特聘教授、博士生导师。兼任中国伦理学会常务理事，中国伦理学会青年委员会主任，湖南省社会科学青年工作委员会主任，湖南省伦理学会副会长，湖南省行政管理学会副会长。2010年入选教育部“新世纪优秀人才支持计划”。2012年获首届“中国伦理学十大杰出青年学者”称号。主持与“政治暴力”相关的国家社科基金、湖南省社科基金等项目10项。代表性的学术著作有《战争镜像与伦理话语》、《政治暴力批判》等。其中，《政治暴力批判》获《中华读书报》2010年度百佳图书、湖南省第十一届哲学社会科学优秀成果三等奖、中国伦理学会第二届学术成果一等奖。

# 《国家哲学社会科学成果文库》
# 出版说明

为充分发挥哲学社会科学研究优秀成果和优秀人才的示范带动作用，促进我国哲学社会科学繁荣发展，全国哲学社会科学规划领导小组决定自2010年始，设立《国家哲学社会科学成果文库》，每年评审一次。入选成果经过了同行专家严格评审，代表当前相关领域学术研究的前沿水平，体现我国哲学社会科学界的学术创造力，按照“统一标识、统一封面、统一版式、统一标准”的总体要求组织出版。

全国哲学社会科学规划办公室

2011年3月

谨以此书纪念我的祖母陈淑蓉女士！

# 致　谢

本书的完成经历了漫长而艰辛的过程，从运思到成书耗时近十载，它能有幸面世，得益于我的老师、同事、朋友和家人的帮助，他们的情谊让我倍感温暖并心怀感激。在我的学术之路上，有三位老师的风范和教诲令我铭记并促使我下决心以学术为业。其中，俞可平教授是我的博士后合作导师，他要求我做有原创性的基础理论研究，他认为年轻学者不仅应该具有信念，而且更应该具有责任感和使命感，他的鼓励、支持和肯定是我完成这部著作的动力。万俊人教授是我的博士生导师，我关于敌人问题的一些想法和基本框架在博士论文《政治暴力批判》中有过初步阐述，也吸纳了万老师的真知灼见。拙著能够顺利出版，是万老师不遗余力推荐的结果。李建华教授是我的学术启蒙导师，自攻读硕士学位始，他就关心我的成长，甚至经常给我灌输“你天生就是一名学者”的“米汤”，并嘱咐我心无旁骛地做有价值的即使是“非主流的”学术研究。我衷心感谢三位恩师的栽培和提携，但本书存在的问题与他们无关，文责由我自负。

感谢中国社会科学院的白钢教授，作为论文答辩委员会的主席，他高度肯定了我的论文并提出了建设性的修改意见和建议；感谢北京师范大学孙津教授提出的宝贵修改意见；感谢中央编译局的何增科教授、李惠斌教授、曹荣湘教授、董莹老师的帮助；感谢曾钊新教授、吕锡琛教授的鼓励和支持；感谢美国丹佛大学赵穗生教授给我提供的访学机会；感谢唐文明、李义天、蒋美仕、彭定光、李侠、尚东涛、包雅钧、张伟、雷良、谭忠诚、周谨平、张言亮、阎健等好友对我的帮助；感谢在美国访学期间吴定会、张祥建、秦涛、邓久根、廖思阳、徐佳佳、涂永前、易存国、张中宁等好友在我因为饥饿而感受到自我存在时，雪中送炭所赐予的美食；感谢我的学生袁超、唐俊、杨颖、王京京、彭勃等提供的帮助；感谢中南大学升华学者特聘教授项目的支持；感谢国家留学基金委再次给予全额资助，让我有机会在美丽的丹佛安心研究并完成本书的修改。

感谢出版家的宽容给了我不断思考和完善书稿的机会，特别感谢李艳辉女士几年前大胆地接纳了这部书稿；感谢中国人民大学出版社杨宗元女士的信任和鼓励，感谢陈石军先生耐心细致的编辑工作，感谢罗晶编辑纠正和减少了书稿的错误。

感谢2015年度国家哲学社会科学成果文库的匿名评审专家，他们严苛的审阅和中肯的评审意见减少了本书可能存在的瑕疵，也感谢他们慧眼识珠让本书有机会入选文库。

感谢芝加哥大学张学杰教授、张小琼女士多年来的支持和帮助，他们的盛情邀请让我有机会访问芝加哥大学，并静心修改书稿。

感谢父母为我操持家务，减轻了我的负担，父亲因为“敌人”而落入社会最底层，但他始终积极乐观地与命运抗争，鼓励我们朝前看并且要我们相信知识可以改变命运。感谢妹妹妙芳和弟弟高峰给予的帮助和支持。

最后，感谢我的夫人张小玲多年来对我从事学术研究的支持。在我清贫落魄时，她与我共度时艰、无怨无悔；在我春风得意时，她及时冷水浇头让我保持清醒。如果没有她的理解，或许我就只能做非常美好但无法实现的“学术梦”了。

# 序一

俞可平

“谁是我们的敌人？谁是我们的朋友？这个问题是革命的首要问题。中国过去一切革命斗争成效甚少，其基本原因就是因为不能团结真正的朋友，以攻击真正的敌人。革命党是群众的向导，在革命中未有革命党领错了路而革命不失败的。我们的革命要有不领错路和一定成功的把握，不可不注意团结我们的真正的朋友，以攻击我们的真正的敌人。”我相信，出生于20世纪50年代的人，没有人不知道这段著名的“毛主席语录”，许多人可能至今仍会背诵这段“毛主席语录”。

对武装夺取政权的革命党来说，不明白谁是自己的朋友，谁是自己的敌人，就意味着不清楚谁是革命的对象，谁是依靠的同盟，那就必然不可能取得武装夺权的胜利。所以，区分敌友自然成为中国共产党进行革命斗争的首要问题，毛泽东的这一著名论断，也自然成为中国共产党进行革命斗争的重要指导思想。对长期从事残酷武装斗争的中国共产党来说，敌我意识、敌情观念、敌友判断也随之成为党的政治认同的重要内容，深入到每一个老党员特别是老一代党员领导干部的内心深处，成为中国共产党政治传统的内在要素之一。敌友观念至今仍然是影响中国政治生活最深刻的意识形态观念之一，判断并且打击“敌对势力”，仍然被列为执政党的重要政治任务。

20世纪70年代末通过的《中国共产党第十一届中央委员会第三次全体会议公报》明确指出，中共的工作重心将从“阶级斗争”转变为“经济建设”，由此开启了伟大的改革开放进程。中共这一工作重心的转变，实际上表征着中国共产党开始从一个革命党转变为执政党。革命党与执政党是现代政治学的两个重要范畴，两者有着重大区别。革命党的主要目标是夺取政权，而执政党的主要目标则是维护政权。革命党的工作重心是政治斗争，执政党的工作重心则是经济发展。革命党主要依靠暴力手段和政治运动夺取政权，执政党则强调用民主手段和法律手段执掌政权。在区分敌友的标准、界定敌友的范围、对待敌友的态度、处置敌友的政策等方面，革命党与执政党也有着重大区别。

混淆两者之间的区别，会给党的事业带来重大损失，在这方面我们有过极为深刻的教训。例如，20 世纪 50 年代的“反右运动”把 50 多万知识分子错划成右派，当作政治上的敌人加以打倒。史无前例的“文化大革命”则更甚，不仅大量的知识分子而且大量的党政干部、工人、农民也被划为“阶级敌人”。这些政治运动既给那些被划为“阶级敌人”的个人及其家庭带来了灭顶之灾，也给我们中华民族造成了难以弥补的惨重损失。为何把如此众多的公民打成了“阶级敌人”，并且以残酷的手段对“阶级敌人”进行镇压？其中一个重要的原因就是，我们拥有革命党的敌友观，却缺乏执政党的敌友观。甚至没有人从执政党的角度认真研究过敌友理论。

系统地研究敌友问题，不仅对推动国家的民主法治进程有着重要的现实意义，而且对推进当代中国政治学研究有着重要的学术意义。左高山博士的《敌人论》是研究敌友问题的一部开创性著作，他在此书中对“敌人”概念在古今中外不同语境中的意义做了细致的考察分析，并且努力结合当代中国的政治实际来阐述“敌人”的意识形态意义，为国内政治学界进行更加深入的敌友研究开了一个好头。伟大的政治家不仅要避免四面树敌，而且要善于化敌为友。此书不仅值得政治学同仁阅读，也值得有兴趣的党政干部阅读。

2016 年 1 月 2 日于京郊方圆阁

# 序二

万俊人

## 一、引子：左高山的政治哲学三部曲

在诸多人类事务或人类问题中，大概没有什么能比诸种纷繁复杂的人类关系及其料理更为麻烦因之也更让人类自身难分难解的了。就人类关系本身及其料理而言，政治关系及其料理大概又是所有人类关系中最为严肃也至为严厉的一类。政治因为斗争、战争、暴力、敌人一类的问题而变得极端严肃，或者说，诸如战争、暴力和敌人一类的问题因为政治才得到严肃的思考和料理，它们的出现不仅意味着人类关系出现了极端的政治紧张和政治断裂，而且也产生了对政治关系展开哲学反省的需要，因为任何政治紧张和政治断裂都是人类社会的不幸，需要我们认真研究和解决之。这便是政治哲学何以必要的根本原因。

在所有极端性的政治话题中，“敌人”大概是最为严肃也最为复杂的话题，因为“敌人”的出现几乎彰显了政治关系之张力的极限。事实上，探究和反思人类的政治关系——更不用说敌人问题——绝非一件简单轻松的事情，除了职业政治家、政治学家和政治哲学家之外，大概很少有人愿意涉猎这一问题论域，平常如此，若遇非常之境或非常之时，这种意愿便更为罕见。当然，想涉足政治领域甚至欲在政治领域里成就人生辉煌的，从来就不乏其人。按照马斯洛需求心理学的解释，追求人生卓越乃是人的最高心理需求。“沧海横流，方显出英雄本色。”险峰峻极，好凭观远岸流霞。可是，若放心纠结于政治事务和政治关系问题的哲学反思，只求政治之哲思而弗求政治之业成，却不仅仅是最难达成人生卓越反而会累及甚至危及自我人生的事情。职是之故，古今中外真正乐于投身——更遑论献身——于政治哲学者确乎鲜矣！更何况潜心琢磨“敌人”这一极端主题乎？

然则，不知是由于自家身世之故，还是其自身学术性格使然，抑或是二者兼而有之，门下左氏高山君自入室以来，便义无反顾地直奔政治王国，放言诸如战争、暴力一类的政治主题，其气概颇有几分氏祖季高将军策马纵横的影子。眼下，他又将这部沉甸甸的《敌人论》书稿摆上了我的书案，让我瞠目之余，感慨不已！高山君终于完成了他曾经告诉我的政治哲学三部曲：从《战争镜像与伦理话语》（湖南大学出版社 2008 年版）到《政治暴力批判》（中国人民大学出版社 2010 年版），再到这部《敌人论》（入选 2015 年度国家哲学社会科学成果文库），高山君可谓是层层逼近，步步为营，不只是在一般的政治生活世界而且是在政治生活世界的最险峰处长袖起舞，利剑高歌。如果说，《战争镜像与伦理话语》作为高山政治哲学初步之作还略显青涩的话，那么《政治暴力批判》则已颇具“十年一剑，一鸣惊人”的不凡气象了。我还清楚地记得，在教育部主持第六届全国高校哲学人文社会科学优秀成果评审会上，负责伦理学成果评审的专家、中山大学哲学系的翟振明教授会评后告诉我（备注：其时我被莫名其妙地安排成为中国哲学成果评审组的负责人），《政治暴力批判》是给他印象最深的创新之作，尽管因为种种原因，该书最后从获奖名单中被“撤下”，但作为亲自指导过这部作品的所谓“博导”，我仍然抑制不住心底的自豪。当年，高山的博士大师兄唐文明在完成并出版其博士论文《与命与仁——原始儒家伦理与现代性批判》时，我曾经对文明君说过：“在学术的海洋里，你已经是足以浪遏飞舟的游泳健将了。”如今，高山君似乎在为我再现曾经的景象：他不仅成就了让方家“印象深刻”的《政治暴力批判》，又在博士后及随后的教研期间完成了这部让我击节叫好的《敌人论》，怎不让我豪情复起，感慨重来？

从“战争镜像”的政治伦理透视开始，高山君洞开了“政治暴力”的真相和本质，进而直抵“敌人”这一具有价值判断之绝对性意义的关键理念之根部，将其政治哲学探究推进到了一个新的高峰。由于多少了解其前两部曲的“基调”和“旋律”，我对他三部曲的最后一部便格外关注，简直是充满诸多好奇和绵绵联想。因此，当高山君请我为之一序时，即令我眼下诸事缠身，也还是有条件地答应了他的请求。我的条件是：当且仅当他的硕士生导师李建华教授和博士后合作导师俞可平教授都能为此书作序时，我之序才可忝列其中，且仅作唱和而已。

不过，至今我还不十分清楚为何高山君将自己的政治哲学三部曲主题聚焦于战争、暴力和敌人这三个最具政治张力的议题。我只是猜测，他或许也属于“无所不用其极”的问学求道者。从某种意义上说，战争是政治的最高表现形式，可谓极端政治或政治极端；暴力——更确切地说，政治暴力——是最严厉的政治行动；而敌人及其存在则恰恰是战争和政治暴力得以合法实施的正当理由。战争是政治暴力的一种最具高度、广度和深度的综合体现，当然是一种极端的政治暴力；政治暴力诚然不只限于战争，但战争却以最充分也最彻底的方式展示着政治暴力的内涵，而战争和政治暴力都直接关乎“敌人”这一极端政治化的行动客体（对象）。如此看来，战争、政治暴力和敌人之间原本就是“三位一体”式的政治主题化对象，欲探究其中之一，必牵涉其他二者。易言之，关于其中任一主题的研究都不可在忽略或离开其他二者的情况下达于充分完备。看来，高山君深谙此中深意，故有他如此这般的政治哲学之三部曲谋划。只是此序单为《敌人论》而作，虽不能不借助于高山君政治哲学三部曲的前两部，但终究只能聚焦于他的最后一部而言其他。

读过《敌人论》书稿，我所得所感甚多，其中思虑最多的是这样几个问题：首先，敌人何以产生？其次，倘若真如施米特所言，敌友关系是人类社会的基本甚或唯一根本的政治关系，那么对政治哲学来说，敌友之间究竟如何料理？敌友之外又当如何理解？最后，作为一种具有根本意义的政治关系，敌人与朋友之间的政治紧张是否永远无法消解？若能，又当如何消解？很显然，即使作为“天生的政治动物”（亚里士多德语），人类也不愿意永远生活在敌友关系的持续紧张中而无以逃遁！

## 二、敌人何以产生?

人类何时开始出现“敌人”和“友人”的分别，并开始产生敌友之间的分别意识？这样的提问或许太过笼统以至于根本无法回答。但提出这一问题之所以仍有意义，在于某种形式的历史回溯多少可以提醒我们，作为生命同类，人类其实并不一定同道，关于我们自身生命本性的认同也并不能确保我们的意识相同，行为一致。美国著名人类学家路易斯·亨利·摩尔根在《古代社会》（1877年）一书中，通过考察人类从蒙昧到野蛮再到文明的早期社会演进，揭示了人类从氏族到胞族再到部落，继而从部落进至部落联盟（民族的雏形）的组织体系发育中政治观念的产生。他尤其关注和分析了人类家族制度——从血缘婚姻家族→伙伴婚姻家族→偶婚制家族→父权制家族→专偶制家族——的历史演变对人类社会和社会关系的原初影响。因为生命绵延的血缘关联，亲缘关系（affinities）大概是人类最初的“社会关系”。在亲缘关系中，人类群体尚不可能出现真正意义上的敌友关系，最差也只会产生心理和情感上的差异或者隔膜。人类考古学和史学的研究都充分表明，敌人的最初出现与家族及其分化关系不大，与氏族和民族（摩尔根意义上的“民族联盟”）的群体分化和利益竞争密切相关。随氏族、民族的分化而产生的利益争夺或战争，创造了人类历史上最初的敌人，以及与之相关的冷兵器、军事（武士、军队和战争）和政治组织亦即国家。**对利益的争夺才是产生敌人和敌友关系的根源。在此意义上可以说，因为有了敌人，才有了政治。或者反过来说，政治的诞生见证了敌人的产生和存在。在政治与敌人之间，有一种可以互换的建构与被建构的关联。用左高山的话说，“敌人”是一个建构性的概念，也就是说，敌人是被建构出来的。**

可是，被建构出来的“敌人”并非被雕刻出来的雕像，一经雕成便难以改变。《敌人论》作为一部政治哲学著作所关心的，不只是作为真实的敌人存在是如何被建构出来的，而且还要且更重要的是要追问被建构出来的敌人是如何成为一种政治意识形态的“敌人”观念的。凭借耐心仔细的词源学梳理，作者发现，尽管原始意义上的“他者”“异己者”“敌手”“对抗者”等含义并未完全消失，但在历史的演化中，一些原有的意义从“敌人”概念中渐渐隐退或者流失，一些新的意味则在不知不觉的时间流动中被添加进来，还有一些概念意义本身也在悄悄地发生改变。问题的关键当然不是这些词源意义的变化本身，因为无论“敌人”的概念变或者不变，真实的敌人就在那里。问题的意义在于：为什么被建构起来的“敌人”总在变化之中？高山君认为，国家需要敌人来确认其政治身份和国家认同。或许我们还可以说，敌人更需要国家来确认其政治含义和政治界限。问题是，有国家内部的敌人也有国家外部的或者国际的敌人，还有不同政治党派、不同政治组织之间的敌人，甚至于，因为国家之间的“合纵连横”，比如，春秋战国时期的“国”际战争，使得昨天的敌人变成了今天的朋友，最糟糕的是，谁也无法担保今天的朋友不会变成明天的敌人！古希腊的雅典与斯巴达，中国抗日战争期间的蒋介石与汪精卫，或者抗日战期间的蒋介石与毛泽东和抗日战争之后的毛泽东与蒋介石；还有第二次世界大战中的美国与苏联和第二次世界大战后的苏联与美国；最后也是最复杂难解的，是所谓“敌人的敌人便是朋友”之著名外交论断。诸如此类，不一而足。谁能告诉我们，敌人与朋友为什么会如此变动不定？究竟哪一个敌人更真实？敌人的这种变动不居是否意味着“国家之间没有永远的盟友，也没有永远的敌人，只有永远的利益”这一帕默斯顿勋爵式的政治论断已然成为千真万确的政治真理？最终可否哲学地追问一句：人类社会究竟有没有所谓“政治真理”？

## 三、敌友之间和之外！

敌人的产生及其身份的相对性一方面来自“敌人”在政治世界或政治时空中的变动不居，另一方面则来自我们熟悉的敌友关系之客观存在。这就是说，在政治学尤其是在政治哲学的语境中，敌人常常是相对于朋友而言的，这使得敌友关系成为最重要的政治关系。在此意义上又可以说，没有朋友便没有敌人，没有敌友关系便没有政治和政治哲学。

人类社会史告诉我们，人类对敌友关系的确认首先是通过自我与他者（他人）的分别而得以建立的。事实上，作为敌人的他者最初被视之为野蛮人、陌生者、异己者，尔后被一步步上升到政治意识形态的层面，类型化为特定类型的敌人，如“敌手”“阶级敌人”“人民公敌”“民族之敌”“国家的敌人”“人类的敌人”，等等。“敌人”类型的不同，使得所谓“敌友关系”的含义也不一样。野蛮人既是对外来者、入侵者或者陌生者、异己者的伦理定位和政治蔑视，当然也就是对自我的主体性身份、主体的道德优越性位势和自我在特定之自我—他人的伦理关系中所处的主动或主体乃至主宰地位的自我标榜。然而，这仅仅是自我的单方面自诩而非对方的确认，更何况，当处在自我与他人之关系中的一方产生如此这般的关系和身份意识时，另一方也可能产生同样如此这般的关系和身份意识。通俗地说，当你把对方当作自己的敌人时，你自己已然被对方当作了敌人。当然，人类早就明白这其中的关系置换和身份转换的秘密，并找到了有效的方式将之确定并长久固定下来，这就是所谓人类社会的进步或发展的标准：凡处在落后之发展状况中的人群都被那些处在相对先进或发达状况中的人们或明或暗地确认为野蛮人。而无论发生怎样的情况，处在自我与他人关系中的任何一方都会将对方视为他者、陌生者、异己者。这是人类社会的意识形态，它是政治意识形态的胚胎，但终究还不是政治意识形态本身。

政治意识形态的主要功能之一是，首先严格分清“谁是我们的敌人？谁是我们的朋友？”以便团结人民和朋友，孤立和打击敌人。经过政治意识形态的抽象或者剥离，敌人不再是一般化的野蛮者或他者，而是被严格地、分门别类地“锁定”：党派的敌人被归类为“政敌”或“阶级敌人”，国家内部的敌人被归类为“人民公敌”，而国家外部的敌人则被归类为民族和国家的敌人。无论以党派或阶级的名义，还是以人民的名义，抑或以国家主权神圣不可侵犯的名义，敌友关系都被因此而赋予了最严厉的政治意义，不容任何含糊。而且，经过政治意识形态化了的敌友关系的处理也采用了最严厉的政治方式：通过诉诸法制惩罚、政治斗争，甚或政治专政、政治暴力直至战争，来消除或消灭敌人。政治家们不必用太高的智慧就可以发现，把握好敌友关系并运用好诸种处理敌人关系的方式或手段，不仅可以强化国家的内部治理，而且通过发现甚至建构国家外部的敌人，转移或者汇聚国内政治关注，强化国家内部的团结，从而减缓国家内部的政治压力。《敌人论》告诉我们，作为最年轻也最强大的现代帝国，美利坚合众国自建国两百多年来，先后发动和领导了 240 多次大大小小的国际战争，以至于有人作出结论：“战争和敌人造就了美国”。美国当代最著名的政治学家之一、哈佛大学的亨廷顿教授也因此相信：一个国家如果没有外部敌人，其社会凝聚力往往会有所削弱，甚至会面临国家分裂和内战的危险。而当国民面对共同的敌人威胁时，国家的权威和资源都会得到加强，国家内部的团结也会增强。

然而，值得关切和反思的是，因这类政治效应所带来的政治家或政治集团对“敌人”的政治利用，譬如说，出于夺取和巩固党派政权或者转移国家内部矛盾或政治压力的目的，政治家（更不用说政客了）和当权政府便可能借用、挪用甚至盗用某种或某些普遍化的正当理由，或者以某种普遍社会道义的名义，有意图、有预谋地去建构甚至虚构“敌人”。敌人的确来自他者，或者敌人确实是从“政治之我们”中异化出去的他者，可这一逻辑推理反过来并不必然普遍有效：并非所有的他者、陌生者或异己者都必定成为“政治之我们”的敌人！行文到此，我突然想起美国的“绿卡”，英文全名为“permanent resident alien card”（直译“永久居住之外来者卡”）。在英文中，“alien”一词的主要意思是“陌生的”“外来的”“异己的（异化的）”。可是，在美国这样一个移民国家，外来者或“新来者”（所谓“the New Comers”）几乎是除印第安人之外所有美国人的原初身份，他们中的绝大多数非但不是最终也没有成为敌人，而且还依次成为美利坚合众国的人民，所以他们才会骄傲地喊出“我们之为人民”（“We，the People”，美国当代著名法学哲学家、耶鲁法学院教授 Bruce Ackerman 之代表作的书名）。

如此看来，他者或外来者并不一定都是“政治之我们”的敌人，一如临时的利益共同体成员并不一定就是“政治之我们”的永久朋友。这促使政治哲学家（尤其是政治伦理学家）们必须注意：任何关于政治的哲学和伦理学思考，不能仅仅聚焦于敌友关系之间而无所超越，还必须考虑敌友关系之外的诸种现实的和可能的社会关系。人类的政治关系绝不是孤立的，也不仅仅限于敌友关系之单向度。与陌生人的遭际有可能是一种不幸，或许因此而增加一个真正的敌人；但也可能是一种幸运，或许因之而幸遇你或你们生命中又一位真正的朋友甚至贵人。人世间来来往往，步履匆匆，行踪飘忽不定，谁又能预定人生的遭际呢？人际如此，群际、族际、国际亦复如此。敌友关系之外，陌生人的遭际、常人之间的日常交往甚至既有的敌对者之间，还有多少可能的关系？即便是敌友关系之间，谁又能担保所有既定的一切就一定是且永远是一成不变的呢？因为第二次世界大战，罗斯福、丘吉尔、斯大林和蒋介石可以坐在一起举酒干杯；因为日本入侵，民族救亡压倒一切，蒋介石与毛泽东便能兄弟相称握手言欢。有时候，并非只有战争一类的重大事件才会给敌友关系带来这样根本性的改变，某种偶然的机遇或事件也会化敌为友或者化友为敌。比如说，古希腊特洛伊战争中的名帅阿伽门农与勇将阿喀琉斯之间的故事（《荷马史诗》之《伊利亚特》）。

如果从人类的“类意识”来看，更为复杂而具有终极意义的事情恐怕是如何化敌为友？或者，如何最终消除敌人本身？这不单涉及政治宽容，从根本上说，还关乎作为人类的我们究竟如何共生共存、共处共享！

## 四、化敌为友如何可能？

《敌人论》的最后一章专门讨论了“化敌为友”的问题。首先从“没有永远的敌人”之命题入手，进而“宽恕敌人”直至“爱我们的敌人”，以步步逼近的逻辑分析和例证辅助，尝试着解开“敌友关系”的死结。这一尝试是有价值的，但依旧留下了诸多开放的议题，需要展开更充分的深究。

受高山君研究的激发，我大致形成了一些基本上仅仅限于哲学范畴的解释，并期待对“化敌为友如何可能？”作出一个初步的政治哲学和政治伦理学的解答。如前备述，“敌人”和敌友关系意识最初且根本上源自利益矛盾或利益争夺。因之，敌人和敌友关系之紧张的消解最终取决于利益矛盾和利益争夺的止息。这显然是一种现实主义的政治学解释。可是，仅仅限于政治学的视域，这种消解是无望的，因为政治本身即是利益矛盾的产物，也就是我前面所说的，因为敌人而有了政治，因为敌友关系而产生了对政治和政治学的内在需求。

然而，换一个角度或进一步扩展到哲学的视域来看，敌人和敌友关系会有一种新的也许是更本原的理解。哲学自她在古希腊诞生起就建立起一种主客二分的认知框架或方法，从“惊异”（wondering）于外部世界开始，到“认识你自己”（“know yourself”，最初为铭刻于德尔菲神庙门楣上的箴言，尔后苏格拉底将之证成为一个最著名的哲学命题）的转折，主客二分几成哲学的信条，从此影响深远。至近代，法国哲学家笛卡尔将这种主客二分的认知方法发展为一种系统完备的哲学方法论，成为西方思维模式的基本原理或原则。按照主客二分的认知原理，不仅人类的一切认识活动都是从自我主体出发的，而且这种主体意识同时也是主体存在及其意义的在先证明。笛卡尔的所谓“我思故我在”（“I think，so I am”）不单是一个认识论的主张，同时也是一种主体存在论的证明：作为具有理性思维能力的生命存在，主体自我之思（“我在思想”）亦即主体自我之在（“我活着”）的明证。因而，自我主体的在先性逻辑预定不期然地蕴含了自我主体存在的优先性结论。于是，作为主体认知投射的客体，便随着他/她/它被对象化、客体化而被至于次要、从属或与主体相互矛盾甚至相互对立的位置。诚然，这并非主客二分模式的唯一推论，但却是一种较为自然的逻辑推演和逻辑结论，倘若它得到大量现实生活经验和实例的证实，则很可能成为人们习惯性的认知逻辑推理和价值判断依据。不幸的是，近代西欧早期的资本主义或商业社会的经济实践，既受这一思维逻辑的深刻影响，又以其现代经验事实给予这一思维模式以空前强力的实证支持。

于是我们看到，自 16 世纪开始，作为现代化先行者的欧洲便在一场旷日持久的利益争夺中，演绎了一场关于敌人和敌友关系变幻不居的多幕剧，或悲或喜，此起彼伏。先是荷兰与西班牙等国的海洋霸权争夺，后有英国海洋霸权的崛起，再是大英帝国的雄霸天下，继之便是德意志先后两次发动世界大战，最后促成大西洋彼岸美帝国的超级霸权……这其中，谁是谁的敌人？敌友关系发生着怎样的变化？任何一种真实的解答都能构成一部充满鲜血、泪水和浩叹的现代社会断代史！马克思曾经凭借其资本分析，揭橥欧洲近代资本主义初期无产阶级与资产阶级的阶级矛盾和冲突，阶级剥削和阶级压迫成为马克思关于无产阶级革命和解放理论中独特的敌友关系镜像。马克思理论中的敌人主要还是“阶级敌人”，可让他始料不及的是，阶级之间的敌友关系后来竟然演变成了民族—国家之间的敌友关系，后者的紧张爆发不幸酿成惨绝人寰的世界大战，国家政治意义上的敌友紧张也扩张为国际政治意义上的敌友决战。更为复杂的是，分属于社会主义与资本主义两个在马克思看来完全异质的人类社会阵营的国家，因为民族战争而成为战时的朋友，而同属于资本主义阵营的国家反而成了相互的敌人。两场世界大战特别是几乎波及整个地球的第二次世界大战，让全人类认识到了国际战争中的敌人与朋友并非不可改变，战争中的敌友关系张力远甚于阶级革命中的敌友关系，史无前例的战争暴力把国家政治和国际政治都投进了硝烟烈火，经受着极端严酷的炼狱，烤得一片焦淬。

于是，一些哲学家对主客二分的哲学思维模式更加确信不移，甚至将之看作不可变更的人类关系定式，客体或者他人被赋予更加极端的否定性含义。比如，法国存在主义哲学的代表人物萨特，便通过其剧本《间隔》中的人物喊出：“他人就是地狱！”把主体的“被注视”也就是“被客体化”视为人之主体性存在与自由的最大障碍和威胁。不过，另一些哲学家则开始反思这种主客二分的思维模式，力图突破过于消极的人际和群际之间相互客体化的片面理解。譬如，海德格尔相信，人的存在样式并非只有自我主体存在这一种可能性，“共在”（co-being）、“让在”（let-be）甚至“交互主体性”（inter-subjectivity）也是可能的。

尽管如此，西方哲学尤其是西方近现代哲学的主客二分模式非但没有发生根本改变，而且随着西方现代性的不断强势而变得更加牢固，也更为苛刻。从老牌的欧洲帝国到当代强势的美帝国，主客二分、非友即敌、唯我独尊的“冷战”思维定式依然支配着它们的政治思维和外交策略，成为其话语霸权的语法铁律。坦率地说，沿着这种绝对的主客二分性思路和原则走下去，很难看到人类社会真正能够化敌为友的希望，如同仅仅信奉“丛林法则”的人们很难走出荆棘丛生的“大林莽”一样。也许，在人类社会的多数政治情形中，我们的确还不得不徘徊在“丛林法则”所支配的林莽之中而难以穿越，但永远如此，人类社会将陷入无可救药的绝望！

感谢上苍！历经几千年的文明历程，人类不只拥有一种哲学或一种智慧，即使西方哲学本身也不只是一种思维模式的单声独奏，至少她还有倡导人类博爱和“四海之内皆兄弟”的基督教宗教哲学！我不是文化民族主义者，但我相信，在我们自己悠久而丰富的优秀传统文化中，或可找到一些解答“化敌为友如何可能?”的资源和启迪。儒家教导人们忠恕之道：最好能够“己欲立而立人，己欲达而达人”，最起码能够“己所不欲，勿施于人”。遵循先义后利的行为原则，追求“仁者爱人”。儒家的丰富学说和教诲的确给人类提供了解决各种人伦矛盾、协调复杂之人伦群际关系的“中庸之道”，只是儒家学说或者过于偏执日用人生和日常伦理，或者入世太深而期于高堂政道，终究难以让人完全超脱利益纠葛，完成化敌为友的政治伦理使命。所以，一俟遇到复杂难解的世俗价值冲突，便不得不剑走偏锋，例如宋明理学甚至还提出了“存天理，灭人欲”的激进吁求。人欲不存，天理何存?儒家的困难在于，如何使得一种偏于宗亲血缘和“熟人世界”的美德伦理，能够普遍化为适应于现代公共世界或“陌生人世界”的政治伦理?如若无法解决这一问题，则儒家学说即便能缓解乃至消解某一特定范围的利益矛盾或价值冲突，也难以化解普遍存在的敌友紧张。

相较而言，道家的主张更为温和也较为彻底。以“道法自然”来化解诸种人为瓜葛和冲突，至少是一种比基于宗亲伦理或“熟人关系”更为普遍的理由，以此来化解人类诸种利益冲突和敌对紧张，理应更有道义和哲学的有效性，因而也应当更具思想说服力。易言之，以“自然法则”的名义要求人们降低甚至放弃自我的利益诉求，显然要比用亲缘伦理的美德规范来要求人们降低甚至放弃自我的利益诉求来得更有普遍道义的力量。然则，由于道家学说有着一种天然的“政治冷漠”倾向，加之“道法自然”所提示的自然法则本身只是一种哲学预设而非纯粹的信仰，因而道家同样难以根本解决人类的利益矛盾和价值冲突，因而也难以充分回应“化敌为友如何可能?”的问题。

在儒、释、道“三教”中，最为彻底的解释是由佛教提供的。佛教既告示人类“众生平等”，又告诫人类“诸法空相”，让人们相信一切利益诉求都会产生烦恼和痛苦，只有看破，才能放下；只有放下，才能自在。佛教的教义逻辑上破解了“化敌为友”的难题：既然一切敌友关系紧张都根源于利益冲突，那么解除利益冲突即意味着化解导致敌友关系紧张的根源。看破并放下利益诉求是彻底消解利益冲突的方式——放下即无求（任何利益），因之可以最彻底也就是从根本上解决一切利益冲突。可是，佛教的这一教诲虽然具有最彻底的逻辑说服力，但却并不同时具备现实合理性。因为这一逻辑是以信仰为前提条件的：人们当且仅当相信并承诺佛教教义本身，才会认同、接受、践行佛教的信条。也就是说，佛教的解释力量只能寄托于宗教信仰，因而其现实合理性只能相对于佛教信徒而言，而对非佛教信徒来说，其说服力或有效性尚须存疑。

然而无论如何，古今中外的大哲们已经给我们留下了足够多的思想智慧，让我们有可能借助人类现代文明的资源和条件来解答“化敌为友如何可能?”的问题。西方传统哲学的主客二分性思维模式提醒我们，敌友关系源于自我与他人之间的视差，而导致这一视差的显性而直接的原因是利益矛盾或价值冲突。因此，欲化敌为友，必先化解基于主客二分的敌友关系之间的紧张。中国传统文化——包括儒家的道德哲学或伦理学、道家哲学和佛家宗教——则提示我们，欲化解人们之间的利益矛盾和价值冲突，有三种不同的路径或法门：或以义制利甚至义以去利，从而缓解或消解人们见利忘义、逐利害义的冲动；或顺从自然（本性）之道，返璞归真，复归婴儿之无利无害之单纯本心，从而去人伪于本性、防利害于未然；抑或更彻底地看破红尘、放下执着、自在空相，从而根本消解人之趋利之心，消弭人我之隔，达于物我两忘之境。

总之，化敌为友是有条件的，而且这条件并不一般，多而且高：他人终究不是自我，我、你、他或者我们、你们、他们的分别不仅客观真实，而且不可简单消弭。文化人类学家们强调：不同人称代词的产生乃是人类意识和认知进步的标志，近代人文主义者甚至把自我意识的觉醒看作人类现代文明的伟大成果。所以，当“化敌为友如何可能?”的问题要求我们突破和超越主客二分的模式时，所需要的不仅是对这一既定模式的反思批判，而且还需要寻找或者创造一种足以替代主客二分模式的新的人类关系模式。与之类似，人类的利益诉求是自然而然的，其利益竞争在所难免，因为资源的有限性与人类欲望的无限性之间始终存在无法解决的矛盾，凡利益竞争必产生利益矛盾和价值冲突。如何消解人类社会的利益矛盾和价值冲突？儒家提供的是一种缓解而非消解的道德解决方案；道家的方案与其说是解决，毋宁说是逃避；唯佛教的方案完全彻底，可惜它只能是适应部分人亦即佛教信徒的解决方案，而非适应所有人的解决方案。

于是，绕了一大圈，我们最后还是不得不回到现实中来。敌友关系及其解决亦即所谓“化敌为友如何可能?”的问题所面对的现实是政治的现实。本序开宗即有明义：政治因敌人而生，这意味着面对并处理敌友关系乃是政治的首要工作。然而，最高明的政治却不是为了消灭敌人，而是消除敌人。就此而论，我们甚至可以说，政治因敌人而生，也应因敌人的消失而终结。同理，政治哲学的基本问题是如何料理敌友关系问题，敌友关系的确如同施米特所言是最根本的政治关系，然而真正高明的政治哲学却不是可以对敌友关系提供最好解释、最好分析和最好论证的政治反思，而是可以对“化敌为友如何可能?”这一具有终极意义的问题提供最佳解答的政治哲学谋划。

笔行到此，我又一次想起了两位西方哲人关于政治家的分类和比较：伟大的哲学大师康德曾把政治家区分为“道德的政治家”和“政治的道德家”，并坚定地把前者看作人类政治生活的幸运。刚刚去世不久的著名政治哲学家罗尔斯先生更明确地指出，真正的政治家只关心选民，而政客则只关心选票。我想接着他们的话说，倘若政治哲学要真正充分有效地解答“化敌为友如何可能?”的问题，那么，它恐怕不能只局限于政治哲学自身，还需要借力于道德伦理和宗教智慧。理由在于：消解敌友关系的紧张甚至化敌为友，不单需要诸如政治宽容一类的智慧，还需要足够的道德资源和信仰力量，比如说儒家的忠恕仁爱和佛教的脱俗信仰。也许是因为我的职业习惯，即使在对待敌人和敌友关系这类极端严肃的政治课题上，也免不了对道德伦理和心性信念之精神力量的信守与执着。我总是在想，什么时候人类的“类意识”也能像现代人的“自我意识”这样充分自觉，并且形成理性而普遍的“我们之为人类”的共识，那时候，所谓“化敌为友如何可能?”的问题也就成为多余的提问了。高山君告诉我，《敌人论》的研究尚未完成，他对此还有话想说。我听后甚为欣慰，对他未来的研究又多了一份期待。

2016 年 1 月 31 日凌晨改定于北京蓝旗营悠斋

# 序三

李建华

左高山教授多年前曾在我门下研习伦理学，毕业后留校任教并继续从事学术研究。在互学中，我发现他有独特的学术视野和致思方法，于是推荐他到万俊人先生门下攻读博士学位，他目前已成为政治哲学领域的佼佼者。当他把《敌人论》书稿送到我手上并嘱我作序时，我有几许犹豫。虽然我也从事政治哲学研究，但对敌人问题没有专门涉猎，不敢“妄议”；与此同时，我看到“敌人”这样的字眼会心生凉意，思维会“冻化”，没有写作激情，因为我目睹过因历史的误判而成为“敌人”的好人的悲惨命运。花了一些时日通读他的书稿之后，我开始有了一些感觉，仅为杂感而已，不成其为“序”，希望不要误导读者。

高山君真正走上政治哲学的研究道路自然是万俊人先生的指引，但后来他选择“政治暴力”作为博士论文研究课题，继而研究“战争”“敌人”等政治哲学中的“另类”或负面问题，多多少少受了我所在的中南大学“负面文化研究”的学术影响。学术界的朋友也许知道，在20世纪90年代初，曾钊新先生主编过一套“负面文化研究丛书”，出版了十多本专门研究“罪恶”“失败”“虚假”“丑陋”“错误”“衰落”“自私”“越轨”“腐败”“欺骗”等负面文化现象的著作，在学术界产生了重大影响。一方面，有人为之叫好，认为他开启了一种全新的学术思路；另一方面，也遭到一些人的非议和责难，他们质疑：“为什么只看到社会的阴暗面而看不到大好形势?”以至于这套丛书在参加省级社会科学成果奖的评审时，专家推荐为一等奖，而在终审会上因有人提出“为什么要研究这些负面的东西”而对我们的学术动机提出质疑，差点被扣上“抹黑论”的帽子，最终被降为二等奖。我对高山君能够传承中南大学“负面文化研究”这种学术传统而倍感欣慰。

为了不曾和不该忘却的学术记忆，我想重新介绍一下曾钊新先生关于“负面文化研究”的一些想法，也许今天对我们仍然具有“解放思想”的作用。负面文化研究的真实起点来自生活的辩证法：没有“恶”就没有“善”，没有“假”就没有“真”，没有“敌人”也就没有“朋友”，等等。但是，一旦辩证法接近生活世界，人们并不是都有勇气去迎接它，对习惯所谓“正面思维”的人来说，尤其如此。正如曾钊新先生所言：“辩证法就难免成为书斋里的观念而走不出书斋，哲学的解放终归只是哲学家谈论解放的哲学。”在人类的历史进程中，产生了诸如真善美等正面价值的文化，但同时也伴随着假恶丑等负面文化，如果我们对假恶丑等负面文化现象视而不见、不闻不问，不加以消除，那么真善美等正面价值的文化自然就得不到张扬。曾钊新先生认为：“负面文化是与积极的、正确的、光亮的社会意识相抗衡和相否定的观念形态或精神现象，是社会经验的背向积累和腐蚀性变异，是影响社会进步、健康与和谐的消极力量和病毒。”问题是：如何消除假恶丑？首先要研究它们，发现它们产生的原因和规律，才能消除它们。可以说，负面文化思维，就是以正面文化为导向，通过对负面文化的探究，发现其规律性特征，找到消除的根本办法，来实现对正面文化的弘扬与建设；就是文化研究中的辩证法，从反面看正面，从负面求正道的思维方法。对假恶丑的认识越透，对真善美的认识就越深，这是人类把握文化现象的科学态度和正确方法。不知何故，这种方法经常被人遗忘或误解，甚至遭到反对和限制。大凡人都爱听好话、唱赞歌、喊高调，这或许是人性弱点所致，似乎无可非议。但是，如果学术研究只当睁眼瞎、传声筒、吹鼓手，那人类的理性力量何以彰显？学术的生命又何以承续？

毫无疑问，“敌人”是负面文化研究的重要范畴，是“朋友”或“我们”的对立面。我对“敌人”的理解最初是源于毛泽东“语录”——“谁是我们的敌人？谁是我们的朋友？这个问题是革命的首要问题。”当然，区分敌友是革命的首要前提，也是政治的根本问题。毛泽东在解释什么是政治时也曾讲过，政治就是把敌人弄得少少的，把朋友弄得多多的。其实，敌人作为政治哲学的核心问题和政治生活的客观存在，不是简单的主体外化或异化的结果，而是与“人民”相对应的概念。人民作为一个历史范畴，它是进步性、广泛性的一个表征，谁与人民作对，谁就是敌人。人民与敌人的分水岭是看谁代表了先进阶级的利益，谁代表了社会历史的前进方向。没有敌人，人民也就没有存在的意义。人民的力量在战胜敌人中显现，战胜的敌人越多，人民的力量越大。我相信化敌为友的可能性和技术性，但不认为有“没有敌人的世界”。只要有政治，就会有敌人，想有超越敌人的政治，只能是政治乌托邦。政治本身是一种两极存在，其间不乏多因素参与和博弈，但终究是两极对立的，诸如：权力与权利、民主与专制、清廉与腐败、战争与和平、仁政与暴政，等等。或者说，正是这种正反相依，才构成了政治生活的生动性和残酷性。马基雅维里的《君主论》，虽然偏执地揭示了政治生活的残酷性，但也从反面告诉人们什么样的政治才是正义的和优良的。李宗吾的《厚黑学》在告知人们如何玩弄权术的同时，也在告知人们什么样的政治手段是“黑”的，从另一个侧面揭露了政治的“罪恶”。如果我们不能全面地认识政治生活，不认真研究政治中的负面文化，那么就不可能完整地认识政治。

应该说，高山君是怀着极大的学术勇气来开展他的政治哲学系列研究的，为之欣喜，为之点赞。也许在未来的道路上他会遇到意想不到的困难和责难，但我坚信，真正源于学术真诚的研究是不朽的。在一个只习惯正面文化思维的时代，负面文化思维应该有，也可以有！正如曾钊新先生所言：“看清阴影，是为了追求光明。”

2016 年 2 月 14 日于长沙

# 目 录

# Contents

# 第一章

# 绪论：敌人与敌人理论

“敌人”这一范畴在我们的日常生活中被如此普遍地使用，几乎成了一个不证自明的词。它不仅指称战争状态中的敌对双方，而且被广泛用于指称对立的社会阶层、政治集团或国家。在特定的历史时期，敌人似乎无处不在，既有真实的敌人，也有想象的敌人。[①] 然而，当我们想要判断某个具体的敌人时，敌人又似乎并不在场。它是那么抽象，难以确认，以至于人们不得不使用具体的指标去强行分配这个角色。由于我们并不把敌人当“人”来对待，因此，我们常常用“它们”指称敌人。“它们”经过国家意识形态和大众传媒的渲染之后，常常以野蛮、凶残、邪恶的形象出现在我们的脑海。然而，人们对“敌人”仅有一种模糊的认识，对它的来龙去脉则不甚了解，我们并不知道真正的“敌人”到底是什么？换言之，我们对“敌人”存在单一化、简单化的认识。可是，“敌人”观念对人类社会所产生的重大影响需要我们全面而深入地反思，我们既要反思历史已经提供的“敌人”观念，也要反思政治领域所“界定”的敌人的边界，更为重要的是我们要从过去只关注“敌人”的否定性价值转向关注“敌人”的积极价值。因为“敌人”是和我们一样的存在。因此，我们既需要了解“敌人”的本质和结构，也需要了

---

① 例如，20 世纪的两次世界大战、五六十年代东欧反对苏联占领的暴乱、1959 年的古巴革命、七八十年代遍及整个中美洲的内战、加勒比海沿岸以及南美大陆的政治暴力、越南战争、非洲的内战、中东战争、1992 年的波斯湾战争、苏联的解体、南斯拉夫的战争，直到 21 世纪的“9·11”恐怖袭击和萨达姆政权的垮台，无不表明“敌人”的存在，而且暴力手段似乎总是敌对双方解决争端的优先方式。参见［美］马丁·N·麦格：《族群社会学》，祖力亚提·司马义译，华夏出版社 2007 年版，第 504 页。

解“敌人”观念产生的根源。在建构关于“敌人”的理论之前，我们有必要尽可能确切地陈述“敌人”这个词意味着什么。因为经历了这么多年的意识形态冲突，人们似乎完全丧失了对“敌人”一词的同一性认同。过度使用和过度扩展致使“敌人”一词难以定型，以至于它现在成了一个万能词汇：常常被误用于憎恨、谩骂、丑化，等同于野蛮、邪恶、暴力，等等。在现实主义者看来，敌意和对抗最能反映国际政治本质的关系，敌人/朋友、野蛮/文明的话语一度是我们理解国际关系乃至国内政治的核心。因此，对“敌人”问题进行全面研究的现实需要是显而易见和无可争辩的。即使我们不是出于自我保存之目的来研究敌人问题，我们也应受好奇心的驱使而对它表示关注。事实上，在国家安全层面而言，几乎所有的国家都会通过各种途径去关注它们的敌人。为了在这种混乱状态中谋求一种适度的秩序，我们可以首先认为，“敌人”是指一种与政治有关的观念，敌人论则是一种有关敌我关系的政治学说或政治哲学，而不是一种传统意义上的简单的政治判断或价值判断。在本书中，我试图通过对敌人观念的起源、发展进行简要的梳理和分析，来论证敌人理论是如何在国际关系和国内政治中建构的。

## 1.1 敌人：一个建构的概念

通常，一般人对“敌人”的理解是具体化和对象化的，而学者则倾向于将“敌人”抽象化。然而，大多数人很少真正体会“敌人”本身所要传达的确切信息。事实上，“敌人”是难以定义的，甚至是不可定义的。“敌人”是抽象的，因为它只是一种观念或者一个语词；同时，它又是具体的，因为它确实存在并对我们构成威胁。正如马尔库塞（Herbert Marcuse）所指出的：“敌人总是存在的，他并非存在于非常时期，而是存在于通常事态中。他在和平时期造成的威胁一如战争时期（或许更甚于战争时期）；因而他正在作为一种凝聚力融入本社会体制之中。……敌人是一切需要和不需要的东西的同名。而且敌人并不等同于具体的共产主义或具体的资本主义——在这二者中他是解放的真正幽灵。”[①] 但是，即使在战争期间，真正与敌人直接交战

① ［美］马尔库塞：《单向度的人》，刘继译，上海译文出版社1989年版，第48页。

的时间也相当少。“有的直接与敌人进行了面对面的交锋；有的却从未与敌人照过面，只是借助夜色和雨水的掩护穿越过敌占区；有的甚至只是依靠电子信息，运用技术手段来操作控制钮，对他们来说敌人只是屏幕上的一个亮点，或者是耳机里听到的指令声。有些士兵有机会打击敌人并能够亲手杀死敌人；有些士兵的任务是安放炸药，返回基地很久后炸药才会爆炸；而有的士兵，比如潜艇兵，却没有任何直接攻击敌人的机会，只能寄希望于借助电子和机械装备的作用，或者利用敌人的失误而求得生存。”[①] 因此，不同的个体对完全相同情境中的“敌人”会作出不同的解释，甚至同一个人对同一情境中的“敌人”，由于时间背景的不同，也会产生不同的认知。即使大多数人都熟知“敌人”这个概念，甚至每个人的头脑中都会有一个模糊的“敌人”形象，但是大多数人并不熟悉有关“敌人”的理论。虽然不少文学作品或政治学著述描述过敌人形象，但却留下了一个共同的问题：我们应当在何种知识框架下解释以及如何解释“敌人”？“谁是敌人”以及“敌人是什么”的问题关系到我们如何界定自己以及周围环境的问题，同时对这些问题的认知最终将影响我们针对敌人的行为。“敌人”观念一直在影响和分化着人类，各种矛盾、摩擦、冲突甚至战争，都与“敌人”观念有着千丝万缕的联系。

“敌人”概念在不同的语言和语系中具有不同的逻辑结构。也就是说，敌人是个动态的范畴，随着社会历史的发展而变化。关于“敌人”的词源尚不清楚，但其原初语义可能是“外来者”。美国华盛顿大学的古典学教授布伦戴尔（Blondell）指出：在希腊语中，表示“敌人”的最为常见的词是 *echthros*，它通常用于指个人的敌人。*polimios* 则表示严格的军事上的敌人。当然，*echthros* 也可以与 *polimios* 一起表示战争中的敌人，*polimios* 也用于指个人的敌人。另一个表示敌人的词是 *dusmenes*，意思是“敌对者”。[②] 德国著名政治学家施米特（Carl Schmitt）在《政治的概念》一书中对“敌人”从词源学上进行了考察，他认为：按照德语的语义，“敌人”（Feind）在词源学上一般意味着“仇恨者”“敌对者”。就其原初语义而言，敌人指对之进

① ［以］Ben Shalit：《战斗与冲突心理学》，王京生等译，中国轻工业出版社 2005 年版，第 17 页。

② 参见［美］M. W. 布伦戴尔：《扶友损敌：索福克勒斯与古希腊伦理》，包利民等译，三联书店 2009 年版，第 51 页。

行武力自卫的人。在其他语言中，敌人只是在语言上被规定为非朋友。例如，在罗马语族的语言中，在古罗马帝国内部，敌人（*hostis*）概念就逐渐消失了，或者成了一件内政的事情：*amicus-inimcus*（朋友—非朋友、敌人）、*ami-ennemi*（被爱—不被爱、被仇恨）、*amico-nemico*（与人交友—不与人交友、仇恨）。在斯拉夫语系中，敌人同样是非朋友。在英语中，enemy（敌人）一词完全排斥了 foe（敌人）这个日耳曼词（该词最初仅仅意味着殊死斗争中的对手，后来意味着任何敌人）。[①] 而在汉语中，根据《辞海》的解释，"敌"这个字有三个方面的意思：其一，仇也。《尚书・商书・微子》载："相为仇敌"。其二，犹对也。《左传・文公六年》载："敌惠敌怨，不在后嗣。"按此为相对之意，故对等亦曰敌。《战国策・秦策》载："四国之兵敌。"其三，拒抵也。《北史・吕思礼传》载："讲《书》论《易》锋难敌。"现代汉语基本保留了这三个方面的内涵。虽然"敌人"这一范畴在不同时代有着相异的内涵，但基本上都是以他者的绝对化为基础的。因此，我们尝试着将"敌人"表述为：敌人是与我们对抗的他者。当然，这种界定显然过于抽象且不严密，而且需要进一步对"我们""他者""对抗"等语词进行界定。我们在后面的章节将从多维度对这一问题进行补充论述。实际上，我们在这里想进一步表达的是：敌人不可定义，敌人只能被感知、被建构、被发现。一句话，敌人是"我们"创造的。在某种程度上，正是人们建构的"敌人"概念促进了政治和国家的区分与使用。同时，没有政治或国家的存在，就不可能有"敌人"概念的建构。[②]

毫无疑问，敌人作为一个重要的政治概念，体现为群体之间的一种政治区分。从可能性上看，政治始终包含着敌对关系。问题仅仅在于这种敌对关系是否可能受到限制和规范。换言之，这种敌对关系是相对的还是绝对的。[③] 绝对的敌对关系带有某种高度的抽象性和意识形态性，例如全世界无产阶级和资产阶级之间的敌对关系就具有这种特征；而相对的敌对关系则具

---

① 参见［德］卡尔・施米特：《政治的概念》，刘宗坤等译，上海人民出版社 2003 年版，第 215—216 页。

② 参见上书，第 138 页。

③ 参见［德］卡尔・施米特：《游击队理论——"政治的概念"附识》，《政治的概念》，刘宗坤等译，第 401 页。

有明显的现实性和实在性特征。具体而言，敌人包括敌对国家的军队、国土、居民、政府和盟国。“既然敌对双方不再是抽象的概念，而是具体的国家和政府，既然战争不再是抽象的东西，而是特殊的行动过程，人们就自然可以根据实际现象所提供的材料，来推断那些应该知道而尚未知道的将要发生的事情了。”① 因此，敌对双方的任何一方都可以根据对方的状况来推断对方的行动，从而确定己方的行动。但是，我们必须认识到：政治的核心并非绝对的敌对关系，而是区分敌友关系，并以此为前提。② 在德国汉学家什克尔（Joachim Schickel）看来，“如果敌友之间确实存在差异，那么敌友之间的关系则是辩证的；亦即在朋友阵营内部的自身差异。‘朋友’是涵盖了普遍（自身亦即朋友）和特殊（对立面亦即敌人）的更高层次的普遍”③。施米特则明确地指出，敌友的划分是政治的基础，而且这种划分独立于其他的划分并具有自明性。④ 在施米特看来，敌人概念是政治概念的前提，敌人的存在是政治存续的基础。

以色列军事心理学家本·沙利特（Ben Shalit）认为，敌人是指“我们知觉到其行为确实威胁到我们目标的对手”⑤。显然，沙利特这里所指的乃是实际的、具体的敌人。他进一步指出：“敌人就是主动向我们所期望的平衡状态挑战的人或事物，而对手也具有这种挑战的潜能，但只有当我们试图采取行动时，这种潜能才具有实质性意义。”⑥ 沙利特通过借助“对手”这个词来给敌人下定义，但是对手并不就是敌人。那么，“对手”是如何转变成“敌人”的呢？沙利特说：“当发现对手主动威胁我们时，对手就变成了敌人；一个碰巧挡住我们道路的人是对手，如果他拒绝让开，就成了敌人；一道数学难题是对手，但是如果解不开这道题会导致考试失败，它就变成了敌人；一种外来的意识形态对我们没有构成威胁就是对手，但如果知觉到它

---

① ［德］克劳塞维茨：《战争论》第1卷，中国人民解放军军事科学院译，商务印书馆1978年版，第32—33页。

② 参见［德］卡尔·施米特：《游击队理论——“政治的概念”附识》，《政治的概念》，刘宗坤等译，第433—434页。

③ ［德］施米特/什克尔：《与施米特谈游击队理论》，卢白羽译，见刘小枫选编《施米特与政治的现代性》，华东师范大学出版社2007年版，第2页。

④ 参见［德］卡尔·施米特：《政治的概念》，刘宗坤等译，第138—139页。

⑤ ［以］Ben Shalit：《战斗与冲突心理学》，王京生等译，第109页。

⑥ 同上书，第123页。

对我们的影响是一种危险时，它就变成了敌人；管理军人日常生活的条令是一个要应对和避免与之发生冲突的对手，当它们被负责纠察士兵违纪行为的宪兵直接用来处罚我们时，这些条令就变成了敌人；军队的法规就像一次艰难的攀登或其他国家的战略计划一样，是令人产生征服欲的对手，而宪兵、从山上滚落的岩石以及胜我一筹的军事战略则是对我们构成威胁的真正敌人；对于士兵来说，最明显的敌人是敌方的士兵。”① 沙利特主要是从心理层面来探讨“敌人”问题的，既描述了实质意义上的敌人，也包含了隐喻意义上的敌人。但是，他对“敌人”观念的运用过于随意和宽泛，无助于准确地把握“敌人”问题本身。

我们之所以认为“敌人”是被建构的，是因为并不存在天然的敌人阵营和朋友阵营，正是人类的观念和行为最终造就了这种类别。建构主义国际关系理论的代表人物温特（Alexander Wendt）指出，敌人是由对他者的再现建构的，这种再现把他者表现为具有如下特征的行为体：（1）不承认自我作为独立的行为体存在的权利；因此，（2）不会自愿限制对自我使用暴力的程度。② 显然，温特在这里沿袭了施米特的敌人观念。自我把他者当成敌人或者他者把自我认定为敌人是一个复杂的政治心理过程。具体而言，敌人常常被从空间、社会结构和国际政治关系等方面建构。古典意义上的敌人往往是从空间上建构的，现代意义上的敌人最初也是从空间上建构的，但它又不仅仅是一种简单的空间上的区分，而是基于国家利益，通过理性计算后得出的一种政治判断。而且，国际关系层面的敌人往往是体系化的，是由一系列国家通过结盟来对抗其他结盟国家，从而使得这种敌对关系具有强烈的意识形态色彩。现代意义上的外部敌人和内部敌人既是一种空间区分，也是一种政治决断。外部敌人是典型的“外部他者”。外部敌人的建构大致有两种情形：一是两个彼此敌对的国家相互建构。如冷战时期的美国和苏联就相互视为敌人。一是强权国家为了突出其优越性而将异邦视为劣等民族，从而将对方建构为敌人。日本对中国人的屠杀即是如此。所谓阶级敌人、人民敌人、民族敌人、人民公敌等都是内部敌人，它们主要是基于民族国家内部的社会结构

① ［以］Ben Shalit：《战斗与冲突心理学》，王京生等译，第 109 页。

② 参见［美］亚历山大·温特：《国际政治的社会理论》，秦亚青译，上海人民出版社 2000 年版，第 329 页。

来建构的。当社会结构崩溃导致内战、内乱和革命等极端暴力时，内部敌人就自然被建构了。

## 1.2 敌存灭祸，敌去召过

人们可能会问：我们为什么要研究“敌人”，而不将注意力更多地集中在“朋友”问题上呢？换言之，研究“敌人”到底有什么用？如果我们抛开纯粹的政治意识形态方面的理由和实用主义的研究态度，“敌人”这一论题确实迫切需要从学理上予以深入分析。一般而言，人们都认为敌人是有百害而无一益、欲除之而后快的祸害。唐代著名散文家柳宗元却认为敌人虽然有害但也存在有利的一面，他写了一篇不同寻常的、名为《敌戒》的短文，其内容如下：“皆知敌之仇，而不知为益之尤；皆知敌之害，而不知为利之大。秦有六国，兢兢以强；六国既除，讹讹乃亡。晋败楚鄢，范文为患；厉之不图，举国造怨。孟孙恶臧，孟死臧恤，‘药石去矣，吾亡无日’。智能知之，犹卒以危；矧今之人，曾不是思！敌存而惧，敌去而舞，废备自盈，秖益为瘉。敌存灭祸，敌去召过。有能知此，道大名播。惩病克寿，矜壮死暴。纵欲不戒，匪愚伊耄。我作戒诗，思者无咎。”[①] 柳宗元从正反两方面提出了著名的“敌戒定律”，其核心思想是“敌存灭祸，敌去召过”。历史证明，无论对国家还是对个人而言，敌人或敌对面的存在并非总是坏事，并非只有百害而无一益，不择手段消灭敌人或敌对面也并非有益无害，相反，敌人或敌对面的存在可以使自身“兢兢以强”。柳宗元的这一思想类似于孟子所说的：“入则无法家拂士，出则无敌国外患者，国恒亡。然后知生于忧患而死于安

---

① 《柳宗元集》第2册，中华书局2011年版，第532—533页。柳宗元的这篇短文翻译成现代汉语，大意如下：人们都知道敌人与我们为仇，却不知道它对我们的益处。都知道敌人对我们的危害，却不知道它对我们大为有利。秦国因有齐、楚、燕、赵、韩、魏六国与之对抗，因而小心戒惧而国富兵强；秦国消灭六国之后，骄傲自满以致灭亡。晋国在鄢陵战败楚国，范文子认为这是晋国的祸患；晋厉公不考虑范文子的劝谏，结果举国上下怨声载道。孟庄子厌恶臧孙纥，孟庄子死后臧孙纥却非常悲戚。“因为治病的药石没有了，自己离死亡之日不久了。”智者懂得这一道理，还是难免祸殃；可惜今人竟然不知反思个中原因！敌人存在因而有所戒惧，敌人消失就得意忘形。放弃戒备而骄傲自满，足以酿成祸患。敌人存在可以免除灾祸，敌人不存在反而会招致过失。如果人们知道这一道理，便能思想光大、声名远扬。警惕疾病的人能够延年益寿，自夸强壮的人反而会死得突然。纵欲而不知节制的人，不是愚蠢就是昏乱。我写此文的目的是希望人们能够思索其中道理，从而不会有什么过失。

乐也。”（《孟子·告子下》）敌之为仇、敌之为害，是不言自明的。而敌之有利，并非来自敌人本身，而来自敌人对我们的警醒作用。敌国外患，能否化害为利，取决于我们自己，而不决定于敌国。

### 1.2.1　国家需要敌人来确定身份

就现代政治而言，国家需要敌人来界定自己的身份和强化国民的国家认同。施米特指出：“敌人是我们自己的作为形象的问题。如果自己的形象是清楚确定的，哪来的敌人呢？敌人并不是某种出于某一理由必须排除和因其非价值而必须消灭的东西。敌人处于我自己的层面。基于这一理由，为了要争得自己的范围、界限、形象，我必须以斗争方式与敌人清楚区别开来。”[①]施米特的论述表明：第一，“敌人”是我们的一面镜子，映现出我们自己的形象；第二，敌人并不是必须排除或消灭的对象；第三，斗争是敌我区分的重要方式，通过这种方式来界定自我的身份、范围和界限，形象是自我身份的重要组成部分。“斗争”作为冲突的一种重要表现，使得群体意识和相互分离感不断加强，从而在社会系统中的各群体间形成明确的边界线，群体身份因此得以确立。

建构主义者认为，国家的自我即身份是一个变量，它依赖历史、文化和社会背景。建构主义者关心国家身份或文化自我认知如何由它与其他国家互动的历史来形成。[②] 如果没有其他国家作为外在的比较物，国家的内在同一性是很难确定的。因此，对他者特别是对敌人的想象在辨识国家的特性、强化国家利益与塑造共同命运的过程中起着重要的作用。[③] 而敌人意象与自我意象和世界意象是共同建构的，具有三种固定的意识形态图景：第一个意识形态图景是“保守主义”的敌人意象。这种观点认为，“我们”的政治制度是健全的，不需要学习或借鉴“敌人”的制度。保守主义者认为自己的制度在世界上是独一无二的，因此不能传授给其他国家，更不能传授给敌人。在

---

① ［德］卡尔·施米特：《游击队理论——“政治的概念”附识》，《政治的概念》，刘宗坤等译，第429页。

② 参见［美］伊多·奥伦：《美国和美国的敌人：美国的对手与美国政治学的形成》，唐小松、王义桅译，上海人民出版社2004年版，第24页。

③ 参见王立新：《在龙的映衬下：对中国的想象与美国国家身份的建构》，《中国社会科学》2008第3期，第157页。

保守主义者看来，“我们”如果变得更像世界，“我们”将会一无所获，而世界如果变得更像“我们”，世界将收获颇丰。第二个意识形态图景是“激进主义”的敌人意象。这种观点可能贬低自我的形象，认为“我们”的制度在结构上不健全，必须寻求根本的改造。“我们”很可能比某些敌对国家低下，因此有必要按某些敌对国家的形象彻底改造“我们”。第三个意识形态图景是“折中主义”或“妥协主义”的观点，介于“保守主义”和“激进主义”之间。在妥协主义者看来，“我们”的政治制度在结构上是健全的，但存在某些重大缺陷。因此，“我们”有必要向“敌人”学习并寻找解决办法，矫正“我们”存在的缺陷。简而言之，保守主义者认为，“我们”不需要向敌人或世界学习；而激进主义者则认为，“我们”必须从根本上吸取敌人或者世界的经验；而对妥协主义者而言，“我们”应该学习敌人或者世界，只是这种学习具有选择性。上述“我们”与敌人相互构建形象的观点，既可能先后出现，也可能同时出现，还可能在某一时间段只存在一种占主导地位的意识形态图景。①上述三种不同的意象都隐含了国家需要敌人来确定身份这一观点。

为什么需要敌人呢？英国著名历史学家汤因比（Arnold Toynbee）在《历史研究》中指出：一种状态达到了自身的完美状态之后，只有通过外部的刺激或推动才能开始变化。“若我们没有敌人，那我们还有什么事可做？”在汤因比看来，人类的文化心理及其构成包含一系列的内在冲突和升华，它们最初来自自然，最终将成为一种心灵意象或情结。他指出：《创世记》中的蛇、《约伯记》中的撒旦、歌德《浮士德》中的梅菲斯特、斯堪的纳维亚神话中的罗基、欧里庇得斯《希波吕托斯》中的阿芙洛狄忒以及《伊翁》中的阿波罗，这些神话传说都表明“敌人”在西方文明的起源中充当了特殊的角色，对传达某种特殊的历史文化信息具有不可或缺的重要作用。② 古罗马的溃败是古典时代国家需要敌人的一个著名例子。公元前 84 年，古罗马人征服了最后的敌人，古罗马的独裁者苏拉问：“现在世上已没有了我们要打的敌人，共和国的命运将如何？”结果，几年之后古罗马共和国便分崩离析

---

① 参见［美］伊多·奥伦：《美国和美国的敌人：美国的对手与美国政治学的形成》，唐小松、王义桅译，第 20—21 页。

② 参见［英］阿诺德·汤因比：《历史研究》，刘北成、郭小凌译，上海人民出版社 2005 年版，第 77 页。

了。现代意义上的美国也是由其敌人造就的。美国的国家特性或认同是由外部力量促成的，甚至可以这样说："没有伟大的敌人，就没有伟大的美国。"自其建国以来，美国发动、参与的战争或对外军事行动超过了240次。寻找敌人、渲染危机、出兵打仗，成了美国军事文化和战略思维的核心内容。美国的防务报告常常持敌人导向型的判断，积极寻找敌人或树立假想敌，作为其国家发展的动力。因此，战争和敌人造就了美国。[①] 毫无疑问，敌人可以帮助我们识别并确认我们的目的、空间和存在，更为重要的是敌人有助于强化我们的思想和价值观。"敌人形象使人们对具有威胁性的和不可理解的事件所作的分类趋于绝对化。它们解释困境的办法是把造成灾难的罪过归之于某一个集团。这样做可以提高自己一方的价值观，加强集团的内聚力，解释不清的内心恐惧可以由此而投射到某一具体原因上去。"[②] 敌人作为一种与"自我"不同的"他者"形象，既充满着自我对敌人历史身份的想象和建构，也是借以明确自我意识的一种方式。有关敌人的政治文化话语对敌人虽然有着某种程度的理性认知，但更多充斥着一种历史想象，即以一种非理性或概念化的话语在叙述一个与真实存在不尽相同的他者。借助这种想象，自我得以建构敌人，夸大敌我双方之间的差异，将敌人塑造成遥远但又似曾相识的对立面，从而确立自我的身份。当然，我们说敌人有助于界定国家身份并不意味着敌人是界定国家身份的唯一因素。总之，"敌人"能够为我们提供"我们"存在的理由，提供"我们"国家存在的意义。

### 1.2.2 树立外部敌人有利于内部团结

寻求或树立外部敌人有利于群体的内部团结，大多数政治学家都持这种观点。法国著名思想家博丹（Jean Bodin）在《共和六书》中提出，只有在面对共同的敌人时，国家才会更加团结和强大，古罗马在与其敌人迦太基对抗时最强大，而在摧毁敌人迦太基之后，来自外部敌人的威胁不复存在，古罗马人原有的健康、淳朴和高尚等高贵品质被种种恶习所取代，人性堕落、生活奢侈和挥霍放荡以及内部统治的混乱最终导致了古罗马帝国的崩溃。卢

---

① 参见李炳彦：《没有敌人，便没有美国》，《当代军事文摘》2006年第7期，第27页。

② ［瑞士］库尔特·R·斯皮尔曼、卡蒂·斯皮尔曼：《论敌人形象与冲突升级》，仕琦译，《国际社会科学杂志》1992第1期，第71页。

梭在《斯巴达和罗马——这两个共和国的比较》一文中指出："它们每一个都有可怕的敌人使它经常处于被消灭的边缘，因此它要和那个敌人作斗争。每一个都战胜了自己的敌人，然而敌人的失败却给战胜者带来了致命的灾难。"[①] 诚如前述，古罗马帝国的衰落说明了外部敌人可以界定国家身份，同时也表明外部敌人的存在可以让一个国家内部保持警惕而不会松懈。美国当代著名政治学家亨廷顿（Samuel P. Huntington）指出：一个国家如果没有外部敌人，其社会凝聚力往往会有所减弱，甚至会面临国家分裂和内战的危险。而当国民面对共同敌人的威胁时，国家的权威和资源都会得到进一步加强，全国的政治团结和社会团结也因此而增强。[②] 根据亨廷顿的观点，美国国内出现的一些和联邦政府对抗的事态，如民兵组织和联邦调查局的对峙、俄克拉何马城大爆炸等都可能与美国缺乏一个外部敌人有关。历史经验表明，没有外部敌人，国家就容易出现内部纷争。"群体寻找敌人的目的不在于获得成果，而仅仅在于维持它特有的结构。"[③] 换言之，寻找或树立外部敌人，可以维持一个国家的政治结构、经济结构和社会结构的相对稳定，从而有利于国家整体的稳定。毫无疑问，敌人的存在加强了我们对他者的认识，迫使我们保持警惕，"敌人让我们认识到失去自我甚至忘记我们是谁和我们是什么的危险"[④]。这大概是某些国家设法寻找敌人或者树立外敌的重要原因之一。例如，2009 年 4 月，当朝鲜宣布退出六方会谈时，日本《产经新闻》4 月 15 日一篇题为《北朝鲜利用外压来维持体制》的文章就持类似的观点，它认为："北朝鲜现在特别需要在内部制造紧张感。其理由在于，北朝鲜在维持现行体制上正面临危机。为此，北朝鲜谋求通过树立外部'敌对势力'，并表明与其作斗争的姿态，在国内制造紧张气氛，号召民众团结一致、保持忠心，从而维持现行体制。"[⑤] 以朝鲜这一特定的个案来看，我们确实不能否定树立外敌对于朝鲜界定国家身份、维持政治体制的重要

① ［法］卢梭：《卢梭全集》第 5 卷，李平沤译，商务印书馆 2012 年版，第 626—627 页。

② 参见［美］塞缪尔·亨廷顿：《我们是谁？——美国国家特性面临的挑战》，程克雄译，新华出版社 2005 年版，第 16、216 页。

③ ［美］科塞：《社会冲突的功能》，孙立平等译，华夏出版社 1989 年版，第 91 页。

④ Rosemary Gordon Montagnon，"Do Be My Enemy for Friendship's Sake"，*Journal of Analytical Psychology*，2005，50 (1)，pp. 28-29.

⑤ 转引自《参考消息》2009 年 4 月 16 日。

性。事实上，当我们从国际政治的视角来看待敌人问题时，我们对敌人的认识将会更深刻，也将有助于我们认识和判断国内政治形势，这是毋庸置疑的。

社会学家则从社会心理学的视角论证了树立外部敌人的原因。德国著名社会学家齐美尔（Georg Simmel）认为：外部冲突有利于群体团结，为了维持和增强群体团结，战斗群体可以实际地“攻击”敌人。无论敌人是否存在威胁，都必须让整个群体感到他们面临着敌人的威胁。① 美国著名社会学家科塞（Lewis A. Coser）将齐美尔的命题进一步系统化，他说：“组织极度严密的战斗群体在搜查敌人的过程中，实际上可以达到预期的目的，甚或可以取得加强内部统一和团结的意想不到的结果。这种群体实际上还能够洞察出某种来自外部的威胁，尽管这种威胁尚不存在。根据已经看到的情形，这种虚构的威胁有着与实际的威胁同样的使群体整合的功能。树立一个外部敌人或虚构一个这样的敌人，能加强受到来自内部威胁的群体团结。同样，寻找或虚构一个内部持异议者可能起到维持受到外部威胁的群体结构的作用。这种替罪机制尤其将发生在那些其结构处于现实冲突的群体中。”② 虽然敌人是一个令人憎恶和仇恨的客体，但是敌人也是一个能调动主体负面情绪并促进群体团结的概念。美国著名社会学家米德（George H. Mead）认为，人类个体都拥有两大类冲动或行为趋向：导致社会合作还是社会对抗、友好的态度和关系还是敌对的态度和关系。人们通常认为那些友好的冲动是“社会的”或导致“社会的”行动，而敌对的冲动则是“反社会的”或导致“反社会的”行动。如果只有敌对的、反社会的行动，人类社会组织就会被破坏或者无法单独构成。但是，这些敌对的、反社会的行动和友好的、社会的行动一样，对社会组织起着重要作用。例如，与这些“敌意的”冲动或态度密切相关的自我保护和自我保存在现代国家、民族或其他组织中起着重要的作用。人类个体通过与这两种“敌意”的冲动相联系的社会态度更易于认识或意识到自身。在整个国家或民族的全体成员共同面临某种危险的特定环境下，这两种冲动便与那些“友好的”冲动融为一体，从而加强了个体对国家有组织的社会联合和合作性社会联系的认识。在这样的环境下，它们不再是瓦解和破坏国家或民族

① 转引自［美］科塞：《社会冲突的功能》，孙立平等译，第90—91页。

② 同上书，第97页。

社会组织的力量，而是间接地成了该组织内部增强社会统一、团结和合作的原则。例如，在战争期间，国家内部全体个体成员的自我保护冲动一致针对其共同敌人，从而暂时形成一个内部的、友好的统一体。[①]

综上所述，如果我们不能理解“我们”之外的敌人，不考虑外部力量的威胁和冲击，那么我们也很难理解“我们”自身；如果我们忽略了“我们”之外的敌人的存在，那么对所谓“国家利益”或“民族利益”的追求就会变得毫无意义。我们必须把边界之外的“敌人”纳入“我们”的视野。敌人以“他者”的存在反衬着文明世界价值的荒谬，敌人陷入了一个认同困境。这种困境不仅在于把“我们”之外的“他们”视为邪恶的敌人，而且在于“我们”自己人也把“自我”视为异类，视为敌人。当然，我们完全不能排除部分国家的统治者通过从意识形态层面利用敌人来达到其独裁统治的目的，他们对“敌人”的种种意识形态的宣传具有明显的政治欺骗性。

### 1.2.3　政治家应利用敌人的积极价值

在现实的政治生活中，没有比政治家更需要认真研究和了解敌人的人了。因为政治家需要从敌人那里获得积极价值，而且在大多数情况下，敌人意象是由政治家所代表的统治精英以国家的名义建构的。古罗马著名思想家普鲁塔克（Plutarch）在《如何从敌人那里获益》的著名演讲中指出：“政治家不仅需要充分研究广义的敌人，同时在阅读色诺芬时要特别注意他的这一观点：‘有头脑的人甚至能从敌人那里获益。’”[②] 普鲁塔克的基本观点包括以下几个方面：第一，政治家应该把敌人当成“不用交学费”的老师，要从他们那里学到我们尚未意识到的东西。因为敌人比朋友更早觉察到很多与我们有关的事情。普鲁塔克指出：“尽管敌人在很多方面对你有害，又难以对付，但还是请研究你的敌人，看他是否会以某种独特的方式让你掌握他，当你无人可用时可以利用他，从而使你从中获益。”[③] 虽然普鲁塔克的观点带

① 参见［美］乔治·H·米德：《心灵、自我与社会》，赵月瑟译，上海译文出版社1992年版，第266—268页。

② ［古罗马］普鲁塔克：《古典共和精神的捍卫：普鲁塔克文选》，包利民等译，中国社会科学出版社2005年版，第162页。

③ 同上书，第163页。

有明显“实用主义”的特征，但是他深刻地认识到了敌人存在的独特性，我们可以从敌人那里学到从朋友那里得不到的益处。第二，政治家在与敌人竞争时要更加小心谨慎，以使生活更加和谐。普鲁塔克说：“通常，看到敌人的马匹获得名声，敌人的狗儿赢得赞许，人们会变得非常沮丧；看到敌人耕种的良田和繁茂的花园，人们发出声声叹息。”① 他进一步指出：“如果你想让憎恨你的人沮丧，不要骂他下流、无能、放肆、粗俗、狭隘，而是自己堂堂正正做人，展示你的克制、真诚、善意待人、公正待人……你要是骂敌人无知，那你自己就得增加对学习的兴趣，变得更加勤奋；你要是骂敌人‘胆小鬼’，那你自己就得自强、刚毅；你要是骂敌人‘放荡下流’，那你就得抹去潜藏在自己心灵中最后一丝寻欢作乐的痕迹；因为恶言恶语反弹到说者自己的身上，这才是最可耻、最令人痛心的。”② 换言之，政治家应该在与敌人的比较和较量中发现自己与敌人的差距并超越敌人，而不是嫉妒和谩骂敌人。第三，敌人的卑鄙行为让政治家有机会反省自己。“我们因为敌人的失败而感到的欣慰，以及因为敌人的成功而感到的沮丧，总是会带来一些益处的。我们应考虑敌人的得和失，研究如何预防其失误之源而超越之，如何模仿其成功之处而不至于落后之。”③ 敌人就像一面镜子，其得失成败都值得我们借鉴和超越。第四，政治家应客观地观察仇敌的生活、性格和言行，避免敌人的缺陷将会赢得令人羡慕的成功。④ 普鲁塔克关于敌人的真知灼见应该引起我们的足够重视，特别是政治家的重视。无独有偶，美国著名人类学家鲁思·本尼迪克特（Ruth Benedict）在《菊与刀》这部著作中提出，美国要了解日本这个“敌人”的性格和行为，甚至认为了解日本已经成为“美国的当务之急”，她说：“在美国全力以赴与之战斗的敌人中，日本人是最琢磨不透的。这个主要对手，其行动和思维习惯与我们迥然不同，以至我们必须认真对待，这种情况在其他战争中是没有的。”⑤ 尽管美国研究敌国日本的目的是为了征服、占领和统治日本，但是连日本的著名学者川岛武宜也认为

① ［古罗马］普鲁塔克：《古典共和精神的捍卫：普鲁塔克文选》，包利民等译，第 165 页。

② 同上书，第 166 页。

③ 同上书，第 174 页。

④ 参见上书，第 173 页。

⑤ ［美］鲁思·本尼迪克特：《菊与刀——日本文化诸模式》，增订版，吕万和等译，商务印书馆 2012 年版，第 1 页。

“美国和那些徒知强迫研究人员像小孩子一样、以谩骂敌国为能事的国家不同，对战时的敌国也切实进行科学的、原汁原味的分析”[1]。而且，政治家也需要了解敌人，为了保持国内的团结，他们需要寻找外部敌人或者内部敌人，于是入侵者、持异议者、异端分子等都成了政治家所界定的敌人。[2] 敌人作为与我们共在的他者，既相互联系又彼此分开，我们需要从敌人那里获得某种有助于“我们”的积极价值。

在实际的政治实践中，“敌人”充当了政治家或者政客实施政治动员和进行政治斗争的工具，也是政治家或者政客宣传政治纲领、巩固政治权威、化解政治危机的有力武器，甚至可以利用“敌人”来解释社会发展过程中的不良现象，把政治家应承担的责任嫁祸于敌人。与此同时，“敌人意象”还凸显了民众拥有“爱国主义”或“民族主义”精神的必要性和对政治领导人忠诚的无条件性。事实上，人类历史上有很多政治家不仅提出了与敌人有关的理论，而且能娴熟地将理论应用于实践。毛泽东就是一个非常著名的范例，他是现代历史上能够充分发现和利用敌人的积极价值并获得巨大成功的伟大政治家。毛泽东在《中国社会各阶级的分析》一文开篇提出：“谁是我们的敌人？谁是我们的朋友？这个问题是革命的首要问题。”他进一步指出了中国革命在过去成效甚少的原因就是未能团结真正的朋友，攻击真正的敌人。[3] 正是由于他对中国革命中敌友问题的准确把握，中国革命才取得了胜利。他后来在《被敌人反对是好事而不是坏事》一文中认为，敌人反对我们不仅可以证明我们同敌人划清了界限，还可以证明我们的工作所取得的成绩。[4]

## 1.3 关于敌人的理论

关于敌人的知识或理论是为国家的生存服务的，并且出于生存的目的，

---

① 转引自［美］鲁思·本尼迪克特：《菊与刀——日本文化诸模式》，增订版，吕万和等译，第292页。

② See Rosemary Gordon Montagnon, “Do Be My Enemy for Friendship's Sake”, *Journal of Analytical Psychology*, 2005, 50 (1), p. 30.

③ 参见毛泽东：《中国社会各阶级的分析》，《毛泽东选集》第1卷，人民出版社1991年版，第3页。

④ 这篇文章是毛泽东于1939年5月26日为中国人民抗日军政大学成立三周年而作。参见《毛泽东著作选读（乙种本）》，中国青年出版社1966年版，第65—66页。

国家需要不断调整关于敌人的理论。在西方，与“敌人”观念建构相适应的哲学是关于“自我”的哲学和支配的哲学，而不是关于“他者”的哲学和对话的哲学。换言之，关于敌人的理论实际上就是人类关于自我的理论，只不过这种自我理论涉及我们如何看待世界和怎样对待他者。敌人是隐蔽在我们之中并为我们所熟悉的影子，这种判断意味着敌人是一种相对于我们的存在。[①]如何确定敌人的政治边界和心理边界是敌人理论必须解决的基本问题。敌人的边界可用来精确地确定谁是而谁又不是敌人，从而防止出现混乱的、模棱两可的解释。

### 1.3.1 生存论的敌人理论

当我们讨论“敌人”这种理论时，实际上是在讨论敌人的身份以及这一身份应该是什么。身份是一种自我认识或自我理解，只有在与“他者”的关系中加以比较，才能得以确认。他者是自我形象的投射，这种投射体现了自我对他者的支配关系。建构“他者”的最终目的是为了从“他者”的镜像中反观和确认“自我”。对“他者”的想象总是以“自我”的既有境遇为前提，这种想象不可避免地带有虚构的成分，从而与真实的“他者”相去甚远，而被扭曲了的“他者”的镜像所映射的“自我”同样会与实际的自我发生错位，进而出现对“自我”的误读。敌人作为一个他者，如果不是在现实的政治关系中与自我（这时的自我相对敌人而言，就是一个他者）进行比较，它就是一个空洞的概念，只有在与外部世界的他者的比较中，敌人才能成为一种真实的存在，才能凸显其政治意义。例如，“美国”的身份的确定，就是美国的政治学家和政治家通过直接或间接的方式比较美国与国外政权制度来进行的，对“美国”的想象与修正必须包括对外部世界的想象与修正。[②] 这个外部世界既包括美国的朋友，也包括美国的敌人，事实上，只有对美国的敌人的想象与修正才能有效地确认美国的身份。一般而言，撇开主权来谈敌人理论是无法想象的。外部敌人和内部敌人的区分都是围绕国家的主

---

① See Rosemary Gordon Montagnon, “Do Be My Enemy for Friendship's Sake”, *Journal of Analytical Psychology*, 2005, 50 (1), p. 29.

② 参见［美］伊多·奥伦：《美国和美国的敌人：美国的对手与美国政治学的形成》，唐小松、王义桅译，第20页。

权想象来进行的。尤其在当代世界，敌人是随着民族—国家的存在而被建构的。

毛泽东是20世纪最早也是最为系统地提出敌人理论的思想家和革命家。他对“敌人/朋友”的区分和判断，具有重大的政治理论意义，更具有重大的政治实践意义，对整个20世纪的政治发展有着重要的影响。施米特深受毛泽东敌友理论的影响。他认为，敌人和朋友的区分必须从生存论的意义上来理解。他说：“不能把它们当作比喻或象征，也不能将其与经济、道德或其他概念相混淆，或被这些概念所削弱，尤其不能在私人—个体的意义上将其理解为某些私人情感或倾向的心理表现。它们既非规范性对立，也非‘纯粹的精神性’对立。”[①] 施米特对“敌人”问题的理解至少包含以下几层意思：第一，不能在比喻或象征意义上来理解敌人。因为这样往往容易将敌人抽象化、符号化。所谓“人类的敌人”就是在这种意义上而言的。人类不存在敌人，因为敌人本身属于人类。正如施米特所指出的：“当一个国家以人类的名义与其政治敌人作战时，这并不是一场为人类而战的战争，而是一场某个具体国家试图篡取这个普世概念以反对其军事对手的战争。以损害对手为代价，这种国家把自己等同于人类，这与人们对和平、正义、进步和文明的滥用如出一辙，其目的无非是把这些概念据为己有，而否认敌人同样拥有它们。”[②] 第二，敌友的区分具有独立性，它不依赖经济或道德的划分。正如德国当代学者迈尔（Heinrich Meier）教授所指出的：“施米特所关注的乃是维护政治的独立性和纯粹性免于那些额外负担、非法干涉或者来自人类思想和行动的其他领域的侵扰。敌友的区分所关注的乃是一种必要的、严格的界限划分，并提供一个具有可操作性的工具。政治的概念所预设的敌人乃是一个公开的、集体性的实体，它既不是某一个体也不受制于那种个体的仇恨；它不能被一种‘规范性’确定，而是一种‘生存论意义上的实在性’的给定性；它不受制于道德的、美学的或其他领域的评估，而是‘需要实事求是地予以对待’；它是在生存斗争中‘必须被击败’的敌人。”[③] 第三，敌人

① ［德］卡尔·施米特：《政治的概念》，刘宗坤等译，第142页。

② 同上书，第174页。

③ ［德］迈尔：《古今之争的核心问题——施米特的学说和施特劳斯的论题》，林国基等译，华夏出版社2004年版，第33页。

只是公敌，而不是私敌。施米特强调敌人的公共性，目的在于把政治从国家中解放出来，在施米特看来，由于国家常常处于被阴谋操纵的状态，因此需要将政治从民间团体的私人事务中解放出来，上升到集体性公共政治的层面。[①] 第四，敌友的区分既不是价值规范上的对立，也不是“纯粹”精神性的对立。如果我们仔细考察古希腊和古罗马的敌人概念，就会发现施米特实际上沿袭了古典的敌友区分传统。这种区分的意义是生存论和教化论意义上的，它可以避免将具体的敌人、实际的敌人当成绝对的敌人。在施米特看来，绝对的敌人是一种非人性的表达。因此，敌人的“本质”就是生存论意义上的他者和陌生人。

“敌人是谁?”和“敌人是什么?”是两个根本不同的问题，前者牵涉政治领域，后者涉及哲学领域。但两者又都在思考以“人类本质”为中心的基础本体论问题。“敌人是什么?”类似于康德所提出的“人是什么?”这一问题。人类关于“谁”的问题的思考，最终异化出他们不共戴天的敌人。这样，“敌人”就成了“谁”的唯一答案，敌人的特性就是一种主体的存在。在提出“敌人是谁?”这一问题之后，接下来的问题是：我们如何判断“敌人是谁”? 对敌人的判断，通常可从两个方面进行：第一个方面是常见的“制度—结构”方面，目的在于认识正式的制度、法律是如何认定不同的国家为“敌人”或者“朋友”的，同时可以了解政治集团是如何区分国内社会成员的身份和权利，从而以强制的途径达成某种秩序的。这一方面是相对稳定的。第二个方面则是社会成员的主动选择，目的在于认识他们对自我身份的期待、接受和认同，即他们如何进行身份建构和选择。这一方面是变动的。第二个方面是由第一个方面决定的。显然，“敌人”是与秩序密切相关的问题。这种秩序涉及国家与国家的关系和国家与社会的关系。前者是在古典政治哲学意义上而言的，后者则是在现代政治情境中将古典意义上的敌人泛化的结果。然而，只有在生死攸关的情境下，关于敌人的政治哲学才能得到最好的理解。

---

① 参见［德］卡尔·施米特：《政治的概念》，刘宗坤等译，第143—145页；［加］大卫·戴岑豪斯：《合法性与正当性：魏玛时代的施米特、凯尔森与海勒》，刘毅译，商务印书馆2013年版，第56页。

### 1.3.2 意象论的敌人理论

我们说敌人理论是一种意象理论（image theory，或称之为想象理论）[①]，首先是基于一种认识论而言的，这种理论在某种意义上仍然是生存论的延伸。敌人理论作为政治理论的重要组成部分，必须将有关敌人的认知置于政治的核心位置，"因为那种将其自身引向战争的紧急状态的态度与某种认知有着无可争辩的联系，正像准确地区分朋友和敌人这一任务也同样需要某种明确的认知一样。前者预设了某种敌意及其实在性和绝对必要性，而后者则需要一种自我界定、自我定义，亦即需要一种自我认知，否则这一任务无法完成。政治似乎不仅以认知为基础并促进这种认知，而且在某种确切的意义上政治自身即是认知"[②]。敌人论作为一种认知理论首先涉及解释预设或者解释者的立场问题。在最为基本的层面，"敌人"问题存在两个维度的解释预设：一是一般的、普遍的解释；一是历史的、社会的解释。无论在实际冲突中还是在理论冲突中，人们都是围绕这两种解释来展开争论。前者意味着对"敌人"的解释存在一种普遍主义的、超验的指引，也许我们不能论证它，但我们能够感受它的指引。正是在这种意义上，我们常常认为"敌人"是不可定义的，但能被我们通过直觉感知它的存在。而后者则否定任何普遍性的解释，认为一切都是具体的、历史的、特殊的、变化的。这就意味着对"敌人"的解释是变化的，并不存在一种固定的、一成不变的关于敌人的理论。根据这种理论，国家或社会不是根据某种超验的原则，而是根据它们的社会情境和现实利益认定敌人并正当化它们的行为。与敌人相互作用的程度取决于"我们"的行动，这种关系被看作一场零和或非零和博弈。如果敌我

---

① image的意涵源自13世纪，指的是人像或肖像，后来演变为一个心理概念：设想不存在的东西或明显看不见的东西。参见［英］雷蒙·威廉斯：《关键词：文化与社会的词汇》，刘建基译，三联书店2005年版，第224页。与根据特征和属性来划分的传统的社会类型不同，意象还包括对外部集团的意图、动机和感情的理解。这种概念来源于对群体间关系结构的认知，其功能在于为内部集团对外部集团采取的特定行为提供支持。See Michale G. Alexander，Shana Levin，P. J. Henry，"Image Theory，Social Identity，and Social Dominance：Structural Characteristics and Individual Motives Underlying International Images"，*Political Psychology*，2005，26（1），pp. 26－45；Dora Capozza，Elena Trifiletti，Loris Vezzali，Luca Andrighetto，"Americans Are Barbarians or Allies? Images of Americans in the Italian Social Context"，*Basic and Applied Social Psychology*，2009，31（1），p. 61.

② ［德］迈尔：《古今之争的核心问题——施米特的学说和施特劳斯的论题》，林国基等译，第31页。

关系是“你死我活”的冲突，“敌人”的利益与“我们”的利益是完全相背离的，那么这种关系就是一场零和博弈。例如，恐怖分子和国际罪犯的利益与社会大众的利益相违背，他们在进行明确的零和博弈，他们的行为自然会激发大多数人对他们的敌意。[①] 如果这种相互作用被认为是由敌人直接或间接发起的，那么这种关系就被看作非零和博弈。我们可以乐观地看到，以对整个族群的盲目仇恨、以地理疆界分割的族群之间的冲突这种零和博弈正在逐渐减少，而以国家与国家之间的利益纷争为特征的非零和博弈正在不断增长。无疑，战争在某些历史条件下能够强化参战方的对立或对抗，从而促进“敌人”观念的形成；同时，战争也强化了参战方各自的族群意识。因此，战争对敌人观念的塑造起着至关重要的作用。

敌人意象的形成与人类的认知发展密切相关，及时而准确地感知到可能构成威胁的敌人，从而适时地作出反应，对人类的生存有着重要意义。具体反应如何，取决于对敌人感知的恐惧程度，而感知“正确”与否又取决于它们是否有利于感知者的生存。瑞士心理学家库尔特·R. 斯皮尔曼（Kurt R. Spillmann）等人试图通过分析儿童的情绪和认知发展过程来理解敌人意象的建构及其功能，认为敌人意象与对自我和他者的感知密切相关。虽然这种研究很难得到验证，但是有助于理解敌人意象的形成。他们综合了弗洛伊德（Sigmund Freud）和皮亚杰（Jean Piaget）的理论，把儿童的情绪和感知的发展大致分为共生、分化、区分和认同四个阶段，在这些初始发展阶段存在着“陌生/熟悉”的简单区分。他们认为，在随后经历的社会—认知发展过程中，人们借助认知功能防止倒退到“陌生/熟悉”这种二元对立模式，通过移情和推己及人的能力抑制敌人意象的形成。根据皮亚杰的理论，认知主体与客体相互作用的结果远比客体本身提供的内容丰富得多。人们必须首先对所处环境及其自身形成意象，之后才能作为感知主体与他人互动。自我意象和敌人意象都是人类认知不断发展的结果。而对客体尤其是敌人潜在意义的把握程度，则取决于主体拥有的经验和认知程度。他们进一步认为，与其说敌人意象是情绪和认知发展的结果，不如说是它们倒退的结果。在情绪领域，非此即彼的分类方式占据了绝对优势，凡是“非我”的一切都会构成

---

① 参见［美］罗伯特·赖特：《非零年代：人类命运的逻辑》，李淑珺译，上海人民出版社 2003 年版，第 368 页。

威胁，都是邪恶的，随着这种认知的进一步强化，相互敌对和攻击不断增强，甚至本属于“我们”的某些阴暗的东西，反而投射给了“他们”，因此，这时敌人意象只是由自我虚构或投射的形象。当敌对双方都将对方塑造成敌人意象时，冲突将进一步加剧，当一方或双方采取或威胁采取某种行动时，敌对观点将全面意识形态化。就与敌人的关系而言，个人完全属于群体，就如同敌方的每个个体都是敌人一样。当陌生/熟悉、威胁/安全、邪恶/善良这些非此即彼的对立模式占据了整个认知领域，敌人就被视为非人性的群体，他们就丧失了人的属性，我们不再对敌人抱有同情，从而可以采取任何方式对待敌人，也不再遵守人类共同的伦理道德规范。[①]

敌人理论作为一种意象理论，把认知心理学的核心概念与国际关系理论相结合，将“战略意象”界定为政治情境中的另一个国家行为体的表象，主要关注我们对敌对国家的意象与作为其结果的行为之间的联系。而在国际关系领域，意象理论曾被用来理解和预测美国与苏联在冷战时期的关系。后来，这种理论又被用来理解和预测这两个超级大国与中东国家例如伊朗与伊拉克的关系。实际上，意象理论中的“意象”包括感知到的外国行为体的特征以及这些特征之间的关系，这种意象影响着意象建构者的选择过程、解释

---

① 我根据库尔特·R. 斯皮尔曼和卡蒂·斯皮尔曼的叙述，将儿童情绪和认知的发展概括为共生、分化、区分和认同四个阶段。第一阶段为共生阶段，即婴儿刚出生的最初几周，分不清“自我”与“非我”，可以用“我们俩是一个”来描述婴儿与母亲的关系，但这种没有区分的关系并非真实的状态，而是儿童的幻觉。第二阶段为分化阶段，6～8个月的婴儿能够感受到陌生人的威胁，认为一切陌生事物都是“非我”。但婴儿对陌生人的拒绝只是对陌生事物作出的反应，并非对真实的危险作出的反应，可以用“凡非我即构成威胁”来表述这种状态。第三阶段为区分阶段，1～3岁的儿童逐渐认识到自己与母亲的区别，建立起“我”和“你”的意识。在这个阶段，不论友谊与合作还是敌对与竞争，他人也像“我”一样，有某种共同性。随着儿童感知的逐步发展，完全可以防止前两个阶段的分裂过程。出于对对象的爱或恐惧，儿童对同一对象既可能抗拒，也可能接受。第四阶段为认同阶段，儿童在3～6岁逐步分清“我”“你”“他”的区别。儿童由第三阶段感知到的限于二人之间的人际关系向三人以上的人际关系转换。儿童在基于自我认同的基础上，能够跨越时空和冲突来维持人际关系，也可以接受人们彼此形成亲密的关系。儿童通过与父母或类似于父母的人的相互作用，逐步建立了个体与社会的互动系统，并形成对象—关系的意识。其中内化和认同在第三、第四阶段起着关键作用。在内化阶段，不仅涉及对象—关系的转化，而且价值观、理想、规范性义务、期望等都被内化。而在认同过程中，儿童获得新的心理结构并重新构建自我，同化并吸收他者的某些特征，从而按他者的形象改变自己。儿童通过“自我—他者”的特性、行为、情感等的无意识渗透获取信息以及有关他者的某种“知识”。随着情绪和感知的进一步发展，儿童能够清醒地区分陌生和熟悉的关系，并据此得出是否安全的判断。参见［瑞士］库尔特·R·斯皮尔曼、卡蒂·斯皮尔曼：《论敌人形象与冲突升级》，仕琦译，《国际社会科学杂志》1992年第1期，第58—69页。

和信息的记忆等。[①] 一个国家或人们的敌人意象并非一成不变，“美国公众并没有对苏联持有极端的、定型化的、恶魔般的敌人意象，美国民众、领导人对苏联的态度也随着一些重大事件的影响而迅速缓和下来”[②]。对普通民众而言，对敌人的意象大多是想象的或者由政治精英所建构的。对敌人的意象或想象包含对敌人的意图、决策、威胁、能力、文化等方面的认知，这种意象往往带有典型的负面性。有学者将这种负面性称为“敌人意象综合征”，它具有以下七个特征：（1）不信任。敌人的任何行动都带有恶意和欺骗性。（2）归罪于敌。敌人必须对当前的紧张状态以及由此引发的一切严重后果负责。（3）负面的预感。敌人的行动总是为了伤害我方。（4）与邪恶等同。因此，凡是敌人反对的，我们就要拥护；凡是敌人拥护的，我们就要反对。（5）零和思维。凡是对敌人有利的，一定不利于我们；反之亦然。（6）无区别对待。凡属于某个特定敌对集团的成员，就是我们的敌人。（7）拒绝同情。敌人和我们毫无共同之处，因此绝不能同情敌人，否则就会面临危险。[③] 以上关于敌人意象的描述带有非理性的特征，具有很大的主观性，对敌人意象的形成有着重要作用，但没有触及敌人问题的本质。

当国家之间具有不同的意象时，它们就会相应地采取不同的策略，换言之，每一种意象都有和其相关的策略。“20 世纪 50 年代和 60 年代，在为赢得世界人心和思想斗争的意识形态内容中，有些政治学家对国家共同体如何彼此想象对方（并对其他国家如何看待本国的形象）的问题非常感兴趣。”[④] 哈罗德·伊萨克斯（Harold Issacs）认为，形象对事件的作用难以确定，但事件尤其是重大事件如战争对形象的作用却是显而易见的。他指出：“至今，一大群朋友和敌人以惊人的速度发生改变……仅仅数年内，人们被号召转变‘东方残忍分子’的形象，先是从中国转到日本，后又从日本转到中国。单

① See Dora Capozza, Elena Trifiletti, Loris Vezzali, Luca Andrighetto, “Americans Are Barbarians or Allies? Images of Americans in the Italian Social Context”, *Basic and Applied Social Psychology*, 2009, 31 (1), pp. 60-61.

② Brett Silverstein & Robert H. Holt, “Research on Enemy Images: Present Status and Future Prospects”, *Journal of Social Issues*, 1989, 45 (2), pp. 159-175.

③ 参见［瑞士］库尔特·R·斯皮尔曼、卡蒂·斯皮尔曼：《论敌人形象与冲突升级》，仕琦译，《国际社会科学杂志》1992 年第 1 期，第 57—58 页。

④ ［美］伊多·奥伦：《美国和美国的敌人：美国的对手与美国政治学的形成》，唐小松、王义桅译，第 25 页。

是一代人里，德国的主要形象就从和善的资本阶级变成磨刀霍霍的军国主义，再变成纳粹杀人犯，最后又回到旧式的形象：分为西部（友好的）和东部（不友好或被禁锢的）有效率的勤劳人民。甚至在更短的时间内，美国人们被要求摒弃日本南京大屠杀和巴丹死亡之征（Bataan Death March）的形象，接受它为一个改造的罪人和诚实的民主主义者……就在同一时期，美国人对斯大林的形象从清洗年代的独裁者迅速飞跃为战争年代的‘约瑟夫大叔’（Uncle Joe），然后又回到自大狂（megalomaniac）。”① 通过伊萨克斯的分析，我们可以看到，美国对中国、日本、德国的形象是根据重大事件来确定的，并且随着重大事件而发生变化，这就意味着有关敌人的意象并不是一成不变的，而是随着政治关系的改变而发生变化的。

意象的形成是对国家间战略关系感知的结果，与以下因素密切相关：(a) 竞争性的相互依存还是合作性的相互依存；(b) 一个国家与他国之间的相对力量，即感知到的政治、经济、军事资源上的不平等；(c) 相对的文化身份。而关于相对力量的认知和相对的文化复杂性的认知都会影响针对另一个国家的战略选择。② 根据对上述因素感知的结果，一个国家对另一个国家的意象可以分为敌人、野蛮人、帝国主义、殖民地、堕落者、无赖和联盟等类型。③（具体见下页表 1）从表 1 我们可以看出，当一个国家对另一个国家具有“敌人意象”时，那个国家的意图就会被认为具有威胁性并且是有害的，而其能力和文化与感知者的国家是同等的。“敌人意象来自对文化身份和力量上类似内部集团、但目标却截然相反的他国行为体的感知，并产生威

① Harold R. Issacs, *Scratches on Our Minds: American Views of China and India*, New York, John Day, 1958, pp. 405-406. 转引自［美］伊多·奥伦：《美国和美国的敌人：美国的对手与美国政治学的形成》，唐小松、王义桅译，第 25—26 页。

② Dora Capozza, Elena Trifiletti, Loris Vezzali, Luca Andrighetto, “Americans Are Barbarians or Allies? Images of Americans in the Italian Social Context”, *Basic and Applied Social Psychology*, 2009, 31 (1), p. 61.

③ Richard W. Cottam 提出了盟友、帝国主义者、殖民主义者的意象。See Richard W. Cottam, R. *Foreign Policy Motivation: A General Theory and a Case Study*, Pittsburgh, PA, University of Pittsburgh Press, 1977. Herrmann 则提出了野蛮人、堕落者、依附者的意象。See Richard K. Herrmann, *Perceptions and Behavior in Soviet Foreign Policy*, Pittsburgh, PA, University of Pittsburgh Press, 1985; Richard K. Herrmann & Michael P. Fischerkeller, “Beyond the Enemy Image and Spiral Model: Cognitive-strategic Research after the Cold War”, *International Organization*, 1995, 49 (3), pp. 415-450.

胁感，从而导致攻击行为意向。敌人意象把对手描述为怀有敌意的、不可信任的、只受自我利益驱动的形象，因而可以为这种攻击性反应提供辩护。”①敌对国家的能力包括经济特性、军事力量、国内政治稳定性和有效的政策制定与实施。敌人为小撮精英所统治，他们所制定的政策试图伤害感知者的国家。② 尤其在冷战期间，敌人意象是国际关系研究中盛行的一种观念，通常指的是那些技术水平和文化身份大致相当的对手。③ 这种敌人意象既可能是单向度的，即一个国家将某国视为敌人，而某国并不同等视之；但也可能是相互的敌人意象，即你把我当作敌人，我也把你当作敌人。

**表 1　　不同意向类型及认知**

| 认知因素 / 类型 | 能力 | 文化 | 意图 | 决策制定者 | 威胁或机会 |
|---|---|---|---|---|---|
| 敌人 | 同等 | 同等 | 有害 | 小撮精英 | 威胁 |
| 野蛮人 | 优越 | 优越 | 有害 | 小撮精英 | 威胁 |
| 帝国主义 | 优越 | 优越 | 有害 | 少数群体 | 威胁 |
| 殖民地 | 低劣 | 低劣 | 良好 | 小撮精英 | 机会 |
| 堕落者 | 优越或同等 | 意志薄弱 | 有害 | 混乱、多样 | 机会 |
| 无赖 | 低劣 | 低劣 | 有害 | 小撮精英 | 威胁 |
| 联盟 | 同等 | 同等 | 优良 | 许多群体 | 威胁 |

关于敌人的意象可能是真实的，也可能是虚假的。根据真实的敌人意象所采取的策略常常是对抗和遏制，而且这是不得不作出的选择。通常，人们对敌人的情绪都是消极的或否定性的，因此，人们对敌人的反应往往是对立的和充满敌意的。人们同敌人竞争，并试图阻止敌人获得成功。根据意象的认知特性，与敌人的冲突就获得了人们的认可和理解。如果敌人像自己的国

① Dora Capozza, Elena Trifiletti, Loris Vezzali, Luca Andrighetto, “Americans Are Barbarians or Allies? Images of Americans in the Italian Social Context”, *Basic and Applied Social Psychology*, 2009, 31 (1), p. 61.

② 参见［美］马莎·L·科塔姆、贝思·迪茨-尤勒、埃琳娜·马斯特斯、托马斯·普雷斯顿：《政治心理学》，胡勇、陈刚译，中国人民大学出版社 2013 年版，第 68—69 页。

③ See Dora Capozza, Elena Trifiletti, Loris Vezzali, Luca Andrighetto, “Americans Are Barbarians or Allies? Images of Americans in the Italian Social Context”, *Basic and Applied Social Psychology*, 2009, 31 (1), p. 61.

家一样强大有力，根据人们对冲突是一种零和博弈的理解，那么我们在冲突中也具有失败的可能性。因此，这种敌人意象就使得备战和防卫成为理所当然的选择。如果备战和防卫能够完全消灭威胁者，那当然是好事。然而，在大部分现实政治中，遏制策略是唯一被认可的备选方案，这是因为打败敌人在最好情况下也只有百分之五十的可能性。遏制敌人——阻止他们更加强大或者实现其所渴望的目标，是我们的唯一选择。①

根据虚假的敌人意象而采取对抗性的策略常常是悲剧性的。具体而言，如果被视为敌人的某一国家的动机或意图被另一国家的领导者和民众错误地理解，也就是说他们对“敌人”是以过去的刻板印象为基础的，那么这种刻板印象就很可能是一种虚假的意象，据此针对敌对国家采取行动所带来的后果就会被认为是悲剧性的。与此同时，敌对国家的人民与领导者也会认为自己受到了对方的侵略，并且会形成一种敌人意象或镜像。由于双方都把对方视为敌人，都将采用同样的对抗策略，那么最有可能的结果就是导致一种难以克服的、灾难性的安全困境。在这种安全困境中，一个国家作出的保护自身的努力，即使它对敌人不具有威胁的意图，也会被它的敌人认为具有威胁性。这样，它们就容易导致一种螺旋式冲突，双方相互竞争，并且使得冲突不断升级，形成军备竞赛甚至侵略。很显然，这种困境是敌对双方对彼此动机的误解所造成的，有关敌人的刻板印象实际上是不可验证的，但它可以用来解释敌人方面的任何反应，甚至和平的行为。②

敌人理论作为一种意象理论，是建立在有关敌人观念基础之上的观念系统，通常是由少数精英或统治者出于统治需要而建构的一种政治意识形态。“观念”源自希腊文 *idea*，最初含有“观看”“理解”的意思，在哲学的原初意义上，观念是用来强化或形塑所有的实体或实在的。而在现代意义上，观念指涉的是某种思考方式，作为行为判断或行动执行的依据。③ 相对思想而言，观念更确定，其价值方向更明确，观念可以通过固定的关键词来表达，而思想则显得更为抽象和含混。正是因为观念所体现的价值方向的确定性，所以它和社会行动的关系比思想更为直接。在社会行动中，观念既可以事先

①② 参见［美］马莎·L·科塔姆、贝思·迪茨-尤勒、埃琳娜·马斯特斯、托马斯·普雷斯顿：《政治心理学》，胡勇、陈刚译，第81—82页。

③ 参见［英］雷蒙·威廉斯：《关键词：文化与社会的词汇》，刘建基译，第214页。

被行动者想象，也可以事后被行动者理解，有不少观念本身就可以被认为是社会行动的组成部分。[1] 敌人作为一种观念，既表达了人们强化或形塑的某种对抗性实体，同时人们通过思考、话语使其社会化和类型化，形成公认的普遍意义，并建立与这种观念相关的复杂的言说和思想体系。关于“敌人”的观念一旦实现社会化，就会转化为统一的社会行动，或者转化为对敌人的谴责，或者转化为对敌人的战争，或者转化为意识形态领域的对抗和冷战。我们知道，任何时候统一的社会行动都涉及普遍目的的形成，如果一个国家没有形成关于“敌人”的普遍观念，那么由个人的行动组成社会行动就是不可思议的。正是在这种意义上，敌人不是个体意义上的而是政治或社会意义上的集体的敌人。关于观念与社会行动之间的关系，弗耶利（Fouillé）指出，观念是“我们的感觉和冲动所呈现出的知觉形式；每个观念不仅涵盖一种智力行为，而且涵盖知觉和意志的某种特定的方向。因此，对于社会亦如对于个体一样，每个观念均为一种力量，这种力量愈加趋向于实现其自身的目的”[2]。在某种意义上，政治实体之所以不断地强化“敌人”观念，就是要通过对敌人的政治行动来实现关于“敌人”的观念。一旦一个政治共同体中有人不愿意共享这种敌人观念和意象，他们就会被认为是背叛者或内部敌人。

观念在社会化后具有普遍意义的确定性。因此，人们可以凭借若干观念建立社会化的意识形态。观念是组成意识形态的基本要素，意识形态是占统治地位的观念系统。正如我们前面所论述的，个人关于敌人的观念或意象是不统一的，而政治共同体要针对敌人采取一致的行动，就必须将共同体中各种不同的观念整合起来，形成某种与敌人有关的整体结构的观念系统，这种观念系统就是有关敌人问题的意识形态。当政治共同体形成了具有反对和对抗敌人的整体结构的意识形态，它们就可以指向更高层次的政治目标，从而转化为大规模的改造社会的行动或政治动员。有学者研究了美国的外交观念结构中“敌人意象”（Enemy Images）和意识形态在冷战期间所起的作用。他们发现，市民关于苏联的意象在建构其他外交政策观念中起着特别关键的作用，而意识形态则不起这种作用。而某些重大的历史事件迫使美国领导人修正他们关于苏联的陈旧的“敌人意象”，并且需要积极回应这种变化。与

① 参见金观涛、刘青峰：《观念史研究》，法律出版社2009年版，第4页。
② 转引自［英］伯瑞：《进步的观念》，范祥焘译，上海三联书店2005年版，第1页。

大众观念体系相反，在精英的外交政策观念中，“敌人意象”起着有限的作用，而意识形态则起着核心作用。[①] 研究和敌人问题相关的政治意识形态，我们需要剖析这种意识形态是由哪些基本观念组成的，也需要认识该意识形态中各种观念之间独特的关联方式，从而让民众理解和接受这种政治意识形态并支持政治共同体对敌人的打击。因此，敌人理论就是凭借若干与敌人相关的观念，例如野蛮人、公敌、敌意、仇恨、非人化等关键词而建立起来的一种意识形态，这种意识形态要论证对抗和打击敌人的正当性，从而获得政治共同体内成员的广泛支持并采取共同行动。

### 1.3.3　价值论的敌人理论

实际上，敌人理论也是一种价值论，或者至少是包含了某种价值判断和政治判断的理论。因为完全与价值无涉的政治或社会理论是不存在的。敌人究竟是善的还是恶的，抑或既有善的一面也有恶的一面，这是有关敌人的认识论需要解决的问题，只不过这种认识已经上升到了价值论的层面。戴维·肯尼迪（David Kennedy）说：“不论敌人是第一次世界大战中的德国的‘恺撒主义’，还是第二次世界大战中的日本军国主义，或是冷战中的俄国集体共产主义，在美国人的心目中，敌人这一定义的核心内容都是敌人反对个人主义的价值观。”[②] 显然，敌人这一观念涉及道德、价值和情感，以及它们如何介入现代主权的想象等方面的问题。

施米特强调敌人的政治性，反对将敌人与道德挂钩，并且认为这种区分是独立于其他区分的。他认为，政治敌人不一定非要在道德上被判定为邪恶的，而在我们的历史传统中，“敌人和朋友要么被妖魔化，要么被规范化，要么在哲学上陷入价值与非价值的两极对立”[③]。这种后果导致了敌人的大规模死亡，因为敌人是邪恶的，所以敌人必须灭亡。针对战争对抗中敌我双方的巨大伤亡，施米特的思想也许有着积极的意义，但是我们一旦面临紧急状态，对敌

---

① See Shoon Kathleen Murray & Jonathan A. Cowden, “The Role of ‘Enemy Images’ and Ideology in Elite Belief Systems”, *International Studies Quarterly*, 1999, 43 (3), p. 456.

② John W. Dower, *War without Mercy: Race and Power in the Pacific War*, New York, Pantheon, 1986, p. 10. 转引自［美］塞缪尔·亨廷顿：《我们是谁？——美国国家特性面临的挑战》，程克雄译，第217页。

③ ［德］卡尔·施米特：《政治的概念》，刘宗坤等译，第139页。

人的道德判断就仍然是无法避免的客观现实。显然，大多数理论家都认为敌人的人性是恶的，只不过一部分人认为敌人是可以教化的，而另一部分人则认为敌人是野蛮的、不可教化的。因此，关于敌人的价值判断或道德讨论必须防止两个极端：一是防止将敌人问题等同于道德问题进行研究；一是防止忽视伦理道德对研究敌人问题的影响。人们往往将实际遵守的道德规则和他们假装遵守的道德规则以及理论家所声称他们应当遵守的道德规则混为一谈。

关于敌人的政治哲学或道德哲学之所以重要，是因为这种哲学在理论层面和实践层面的双重价值。对深入理解"敌人"问题而言，哲学只是必要条件，绝非充分条件。没有对敌人问题进行充分的反思必然会导致在政治实践中错误地对待敌人。"所有的政治参与者都是哲学家，因为他们的行动以某种哲学为前提，即便他们不愿意或不能详细阐述这种哲学。相反，即使他们否定了其哲学预设，专业哲学家的理论仍然构成了其思想的组成部分，并以非常复杂微妙的方式影响到他们的现实实践。理论是对实践的反思，从而决定应当维持还是改革实践。"① 当然，我们应该认识到：理论与实践的联系不是简单的因果关系，但这种联系对评价特定的理论具有重要意义。

## 1.4 如何研究敌人

全面深入地了解"敌人"有助于人们对政治本身的理解，也有利于政治学的形成和发展。伊多·奥伦（Ido Oren）认为，对美国的敌人及其特征的理解，有助于严格检验政治学可能的客观性以及美国民主本身的意义。他甚至认为，我们可以把国外政权以及美国与它们的关系当作反映政治学面貌的镜子。例如，当美国与德国、意大利和苏联是正常或朋友关系时，美国的政治学家并没有批评它们是"独裁"或"集权"的邪恶政权。但是，在它们成了美国的敌人之后，政治学家就及时地给它们贴上了野蛮、黑暗、邪恶等标签，敌人形象随着冲突的升级不断朝着消极方向改变，它们在政治学中的形

① ［加］大卫·戴岑豪斯：《合法性与正当性：魏玛时代的施米特、凯尔森与海勒》，刘毅译，第6页。

象及其历史变化模式也非常的系统化。[①] 伊多·奥伦所说的这种情况在其他国家的政治学界也同样存在，因此，我们必须改变以往对"敌人"问题的纯意识形态式的、否定性的研究，应该转向全面批判性的反思。

对"敌人"问题的研究涉及研究范式问题。就宏观的国家或社会层面而言，"敌人"问题涉及群体与群体之间的关系。在微观的社会心理层面，则是群体与群体之间通过何种机制建立何种心理联系，最后获得何种性质的"我们"概念与"我们感"的问题。"敌人"就在"我们"之外的"他们"之中，但"他们"并不等于"敌人"，"他们"可能是竞争对手、陌生人或者敌人。关于敌人的理论既要回答现实政治中的群际关系、社会认同、国家认同和文化认同等问题，也要解释群体冲突、国际冲突、国际战争、国际恐怖主义等所涉及的心理过程与机制问题。因此，我们需要对"敌人是什么"或"什么是敌人"这类问题进行描述，而对"为什么成为敌人"则需要解释。至于"谁是我们的敌人"这个问题则需要对敌人的角色或身份作出政治判断，它涉及自我与他者之间的关系这一根本的哲学问题。大致而言，理解自我与他者关系形成的路径有四种，即人种论的路径、心理学的路径、大陆哲学的路径和"东方主义"的路径。[②] 本书主要从大陆哲学的路径来思考敌人问题，但也不排除吸收其他理论和方法。复杂多变的国际政治现实需要我们从多学科维度来思考。因此，在本书中，我将吸收多学科的知识营养来分析"敌人"问题，并且尝试形成一种以"敌人"为核心的政治哲学理论。当然，我很清楚这种努力所存在的巨大风险，这种风险在于如何将不同学科的理论有机地融合成一个逻辑上自洽的整体，并建构一种能够完整而充分地表达自己见解的理论。

任何社会科学事实上都无法坚持所谓的"价值中立"或"价值无涉"原则，那些经常误用"韦伯原则"的人其实并没有认真理解韦伯提出这一原则

① 参见［美］伊多·奥伦：《美国和美国的敌人：美国的对手与美国政治学的形成》，唐小松、王义桅译，第8—9页。

② 人种论的路径主要是基于"集团内"与"集团外"的研究，学者主要研究国际关系中的民族主义和种族集团的构成；心理学的路径则是把精神分析用于集团内部和种族中心主义研究；大陆哲学的路径则与国际关系研究相关，主要研究哲学家对"自我"与"他者"关系研究的哲学贡献；"东方主义"的路径则是关于欧洲认同及其对许多"东方国家"的明确排除。参见［英］马克·B·索尔特：《国际关系中的野蛮与文明》，肖欢容等译，新华出版社2004年版，第15页。

的背景。[①] 如果那些鼓吹"价值中立"原则的人真正理解了韦伯的良苦用心，也像韦伯所希望的那样，那么社会科学研究确实应该保持"价值中立"，而且在现阶段这种"价值中立"尤其具有紧迫性。可是，当鼓吹者沦为既得利益集团的吹鼓手而假借"价值中立"来批评那些批评他们的人时，这种价值中立的虚伪面貌就暴露无遗了。正如罗蒂（Richard Rorty）所指出的，"因为根本没有什么办法能阻止任何人'评价性'地使用任何术语"[②]。我很希望自己对敌人问题的研究能接近韦伯所倡导的价值中立原则，但是在针对某些具体的政治问题进行判断时，我无法不进行价值判断。我们知道，古人和今人对待敌人问题的立场是不同的，这种差异乃是基于不同的历史处境，最后通过哲学和文化对敌人问题的不同评价得到表达。当种族和文化冲突成为生活世界的常态时，人道主义以及敌我和解便成为我们不得不面临的话题。那种带有自我优越感的道德怜悯并不能解决"我们"和敌人之间的死结，我们需要在人类的整个历史进程中追寻文明的"原罪"。

---

① 科塞曾经指出："如果你不能通过想象把自己置身于韦伯著述时的那个学术环境和社会环境之中，你就不能理解他的思想。韦伯对一个事实感到震惊：社会科学是由出于爱国主义而认为必须用讲课和著述捍卫德意志帝国事业的那些人把持着的。他们进行研究的目的是增加祖国的荣耀。正是为了反对这一亵渎科学家天职的行为，马克斯·韦伯确定了他的主要工作。他之所以诉诸价值中立这一概念，是为了彻底把社会科学从为当权者服务的桎梏下解放出来，是为了强调研究者有权利、有义务独立解决问题，而不必考虑所得出的结论对国家事务有利还是有害。韦伯认为，在成熟的讲究方法的研究中，价值中立可以把社会科学从政策制定者的巨掌下解放出来。它会结束社会科学的无自由权状态，为社会科学的自主发展扫清道路。"［美］科塞：《社会思想名家》，石人译，华夏出版社 2007 年版，"导言"第XV页。

② ［美］罗蒂：《方法、社会科学和社会希望》，见孙伟平编《罗蒂文选》，孙伟平等译，社会科学文献出版社 2007 年版，第 220 页。

# 第二章

# “敌人”观念的原初想象

“敌人”既是人们建构的一种观念或意象，也是一种真实的存在。虽然直到现代世界，人们才对“敌人”予以特别的关注，但是敌人向来就存在。西方文明和东方文明最初都是通过把“野蛮人”或“外族”化约为易于把握的空间单位来建构敌人的，都体现了某种种族中心主义的世界幻想和文化中心主义的优越感，从而具有强烈的族类认同和排他意识。古希腊的敌人观念模式体现在“文明人”和“野蛮人”（最初只是“希腊人”和“野蛮人”的区分）的区分之中，而古代中国的敌人观念模式则体现在“夷夏之辨”中。① 无论古希腊模式还是古代中国模式的“敌人”意象，它们都是通过战争所建构和强化的，而“野蛮人”和“夷”（类似概念还有“外邦人”“蛮夷”等）则是“敌人”观念的原初想象。想象是形成群体认同不可或缺的认知过程。② 我们此处所说的“原初想象”主要是指古代人如何看待本国（或

① 我们必须注意到，分析敌人观念的希腊模式和中国模式都是作为工具使用的一种符号。这种符号与它所象征的事物并不是同一的，在时间和空间方面也不是同时延伸的。当然，如果这种模式能够较为充分地说明我们所要研究的对象——“敌人”，那么我们就可以说这种符号是有效的。正如汤因比所言：“如果要使一个符号作为思维活动的工具来发挥效用，意即作为一种‘模式’发挥效用，那么它必须简化并敏锐到一定程度。”因此，我们不能期待我们所使用的模式完整地概括出敌人的结构或特征，或者说放之四海而皆准。但是，这种模式至少是我们所要研究的对象的原初形象，在其他文明中应该具有某种适用性，或者说在其他文明的历史中也可以见到这两种模式的构成成分。参见［英］阿诺德·汤因比：《历史研究》，刘北成、郭小凌译，第31—32页。

② 参见王立新：《在龙的映衬下：对中国的想象与美国国家身份的建构》，《中国社会科学》2008年第3期，第156页。

城邦）之外的世界，即对异域或他者的想象。对敌人的想象赋予国家或城邦意义并确保其构成的长远性。正如夏皮罗（Michael J. Shapiro）所说："为了分析世界上的事物是如何产生意义的，必须分析想象过程的结构。产生意义的想象过程不是简单的纯粹无实体意识；它们是历史传承的实践，根植于语法的、修辞的和叙述的结构风格内，甚至组成了科学话语。"① 我们之所以将"野蛮人"作为敌人问题研究的逻辑起点，是因为文明本身从来就没有离开过野蛮，历史的进步总是无法摆脱野蛮的阴影。② 人们对"野蛮"一词的理解和使用往往非常含混，既有知识论的意义，也有价值论的意义。例如，布克哈特（Jacob Burckhardt）指出：有人认为由于古希腊人蓄奴并消灭政敌因而他们是野蛮的。有人认为古罗马人野蛮是因为他们在竞技场和角斗场牺牲人命。而中世纪由于宗教迫害和铲除异端，因而也是野蛮的。因此，研究"敌人"和"野蛮人"之间的关系，需要我们具有某种历史意识，"我们绝不能把任何过去的东西束之高阁"，"只要我们没有变回野蛮人，我们就绝不应该离弃古代"③。而且，"野蛮"体现了一种话语源泉，无论过去还是现在，政治家都由此获得某种"灵感"。然而，"文明人"和"野蛮人"在人类文明的进程中并没有固定的位置，在不同的历史阶段，二者通常可以相互换位。因此，"文明人"和"野蛮人"存在着天然的互生关系，"野蛮人"的存在有助于"文明人"共同体内部和共同体边界的政治行动合法化，即使"野蛮人"本身随时间在改变。④ "文明人"的帝国一旦得以确立，帝国之外的民族和国家自然就被视为"野蛮人"；一旦帝国衰败，曾经被其征服的敌人——"野蛮人"就将建立自己的帝国，并将曾经的帝国宣布为"野蛮人"。例如，古罗马帝国的衰落就是吉本（Edward Gibbon）所说的"野蛮人

---

① Michael J. Shapiro，*The Politics of Representation*：*Writing Practices in Biography*，*Photography*，*and Policy Analysis*，Madison，University of Wisconsin Press，1988，p. 7. 转引自［英］马克·B·索尔特：《国际关系中的野蛮与文明》，肖欢容等译，第6—7页。

② "野蛮"这个词一开始就与空间的概念相联系。用来表示"野蛮"之义的英语词汇 barbarian 的词源是希腊语 *barbaroi*，这显然是一个含有贬义的概念，指的是与居住在"文明"之地即希腊的人们不同的、在其他地区生活的"未开化"的民族。后来古罗马人继承了这一概念，用来指称在北方威胁着古罗马帝国的日耳曼人，成为"*barbrus*"。古代中国从远古时代就把生活在周边的民族或者部族视为"野蛮"的夷狄之民。

③ ［瑞士］雅各布·布克哈特：《历史讲稿》，刘北成、刘研译，三联书店2009年版，第3页。

④ 参见［英］马克·B·索尔特：《国际关系中的野蛮与文明》，肖欢容等译，第6—7页。

和迷信的胜利”，古罗马帝国在其最后阶段深深地受到了“野蛮人”的影响。[①]

古希腊人的“敌人”观念源于他们对宇宙和人类的认识方式。古希腊人常常通过“对立”关系来认识世界，例如，亚里士多德在《形而上学》中认为“对立”是万物的本原。在大多数情况下，那些对立关系都非常明显：人与神、自由人与非自由人、文明人与野蛮人、朋友与敌人、正义与非正义、善与恶，等等。大量存在的对立关系反映了古希腊人的推理方式和思维方式，对立、极性乃至竞争的观念使得古希腊人不断创造对比、对抗与敌对。[②] 西方人对“文明人”与“野蛮人”的区分后来逐渐演变成“信仰”和“异端”之辨。而古代中国人的“敌人”观念则与“夷夏之辨”有着密切的关系。“夷夏之辨”后来发展成“人禽之辨”“华夷之辨”。而近代的西方与非西方之争同样是这种文明与野蛮观念的延续。在欧洲人眼中，中国人乃至东方人都是“野蛮人”。而在某个时期，中国人则认为西方人多存“禽兽”及“野蛮人”之余习。实际上，文明和野蛮的二元对立归根结底乃是文明和文明之间的对立。

总体而言，我们是以现代人的眼光来看待古代人的。古代人所形成的敌人观念常常让我们这些现代人深感不安并对此产生种种误解。在某种意义上，古代的敌人观念奠定了现代的敌人观念的基础，但是现代意义上的敌人观念与古代的敌人观念有着重大的差别。古代的敌人观念整体上是在地理和文化或文明的意义上确立的，而现代的敌人观念则主要是在政治和伦理的意义上确立的。

## 2.1 野蛮人：类型化的敌人意象

古希腊人的“敌人”观念既与其内部政治结构有关，也与外部的“野蛮人”相关。在某种意义上，正如文明是由战争所决定的那样[③]，古希腊人的

① See Walter Goffart, “Rome, Constantinople, and the Barbarians”, *The American Historical Review*, 1981, 86 (2), p. 275.

② 参见［法］皮埃尔·布吕莱：《希腊人和他们的世界》，王美华译，译林出版社2006年版，第11页。

③ 参见［美］罗伯特·赖特：《非零年代：人类命运的逻辑》，李淑珺译，第52页。

“敌人”观念也是由古希腊人和“野蛮人”之间的战争决定的。柏拉图在《理想国》中指出：“当希腊人抗拒野蛮人，或者野蛮人侵略希腊人，他们是天然的敌人，他们之间的冲突叫做‘战争’；如果希腊人同希腊人冲突，他们是天然的朋友，不过希腊民族不幸有病，兄弟不和罢了，这种冲突必须叫做‘内讧’。”[①] 由此可以看出，古希腊人的“敌人”观念是针对古希腊人之外的“野蛮人”的。当然，“野蛮人”并不必然就是古希腊人的敌人，他们成为敌人是由于彼此之间的战争。换言之，如果不存在“野蛮人”这样一种参照物，并且不存在和“野蛮人”之间的战争的话，那么古希腊人的“敌人”观念是难以形成的。在古希腊人看来，希腊人与希腊人之间的内部冲突并不构成敌对关系，只不过是兄弟之间的内部斗争。

对“野蛮人”的建构与人们的认知系统有着密切的关系（我在后面关于敌人建构的心理机制中将会详细论述这一问题）。在西方学者看来，人脑必须在类型（category）的帮助下思考，类型是人们日常预先判断的基础，是人们不可能避免的一种认知过程。人们建构和运用认知类型来有效地处理信息，而与类型相联系的属性或者特性以及与之相关的信念是通过人们的经验形成的。马克斯·韦伯认为类型是人们从以往的经验中提炼出来的描述现实的表达手段和方法，它不是假设的；但类型不是现实，而是将历史活动的某些关系的事件联结到一个无矛盾的世界之上设想出来的各种联系。[②] 根据马克斯·韦伯的类型理论，我们要避免把作为历史范畴的“类型”和逻辑学上的类别、种类概念相混淆。“类型”是作为整体的普遍本质与个别存在之间的中介：相对个体而言，“类型”是一般；相对整体以及同一层次的其他类型而言，它又是特殊。作为一种历史文化存在，“类型”是历史的和具体的，它是一种动态的精神结构。这种来源于历史和经验的“类型”范畴虽然不能在抽象的、固定的概念中进行思考，但它还是需要通过某种程度的逻辑抽象去把握。通常而言，“类型”的形成与两种原则有关：“首先，类型必须使感知者在付出尽可能少的心理努力的情况下，为他提供大量的信息。人们需要类型，这可以让他们辨别和理解周围的世界；但是，类型也会让他们减少人

---

① ［古希腊］柏拉图：《理想国》，郭斌和等译，商务印书馆 1986 年版，第 210 页。

② 参见［德］马克斯·韦伯：《社会科学方法论》，韩水法、莫茜译，中央编译出版社 2005 年版，第 39 页。

与物之间的微小的和无关的差别。其次，人们所需要的类型要适应他们自己的社会与自然现实。”① 那么，人们是如何来建构“类型”的呢？通常而言，人们通过组织和简化其所处的环境，即只强调环境中最重要的细节或信息来建构“类型”。例如，我们把人们类型化为某些群体，诸如种群（如白种人、黑种人、黄种人）、国群（如美国人、德国人、中国人）和教群（如基督徒、伊斯兰教徒、犹太教徒），等等。人们常常根据社会类型来组织社会生活。“我们所有人都在做出有关他人、我们自己和我们所处情境的假设。感知一个人的第一步是对这个人或者情境加以分类，以使之符合某一熟悉的类型。一旦你以特定的属性为基础，认为某个人符合某一特定的角色，那么，你就会使用你有关这个角色的知识，指导同这个人以后的交往。”②

所谓类型化，就是人们将其建构的类型予以固定并单一化、扁平化和图式化，并且决定人们信息选择时的内容和偏好。类型化通常是文学艺术创作的一种重要形式。我国文学作品中的“高大全”形象的塑造就是一种典型的类型化，其人物形象的塑造主要受政治意识形态的影响。好人就是绝对的好，坏人就是绝对的坏。而关于“敌人”的类型化，它深深地植根于历史进程之中，并包含一套程式、规范、观念等的价值体系，也有其形成、发展和消亡的过程。在这种意义上，它是历史的自然存在，可以为人们所描述、分析和认知。对“敌人”的类型化，实际上就是将政治世界加以类型化，人们常常根据国家的类型如敌人或者朋友来建构国际环境。

### 2.1.1 “野蛮人”的词源学意义及误解

“野蛮人”意象与政治实体的能力、文化和威胁密切相关。当某个政治实体被认为具有较高的能力而拥有低级的文化，并且其强烈的威胁性被另一个政治实体感知到时，“野蛮人”意象就呈现了。例如，古希腊人对日耳曼部落的描述，就是这种意象的历史范例。“野蛮人意象被用来描述一个侵略成性的民族，它在决策结构上是独一的，是狡猾的，并且乐意诉诸包括族群

① ［美］马莎·L·科塔姆、贝思·迪茨-尤勒、埃琳娜·马斯特斯、托马斯·普雷斯顿：《政治心理学》，胡勇、陈刚译，第64—65页。

② 同上书，第65—66页。

屠杀这样的难以言喻的残酷行为；它也决心要充分利用自己的优越性。”[①] 因此，“野蛮人”是令人厌恶和恐惧的。但是，“野蛮人”是否一开始就被赋予了否定性的意涵呢？

从词源学上看，“野蛮人”（barbarian）一词源于希腊语，最初指称希腊之外的民族。罗马兴起后也称罗马和希腊以外的各族为“野蛮人”。[②] 因此，“野蛮人”这个术语本身就是一种希腊罗马式的（Greco-Roman）类化，最初凡是那些不说希腊语的人都是“野蛮人”。后来，这个术语试图把古罗马帝国的邻国变成一个整体，而且在某些环境中，这种理念是毋庸置疑的。[③] 美国芝加哥大学教授乔纳森·霍尔（Jonathan M. Hall）认为，希腊人在公元前5世纪发明的barbaros的话语是建立一种自我身份定义的机制。他说：“希腊人的身份是从‘外部’，就是跟某种另类形象的对立，而得以确立的。这个外部的另类形象就是异族的、奴性的、捉摸不透的barbaros，是一种被程式化和被普遍化的意象。越是强调野蛮人的语言、文化或礼仪对自己多么陌生，就越觉得自己是希腊人。由于有了希腊人和野蛮人之间的这种绝对的、象征性的界限，希腊人在理论上从不会从内部质疑什么是希腊性。”[④] 欧里庇得斯认为“野蛮人”一词有三种用法：“（1）无法被理解；（2）外国的，非希腊的，表述的是国籍的概念；（3）外国的，隐含了下等的意思。”[⑤] 欧里庇得斯在此拓展了“野蛮人”的意涵。也有学者从地域、制度与文化两个方面来理解“野蛮人”概念的最初含义：就地域层面而言，野蛮人是古希

① ［美］马莎·L·科塔姆、贝思·迪茨-尤勒、埃琳娜·马斯特斯、托马斯·普雷斯顿：《政治心理学》，胡勇、陈刚译，第82页。

② 基托（H. D. F. Kitto）认为：“希腊语中barbaros一词，并不意味着现代意义上的barbarian（蛮族），它不是表示厌恶或蔑视的词，不表示住在洞穴里吃生肉的人。它只表示那些不说希腊语而只发出‘巴巴’（bar bar）这种噪音的人。”（［英］H. D. F. 基托：《希腊人》，徐卫翔、黄韬译，上海人民出版社2006年版，第1页）barbarian一词可以译为野蛮人、原始人、蛮族、异族人等。参见［古希腊］亚里士多德：《政治学》，吴寿彭译，商务印书馆1965年版，第5、17页。

③ See Walter Goffart，“Rome，Constantinople，and the Barbarians”，*The American Historical Review*，1981，86（2），pp. 277，285.

④ Jonathan M. Hall，*Ethnic Identity in Greek Antiquity*，Cambridge，Cambridge University Press，1997，p. 47. 转引自刘禾：《帝国的话语政治：从近代中西冲突看现代世界秩序的形成》，杨立华等译，三联书店2009年版，第92—93页。

⑤ Helen H. Bacon，*Barbarians in Greek Tragedy*，New Haven，Yale University Press，1961，p. 10. 转引自［英］马克·B·索尔特：《国际关系中的野蛮与文明》，肖欢容等译，第24页。

腊人、古罗马人指称外邦或住在自己的疆域以外的人，带有明显的贬义；就制度与文化层面而言，不会讲希腊语或拉丁语的民族被称为野蛮人，其政体是专制暴虐的。[①] 以上两个方面对野蛮人的判断是富有启发意义的，但需要指出的是，barbarian 一词从词源学来看最初并不必然意味着轻蔑或贬义，它只不过反映了古希腊人与野蛮人之间的深刻差异，它表示野蛮人“既不是以希腊人的方式生活也不是以希腊人的方式思考”[②]。只是到了古罗马帝国时期，“野蛮人”才成为一个贬义词。古罗马人认为野蛮人蠢笨而粗鄙，是劣等族群。罗马和希腊一样都是在与非欧洲世界的冲突中强大起来的，都表现出了自己文明的强势。后来，欧洲人称自己为“基督徒”（Christianitas）或“基督王国”（Christendom），称敌人为“异教徒”或“非基督徒”，他们相信只有基督教能结合上天的谦卑与人类的理性。正如有学者指出：“欧洲曾经作为基督王国的统一体的思想，在宗教改革和反宗教改革中分裂了。对信教者与不信教者这种陈旧的、不对称的区分不仅控制着基督徒与非基督徒之间的关系，也支配着基督教正统与异端之间的关系，现在它还威胁要控制对旧教徒和新教徒的区分。”[③] 实际上，那时的欧洲文化与物质成就都不如东方，为了继续显示自己的优越，于是在宗教上贬低非欧洲民族，将东方野蛮化和邪恶化。[④] 实际上，野蛮人并不必然就是野蛮的。斯宾塞（Herbert Spencer）发现“野蛮人”的原意为“野性与无文”，是欧洲人将“残酷与嗜血”等意义强加到野蛮人身上，其实是欧洲人的残暴性烈激怒了野蛮人的报复。[⑤] 法国思想家蒙田（Montaigne）曾在《论食人部落》一文中描述：“埃皮鲁斯国王皮洛斯看过罗马人派来迎战他的军队的部署后，进入意大利时说：‘我不知道这些是什么样的野蛮人，但是我看他们的布阵一点不野蛮。’希腊人对弗拉米尼乌斯率领进入他们国家的军队也说过同样的话。腓力从一座小山头看到普布利乌斯·苏尔比修斯·加尔巴指挥的罗马军队，在他国土

① 参见周宁：《天朝遥远——西方的中国形象研究》下卷，北京大学出版社 2006 年版，第 720 页。

② ［英］H. D. F. 基托：《希腊人》，徐卫翔、黄韬译，第 2 页。

③ William Rasch, “Lines in the Sand: Enmity as a Structuring Principle”, *The South Atlantic Quarterly*, 2005, 104 (2), p. 257.

④ 参见［英］维克托·基尔南：《人类的主人：欧洲帝国时期对其他文化的态度》，陈正国译，商务印书馆 2006 年版，第 4—9、345 页。

⑤ 转引上书，第 340 页。

里的驻兵营秩序井然，也这样评价。”[①] 由此，我们可以看出所谓的“野蛮人”也具有文明的一面。然而，在18世纪的法国哲学中，非洲人常常被哲学家类型化为未开化的人（savages）、野蛮人和原始人（primitives），即使启蒙运动中非洲人的意象也是丑陋不堪的。非洲人与欧洲人是完全对立的，从外貌到肤色以及艺术与科学的进步，欧洲人都是非洲人和其他人种的标准。[②]

在19世纪的文化演化论者看来，“野蛮人”存在或出现于“原始”（简单的狩猎采集部落）和“文明”（国家）之间的一个阶段，即所谓“野蛮”阶段。[③] 例如，美国著名社会学家摩尔根（Lewis Henry Morgan）曾提出了“原始—野蛮—文明”的社会演进形态，所有人类部落都先经过原始时期，接着进入野蛮时期，然后进入文明时期。实际上，原始人、野蛮人和文明人具有相同的智慧。文明人将自己与野蛮人对立起来并认为自己的文化优于野蛮人的文化，这无异于原始人类将所有陌生人视为敌人。[④] 达尔文是将野蛮人与文明人之间的这种二元对立系统化的代表性学者。他在《人类的由来》一书中对野蛮人有一段论述：“而野蛮人呢？他虐待敌人、看敌人的婉转哀号自己开心，他用生人作为祭品，他没有心肝地维持着溺婴的恶俗，他把众多的妻子作为奴隶看待，他不识廉耻为何物，他被一些最粗鄙不堪的迷信弄得失魂落魄。”[⑤] 显然，达尔文在这里所说的“野蛮人”已经不是古希腊意义上的“野蛮人”了，在达尔文看来，野蛮人生来就是暴力的、非理性的。因此，达尔文说：“如果要我在猿猴类祖先与野蛮人之间作一抉择的话，我宁愿认猿猴，而不愿认野蛮人。”[⑥] 毫无疑问，文明人是理性的，而且有“教化使命”来证明其合理性。而野蛮人则意味着缺乏头脑和非人性，文明人的“教化使命”是要向野蛮人展示文明之剑与力。

必须指出的是，人们对“野蛮人”存在深深的误解。美国著名学者罗伯特·赖特（Robert Wright）认为，人们对“野蛮人”至少存在七个方面的误解：第一，在道德层面上，野蛮人比其邻居“不文明”“比较不高尚”

---

① ［法］蒙田：《论罗马、死亡、爱》，马振骋译，上海书店出版社2007年版，第66页。

② See T. Carlos Jacques, “From Savages and Barbarians to Primitives: Africa, Social Typologies, and History in Eighteenth-Century French Philosophy”, *History and Theory*, 1997, 36 (2), pp. 190–215.

③ 参见［美］罗伯特·赖特：《非零年代：人类命运的逻辑》，李淑珺译，第136—137页。

④ 转引上书，第9页。

⑤⑥ ［英］达尔文：《人类的由来》，潘光旦、胡寿文译，商务印书馆1983年版，第939页。

“比较不合乎人道”[1]。第二，“野蛮人没有文化”[2]。第三，“野蛮人根本无法教化”。“要把文化传授给野蛮人，有如顽石点头。”[3] 第四，“野蛮人的本质就是多变而混乱”[4]。第五，“野蛮人入侵是一项特殊的困扰”[5]。第六，“野蛮人的侵扰，带来混乱和毁坏，是应该持续前进的文化演化过程中反讽的停顿”[6]。第七，“野蛮人侵害无辜受害者”[7]。我们可以将以上七种误解进一步归类，其中误解一、误解二和误解三可以归纳为文化上的误解，误解四是对“野蛮人”人性上的误解，而误解五、误解六和误解七则是政治或军事上的误解。蒙田对“野蛮人”的描述也证实了我们对“野蛮人”的确存在误解，他说：“被我们口口声声称为野蛮的民族中，有一个代纳特王国，他们习惯上先宣战后打仗，还详尽地列出战争中使用的手段：哪些人，数量多少，用什么样的弹药、进攻性和防御性武器。这样做了以后，如果敌人不退让或不妥协，他们再使用阴招，才认为不会被人斥责为不守信义、诡计多端或不择手段去取得胜利。”[8] 在蒙田看来，所谓真理与理性，其标准只不过是借鉴我们所处国家的主张与习俗而已，而野蛮只是不合自己的习俗罢了。因此，“我们可以称这些民族野蛮，但要从理性的规则来看，不要从我们的规则来看，我们在各种野蛮方面超过他们”[9]。按照“我们”的标准，这些人确实很野蛮；但是，从理性的角度而言，或许“我们”比野蛮人更野蛮。但是，“文明”与“野蛮”之间的战争史几乎无一例外都是由“文明”的阵营书写的。[10] 甚至有人认为使野蛮人“幸福和有用”，以便省却“驱逐和毁灭他们的痛苦和费用”是可取的。美国第五任总统门罗（James Monroe）竟然认为，将土著人驱逐出他们的家园，“我们实际上成了他们的恩人”[11]。人类早期民族之间的军事

---

①② ［美］罗伯特·赖特：《非零年代：人类命运的逻辑》，李淑珺译，第 137 页。

③ 同上书，第 138 页。

④ 同上书，第 139 页。

⑤ 同上书，第 142 页。

⑥ 同上书，第 144 页。

⑦ 同上书，第 145 页。

⑧ ［法］蒙田：《论罗马、死亡、爱》，马振骋译，第 7 页。

⑨ 同上书，第 73 页。

⑩ 参见［美］罗伯特·赖特：《非零年代：人类命运的逻辑》，李淑珺译，第 135 页。

⑪ 转引自［美］诺姆·乔姆斯基：《反思肯尼迪王朝——肯尼迪、越南战争和美国的政治文化》，童新耕译，上海译文出版社 2006 年版，第 7 页。

征服与反征服，都伴随着对异族文化的压制、吸收，进而发展为一种新的混合文化的过程，如古希腊文化和欧洲中古时期的蛮族文化。民族之间或地区之间的战争往往是一种政治军事上的或者宗教上的战争，民族文化的侵入则是军事或宗教战争的副产品。异族的入侵并不意味着强势文化的入侵，而是强大的政治军事入侵，如古代的马其顿王国灭亡古希腊，欧洲中古时期的蛮族入侵古罗马帝国，12—13 世纪蒙古人灭亡北宋和南宋，17 世纪满族人入关灭亡明朝，等等。[①] 因此，对野蛮人的残忍性和愚昧性的描述给文明人的集体想象打上了深深的烙印，并强化了他们保卫城邦边界的意愿。我们应该认识到，与“野蛮人”有关的“野蛮”话语谱系并非固定不变，也就是说“野蛮人”并不必然就是野蛮的。

只有在“野蛮人”威胁到我们的安全，或者他们的存在对我们的安全构成威胁时，我们才会将其视为我们的敌人。正如亨廷顿所言：“即使是最成功的社会，也会在某个时候遇到内部分解和衰落的威胁，或是受到更加激烈和无情的外部‘野蛮’势力的威胁。”[②] 显然，我们可以通过野蛮人来界定“我们”自己的身份，同时也体现了文明人的自负和狂妄，因为我们无法理解“他者”的语言。文明是“我们”所具有的特点，而野蛮则是他者的特征。或者说，文明代表了我们，而野蛮则代表了他者。正如有学者所指出：在国家身份建构和共同体想象过程中，凡是被用来作为本民族（国家）特性参照物的所有异邦或族群都是他者；他者可能是威胁性的，也可能是对照性的；它可能远在天边，也可能近在眼前；它可能是实际存在的，也可能是人为建构出来的。成为“他者”的关键在于某一国家或族群是否进入另一国家或族群成员的认知和想象世界，从而成为后者衡量自身特性、价值和地位的参照或标尺。[③] 当一个国家被另一个国家认为具有野蛮人意象时，这个国家或其人民在能力上被认为是优越的，但是文化上则被认为是低劣的，它在意图上是好斗的，具有威胁性，也是有害的，从而让人觉得它是令人恐惧的。野蛮人意象作为敌人的原初意象或想象具有历史性，是一种历史的、动态的

① 参见刘崇中：《中国学术话语中的西方主义》，《国外文学》1999 年第 2 期，第 22—23 页。

② ［美］塞缪尔·亨廷顿：《我们是谁？——美国国家特性面临的挑战》，程克雄译，第 11 页。

③ 参见王立新：《在龙的映衬下：对中国的想象与美国国家身份的建构》，《中国社会科学》2008 年第 3 期，第 158 页。

精神建构，对敌人意象的现代建构有着重要影响。

### 2.1.2 蛮族论对敌人的多维建构

所谓“蛮族论”，就是文明人如何理解和看待野蛮人的理论。蛮族论制造了一种政治上的非对称性，它将一部分人描述为政治的主体，而另一部分人则被认为是政治的客体，并且赋予他们截然不同或完全对立的政治身份。“蛮族是奴隶，而希腊人是自由人”[①]，这种说法就是身份的区分。亚里士多德在《政治学》中具体叙述了古希腊人和野蛮人的区别：“希腊人谁都不乐意称优良的希腊种人为奴隶，他们宁愿将奴隶这个名称局限于野蛮人（外邦人）……在他们看来，世界上有些人［野蛮族］到处都应该是奴隶，本性上就是奴隶，另一些人［希腊人］到处都应该自由，本性上就是自由人。由奴性所引起的观念，也适用于优种（贵族）的观念。希腊人以优种（贵族）自居不仅在本国是优种，就是到世界任何地方，都应该是优种，他们认为外邦人只在本国内可以优种（贵族）自居［到了别国，就显得并不优良］，这样，优种就得分成两类，一类是绝对的优良和自由，另一类就不是绝对的。”[②]显然，古希腊人和野蛮人的这种区分体现了一种政治上的差异和身份的不同，更为重要的是，在这种区分中实际上隐含着“以品德的善恶为奴隶和自由人以及劣种和优种的判别”[③]。根据亚里士多德的观点，我们可以推论自由人对野蛮人的奴役是合理的，古希腊诗人甚至认为“野蛮人应该由希腊人为之治理”[④]，因为它们天生就是奴隶，古希腊诗人乃至亚里士多德都认为帝国对外扩张和侵略是正当的。显然，亚里士多德的思想已经带有种族优劣论的痕迹，隐藏了欧洲种族主义的祸根。当然，古希腊人和野蛮人的这种差异也体现了古希腊人已经形成了较为统一的民族意识。

古希腊人的民族意识和国家观念是在战争中逐渐形成和强化的。修昔底德指出：“在特洛耶[⑤]战争以前，我们没有关于整个希腊共同行动的记载。

---

① ［英］H. D. F. 基托：《希腊人》，徐卫翔、黄韬译，第3页。
② ［古希腊］亚里士多德：《政治学》，吴寿彭译，第17—18页。
③ 同上书，第18页。
④ 同上书，第5页。
⑤ 即特洛伊。

当然，我认为这个时候，整个国家甚至还没有叫做‘希腊’。在丢开利翁的儿子希伦以前，希腊的名称根本还没有；各地区以各种不同的部落名号来称呼，其中以‘皮拉斯基人’的名号占主要地位。希伦和他的儿子们在泰俄提斯的势力增长，并且以同盟者的资格被邀请到其他国家以后，这些国家才因为和希伦家族的关系，各自称为‘希伦人’。但是经过很久之后，这个名称才排弃了其他一切名称。关于这一点，在荷马的史诗中可以找到最好的证据。荷马虽然生在特洛耶战争以后很久，但是他从来没有在任何地方用‘希伦人’这个名称来代表全部军队。他只用这个名称来指阿溪里部下的泰俄提斯人；事实上，他们就是原始的希伦人。其余的人在他的诗中，他称为‘得纳安人’、‘亚哥斯人’和‘亚加亚人’。他甚至没有用过‘外族人’这个名称；我认为在他的那个时候，希腊人还没有一个统一的名称，以和希腊人以外的世界区别开来。无论如何，这些不同的希伦人集团，在特洛耶战争以前，没有参加过集中的行动。”[①] 我们由此可以认为在特洛伊战争之前还不存在统一的“希腊人”观念，正是特洛伊战争促进了希腊境内各部落的统一行动，促进了希腊民族的形成。[②] 当然，后来各城邦之间的政治、经济和文化交往的进一步发展也促进了希腊人意识的形成。正如罗斯托采夫(M. Rostovtzeff) 所言：“从整个希腊历史中，我们可以看到所有希腊人有一种日益增长的意识：他们属于一个民族，构成一个统一体。这个统一体不仅以共同的宗教、共同的语言为特征，而且以或多或少共同拥有的文化为标志。殖民运动，以及相应的贸易的扩展，大大促进了这种民族感情。”[③] 而公元前500—公元前449年的希波战争则是希腊具有明确而统一的民族意识的各城邦的一次共同抵御外族入侵的行动。[④] 综上所述，我们可以看出希腊世界在文化上的统一与政治上的分裂形成了鲜明的对照，尽管文化上的认同未能阻止希腊人之间的自相残杀。[⑤] 但战争暴力、殖民运动、对外贸易等共同行动促进了希腊民族意识的增长和国家认同的形成，以宗教、语言和文化

---

① ［古希腊］修昔底德：《伯罗奔尼撒战争史》上卷，谢德风译，商务印书馆1960年版，第3—4页。

② 参见汪子嵩等：《希腊哲学史》第1卷，人民出版社1997年版，第11页。

③ 转引上书，第16—17页。

④ 参见上书，第20页。

⑤ 参见［英］阿诺德·汤因比：《历史研究》，刘北成、郭小凌译，第33页。

为标志的民族情感也因此得到了巩固和强化。

古希腊的“野蛮人”观念已经带有典型的种族论意义。我们此处所谓的种族论意义，是指某些人类社会中可能固有的、不同于其他共同体的一些心理素质和精神气质。在汤因比看来，种族是指生物的某个种属或某个类别所固有的一些显著特性。任何有关种族问题的讨论都取决于这样一种假设：人类在心理素质方面假设的人种特征与我们在体制上的明显人种特征之间存在一种永恒的、确定不变的联系。[①] 在当今的西方世界，用种族原因来解释社会现象似乎司空见惯了，但是在较早期的西方世界并不完全如此，不过已经隐含了种族优劣论的根源。“野蛮人”观念与民族、帝国和文明等概念密切相关，而且“野蛮人”对所谓“文明人”的侵略加速了人类文明的进程。换言之，文明能广泛传播应归功于这些“野蛮人”。[②] 毫无疑问，野蛮人对希腊文明的形成起着重要的作用。“他们的创造力在史诗中展现出来，他们的民族主义以接受异端形式的基督教或接受在起源上与基督教有关的宗教表现出来。蛮族人在军事上征服了希腊化的大一统国家，在其领地上建起了一些后继的国家。”[③] 实际上，“野蛮人”既是人类文明进程的重要推动力量，也是人类文明本身的组成部分。但是，“野蛮人”逐步演变成了一个具有种族歧视意义的称谓，它在近代历史上的战争中常常是敌人的代称和衍指符号，这种敌人就是种族敌人。

“蛮族论”最初体现为一种空间差异政治，其核心作用在于将帝国的边境标识为非对称遭遇的空间。[④] 众所周知，政治在古希腊是第一位的，可以说具有压倒一切的重要地位。而“野蛮人”分布于古希腊城邦的外部，其空间位置和距离表明了政治共同体的界限。[⑤] 在古希腊的政治生活中，只有拥有城邦的公民身份才可以享有公民权，才享有“真正的”自由。与此同时，

① 参见［英］阿诺德·汤因比：《历史研究》，刘北成、郭小凌译，第64页。

② 例如，中国经常与劫掠的游牧民族作战，也会失败；印度北部的古柏塔王国在匈奴入侵后最终崩溃；波斯的萨珊王朝很少收服匈奴，有时甚至还成了匈奴的附属国；古罗马帝国的覆灭更是明证。参见［美］罗伯特·赖特：《非零年代：人类命运的逻辑》，李淑珺译，第135—136页。

③ ［英］阿诺德·汤因比：《历史研究》，刘北成、郭小凌译，第34页。

④ 参见［德］明克勒：《帝国统治世界的逻辑：从古罗马到美国》，阎振江、孟翰译，中央编译出版社2008年版，第93页。

⑤ 参见［英］马克·B·索尔特：《国际关系中的野蛮与文明》，肖欢容等译，第5页。

“城邦提供剥削奴隶劳动以及妇女劳动的‘天然’框架。城邦意味着这些人之间的相互依存关系”[①]。而城邦之间的相互征战和相互贸易导致了是否要进行政治统一的强烈争论。“其背后的逻辑不仅仅是两个城市构成的国家会因为规模较大而比只有一个城市的敌人来得强大，还因为这两个城市的贸易可以不受到反复征战以及外来掠夺的干扰，同时减除了彼此怀疑的负担。”[②]这些城邦国家合并而成为包含多城市的国家，再成长为帝国，从而可能“缔造和平”。在古希腊的政治结构中，“外邦人”（Gentile，或称为“异邦人”）首先是一个地理学意义上的概念，“他们很自然地将同属希腊人的不同城邦的人，即使是远至西西里、西班牙、北非的希腊殖民城邦的人，都称为‘异邦人’”[③]。在这种意义上，外邦人还是希腊人，不过是生活在不同城邦的人而已。卢梭在《社会契约论》中也认为，“对许多古代民族来说，甚至于对拉丁人来说，异邦人和敌人这两个词长期以来就是同义词”[④]。当然，缔造和平的过程往往是非和平的，朋友和敌人的观念不断呈现，结盟和侵略也反复出现。而在与“野蛮人”的战争中，古希腊人对“野蛮人”的政治理解也随着希腊民族意识的强化而进一步加深。德国政治学家赫尔弗里德·明克勒（Herfried Münkler）指出：“蛮族论将本来单纯的实力落差或者说组织严密的军事机器与松散的部族之间的差别转变成一种合理差别，只有蛮族愿意接受帝国的教化努力，也就是说只有他们愿意被‘去野蛮化’，这一差别才能得以减弱。为了进入帝国空间，他们必须变得和住在帝国空间内的人一样。否则，他们只有作为被示众的俘虏才能进入帝国空间，他们被示众的目的是要同时宣示帝国的权力和帝国所面临的野蛮威胁。这一传统从罗马将军和皇帝的凯旋仪式，经过欧洲殖民帝国的人类文化学展览，一直延续到最近在阿富汗战争中俘虏的塔利班的图像。”[⑤] 上述观点表明，古希腊人承认自己和“野蛮人”之间的差异，这种差异最初只是军事实力的差异，随后逐步演变为一种政治差异和文化差异，古希腊人在与“野蛮人”的战争中形成了

---

① ［法］皮埃尔·布吕莱：《希腊人和他们的世界》，王美华译，第 11 页。

② ［美］罗伯特·赖特：《非零年代：人类命运的逻辑》，李淑珺译，第 119 页。

③ 汪子嵩等：《希腊哲学史》第 1 卷，第 20 页。

④ ［法］卢梭：《社会契约论》，何兆武译，商务印书馆 1980 年版，第 197 页。

⑤ ［德］明克勒：《帝国统治世界的逻辑：从古罗马到美国》，阎振江、孟翰译，第 93—94 页。

自己的文化认同和政治认同，甚至有着强烈的种族和文化优越感。在此基础上，消灭“野蛮人”不再是唯一的目标，“野蛮人”也可以“去野蛮化”，唯有如此，他们才可以缩小与古希腊人的差距，才可能进入古希腊人的政治空间。倘若“野蛮人”以战败者尤其以战俘的身份进入古希腊的“帝国空间”，那么“帝国的权力”就会在他们身上得到宣示，同时也是对“帝国空间”公民的一种警告，“野蛮人”作为空间上的敌人是城邦公民的一种巨大威胁。

诚如前述，“野蛮人”只有“去野蛮化”才有可能进入“帝国空间”，而宗教是对“野蛮人”进行教化的一种重要方式。换言之，“野蛮人”的去野蛮化需要通过接受帝国的宗教来完成。宗教不仅对古希腊城邦的内部生活产生作用，而且对城邦与城邦之间的关系有着重要影响。古希腊的宗教结构经历了从排斥到融合的过程。最初，每一个城邦都可能存在自己专有的宗教以区别于其他城邦。因此，宗教在不同城邦之间确立了一道不可逾越的鸿沟，宗教差异是区分城邦公民与外邦人的重要标志。“公民资格出自他对城邦祭祀的参与，这种参与使得他获得了一切公民权利与政治权利。放弃了宗教，也就放弃了所有的权利。”① 当然，外邦人也是一个宗教意义上的概念。② 但是，外邦人不能参与城邦的祭祀，他不能向城邦神进行祷告，城邦神也不保佑他。“城邦神只接受公民的祈祷与祭祀，外邦人的祈祷与祭礼则被拒之门外，就是城邦的庙和祭典，外邦人也不得走近。”③ 将外邦人排除在外的目的在于“维护圣礼”④。“如果一个外邦人进入了教士为集会所划的场所内，他就犯了死罪。城邦的法律对他是不存在的。如果他有不法行为，将被视为奴隶，会受到不经过审判的惩罚，城邦的法庭是不会管他的。如果觉得有还外邦人以公正的必要时，必须另立一特别法庭。罗马有专审外邦人的判官。雅典审判外邦人的，是管理战争事务及与敌人交涉的官员。”⑤ 因而，宗教禁止赋予外邦人公民权。他们通过不同的宗教仪式将自己城邦的神与外邦人

---

① ［法］库朗热：《古代城邦——古希腊罗马祭祀、权利和政制研究》，谭立铸等译，华东师范大学出版社 2006 年版，第 180 页。

② 参见［英］H. D. F. 基托：《希腊人》，徐卫翔、黄韬译，第 2 页。

③ ［法］库朗热：《古代城邦——古希腊罗马祭祀、权利和政制研究》，谭立铸等译，第 181 页。

④⑤ 同上书，第 182 页。

的神区别开来。“城邦不准外邦人进本邦的神庙，令本邦的神仇视并打击外邦人。”① 我们由此可以看出，外邦人实际上已经被视为敌人。当城邦之间发生战争时，双方所信奉的神也参与战斗。人与神之间也形成了友谊关系，由报复观念和“友友敌敌”观念所支配。人敬神并向神提供祭品以求得神的恩惠，人与神之间形成了一种互惠关系。这种把敬神作为交换的宗教观一直延续了下来。② 而且，他们认为自己的神比敌人的神更有力量。“神在战斗中会冲锋陷阵，神们与军士们互相保护，互相支持。在攻打敌人时，他们同时深信自己也在攻打敌方的神。由于是外邦人的神，所以他们可以谩骂、砍杀和俘虏。”③ 通常，敌对双方都会以祈祷的方式诅咒自己的敌人：“神呀！请将恐慌、惧怕和噩运降给敌人吧！请使这些军士及住在他们城里的人都不见天日。愿他们的城池、田野、身首都献于你前。”④ 由于宗教的神圣性指引着战争，再加上战争本身的残酷性，所以绝对不能宽恕敌人。“既然各邦都有属于自己的神，这些神自然要参加城邦的战争或城邦的媾和。城邦之间的和平与战争实乃两种宗教之间的和平与战争。古代人的权利在相当长的时间都建在这种原则之上。神互为仇敌时，就会发生毫不容情的、没有什么准则而言的战争，当他们成为朋友时，则民众之间相互产生了彼此善待的义务感。”⑤ 既然存在不同的宗教、不同的神和不同的信仰，而且这种差异的绝对性往往导致暴力的无限性和残酷性，人们正是意识到了这种问题的严重性，所以试图建立一种统一的宗教来消除这些差异，基督教就应运而生了。正如汤因比所指出：“基督教使希腊世界以及它的蛮族入侵者都皈依了它。”⑥ 客观地说，根据宗教信仰将人类划分为基督徒和异教徒比根据肤色将人类划分为白人和有色人种，无论在智力上还是在道德上都要优异得多。因为宗教在人类生活中所起的作用远比肤色大，而且就道德而言，宗教之间的隔阂并不像人种之间的隔阂那样不可逾越。“宗教隔阂就像是羊圈里的绵

① ［法］库朗热：《古代城邦——古希腊罗马祭祀、权利和政制研究》，谭立铸等译，第 189 页。
② 参见［美］M. W. 布伦戴尔：《扶友损敌：索福克勒斯与古希腊伦理》，包利民等译，第 60—61 页。
③ ［法］库朗热：《古代城邦——古希腊罗马祭祀、权利和政制研究》，谭立铸等译，第 193 页。
④ Macrobe，*Saturn*，III，9。转引上书，第 193 页。
⑤ ［法］库朗热：《古代城邦——古希腊罗马祭祀、权利和政制研究》，谭立铸等译，第 197 页。
⑥ ［英］阿诺德·汤因比：《历史研究》，刘北成、郭小凌译，第 34 页。

羊和山里迷途的绵羊之间的区别，而不是绵羊和山羊之间的区别。"[①] 汤因比的这一比喻非常形象和贴切。因为在基督徒的眼中，异教徒是潜在的基督徒。穆斯林也使用西方基督徒的划分方法将人类划分为信徒和非信徒，所有非信徒都是潜在的信徒。汤因比认为这种划分方法超越了体质上的种族差异。[②] 宗教通过其教化功能可以让"野蛮人"去野蛮化，可以使其进入帝国空间，甚至成为文明人的一部分。这种从野蛮向文明的转化也为"化敌为友"以及实现和平提供了某种可能。

### 2.1.3 野蛮人的非人化

"野蛮人"的比喻意味着对目标群体的排斥和非人化。[③] 将"野蛮人"当作不共戴天的"敌人"体现了这种非人化的特征。"当'希腊人'和'野蛮人'这种异化的、不正当的区分成为对人性的一种简单而乐观的断言，这种理想化的断言实际上就会被用来对以下两类人进行区分：第一类人通过正确的行为表明他们是真正的'人'，而第二类人则因持有悖常理的不同意见而成为作恶者和'非人'。"[④] 无论"文明人"与"野蛮人"之分还是后面将要讨论的"夷夏之辨"，它们都表明古人有将野蛮人非人化的倾向。他们的"敌人"观念既带有想象的因素，又有着实际的政治边界。令人吊诡的是，"文明人"常常被落后的"野蛮人"所征服，如日耳曼人征服了古罗马人，蒙古人和满族人征服了中原人和汉人，但"野蛮人"最终被"文明人"所"同化"。正如马克思所指出的："野蛮的征服者，按照一条永恒的历史规律，本身被他们所征服的臣民的较高文明所征服。"[⑤]

人们最初是把撒旦的某些特征投射到敌人身上来将敌人妖魔化的。敌人作为"他者"，其外貌不符合"我们"的审美标准。例如，罗马雕刻上描绘的被罗马兵团打败的野蛮人都是须发蓬乱、鼻孔朝大的形象。基督教中的第一个敌人是撒旦的代理人，亦即敌基督。通过对敌基督外貌的描述来强

---

① ［英］阿诺德·汤因比：《历史研究》，刘北成、郭小凌译，第 64 页。

② 参见上书，第 64 页。

③ 参见［英］马克·B·索尔特：《国际关系中的野蛮与文明》，肖欢容等译，第 35 页。

④ William Rasch, "Lines in the Sand: Enmity as a Structuring Principle", *The South Atlantic Quarterly*, 2005, 104 (2), p. 256.

⑤ ［德］马克思：《不列颠在印度统治的未来结果》，《马克思恩格斯选集》第 1 卷，人民出版社 2012 年版，第 857 页。

调其“猥亵的丑”。第二个敌人则是异端，基督教通过描述异端的魔鬼习俗来贬低和对付异端。例如，拜占庭时期普塞洛斯（Michael Psellos）写的《论魔鬼的活动》谈到杀婴仪式，经常成为指控犹太人的把柄。教会分裂派也是基督教的敌人，而基督教对分裂派的衣着和食物的描述令人毛骨悚然。那些不幸的麻风病人和死于瘟疫的人因为无药可救和污浊，总是被视为社会之敌。而现代世界向来把宗教敌人或国家敌人描述为长相丑陋或一脸邪恶。总之，人们总是把非恨不可的事物刻画为魔鬼的终极化身。① 这样，“西方—基督徒”代表了正义和善，而“非西方—异教徒”则代表了非正义和恶。赵汀阳指出，敌人是基督教“最重要的政治发明”，因为它“把敌人变成一种由其自身特性所规定的事物”。基督教把政治变成了无可商量的话语斗争和精神战争，这种政治和战争不仅仅是为了物质利益，而且是为了精神权利，因此基督教的敌人既是政治敌人，也是精神敌人或文化敌人。“不站在我这边的，就是反对我的。”② 凡是反对我的，就是我的敌人。尽管异教徒与教徒甚至只是陌生人，没有任何利益冲突，但是其“异己性”决定了他们是教徒的敌人，而且是绝对的敌人，这种绝对性阻碍了谈判的机会和化敌为友的可能性。上帝与魔鬼、教徒与异教徒，就是现代政治敌人的原型，这从根本上影响了西方人对“敌人”概念的理解。③

实际上，当不同的文明在同一个空间进行接触时，往往容易引发尖锐的敌意，从而造成相处中的大量问题。而且，“侵略性”的强势文明总是把受害方贬低为文化、宗教或种族方面的低劣者。而受害方要么迫于压力而全盘“西化”，要么采取过分的防御立场而彻底否定。④ 汤因比指出：1683 年，奥斯曼人第二次进攻维也纳的失败标志着非西方社会对西方文明的最后一次进军的终结。直到第二次世界大战结束，任何对手都不能构成对西方的威胁。即使像俄罗斯和日本这样的非西方强国，也只有当自身在某种程度上“西化”的情况下才能在西方强权政治中有所作为。随着非西方世界的重新崛

① 参见［意］翁贝托·艾科：《丑的历史》，彭淮栋译，中央编译出版社 2012 年版，第 185—201 页。
② 《马太福音》，12：30。
③ 参见赵汀阳：《精神政治的四大发明》，《社会科学论坛》2008 年第 7 期，第 135—136 页。
④ 参见［英］阿诺德·汤因比：《历史研究》，刘北城、郭小凌译，第 343 页。

起，非西方社会也开始重申它们独立的政治和文化地位。[①] 所谓文明和野蛮之间的冲突本质上是文明和文明之间的冲突，而且在空间上则表现为西方文明和东方文明之间的对立。然而，正如萨义德（Edward W. Said）所指出的：无论“东方”还是“西方”，这一概念都不具有本体论意义上的稳定性，“二者都由人为努力所构成，部分地在确认对方，部分地在认同对方”[②]。萨义德认为，欧洲长期把东方特别是中近东的阿拉伯世界视为他者，东方他者被用来“帮助欧洲（或西方）将自己界定为与东方相对照的形象、观念、人性和经验”[③]，以突出欧洲的先进与优越。换言之，在西方文化中，“东方”（例如中国）的真实含义并不是地理学意义上的一个确定的现实的世界，而是文化想象中的某一个在特定政治伦理意义上具有意识形态与乌托邦的双重特征的“他者的空间”。[④] 但是，在很长一段历史内都存在着“西方中心论”的思想，认为“西方”代表着理性、文明和进步，而“东方”则代表着非理性、野蛮和落后；并且，认为人类的文化始于西方，都是由西方人创造出来的。无论古希腊的希罗多德还是现代德国的海德格尔，他们都坚持一种把亚洲和欧洲过分对立起来的思想。希罗多德在《历史》这部著作的开篇中宣称其目的是为了记载希腊人和异族人的丰功伟绩与相互争斗的原因，因而他使用特定的价值标准和不同范畴来解释世界，告诉读者如何划分和看待世界，通过对希腊之外的“他者”之特性的描述，使希腊人更清楚地认识自己，明晰自己的核心价值观念。“他者”不再局限于波斯帝国，而成了一个以波斯或亚洲为象征、包括所有蛮族的具有普遍意义的类型，它既包括真实存在的蛮族，也包括传说和想象中的蛮族。[⑤] 海德格尔 1936 年在罗马所作的题为“欧洲和德国的哲学”的演讲中曾提出要“保护欧洲人免遭一切亚洲来的东西的败坏”[⑥]。不可否认，正如汤因比所述：西方文明在过去的五个世纪里，在向同时期非西

---

① 参见［英］阿诺德·汤因比：《历史研究》，刘北城、郭小凌译，第 351 页。

② ［美］爱德华·W·萨义德：《东方学》，王宇根译，三联书店 2007 年版，“序言”第 3 页。

③ 同上书，第 2 页。

④ 参见周宁：《隐藏了欲望与恐怖的梦乡：二十世纪西方的中国形象》，《华文文学》2008 年第 3 期，第 81 页。

⑤ 参见［古希腊］希罗多德：《历史》，徐松岩译，上海三联书店 2008 年版，第 1 页。

⑥ 转引自［德］海因里希·贝克、吉塞拉·希密尔贝尔主编：《文明：从“冲突”走向和平》，吴向宏译，中国社会科学出版社 1998 年版，第 213 页。

方社会进行文化和政治侵略方面始终处于优先地位。15 世纪西欧的远洋航海技术和征服海洋的活动使得西方与其他非西方社会建立了联系。西方的冲击逐渐成了非西方社会最主要的社会压力，于是“西方问题”成了一个生死攸关的问题。它们的生存状态完全被来自西方的压力打乱了。“不仅残存的前文明阶段的社会脆弱结构遭到了毁灭，而且现存的非西方文明也被从西方产生的这一真正世界性的革命所震撼，并且遭到破坏。”① 哥伦布和达·伽马的航行为欧洲征服东方创造了条件。“它们对于遭到‘欧洲人野蛮的不公正’的人口的打击是‘灾难性的和毁灭性的’，给他们带来了‘可怕的不幸’。在他们所达到的那些遥远的国家里，欧洲人依仗着他们所掌握的‘武力优势’，能够施行种种不公正，为所欲为而不受惩罚。”② 十字军东征代表了西方世界对“野蛮人”的侵略。罗马教皇乌尔班二世于 1095 年发出诏令，唆使教徒“走上通往圣墓的道路，从邪恶的异族手中夺取圣墓”③。“圣墓”即耶路撒冷，十字军东征以恢复圣地耶路撒冷为借口，其目的在于掠夺东方的财富。正是凭借军事优势而非任何社会的、道德的或自然的优势，世界的白人民族才得以创造和控制了“他们的”全球霸权。但是，十字军东征也加深了东西方民族之间的仇恨；同时，也加深了信奉罗马天主教的拉丁人与信奉正教的希腊人之间的隔阂。④

萨义德指出：“东方不仅与欧洲相比邻；它也是欧洲最强大、最富裕、最古老的殖民地，是欧洲文明和语言之源，是欧洲文化的竞争者，是欧洲最深奥、最常出现的他者形象之一。此外，东方也有助于欧洲（或西方）将自己界定为与东方相对照的形象、观念、人性和经验。”⑤ 换言之，西方文化长期把东方文化视为自己的“他者”形象，东方被西方中心主义文化话语所贬低、排斥，成为西方文化霸权虚构出来的一个与东方无关的神话，处于西方文化的边缘状态，愚昧、落后、懒惰成为东方的同义词。毋庸置疑，东方其实是被西方东方化了。而且，“在描绘他者的时候，无论是优于欧洲，还

① ［英］阿诺德·汤因比：《历史研究》，刘北城、郭小凌译，第 351 页。

② ［美］诺姆·乔姆斯基：《反思肯尼迪王朝——肯尼迪、越南战争和美国的政治文化》，童新耕译，第 5—6 页。

③ 金宜久主编：《伊斯兰教史》，江苏人民出版社 2006 年版，第 182 页。

④ 参见王美秀等：《基督教史》，江苏人民出版社 2006 年版，第 113 页。

⑤ ［美］爱德华·W·萨义德：《东方学》，王宇根译，第 2 页。

是低于欧洲，东方的表象总是用来叙述欧洲认同的”[1]。正如美国著名的左翼语言学家乔姆斯基（Noam Chomsky）所指出的：“灭绝较弱种族而又完全尊重人道法则，是充斥于欧洲征服全过程的一个特点。”[2] 自亚历山大征服印度、哥伦布发现美洲以来，更多的是欧洲人在观察和思考世界。在意识形态层面上，它有着浓厚的“东方主义”色彩——它以影像的方式，建构了一个个想象的异邦，使得西方的普通民众得以经由这些想象的异邦完成对“东方”他者的意识形态重构，并经由这些异端的“他者”形象完成对自我身份的确认。客观地讲，从一个民族或国家的立场、意图出发，选择、解释甚至扭曲他者文化并非西方的专利。东方人也在建构一种所谓的“西方主义”，就是东方人对西方人的理解以及东方人对自我的认识。在西方主义看来，西方文明作为强势文明体现的恰恰是人类的野蛮，而东方文明作为弱势文明恰恰是人类的文明。西方主义所理解的西方，是东方人按照东方的价值标准和观念对西方殖民主义的文化建构。这种西方并不一定是真实的西方，只不过是东方人所建构的西方。西方主义像东方主义一样，也带有典型的先验论、形而上学和意识形态性，这两种对立的话语体系不仅导致东西方无法相互理解，而且相互将对方妖魔化和非人化。

通过使用像“野蛮人”这类后来具有贬损性的语言来贬低敌人或者妖魔化敌人，是一种增加自我与敌人之间差异性的最为常用的方法。将敌人妖魔化将会增加毁灭敌人的力量，也会为毁灭敌人的行为减轻责任。罗斯·斯坦格（Ross Stanger）指出：通常而言，高强度的暴力行为与利己主义和种族主义思想密切相关，前者强调个体的“自我”，后者则以群体的“自我”为中心。而低强度的暴力行为则与利他主义思想有某种关联，自我与他者之间没有绝对的界限而是有着密切的联系。利他主义者承认自我与他者之间存在明确的界限但并不理会这种界限，因而才有可能采取利他主义的方式，才能容忍那些可能对他们构成威胁的人。那些非常在意界限和缺乏安全感的个体或群体，为了保卫界限必定会作出更具攻击性

---

① ［英］马克·B·索尔特：《国际关系中的野蛮与文明》，肖欢容等译，第26页。

② ［美］诺姆·乔姆斯基：《反思肯尼迪王朝——肯尼迪、越南战争和美国的政治文化》，童新耕译，第10页。

的反应。[1] 有着清晰知觉和一致性结构的个体或群体主要以控制他者的威胁为目的，而缺乏安全基础的个体或群体的目的则是毁灭他者而不在于控制他者。

在20世纪的两次世界大战中，敌对双方都使用了“野蛮人”的措辞来进行战争动员。“我们”变成了“野蛮人”，野蛮性成了“我们”的内在特征。战争也成了野蛮的战争，而“他们”则成了野蛮人的牺牲品。因为一场全面动员的战争使得平民和士兵都同样面临屠杀。文明与野蛮的话语成了敌对双方用来制造国家认同、贬损敌人的工具。在西方人的观念中，亚洲的野蛮人被从种族和文化上定性为异类。“野蛮人”之所以被视为“我们”的敌人，是因为他们在人种、民族属性、文化以及意识形态等方面和“我们”存在巨大的差异。其中，文化上的差异主要体现在语言和宗教上，而意识形态方面的差异则主要体现在价值观上。“野蛮人的威胁为欧洲人背离他们自己的‘文明’标准提供了充足的理由。出于对不受任何限制的野蛮人的忧虑，欧洲人在与野蛮人打交道时，不再受自身文明标准的约束，而把秩序强加于他们。”[2] 当野蛮人被视为欧洲文明的外部威胁时，他们能促进和巩固欧洲认同；而当野蛮人表征一种内部威胁时，他们就可能导致内部的认同危机甚至分裂。对野蛮人的描述塑造了自我对世界的想象，自我认同深深地潜藏在他们所构建的“野蛮人”形象之中。在某种意义上，文明与野蛮的话语有助于我们对“敌人”问题的理解。

### 2.1.4 “友友敌敌”即正义

“友友敌敌”是古希腊一项毋庸置疑的伦理原则，即人们应当善待并帮助自己的朋友，对抗并伤害自己的敌人。这一原则是基于对人类本性的深刻理解，把对等报复从具体的正义观扩展到最广泛意义上的道德行为规范。[3] 柏拉图在《理想国》中对“什么是朋友”“什么是敌人”进行了明确的界定，

---

① See Ross Stanger, “Egocentrism, Ethnocentrism, and Altrocentrism: Factors in Individual and Intergroup Violence”, *International Journal of Intercultural Relations*, 1977, 1 (3), pp. 9-29.

② ［英］马克·B·索尔特:《国际关系中的野蛮与文明》，肖欢容等译，第36页。

③ 布伦戴尔将“以善报友，以恶报敌”概括为“扶友损敌”原则，我将其概括为“友友敌敌”原则。参见［美］M. W. 布伦戴尔:《扶友损敌：索福克勒斯与古希腊伦理》，包利民等译，第30、32—33、50页。

同时对“友友敌敌”的合理性与正当性进行了论证，并且认为“以善报友，以恶报敌”是正义的。[①] 由于友情和仇恨的传递性，“友友敌敌”的范围在实际的交往中得到了扩展。实际上，古希腊人的敌人观念已经不再局限于对野蛮人的原初想象，而是将敌对关系从城邦之间扩展到了城邦内部。“如果你成为我的朋友，我们就会因此而彼此期待拥有共同的友人和敌人。推论下去，我将成为我的敌人的朋友的敌人，因为他们共同对我怀有敌意。”[②] 这种传递性经常体现在军事联盟之中，盟友必须帮助共同的朋友和对付共同的敌人。这种传递性意味着，“一个人通常所接触的绝大多数人都可以列入朋友和敌人两大类别”[③]。实际上，一个城邦或国家所接触的其他城邦或国家也可以纳入朋友或敌人两大对立的阵营。这种范围的扩展使得“友友敌敌”的原则成了普遍的道德标准，并且一直延续到今天的国际关系之中。

对等报复式正义观念对“友友敌敌”成为确定的伦理原则起着关键性作用。由于“友友敌敌”在更为一般的层面上宣称一个人的朋友和敌人就是那些他可以把自己的收益和受损归结于他们的那些人，因而它解决了“以牙还牙，以眼还眼”的困境。[④] 向敌人复仇成了古希腊人的一项义务，因为“复仇是甜蜜的”，一报还一报的正义给复仇的冲动赋予了道德价值，宽恕敌人绝不是一件好事。“一个人负有复仇的义务，而容忍别人对你的伤害只能意味着别人比你‘更好’。”[⑤] 为什么会出现这种情况呢？基托认为：“这种极端非基督教式的道德，部分源于希腊社会的本质。与我们相比，在希腊社会中，团体更为重要，而个体则较为次要。个体首先是家庭的一员，然后是城邦的一员。损害某人可能就是损害他的家庭或城邦。出于家庭或城邦的利益，他必须回敬。”[⑥] 正是由于存在集体安全和共同体的利益问题，古希腊人并不对复仇的欲望感到羞耻，因而他们的仇恨都是公开的，因为掩藏仇恨

① 参见［古希腊］柏拉图：《理想国》，郭斌和等译，第12—13页。

② ［美］M. W. 布伦戴尔：《扶友损敌：索福克勒斯与古希腊伦理》，包利民等译，第61页。

③ 同上书，第63页。根据布伦戴尔的分析，在古希腊除了朋友和敌人两大类别，实际上还存在“中性人”——既不属于朋友也不属于敌人，与我们没有任何相关性的人。因此，与他们的交往就不受“友友敌敌”这一原则的约束。

④ 参见上书，第36、39—40页。

⑤ ［英］H. D. F. 基托：《希腊人》，徐卫翔、黄韬译，第242页。

⑥ 同上书，第239页。

是恐惧的标志。

根据“友友敌敌”原则，对敌人的任何行动都是正义的。正义的人在战争中联友而攻敌的时候最能利友而害敌。[1] 即使是在战斗结束之后，对敌人也不存在任何义务。因为外邦人并不具有希腊人所拥有的权利，战争期间更是如此。而且，胜利者可以随心所欲地报复和惩罚失败者。因为“战争不只是对敌军作战，同时也是对全体人民作战，对男人、女人、儿童、奴隶作战。同时还对敌人的田地和禾稼作战。烧敌屋，伐敌树。由于敌人的禾稼属于恶神，所以也要加以焚毁。戮其牲畜，甚至将禾种弄死，使敌人次年颗粒无收。一次战争可以灭亡一个民族的种姓，化沃土为荒野”[2]。这段论述清晰地表达了对敌人的仇恨与惩罚的传递性和无差别性，凡是与敌人有关的人和物都不能幸免于难。

“友友敌敌”作为一条普遍的道德原则在现实的政治活动中往往会导致各种冲突。布伦戴尔对这一原则所引发的各种冲突进行了深入的阐述，她说：“血亲之间的紧密联系特别可能与城邦的要求相冲突；个人朋友的要求可能与亲族的或国家的要求相冲突；一个人可能会陷入由两个朋友或亲戚所引起的不同忠诚之间的冲突，等等。”[3] 而且，这些冲突可能因为友爱和仇恨的传递性而进一步加剧。根据“友友敌敌”原则，当朋友是坏人而敌人是好人的时候，一个极其尴尬的困境将会产生。这或许就是普鲁塔克认为敌人也是值得称赞和尊重的原因之所在。可是在战场上，“我的敌人越是一个好战士，我杀死他就越是可取，而不管他的优秀品德。在这种战争的背景下——作为政治友爱的领域之一——扶友损敌的规范以多种最简单的、最可行的方式表现出来。没有人否认过（希腊人更从不否认）在战争中每个人都有责任给敌人造成最大的伤害，为自己的一方争取最大的胜利。在绝大多数情况下，这一义务与保护个人自己的朋友是相一致的”[4]。在我们看来，这种如何对待敌人的困境在现代的战争中也同样存在，从而引发出在战争中到底该如何对待敌人的战争伦理问题，由此进一步导致了有关敌人的政治问题和人道

① 参见［古希腊］柏拉图：《理想国》，郭斌和等译，第8—9页。

② ［法］库朗热：《古代城邦——古希腊罗马祭祀、权利和政制研究》，谭立铸等译，第194—195页。

③ ［美］M. W. 布伦戴尔：《扶友损敌：索福克勒斯与古希腊伦理》，包利民等译，第65页。

④ 同上书，第68页。

主义问题的争论，开启了战争与和平法中的区别对待原则（具体论述请参见后文有关敌人惩罚特别是战俘问题的论述）。如果我们违背“友友敌敌”原则，情况会怎么样呢？布伦戴尔认为可能会出现两种情形：违背“友友”原则，可能会对朋友造成严重的困难，并有破坏整个社会关系系统的危险；而违背“敌敌”原则却很少会危及其他人的福祉，甚至还可能对他人有好处。[①] 这或许是军事联盟中的国家特别重视盟友而尽量减少敌人的重要原因之一。

## 2.2 “夷”：关系化的敌人意象

诚如前文所述，古希腊人通过与野蛮人的比较来确定自己的身份和特性，具有所谓“我族中心主义”的特征，认为自身的文化在宇宙间具有绝对价值。[②] 然而，并非只有古希腊人称呼其他民族为“野蛮人”，古代中国人也有类似的观念，只不过二者是基于不同的态度与理由。[③] 古希腊人的“野蛮人”观念强调外族与希腊人的差异，对外基本上是一种封闭体系。而始于西周初年的“夷夏之辨”同样具有强烈的族类观念和排他意识，它既强调族内的同一性，也强调族外的异质性，因而这种观念既具有开放性也具有封闭性，而且开放性占主流。[④] 换言之，古代中国人对“野蛮人”（即“夷”）的理解既有类似古希腊人那种类型化的观念，也有不同于他们的关系化的想象。当然，古代中国人对“夷”的认知并不全面，充满着想象和虚构，经历了由陌生到认识进而到认同的转变，并逐步生发出一种普遍的社会意识和民族心理。[⑤] 那么，“夷”作为一个衍指符号，其语义的合法性和完整性究竟体现在哪些方面呢？陈致指出：“以姬周以来夷夏之分，尊王攘夷之观念兴，

---

① 参见［美］M. W. 布伦戴尔：《扶友损敌：索福克勒斯与古希腊伦理》，包利民等译，第 75 页。

② 参见孙隆基：《中国文化的深层结构》，广西师范大学出版社 2011 年版，第 372 页。

③ 参见［英］维克托·基尔南：《人类的主人：欧洲帝国时期对其他文化的态度》，陈正国译，第 3 页。

④ 参见罗志田：《夷夏之辨的开放与封闭》，《中国文化》1996 年第 14 期，第 213 页。

⑤ 在西周时期，“夷”的观念大致有三层含义：一是作为集合名词，蛮夷、夷狄、诸夷、三夷、四夷、九夷等是化外宇内异族之统称，而南夷、北夷、东夷、西夷及淮夷、岛夷、风夷、畎夷、赤夷、白夷、黄夷、蓝夷等是特定族群之统称。二是作为专有名词，特指某一族，如杞夷、京夷、秦夷等至春秋时期仍被称为夷。三是周宇内某种身份人之代称，如西门夷、服夷、夷人、夷仆、夷臣、诸夷等则标识着社会地位与身份。“夷”的内涵之丰富由此可见一斑。参见陈致：《夷夏新辨》，《中国史研究》2004 年第 1 期，第 14 页。

至汉而唐，历宋而明，至逊清乃及当世，华夏民族，几经危殆。其间或欲师夷变华，或曰用夏变夷，是夏非夷，抑重夷轻夏，利害得失，纷纷哓哓。”[①] 由此可见，“夷夏之辨”体现了人们对“夷”的认识和理解的历史延续性、语义的复杂性和多变性，也呈现出以“华夏”为中心的民族意识。具体而言，一方面，“夷夏之辨”是华夏民族与异姓部落在种姓和文化上的实际差异所导致的族际冲突；另一方面，“夷夏之辨”又是学者对夷夏关系的成见、臆测、想象和定位。尤其在中国近代历史上，“夷”被赋予了特定的政治和法律内涵，它成了一个能量巨大而又危险无比的符号，甚至引发了近代史上的一些重大事件和战争。正如刘禾所指出：在不可计数的语言文字中，没有哪个单独的字能像“夷”那样衍生出如此丰富的历史。而且，在特定的历史事件中人们竟然纠缠于“夷”的语义循环游戏，将其理解为“野蛮人”“陌生人”“外族人”，抑或“非中国人”，不一而足。即使能够穷尽“夷”字的所有含义，也只不过是为了找到更权威的定义或更合适的译名而已。[②] 大致而言，我们可以从地理、政治和文化三个层面分析“夷”在“夷夏之辨”中的流变与发展，从而了解古代中国人是如何想象和建构“敌人”的。

### 2.2.1 “夷夏之辨”即东西之分

在地理或空间意义上而言，“夷夏之辨”即东西之分。“夷”作为一个地理概念，在西周时已经非常清晰，春秋时期继续沿用此概念。《说文·大部》载：“夷，平也，从大从弓，东方之人也。”[③] 可见，“夷”的原初意义是指“东方之人”或“东方之地”。而“夏”的原初意义也与特定的地理有关。章炳麟指出：“‘夏’之为名，实因夏水而得”，夏族“本出武都，至汉中而始盛，地在雍、梁之际，因水以为族名”[④]。就地理而言，“夏”指岐周宗周一带，姬周一族的源地，这一观念一直延续至秦。[⑤] 傅斯年在《夷夏东西说》一文中指出：“在三代时及三代以前，政治的演进，由部落到帝国，是以河、

① 陈致：《夷夏新辨》，《中国史研究》2004年第1期，第4页。

② 参见刘禾：《帝国的话语政治：从近代中西冲突看现代世界秩序的形成》，杨立华等译，第38—39页。

③ 许慎：《说文解字》，中华书局1963年版，第213页。

④ 章炳麟：《中华民国解》，《章太炎全集》第4卷，上海人民出版社1985年版，第252页。

⑤ 参见陈致：《夷夏新辨》，《中国史研究》2004年第1期，第13页。

济、淮流域为地盘的。在这片大地中，地理的形势只有东西之分，并无南北之限。历史凭借地理而生，这两千年的对峙，是东西而不是南北。现在以考察古地理为研究古史的一个道路，似足以证明三代及近于三代之前期，大体上有东西不同的两个系统……夷与商属于东系，夏与周属于西系。”① 由此可知，夷夏之辨实乃东西之分，夷夏对峙凭借地理或空间而生。《礼记·王制》载：“中国戎夷，五方之民，皆有其性也。不可推移。东方曰夷，被发文身，有不火食者矣。南方曰蛮，雕题交趾，有不火食者矣。西方曰戎，被发衣皮，有不粒食者矣。北方曰狄，衣羽毛穴居，有不粒食者矣。”② 东夷、南蛮、西戎和北狄均有其固定的民族特性，它们是由于空间而区别于“华夏”的民族。《左传·僖公二十五年》载：“仓葛呼曰，‘德以柔中国，刑以威四夷’.”所谓“四夷”就是上述东夷、西戎、南蛮、北狄之统称。在长期共存的历史发展过程中，“四夷”之间经常发生部落兼并战争，因此常常互为敌人。

《国语》载：“夫先王之制：邦内甸服，邦外侯服，侯、卫宾服，蛮、夷要服，戎、狄荒服。甸服者祭，侯服者祀，宾服者享，要服者贡，荒服者王。”③ 由此可见，在五服制度中，蛮夷戎狄的观念乃由地理远近、职责高低而分。“蛮夷”处于要服的地位，受华夏族的制约，并在血缘上被视为“外族”。这表明古代中国在处理外部事务时，总是以华夏为中心，按远近亲疏关系来划分层次、等级，这实际上也是一种“类型化”过程。④ 无论五服制度是否实施，“夷夏”观念应该是五服制度存在的前提。《周礼·夏官》将天下分为九畿则能更清楚地说明这种区分：“乃以九畿之籍。施邦国之政职。方千里曰国畿。其外方五百里曰侯畿。又其外方五百里曰甸畿。又其外方五百里曰男畿。又其外方五百里曰采畿。又其外方五百里曰卫畿。又其外方五百里曰蛮畿。又其外方五百里曰夷畿。又其外方五百里曰镇畿。又其外方五百里曰蕃畿。”⑤ 如果仅就地理意义而言，那么夷夏关系并不能生发出敌人观念。但夷夏对称已经意味着“中国”与“四方”差异。“夷”除特指“东

① 傅斯年：《中国古代思想与学术十论》，广西师范大学出版社 2006 年版，第 1—2 页。

② 陈戍国撰：《礼记校注》，岳麓书社 2004 年版，第 97 页。

③ 《国语》，鲍思陶点校，齐鲁书社 2005 年版，第 2 页。

④ 参见孙隆基：《中国文化的深层结构》，第 375—376 页。

⑤ 《周礼注疏》卷 29，《十三经注疏》上册，中华书局 1980 年版，第 835 页。参见陈致：《夷夏新辨》，《中国史研究》2004 年第 1 期，第 20 页。

方之人”和“东方之地”以外，还泛指“四方之民”或“四方”的意义，这与古代中国人的天下观念密切相关。

### 2.2.2 “夷夏之辨”与族际冲突

在政治意义上，“夷夏之辨”体现为阶级之分与族际冲突。李零认为：“西周金文中的居民有国野之分和夷夏之分，国人叫邑人，野人叫奠人；周族叫‘王人’，外族则称‘夷’。”[①] “国人”居住在城邑或近郊地区，他们大多是原先周—姜部落联盟的后裔。而“野人”则居住在远离城邑的地方，他们是周部落到来之前当地原住民的后裔。国人享有某些特权，如税负较轻、有权获得官学教育、战争爆发时必须参与战斗，等等。而“野人”没有服兵役和作战的义务，但承担着更重的税负，不能接受教育等。[②] 陈致认为，在西周人的观念中，宇内之民以族群论，可分为三种：“一曰周人、王人、里人，是姬周族人贵族及其属下的周平民；一曰殷人、殷民、庶殷、殷多士，乃指殷之贵族聚落，多数散布在中原各诸侯国，特别是成周洛邑、宋、鲁、卫、郑、晋等国；三曰诸夷、夷人、邑人，其来源为周初的非殷非周的各邦国族群，其中很多移居周城邑内。”[③] 诸夷在三类人中地位是最低的。“夷夏之辨”实际上体现了尊卑上下的观念。正如有学者指出：夷夏之间卑与尊的最初区分是建立在征服与被征服的关系之上的，并且是“夏”文明（一个曾经落后的中原文明）对“夷”文明（曾经发达的沿海文明）的征服。而五服制度所确认的夏与夷之间的尊卑地位，正是这种长期的征伐战争在观念和制度上的体现。[④]

夷夏之争，“不仅见于有穷后羿一段故事，夏代开国亡国时皆有同样的争斗”[⑤]。例如，启益之争即夷夏之争，羿少康之争也是夷夏之争，汤桀之

① 李零：《西周金文中的职官系统》，见吴荣曾编《尽心集：张政烺先生八十庆寿论文集》，中国社会科学出版社1996年版，第211页。

② 参见赵鼎新：《东周战争与儒法国家的诞生》，夏江旗译，华东师范大学出版社、上海三联书店2006年版，第37页。

③ 陈致：《夷夏新辨》，《中国史研究》2004年第1期，第12页。

④ 参见肖文杰：《论“夷夏”文化模式》，《华中师范大学学报》（哲学社会科学版）1990年第6期，第50页。

⑤ 傅斯年：《中国古代思想与学术十论》，第33页。

争还是夷夏之争。夏代东西争斗之激烈由此可见一斑。[①] “夷羿必是夏之敌国之君，且此敌国之君并不等闲。”[②] 傅斯年进一步指出：“在由部落进为帝国的过程达到相当高阶段时，这样的东西二元局势，自非混合不可，于是起于东者，逆流压迫西方。起于西者，顺流压迫东方。东西对峙，而相争相灭，便是中国的三代史。在夏之夷夏之争，夷东而夏西。在商之夏商之争，商东而夏西。在周之建业，商奄东而周人西。”[③] 傅斯年将自夏初以来“东西对峙”的局面进行了较为全面的研究，其结论是：三代东西之争中，西胜东较多，而东胜西较少。究其原因，傅斯年先生认为：“胜负所系，不在一端，或由文化力，或由战斗力，或由组织力。大体说来，东方经济好，所以文化优。西方地利好，所以武力优。”[④] 诸夷在西周时期就时与周为敌，周与淮夷、东夷、南夷的征战无时或断。例如，《后汉书·东夷列传》载：“后徐夷僭号，乃率九夷犯宗周。”[⑤] 公元前 771 年，西蛮犬戎与周的两个诸侯国申国、缯国联合攻打周朝，周幽王被弑。[⑥] 实际上，东西二元对立并不止三代，战国之后数百年莫不如是。我们认为，战争是此类竞争性发展最为重要的动力，也是古人形成“敌人”观念最为重要的促成因素。尽管竞争或冲突将社会置于不断的变化之中，但制度化却又赋予了人类社会一定程度的稳定性，从而使我们能够创造出多少有些静态化的结构性概念和范畴作为观察社会的基础，比如阶级、种族、国家、敌人，等等。“这两个系统，因对峙而生斗争，因斗争而起混合，因混合而文化进展。”[⑦] 特别到了春秋时代，由于“夷”族的南北夹击，中原各国在“尊王攘夷”的旗号下团结在一起，更是加速了华夏一体化的进程。

### 2.2.3 “夷夏之辨”的文化隐喻

“夷夏之辨”包含更为重要的文化隐喻，即文野之别。其中，“夷”这一

① 参见傅斯年：《中国古代思想与学术十论》，第 35 页。
② 同上书，第 31 页。
③ 同上书，第 51 页。
④ 同上书，第 52 页。
⑤ 《后汉书》，中华书局 1995 年版，第 2808 页。
⑥ 参见《史记》，中华书局 1982 年版，第 173—177 页。
⑦ 傅斯年：《中国古代思想与学术十论》，第 2 页。

概念在中国历史上，始终是国家统治的中心如何处理与周边他国、其他民族的关系的重要隐喻。[①] 孙隆基指出："中国地处东亚，在传统时代，四周都没有高级文化可以与之抗衡，因此很自然地自成一个'天下'，居于世界之'中'，与四裔的关系是人类唯一的文明与非文明的关系，而不是不同文化之间的关系。"[②] 因此，古代中国是一个以文化而非种族为华夷区别的独立发展的政治文化体，它与近代的民族—国家有着很大的区别。冯友兰指出："从先秦以来，中国人鲜明地区分'中国'或'华夏'与'夷狄'，这当然是事实，但是这种区分是从文化上来强调的，不是从种族上来强调的。"因此，"中国人最关切的是中国文化和文明的继续和统一"，外族人入侵占据中原后，往往是"他们在政治上统治中国，中国在文化上统治他们"[③]。"夷夏之辨"，如前所述的古希腊人与"野蛮人"之区别一样，具有文明与野蛮之分的价值判断。从西周到春秋时期，这种文野之别已经普遍流行，并且成了判断事物的价值标准。"非我族类，其心必异"就是这样一种判断，但是其中的"族类"并非西方人所理解的种族，其主体是《左传》所描述的鲁国，指向的是古代鲁国与楚晋等国的外交和战争关系。[④] "夏"在某种意义代表正宗、高贵与中心，而"夷"则代表外族、野蛮与荒远。"夷夏之辨"实际上体现了华夏民族的文化中心意识和文化优越感。[⑤] 古代中国人最初的民族自我意识正是在这种文化意义上进行的，认为蛮、夷、戎、狄皆为"犬羊之性"，不可移易。春秋时期不仅视夷狄为异族，并且以异类视之。《国语·周语》载：周襄王欲纳狄女为后，大夫富辰说："狄，封豕豺狼也，不可厌也。"[⑥] 富辰认为狄人的品性如同豺狼，不能满足他们。《左传·闵公元年》载：管仲对齐桓公说："戎狄豺狼，不可厌也。"《国语》载：周定王对士季说："夫戎、狄，冒没轻儳，贪而不让。其血气不治，若禽兽焉。"[⑦] 后来，

① 参见刘禾：《帝国的话语政治：从近代中西冲突看现代世界秩序的形成》，杨立华等译，第100页。

② 孙隆基：《中国文化的深层结构》，第372页。

③ 冯友兰：《中国哲学简史》，北京大学出版社1996年版，第162页。

④ 参见刘禾：《帝国的话语政治：从近代中西冲突看现代世界秩序的形成》，杨立华等译，第101页。

⑤ 参见肖文杰：《论"夷夏"文化模式》，《华中师范大学学报》（哲学社会科学版）1990年第6期，第50页。

⑥ 《国语》，鲍思陶点校，第25页。

⑦ 同上书，第30页。

甚至有学者发展出所谓“人禽之辨”理论，这种思想观念对后人有着深远影响。

当然，“夷夏之辨”也有一个由陈述事实到价值判断日重的发展过程。罗志田认为：“早年的诸夏与夷狄，基本是地域和血统族类之分，并无明显的高下之别。从殷人的内外观念和周人的‘亲亲’原则衍化出的‘内其国而外诸夏，内诸夏而外夷狄’的说法，不过表述了一种由近而远的层级亲疏关系，其本身并不像后人理解的那样带有强烈的价值判断意味。”① 因此，中国古代所谓“蛮夷”之说，虽然含有某种“文化”上派生的贬义，但还是以文野之分名人我之别。

苏轼曾著有《王者不治夷狄论》一文谈及“夷夏之辨”问题，他认为：“夷狄不可以中国之治治也。譬若禽兽然，求其大治，必至于大乱。先王知其然，是故以不治治之。治之以不治者，乃所以深治之也。”② 苏轼把夷狄比作“禽兽”，认为统治夷狄最好以“不治治之”，因为“夫以戎之不可以化诲怀服也，彼其不悍然执兵以与我从事于边鄙，则已幸矣”③。由此可见，苏轼不仅认为不能以“中国之治”来治夷狄，而且对“夷狄”带有某种道德上的蔑视。

传统的“夷夏之辨”观念在明末清初成了许多中国人认识和判断西方人的思维方式。王夫之说：“天下之大防二：中国、夷狄也，君子、小人也。非本末有别，而先王强为之防也。中国之与夷狄，所生异地，其地异，其气异矣；气异而习异，习异而所知所行蔑不异焉。乃于其中宜自有其贵贱焉，特地界分、天气殊，而不可乱；乱则人极毁，中国之生民亦受其吞噬而憔悴。防之于早，所以定人极而保人之生，因乎天也。”④ 可见，王夫之进一步将这种夷夏观念极端化、系统化、理论化了。利玛窦针对古代中国人的这种思维方式指出：“他们不知道地球的大小而又夜郎自大，所以中国人认为所有各国中只有中国值得称羡。就国家的伟大、政治制度和学术的名气而论，他们不仅把所有别的民族都看成是野蛮人，而且看成是没有理性的动物。”⑤ 应该

---

① 罗志田：《夷夏之辨的开放与封闭》，《中国文化》1996 年第 14 期，第 214 页。

②③ 苏轼：《苏东坡全集》上册，中国书店 1986 年版，第 564 页。

④ 王夫之：《读通鉴论》卷 14，《船山全书》第 10 册，岳麓书社 1988 年版，第 502 页。

⑤ ［意］利玛窦、［法］金尼阁：《利玛窦中国札记》上册，何高济、王遵仲、李申译，何兆武校，中华书局 1983 年版，第 181 页。

说，被国人视为“夷狄”的利玛窦对中国人的判断一针见血、客观而深刻，他认识到了“夷夏之辨”的封闭性。

当然，“夷夏之辨”也具有开放性的特征。这种开放性强调夷夏之间的互变，即“进于中国则中国之，流于夷狄则夷狄之”。换言之，在中国历史的进程中，夷夏关系是可变的，并且“夷夏”观念与中国文化的整合过程有着密切的关联。实际上，“夷夏之辨”观念从产生到强化再到模式化本身就是一种文化整合的过程。罗志田认为：“一般而言，文野是后天可变的。故夷夏也应该是可以互变的。夷夏之间的族类区别虽然主要是文化的，但在此类观念的演变中，有时也因政治局势的影响，发展出非文化诠释夷夏之辨的认知。此时则倾向于以一条线划断夷夏，而不允许夷可变夏，夷夏之辨乃成一封闭体系。这一倾向虽是非主流的，但却长期存在，在特定的时段还成为占主导地位的思潮。”① 罗志田的这种判断是非常精到而深刻的。由此，我们可以了解到古代中国人对“夷”的态度与古希腊人对“野蛮人”的态度大为不同。如前所述，古希腊人和野蛮人是二元对立的关系，在古希腊人看来，野蛮人是不能成为文明人的。而古代中国人虽然强调“夷夏之辨”，但认为夷夏可以互变。我们认为，“夷夏之辨”的生成与发展，在很大程度上是出于现实的军事和政治需要。因为古代族群之间的竞争不仅是文化上的，同时也是一种生存论意义上的竞争。

“夷夏之辨”的观念模式体现了中国文化的整合方式是一种主题性文化整合。这种整合具有相对的稳定性，如果这种稳定性是以一种主题文化为基础的话，那么就可能以包容之心来对待外来文化，也可能以极端排斥的方式来对待异质文化。当中国国力强盛和文化繁荣时，则“以夏变夷”，“王者无外”，融摄和改造异质文化。“以夷制夷”“以夏制夷”“以夏变夷”，这些都体现了中国文明之至大、至正、至中的自矜和自大，也体现了在整合异质文化过程中的儒家德治主义理想，蛮夷之邦也可以用德治德化“归之”。如逢乱世，朝政不修，“严夷夏之大防”之声则甚嚣尘上，因为中国文化面临“由夏变夷”的危险，这时就是排斥占主流了。② 例如，杨廷熙在请撤同文

① 罗志田：《夷夏之辨的开放与封闭》，《中国文化》1996 年第 14 期，第 213 页。

② 参见肖文杰：《论“夷夏”文化模式》，《华中师范大学学报》（哲学社会科学版）1990 年第 6 期，第 52—55 页。

馆的奏折中称：“夫洋人之于中国，敌国也，世仇也，天地神明所震怒，忠臣烈士所痛心。无论偏长薄技，不足为中国师，即多才多艺，层出不穷，而华夷之辨，不得不严；尊卑之分，不得不定；名器之重，不得不惜。”[①] 无疑，这里体现的是“夷夏之辨”封闭的一面。“夷夏之辨”的观念模式在文化主题性意义上浓缩了以夏文化为中心向异族文化同化和认同的历史过程。到了近代，夷夏文化无法整合以欧洲列强为代表的西方文化，标志着华夏“天下主义”世界观和文化观的幻灭。而“师夷长技以制夷”等观念突破了传统的“夷夏之辨”观念模式，也突破了传统的“天下”观，体现了“夷夏之辨”开放性与封闭性的统一。魏源在《海国图志》中指出：“夫蛮狄羌夷之名，专指残虐性情之民，未知王化者言之。故曰：先王之待夷狄，如禽兽然，以不治治之，非谓本国而外，凡有教化之国，皆谓之夷狄也。且天下之门有三矣，有禽门焉，有人门焉，有圣门焉。由于情欲者，入自禽门者也；由于礼义者，入自人门者也；由于独知者，入自圣门者也。诚知夫远客之中，有明礼行义，上通天象，下察地理，旁彻物情，贯串今古者，是瀛寰之奇士，域外之良友，尚可称之曰夷狄乎？”[②] 显然，魏源是从文化层面来判断夷夏标准的，其根源仍然是传统的“夷夏之辨”观念，“师夷”只不过是学习西人的船炮技术等“长技”而已，“制夷”强调的夷夏之间政治上的对立，强调对华夏民族和华夏文化的认同。[③] 晚清学者王韬在游历欧洲之后，对传统的“华夷之辨”提出了质疑，他说：“自世有内华外夷之说，人遂谓中国为华，而中国以外统谓之夷，此大谬不然。禹贡画九州，而九州之中，诸夷错处；周制没九服，而夷居其半”，“华夷之辨，其不在地之内外，而系于礼之有无也明矣。苟有礼也，夷可进而为华；苟无礼也，而华则变为夷。岂可沾沾自大，厚己薄人哉？”[④] 显然，王韬对华夷关系的认识更加理性化，他提出了以“礼”作为区别的标准。

总之，我们认为，“夷夏之辨”实际上包含了丰富而深刻的历史内涵。中

---

① 《筹办夷务始末：同治朝》卷49，故宫博物院影印本。转引自贾小叶：《1840～1900年间国人“夷夏之辨”观念的演变》，《史学月刊》2007年第10期，第57页。

② 魏源：《海国图志》卷76，岳麓书社1998年版，第1888—1889页。

③ 参见贾小叶：《1840～1900年间国人“夷夏之辨”观念的演变》，《史学月刊》2007年第10期，第56页。

④ 王韬：《弢园文录外编》，辽宁人民出版社1994年版，第387页。

国历史上的夷夏观念因时、因地、因人不同而具有不同的意涵，我们应该从多层面来判别和理解。富有戏剧性的是：曾经视其他民族或国家为蛮夷之族的华夏帝国，在衰败之后马上就成了新帝国眼中的蛮夷。由于传统的“夷夏之辨”具有某种可变性，因而古代中国的“敌人”观念并不像西方的“敌人”观念那样类别化、固定化，这就意味着“敌友”关系是可变的。“夷夏”实际上体现的是一种关系化的他者关系，夷夏关系并不必然成为敌人关系，这与古希腊人所认为的“希腊人与野蛮人天然就是敌人”的观念有着显著的不同。

## 2.3 “夷”与“野蛮人”的互镜

通过对“夷”与“野蛮人”在两种不同语言系统中的语义分析，我们发现二者均具有各自的历史、思想、意象和语汇传统，无论“野蛮人”还是“夷”，它们都构成了“敌人”观念的原初想象或原初意象。“这些想象代表了与外部世界有关的自我认同的组织的变化，而外部世界又与社会形成、权力配置以及历史转型密切相关。”[①] 在空间或地理意义上，二者都隐含着东西之分，当西方与东方的空间差异被整合到共时态之中时，二者的文化差异则是以西方作为主体在时间框架内呈现的，东方的历时性被作为客体抹杀了。这种将人类在时间等级而不是空间范围内重新定位的结果是对人类“共时性”的否定，西方自认为处于文明的高级阶段，认为东方是一个低劣的他者，有时甚至东方也这么认为。到了近代，“夷”与“野蛮人”的话语在某种程度上可以化约为东方与西方的互镜。这种互镜具有三重意义：首先，它确立了一种空间关系，世界被划分为东西对立的两极世界，西方仅限于“文明的”欧洲，而东方可能是所有非西方世界，而且这种结构并不对等，西方是中心，而东方是边缘。但是，正如萨义德所指出的，“东方”和“西方”概念“都不具有本体论意义上的稳定性，二者都由人为努力所构成，部分地在确认对方，部分地在认同对方”[②]。其次，东方与西方的空间关系同时又表现为一种时间关系，形成时空一体的拓扑结构，东方意味着过去，西方则

---

① Magnus Fiskesjö，“The Animal Other：China's Barbarians and Their Renaming in the Twentieth Century”，*Social Text*，2012，29（4），p. 58.

② ［美］爱德华·W·萨义德：《东方学》，王宇根译，第3页。

代表着现代。最后，东方与西方意味着价值观的差异。东方代表着专制暴虐、停滞落后、愚昧野蛮，西方则意味着民主自由、科学进步、理性文明。这样，东方与西方就由一对空间概念演化成文化概念，在近代则变成了体现权力关系的政治意识形态概念。[①]

出于文化差异与政治认同等方面的原因，西方与东方之间的意象大多会经历一种形象建构的曲折过程。总体而言，西方对东方的历史想象体现出某种话语霸权，它不断重申着西方优越论的集体意识。而东方世界则试图摆脱强加在自我身上的他者身份，以特有的主体性对抗西方的话语霸权。然而，西方在历史上并非总是优于东方，当西方处于劣势时，它在构建他者话语时，仍然将东方内置于西方的文化体系之中。换言之，东方即使优于西方，也会被西方在其充满想象的叙述里剥夺文化上的优势。“文明”的目的不仅意味着征服社会内部的野蛮，还意味着要征服外部世界的野蛮，使“野蛮的”东方“去野蛮化”并实现文明化是西方的责任。关于“野蛮人”和“夷”的互镜，我们分别从东方主义即“敌人”眼中的东方和西方主义即“敌人”眼中的西方说起。

### 2.3.1 东方主义：敌人眼中的东方

“东方”是西方建构的一个作为对立面的“他者”，建构“东方”的“西方”自然也是“东方”的敌人。在有关野蛮人的论述中，我们可以了解到，古希腊和古罗马世界，西方人对“东方”的想象已经呈现出“东方主义”的特征。对古希腊人而言，东方与西方的对立与敌意是一个永恒的客观存在，它们之间天然地存在敌对关系。对西方而言，东方总是一种潜在的威胁。英国学者霍尔（Edith Hall）在研究了埃斯库罗斯的悲剧《波斯人》后认为，该剧是基于古希腊和蛮族的对立来刻画波斯人的，它是“东方主义”话语历史中的第一份无可争议的文件，欧洲通过想象把亚洲人概念化为失败的、奢华的、冲动的、残忍的、危险的类别。这种话语强化了古希腊的主体性和波斯人作为入侵者的“他性”。[②] 因此，以波斯人为原型的“东方人”形象逐渐

---

① 参见周宁：《文明之野蛮：东方主义信条中的中国形象》，《人文杂志》2005 年第 6 期，第 87 页。

② See Edith Hall, *Inventing the Barbarian: Greek Self-Definition through Tragedy*, Oxford, Oxford University Press, 1989, pp. 99-100. 同时参见黄洋：《古代希腊罗马文明的“东方”想像》，《历史研究》2006 年第 1 期，第 117 页。

类型化，并成为古希腊人的“他者”。萨义德认为，在这部戏剧中，东方由一个非常遥远而且经常充满凶险的他者被转化为人们相对熟悉的形象，在高度虚构的表演中，一个非东方人被转化为代表整个东方的符号。[①] 在建构这个抽象化“他者”的历史过程中，古希腊人逐渐把东方类型化和普遍化为他们自身的对立面和最为深层的“他者”形象，并且形成了一套关于这个“他者”的话语体系——东方主义。通过对“他者”的叙述，古希腊人进一步明晰和凸显了自身的文化特性和核心价值，从而获得了一种文化上的优越感，古希腊人是自由的、优美的、勇敢的、胜利的，而“东方人”则是奴性的、丑陋的、懦弱的、失败的。通过这种比较，东方主义成了“西方”统治“东方”和对“东方”具有优势的一种方式，从而为其主宰乃至统治东方提供合法性依据。这样，东方主义既成为诠释希腊文化传统的话语方式，也成为“西方”主宰“东方”的一种话语策略。[②]

究竟什么是东方主义？美国学者简·德斯蒙德（Jane C. Desmond）下了一个初步的定义：“它是一系列假设、事实、虚构和思想意识，它们构成了却又自称解释了一种学术和政治的想象，在此所指的是对欧洲以外的某个地方的想象。”[③] 他的这个定义是建立在对萨义德东方主义的分析基础之上的。萨义德认为，东方主义“不只是一个在文化、学术或研究机构中所被动反映出来的政治性对象或领域；不是有关东方的文本的庞杂集合；不是对某些试图颠覆‘东方’世界的邪恶的‘西方’帝国主义阴谋的表述和表达。它是地域政治意识向美学、经济学、社会学、历史学和哲学文本的一种分配；它不仅是对基本的地域划分（世界由东方和西方两大不平等的部分组成），而且是对整个‘利益’体系的一种精心谋划——它通过学术发现、语言重构、心理分析、自然描述或社会描述将这些利益体系创造出来，并且使其得以维持下去；它本身就是，而不是表达了对一个与自己显然不同的（或新异的、替代性的）世界进行理解——在某些情况下是控制、操纵甚至吞并——的愿望或意图；最首要的，它是一种话语，这一话语与粗俗的政治权力绝没

---

① 参见［美］爱德华·W·萨义德：《东方学》，王宇根译，第27—28页。

② 参见黄洋：《古代希腊罗马文明的“东方”想像》，《历史研究》2006年第1期，第120—123页。

③ ［美］简·德斯蒙德：《东方主义与西方主义对跨国性美国研究的影响》，王红欣译，《美国研究》2010年第1期，第85页。

有直接的对应关系，而是在不同形式的权力进行不均衡交换的过程中被创造出来并且存在于这一交换过程之中，其发展与演变在某种程度上也受制于其与政治权力（比如殖民机构或帝国政府机构）、学术权力（比如比较语言学、比较解剖学或任何形式的现代政治学这类起支配作用的学科）、文化权力（比如处于正统和经典地位的趣味、文本和价值）、道德权力（比如‘我们’做什么和‘他们’不能做什么或者不能像‘我们’一样地理解这类观念）之间的交换”[①]。萨义德通过一系列的“不是”和“是”的判断对“东方主义”进行了全面的界定。“东方主义”至少包括两层含义：第一，它指的是一种基于“东方”与“西方”的本体论和认识论之差异的思维方式，这些差异体现在政治、经济、语言和文化等方面。第二，它指的是处于强势地位的西方对处于弱势地位的东方的长期主宰、重构和话语压迫方式。因此，所谓“东方主义”实际上就是西方人出于对东方的无知、偏见和猎奇而虚构出来的一个“东方神话”。[②] 萨义德的《东方学》在出版之后，引起了不少的批评，甚至有人认为萨义德提出的“东方主义”是整个西方的隐喻或缩影，实际上代表了整个西方。他们甚至认为“整个西方就是阿拉伯和伊斯兰或者伊朗、中国、印度和其他许多遭受西方殖民和偏见的非欧洲民族的敌人”[③]。当然，萨义德并不认同这种观点。“东方主义”作为经验和想象的奇怪混合物，其实就是“敌人眼中的东方”，与其说“东方主义”与“东方”有关，不如说其出发点是“西方”，其目的也是为了“西方”，“东方主义”并非按照东方人的理解来建构，而是按照西方人的逻辑在描述东方，试图对其加以控制并且在某种程度上与其相对抗。“东方主义”是现代西方政治和学术文化的重要组成部分，它更多地体现西方的政治意味，体现一种西方话语权力的影响力，这种话语权力包括了政治、学术、文化和道德等方面的权力。

萨义德认为：“每一文化的发展和维护都需要一种与其相异质并且与其相竞争的另一个自我（*alter ego*）的存在。自我身份的建构——因为在我看来，身份，不管东方的还是西方的，法国的还是英国的，不仅显然是独特的

---

① ［美］爱德华·W·萨义德：《东方学》，王宇根译，第16页。

② 参见王宁：《“东方主义”与“西方主义”：对话还是对峙?》，《东方丛刊》1995年第3期，第129—130页。

③ ［美］爱德华·W·萨义德：《东方学》，王宇根译，第425页。

集体经验之汇集，最终都是一种建构——牵涉到与自己相反的‘他者’身份的建构，而且总是牵涉到对与‘我们’不同的特质的不断阐释和再阐释。每一时代和社会都重新创造自己的‘他者’。因此，自我身份或‘他者’身份绝非静止的东西，而在很大程度上是一种人为建构的历史、社会、学术和政治过程，就像一场牵涉到各个社会的不同个体和机构的竞赛。”① 根据萨义德的观点，自我身份的界定离不开他者，甚至他者构成了确立自我身份的基本前提。就文化认同而言，无论“西方”还是“东方”，它们都需要建构一个与之不同的“他我”作为自我的镜像。因为身份或认同是由差异确立的，只有借助与他者的关系，自我身份才能在比较中得以界定。对西方而言，把东方作为一个想象的他者的目的是为了传递文化优越意识和它的话语霸权。当然，自我并非静止不变的，不同历史时期西方人都会重新塑造他者形象，以满足新的文化策略下表述的需要。东方主义之所以遭到许多非西方人的质疑和反对，是因为这种话语是一种源于殖民主义时代的权力话语。正如萨义德指出，“东方的”通常还是一种蔑称，意味着其血统比“我们”低劣。② 因此，萨义德对“东方主义”的描述和理论建构带有强烈的意识形态色彩和政治批判性，其批判锋芒直指西方文化霸权主义和强权政治。③

### 2.3.2 西方主义：敌人眼中的西方

诚如上文所述，东方主义话语体现的是西方人眼中的东方，是西方代表东方在言说和表述。那么，作为西方的“敌人”——东方，又是如何作出回应的呢？显然，东方并没有保持沉默，而是针锋相对，反过来言说西方。相对东方而言，西方也是一个“他者”，只不过它是“他者”眼中的“他者”。

东方对西方的回应体现在“西方主义”中，“西方主义”作为与“东方主义”相对应的概念，并不像“东方主义”那样成熟和系统。按照认识主体的差异，正如东方主义可以分为自为东方主义和拟东方主义那样，西方主义也可以分为自为西方主义和拟西方主义。自为东方主义和自为西方主义分别反映实际存在的真实东方和真实西方，而拟东方主义和拟西方主义则分别反

---

① ［美］爱德华·W·萨义德：《东方学》，王宇根译，第426—427页。

② 参见上书，第438页。

③ 参见王宁：《“东方主义”与“西方主义”：对话还是对峙?》，《东方丛刊》1995年第3期，第129页。

映被歪曲的想象性东方和想象性西方。自为西方主义和拟西方主义二者的根本区别在于是否反映真实的西方，前者我们可以称之为西方人的西方主义，或者说是西方人对西方的意象；后者我们可以称之为东方人的西方主义，或者说是东方人对西方的意象；前者再现一个真实的西方，后者建构一个虚拟的西方。[①] 这样，自为西方主义和拟西方主义的差别就成了两个不同的认识主体即西方人与东方人的差别，又化约成“文明人”与“野蛮人”的差别。这种差别暗含了这样的预设：西方人不可能真正了解一个真实的东方，而东方人也不可能真正了解一个真实的西方。西方和东方作为不同的认识客体，因为文化环境的差异很难被东方人和西方人这两个不同的认识主体分别了解，因而只能通过想象去阐释它们。因此，萨义德所谓的“东方主义”实际上是一种拟东方主义，我们在此处讨论的“西方主义”也是一种拟西方主义。

也有学者根据地域差异，把西方主义分为伊斯兰式的西方主义、后殖民化的西方主义、日本式的西方主义和中国式的西方主义四种表现形式。伊斯兰式的西方主义主要指中东和阿拉伯地区反对西方霸权主义的倾向，具有强烈的对抗性和反美倾向。后殖民化的西方主义主要指在印度等殖民地国家和地区，西方主义被当成“非殖民化”乃至反殖民主义的一种话语策略。日本式的西方主义表现为一种“非殖民化”倾向和重建日本文化的努力，它试图在文化上摆脱中国和西方的影响。中国式的西方主义在不同的历史时期呈现出不同的表现形式。自鸦片战争以来，西方主义就根植于中国人的集体无意识中。改革开放之前的西方主义的基调是仇视和抗拒西方。改革开放后，西方主义出现了分化，一部分人全盘认同西方，而另一部分人则认为西方是我们的敌人。[②] 王岳川认为中国的西方主义有四重视界：一是制造西方神话，追求全盘西化，将现代化等同于西化；二是强调走出现代化，走向民族性或“中华圈”；三是对西方解魅化，强调中国精神化而西方物质化；四是西方衰亡论……[③]上述种种将西方主义碎片化的区分很难把握西方主义的真正本质。西方主义作为后殖民主义的一种话语策略，曾经对东方的不同地区反抗西方

---

① 参见罗世平：《东方主义与西方主义比较研究》，《学术论坛》2003 年第 5 期，第 156—160 页。

② 参见王宁：《“东方主义”与“西方主义”：对话还是对峙?》，《东方丛刊》1995 年第 3 期，第 134—136 页。

③ 参见王岳川：《后殖民与新历史主义文论》，山东教育出版社 1999 年版，第 150 页。

霸权主义起过积极的作用，但也助长了东西方的对立和冲突。那些期待用博大精深的东方文化和东方价值观去统治整个世界的人，他们使用的恰恰是西方所建构的东方主义的逻辑，因此，西方主义也表现出一种权力关系和话语策略。

荷兰学者伊恩·布鲁玛（Ian Buruma）和以色列学者阿维赛·玛格里特（Avishai Margalit）合著的《西方主义：敌人眼中的西方》一书体现的是一种典型的拟西方主义。他们并不认可按时间或地域来区分西方主义，他们认为，西方主义就是“西方世界被它的敌人所描绘的去人性化图像”[①]。西方主义的矛头常常指向美国，“反美主义”在反西方世界的敌对观念中扮演了重要角色，有时这种反美情绪代表了反对西方世界。西方主义和东方主义类似的地方在于将对手“去人性化”或“非人化”。正如某些东方主义者认为非西方的人像低等的物种一样，某些西方主义者也将西方人贬黜为“没有灵魂、堕落、榨取钱财、无所依附、无信仰的一群冷血寄生虫”[②]。这种将对方“去人性化”或“非人化”的做法之结果是，导致人的毁灭。显然，西方主义所持的立场是“东方的”，但它所使用的方法和武器却是“西方的”。西方主义特有的思想脉络形成了一条“仇恨链”——“仇恨城市，城市的形象是无所依附的、傲慢的、贪婪的、堕落的和随意轻佻的；仇恨西方科学和理性所展示的思想；仇恨安居乐业的小资产阶级，将他们的存在对立于自我牺牲的英雄；仇恨不信教者，他们必须被扫除，以此为建立一个纯信仰世界开路”[③]。它所仇恨的对象是整个西方，包括西方的科学、理性、政治、宗教和文化，并且对其进行丑化和妖魔化。布鲁玛认为，西方主义不仅是一种针对美国及其政治的不满或仇恨，而且是一种针对西方特定理念的强烈仇恨。“这种仇恨的效果是将西方刻画成一架无情的机器，没有灵魂，庸俗肤浅，只为权力和财富等服务。通过这种方式，他们将西方文明以及身处其中的人们描绘得不像人。”[④] 对西方世界的仇恨并不必然构成一个严重的问题，只有当西方主义被政治权力所利用时，这种仇恨才变得非常危险，尤其是当专

① ［荷］伊恩·布鲁玛、［以］阿维赛·玛格里特：《西方主义：敌人眼中的西方》，张鹏译，金城出版社 2010 年版，第 6 页。

② 同上书，第 9 页。

③ 同上书，第 10—11 页。

④ 盛韵：《伊恩·布鲁玛谈西方主义》，《东方早报》2013 年 8 月 11 日。

政制度的意识形态仇恨西方时，西方主义就成了一种致命的思想，这种思想往往由宗教所启发。[①] 当西方主义被区分为宗教西方主义和世俗西方主义时，宗教西方主义往往比世俗西方主义更倾向于认为与西方世界的战争就是一场与绝对邪恶之间的圣战。

### 2.3.3 “夷/i/barbarian”：文明与野蛮的互镜

“夷”作为近代中国人对西方人的指称与“野蛮人”作为西方人对东方人的指称，二者的互镜性和公度性在近代中国与世界的政治和文化冲突中开始建立并纠缠不清。对近代西方人尤其对英国人而言，确定谁是真正的“barbarian”是捍卫文明的关键问题，而“夷”这个奇怪的汉字却模糊了西方人自以为是的文明和野蛮的界限。更为严重的是，自认为代表现代文明的西方人竟然被他们视为野蛮人的东方人称为代表落后与野蛮的“夷”，这是西方人万万不能接受的。因为在西方人眼中，西方以外的社会都是野蛮的和不文明的，而“夷”字的使用使得野蛮人成了文明人的孪生儿和自我镜像。[②]

刘禾指出，“夷/i/barbarian”这个语义交叉、三位一体的衍指符号，最早出现在1858年中英《天津条约》的英文版中，体现了中英两国在对抗过程中对中国主权的争夺和控制。“它意味着汉字‘夷’由于被赋予和体现了英文‘barbarian’这个词的特征，并被转变成这个英文单词的能指，而成为一个中英文交叉的衍指符号，因此其本身的正确含义必须屈从于英文单词。”[③]“夷”这个汉字在中英冲突中被赋予了特定的法律地位和政治意涵，《天津条约》第51款特别提出要求清政府停止使用汉字“夷”。因为英国人认为“夷”是一个带有歧视和侮辱的字眼。但是，清政府官吏则否认“夷”字带有否定意义。然而，无论清政府官吏如何辩解，“夷”所具有的蔑视和贬斥性的确是存在的。即使到了今天，仍然有西方学者认为“夷”就是“barbarian”，甚至认为“夷/野蛮人”指称的是“动物性的他者”（the Ani-

① 参见［荷］伊恩·布鲁玛、［以］阿维赛·玛格里特：《西方主义：敌人眼中的西方》，张鹏译，第121页。

② 参见刘禾：《帝国的话语政治：从近代中西冲突看现代世界秩序的形成》，杨立华等译，第43—44页。

③ 同上书，第43页。

mal Other)，这种对古代“夷/野蛮人”的动物性的归类直到20世纪中期才完全被废除。[①]

诚如前述，“夷”在最初的意义上只不过是一个地理空间概念。然而，由于近代中国人对西方异质文化的敌意和偏见，“夷”被进一步赋予了文化隐喻意义，成了一个具有道德排斥性的词。从民间俗称和官方文书用语中常用的“西夷”“外夷”“逆夷”“蠢夷”“狡夷”“洋夷”“夷人”，等等，即可见一斑。“夷”成了一个有实际所指的、代表西方形象的概念，其人“犬羊之性”“狡诈暴戾”“居心叵测”，这就是近代中国人对西方人作为野蛮人形象的想象和建构。[②] 当英国人将“夷”字与“barbarian”的语义等同起来时，“barbarian”作为针对殖民地他者的话语就陷入了一种尴尬的境地。英国人如此敏感和在意这个符号，是因为曾经被他们认为是“barbarian”的中国人竟然用“夷/i/barbarian”指认他们。正如19世纪70年代中国派出的首任常驻欧洲公使郭嵩焘所言：“三代以前，独中国有教化耳，故有要服、荒服之命，一皆远之于中国而名曰夷狄。自汉以来，中国教化日益微灭；而政教风俗，欧洲各国乃独擅其胜，其视中国，亦犹三代盛事之视夷狄也。中国士大夫知此者尚无其人，伤哉！”[③] 由此我们既可以了解英国人为什么会如此在意“夷/i/barbarian”这个衍指符号，同时，我们可以看到中国人其实也非常在意“夷/i/barbarian”的使用。例如，康有为在《上清帝第五书》中痛陈：“夫自东师辱后，泰西蔑视，以野蛮待我，以愚顽鄙我。昔视我为半教之国者，今等我于非洲黑奴矣。昔憎我为倨傲自尊者，今则侮我为聋瞽蠢冥矣。”[④] 从康有为的这段陈述所使用的“野蛮”“愚顽”“黑奴”“聋瞽蠢冥”等否定性的词语可以看出，他所代表的儒家知识精英阶层是非常在意这些带有侮辱和蔑视性的语言的，他们的骨子里仍然具有“倨傲自尊”的优越感。中国人和英国人都如此在意的一个汉字显然已经超过了文字本身的语义，成了双方都赋予了深刻政治、文化内涵的符号，正如刘禾所言：“英国

① See Magnus Fiskesjö, “The Animal Other: China's Barbarians and Their Renaming in the Twentieth Century”, *Social Text*, 2012, 29 (4), p. 57.

② 参见曾燕：《近代中国西方形象的建构与演迁——从妖魔化到理想化的言说》，《四川师范大学学报》2008年第1期，第51页。

③ 郭嵩焘：《伦敦与巴黎日记》，岳麓书社1985年版，第491页。

④ 汤志钧编：《康有为政论集》上册，中华书局1981年版，第202页。

人在一个汉字上看到的自虐投影，如同他们幻想的中国人在英国人身上所投射自我中心的世界观一样，都属于同一历史过程。”[①] 英国人的这种自我镜像和投射，其基础在于 barbarian 一直是殖民统治的歧视性话语，体现了欧洲人作为殖民统治者的自负，他们通过把殖民地的人命名为“野蛮人”来建立和巩固自身的主权地位。刘禾进一步指出：“欧洲的各个帝国把美洲土著人和欧洲以外的种族叫做‘savages’或‘barbarians’，在认识论上维持了殖民地他者的文明低劣等级，而欧洲人的文明等级的普遍秩序所依据的标准是种族、文化、技术、语言和所有权等。这个指示态称谓不可逆转，因为命名者不能同时被命名。正如黑格尔意义上的奴隶和主人一样，奴隶不可能被他的主人反过来认可为主人。”[②] 而中国人也在意“夷/i/barbarian”的所指和能指，是因为中国的国家主权已经受到了“夷”的实实在在的威胁，过去引以为傲的华夏中心论正面临严峻的挑战。这个穿越在国家版图和地缘政治边界之间的话语行为在试图瓦解统治者的主权合法性。[③] 因此，“夷/i/barbarian”所体现的话语权之争其背后是主权之争、政治合法性之争。再比方说，1903 年，梁启超为了寻求海外华人对“保皇会”的支持，他到美国访问并深入了解在美华人的生存状况，尤其了解部分译员的情况，他认为他们虽然薪水很高，但他们是“道德堕落的人”，他们已经被西方的商业和文化同化了。梁启超言下之意认为西方人也是“道德堕落的人”。他的这种判断引起了儒家知识分子的共鸣，他们认为海外华人大多被西方的物质主义和个人主义腐化了。例如，自强运动的领导者冯桂芬认为他们生性粗鄙、知识浅薄、道德堕落、满足于感官享受和物质利益，他们只不过粗通野蛮人的语言和了解一点野蛮人的特性而已。[④] 显然，他们大多认为西方人是“野蛮人”，也就是我们常说的“夷”。因此，“夷/i/barbarian”仍然是传统的“夷夏之辨”在近代国际关系中的延续，只不过是由过去统治者和被统治者对文明与野蛮的话语诠释转移到了国家与国家、文明与文明之间的冲突上了。

---

① 刘禾：《帝国的话语政治：从近代中西冲突看现代世界秩序的形成》，杨立华等译，第 83 页。

② 同上书，第 89 页。

③ 参见上书，第 103 页。

④ See Mae M. Ngai，“‘A Slight Knowledge of the Barbarian Language’：Chinese Interpreters in Late-Nineteenth and Early-Twentieth-Century America”，*Journal of American Ethnic History*，2011，30（2），pp. 5–13.

无论“野蛮人”的观念还是“夷”的观念，它们都是对外部世界他者形象的认知、想象和建构，同时也折射出复杂的民族自我意识、思维习惯和文化心理。从两次鸦片战争到八国联军占领北京，西方文明对华夏文明的侵略变成了文明征服野蛮、进步取代停滞、自由消灭专制的过程。从前被妖魔化的西方人形象在近代中国的语境中发生了戏剧性的变化，“丑类”“外夷”“番鬼佬”“洋鬼子”等贬损性的词语变成了“西人”“洋人”“洋大人”等献媚式的称谓，在日常语言中实现了从“鬼”到人的话语转换。西方的强权和暴力迫使中国人重塑有关世界的知识与想象，暴力与战争以野蛮的方式向“野蛮人”传播文明并消灭“野蛮人”。

# 第三章

# “敌人”的政治性

从观念史的角度来看，“野蛮人”作为敌人观念的原初想象，具有生存论的意义。从生存论的角度而言，“敌人”在实际的冲突中又具有很强的政治性，常常被敌对方野蛮化和妖魔化，甚至被贬称为“野蛮人”并被赋予野蛮性、邪恶性与非人性等特征。在生活世界，敌人并不在场，但它常常出现在政治世界。“敌人到底是什么?”确实是一个悬而未决的问题。在“谁是敌人”这一问题中，“敌人”成了客体或者对象。在将敌人客体化或对象化的过程中，敌人是一种存在，即使是我们所想象或虚构的存在，我们也认为它是一种真实的存在。“敌人”是我们对危及我们生存的虚空中的存在所划的界限，是我们对外部世界感知方式的一种“命名”。这种命名带有一种深深的恐惧、敌意和仇恨。“敌人”被当作一种只能受到物理性处理的存在，它的政治主体性在我们眼中已经完全丧失殆尽了。敌人问题涉及复杂的政治关系、国际关系以及在这种关系中它处于何种地位的问题。简单地说，敌人是一种角色和身份，一种具有极强政治性的集体身份。对敌人身份的思考迫使人们不得不对“我们”和“他们”予以严格区别。对“他们”的界定和理解在大多数情况下几乎是通过想象来进行的，而“我们”则是通过认同来确定的。

## 3.1 “敌人”与集体身份

“敌人乃是作为人的我们自身的问题”，这句话表达了这样一种深刻的政治洞见：敌人作为一种政治观念或政治意象根源于我们的自我认识并服务于这种自我认识。迈尔教授是这样解读施米特所引用的丢伯勒的这一诗句的：通过认识我们的敌人，我们认识了我们自身；通过界定我们自身，我们界定了我们的敌人。我们把这样一种人当作我们的敌人，即他们使我们成了问题，或者我们使他们成了问题——当我们“认识”了我们自身，并使我们自身和他人认识了我们自身。敌人在我们的自我认识之路上被迫成为我们的朋友，当我们的自我认识具有一个看得见的形象时，这种自我认识将突然转化为某种敌意的源泉。[①] 迈尔在此指出了敌人作为一个对抗性的他者与我们之间的辩证关系，虽然我们与敌人相互界定对方，然而敌人只是确证自我身份的手段和工具。

通常而言，“敌人/朋友”的区分与国家的、超国家的以及其他形式的集体身份密切相关。[②] 而在近代意义上，敌人观念又依附于“民族—国家”这一概念。敌人意象正是因为民族—国家间或民族—国家内部存在着身份认同差异而产生的。可以这样说，“民族—国家成功地证明了它组织世界的能力，将社会团体限制在其疆域内，屏蔽了所有可能质疑事物当前状态的观念”[③]。国家的边界线所形成的疆域正是民族身份认同所依据的地理空间，而敌人常常是存在于民族—国家的疆域空间之外、使自我成为问题的他者。然而，到了 20 世纪 90 年代初期，随着各种“终结论”（end-ism）的兴起，西方似乎进入了一个“全面终结”的时代，自福山（Francis Fukuyama）提出了“历史的终结”后，又有学者相继提出了“民族—国家的终结”和“领土的终结”，西方民主和市场经济的胜利似乎将人类带入了一个文化和地理上同质化的崭新时代，进入了一个无边界的甚至是一个“扁平的世界”。[④] 按照这种所谓“终结”的逻辑，敌人似乎也应该“终结”了，可是与此相反的是，

---

① 参见［德］迈尔：《古今之争的核心问题——施米特的学说和施特劳斯的论题》，林国基等译，第 49 页。

② See Philip Schlesinger, “Collective Identities, Friends, Enemies”, *Innovation*, 1999, 12 (4), p. 461.

③ ［加］卜正民、施恩德编：《民族的构建：亚洲精英及其民族身份认同》，陈城等译，吉林出版集团有限公司 2008 年版，第 1 页。

④ See Marco Antonsich, “On Territory, the Nation-State and the Crisis of the Hyphen”, *Progress in Human Geography*, 2009, 33 (6), p. 789.

敌人不仅没有终结，反而随着“民族—国家的终结”和“领土的终结”变得无处不在，传统意义上被排斥在城邦或国家疆域之外的“野蛮人”闯进了我们的家园。换言之，古典意义上地理空间之外的其他城邦或国家这些潜在的外部敌人，在现代意义上不再局限于地理空间的意义，内部敌人和外部敌人一起共同再造民族—国家存在的意义。当政治学家争论抽象的“敌人”概念时，他们实际上是在争论敌人的国家身份以及这一身份应该是什么。无论个人身份还是集体身份，它们的形成都是与其本身之外的世界相关的。正如亨廷顿所言：“我们只有在了解我们不是谁、并常常只有在了解我们反对谁时，才了解我们是谁。”① “敌人”正是身份系统作用的结果。身份系统的基本功能是对社会成员所处的位置和角色进行类别化或关系化区分，正如我们在前一章所谈到的，欧洲人大多对敌人进行类型化区分，而亚洲人特别像中国人对敌人则进行关系化区分。这种身份系统以其特有的方式将分散的个体在领土之内凝聚成一个整体。通过赋予不同类别及角色以不同的身份和地位，从而在社会中形成一种“支配—服从”的秩序。②“身份”的概念在此超越了自然的、个体的独特性，扩展到了一种在心理学上有重大意义的集体性质。身份或自我认识只有在与“他者”相比较时才能凸显其意义，否则就是空洞的。因为身份是一个理性概念，对“我们”的想象与修正就意味着必须包括对外部世界的想象与修正。因此，必须将近代意义上的“敌人”概念放在“民族—国家”的理论框架中来诠释。然而，民族—国家在今天正经历着一场深刻的转型，它不仅在次国家层面和超国家层面与治理调节和经济生产的模式密切相关，而且也与其人口的民族成分密切相关。③民族—国家在领土、文化和种族的意义上界定着自我和他者的身份以及二者的相互关系。

战争作为政治的继续，对“敌人”的身份和意象的确立具有决定性的作用。汉斯·摩根索（Hans Morgenthau）指出：战争被认为是交战双方领土

---

① ［美］塞缪尔·亨廷顿：《文明的冲突与世界秩序的重建》，周琪等译，新华出版社 2002 年版，第 6 页。

② 参见张静：《身份：公民权利的社会配置与认同》，《身份认同研究：观念、态度、理据》，上海人民出版社 2006 年版，第 3 页。

③ See Marco Antonsich，“On Territory，the Nation-State and the Crisis of the Hyphen”，*Progress in Human Geography*，2009，33（6），p. 790.

上全体居民之间的对抗。敌人不只是现代意义上作为抽象法律概念的武装部队，也包括效忠某个领主或居住在某片领土上的个体的总和。因此，敌国的每一个公民就成了敌对方所有人的敌人。这样，战争本身的残酷性使得对敌人的杀戮行为将不受严格的道德限制。[①] 当然，只有在真正的战斗中，敌人和朋友的政治划分所产生的最极端后果才得以暴露出来并具体化。例如，不列颠作为一个“被发明的民族”，是在英法战争以及对法国这一“敌人”意象的建构中形成的。在与法国的战争中，不列颠人把法国人想象成迷信的、黩武的、堕落的和受奴役的，而他们则是法国人的对立面。他们在与这个异己他者的对抗中界定自己，一个本来松散多样的共同体变成了稳固而统一的“我们”。[②] 实际上，在发生冲突或战争而成为死敌之前，一些国家之间往往保持着正常的甚至亲密的国际关系。伊多·奥伦指出：“德意志帝国、法西斯意大利、纳粹德国和斯大林苏联在美国政治学界的形象与它们在成为美国的敌人之前的形象大相径庭。德意志帝国从一个进步的宪政国家变成了反动的‘独裁政府’。法西斯意大利、纳粹德国和斯大林苏联从合法的社会与政府试验场堕落为‘极权主义’邪恶的化身。”[③] 由此可以说明敌人意象会随着国家之间关系的改变而发生某种变化。敌人的形象及其历史变化常常是系统化的，随着双方冲突的升级，敌人的形象常常朝着消极的方向改变，而且这种变化与冲突的起点是同步的。

“敌人”意味着身份的差异性。国家正是通过将自己与敌对国家相区分或将自己置于敌人的对立面来确立国家身份或认同的。施米特曾经引用黑格尔的观点来论证敌人身份的差异性，敌人本身意味着差异，是德性的差异，但这种差异不是道德意义上的，而是民族的永恒性中的“绝对生命”意义上的差异，实际上就是“民族认同”或国家身份上的差异。因此，这种敌人是某一个民族的敌人，由此引发的战争不是家族间的私人战争，而是民族间的

---

① 参见［美］汉斯·摩根索：《国家间政治——权力斗争与和平》，徐昕等译，北京大学出版社2006年版，第271页。

② See Linda Colley, *Britons: Forging the Nation, 1707－1837*, New Haven, Yale University Press, 1992, pp. 5-6. 同时参见王立新：《在龙的映衬下：对中国的想象与美国国家身份的建构》，《中国社会科学》2008年第3期，第157页。

③ ［美］伊多·奥伦：《美国和美国的敌人：美国的对手与美国政治学的形成》，唐小松、王义桅译，第11页。

公共战争。[1] 针对康德为了实现“永久和平”而提出的用国家联盟来调停国家之间的争端的方案，黑格尔认为，“国家是个体，而个体性在本质上是含有否定性的。纵使一批国家组成一个家庭，作为个体性，这种结合必然会产生一个对立面和创造一个敌人”[2]。实际上，无论古代的“敌人”观念还是现代的“敌人”观念，它们都是通过强调差异来建构的。敌人在认同实现的过程中既是必要的，也是需要排除的。这种认同需要他者的存在来界定自身，敌人作为“他者”是自我不可或缺的组成部分。“国家认同”这一术语预设了一个与国家的“自我”相对立的“他者”或其他国家的存在，“认同”本身内含身份、同一性和差异性等含义，“他者”显然不属于“我们”这个共同体，“我们”与“他们”必须明确地予以区分。换言之，国家的自我意识既包括同一性意识，涉及对共同体的自我认知，也包括差异性意识，涉及对他者的认知。国家认同只有在与其他民族—国家的比较中才具有实质性的意义。[3] 正是在与他者的比较甚至冲突和战争中，国家身份和认同得到了进一步强化。

敌人意味着某种公共性。柏拉图在《理想国》中曾提出“人民公敌”这一概念，他联系到各种对立面，如战争、起义、剧变、造反和内战等来强调这种对比。施米特则在《政治的概念》一书中进一步突出了敌人的公共性。他认为，公敌即那种我们公开与之战斗的敌人，私敌是指那种我们与之发生私下争斗的人。公敌与私敌也可进行如下区分：公敌是那种与我们战斗的人，私敌则是那种痛恨我们的人。[4] 由此可以看出，“敌人并不是指那些单纯的竞争对手或泛指任何冲突的对方。敌人也不是为了某个人所痛恨的私敌。至少是在潜在的意义上，只有当一个斗争的群体遇到另一个类似的群体时，才有敌人存在。敌人只意味着公敌，因为任何与上述人类群体，尤其是与整个国家有关的东西，均会通过这种关系而变得具有公共性。广义地讲，敌人乃是公敌，而非仇人”[5]。换言之，敌人体现了一种国家与国家的关系

---

① 参见［德］卡尔·施米特：《政治的概念》，刘宗坤等译，第 183—184 页。

② ［德］黑格尔：《法哲学原理》，范扬等译，商务印书馆 1961 年版，第 342 页。

③ See Anna Triandafyllidou, “National Identity and the ‘Other’”, *Ethnic and Racial Studies*, 1998, 21 (4), p. 599. 同时参见王立新：《在龙的映衬下：对中国的想象与美国国家身份的建构》，《中国社会科学》2008 年第 3 期，第 157 页。

④ 参见［德］卡尔·施米特：《政治的概念》，刘宗坤等译，第 149 页，注释 1。

⑤ 同上书，第 143 页。

(或社会与社会的关系，这种情形是在很多国家内部将“敌人”观念扩展的结果)，而不是人与人的关系，因此，敌人并非个人身份，而是一种集体身份，更确切地说是一种民族身份或国家身份。人类由来已久的暴力经常是一个团体对抗另一个团体，而不是一个人攻击另一个人。卢梭有一段经典的论述：“战争绝不是人与人的一种关系，而是国与国的一种关系；在战争之中，个人与个人绝不是以人的资格，甚至于也不是以公民的资格，而只是以兵士的资格，才偶然成为仇敌的；他们绝不是作为国家的成员，而只是作为国家的保卫者。最后，只要我们在性质不同的事物之间不可能确定任何真正关系的话，一个国家就只能以别的国家为敌，而不能以人为敌。”① 日本著名学者竹内实认为：“如果当真认为‘敌人’就是指人，而且只能是某个人的话，如此理解‘敌人’的方法，其实并不能真正足以说通‘敌人’所以是‘敌人’，以及‘敌人’为什么只能是‘敌人’之类的道理。如果再引申一步，就是说这样做始终无法发现谁是真正的‘敌人’。”② 无论古代的敌人观念还是现代意义上的敌人观念，它们都体现了这种集体身份。而且，这种集体身份是彼此对立的，只有在双方对立并激烈斗争的时候，对立的双方才会把交战的对手看作敌人。当然，对立的双方彼此成为敌人是有现实条件的。而在现实的对立与斗争当中，斗争的双方总是把对方视为“敌人”。③

在实际的军事冲突中，敌人并不局限于敌对国家的军队。“敌人”也可以是平民、游击队员、恐怖分子，从而体现出敌人身份的模糊性。这样，“谁是敌人”就不能只是按照敌人属于何种社会与种族群体来分析。它的发生也可能跟敌人的实际类别有关。④ 敌人既可能是现役军人，也可能是一个少女、一个老妇、一个小男孩。即使在两国交战这种明确的环境下，对敌人的认知也可能迅速发生变化。例如，在黎巴嫩和以色列的战争中，黎巴嫩的妇女和儿童也配备了武器，这样在以色列士兵的眼中，平民也被看作“敌人”。⑤ 这就使得战争的目标人群和以往可能完全不同。因为在某些战争中，平民就

---

① ［法］卢梭：《社会契约论》，何兆武译，第18—19页。

② ［日］竹内实：《“敌人”是什么》，见《竹内实文集》第六卷《文化大革命观察》，程麻译，中国文联出版社2005年版，第91页。

③ 参见上书，第87页。

④ 参见［以］Ben Shalit：《战斗与冲突心理学》，王京生等译，第221页。

⑤ 参见上书，第109页。

是参与战斗的士兵，我们无法区分平民和士兵的身份，平民可能就是潜在的敌人，甚至是实际的敌人。掌握武器的士兵面对手无寸铁的平民时，他可能觉得自己无比强大，就可能为所欲为。而一旦平民拥有武器并袭击士兵，那么士兵对平民的道德认知问题和战争伦理中的区分原则就将退居幕后。

## 3.2 “敌人”与敌对关系

近代以来的国家理论认为，社会契约是国家力量之正当性的根源。根据社会契约论的观点，国家之间的政治条约是制定出来的，而不是被发现出来的。这样，传统意义上的“敌人”就由一种政治身份转向了社会结构意义上具有对等性的“契约”关系。换言之，“敌人”作为一种国家身份是与传统的等级、地位、特权等含义联系在一起的，而这些含义是由“我们”通过想象所“赋予”的。而在现代意义上，“敌人”的观念则意味着“我们”正在破坏或试图破坏与“敌人”的契约关系（当然，也可能是“敌人”在破坏与“我们”的契约关系。这种“破坏”既可能是现实的，也可能是潜在的）。我们说“敌人”由政治身份向契约关系转向，并不意味着身份的消失，它只是意味着国家与国家的身份关系（或者社会成员的身份关系）发生了转换，意味着从一种身份关系转向了另一种身份关系，同时也意味着转向了一种完全不同于过去的国际秩序或社会秩序。这种过程凸显的是国际冲突或社会冲突，其实质是不同身份的冲突以及价值观念和意识形态的冲突。正如著名社会学家米德所指出的：历史冲突通常发生在组织程度较高的不同群体之间，人们彼此持敌对态度。部落相对于氏族是一个更大、更模糊的组织，因而部落冲突相较于氏族冲突更大。这种情况在当代社会同样存在，相对各个国家之间潜在的敌对状态，多个国家形成国际联盟，从而导致不同联盟之间的敌对冲突。[1] 实际上，冲突往往有助于建立和维持敌人（包括敌对双方）的身份和边界。同时，我们也要认识到：对立的双方之所以彼此互为敌人，是因为二者存在某种直接的联系，有时甚至是非常“亲密”的关系。两个完全没有联系的国家、群体或种族等是很难形成敌对关系的。罗伯特·达尔（Rob-

① 参见［美］乔治·H·米德：《心灵、自我与社会》，赵月瑟译，第266页。

ert Alan Dahl）指出："由于种族的和宗教的亚文化之间的冲突很容易被看作是对一个人最基本的个人利益的威胁，所以敌对者很容易转化成为一种邪恶的、野蛮的'非我'，他们的威胁刺激了人们的强暴和野蛮行为——这一向是全人类最常见的内部集团对外部集团的反应——并证明它们是正当的。"[①]

国家与国家成为敌人，既可能基于某种根本的矛盾，也可能基于一种政治上的比较和分离。同时，由于每一个国家都有支配其他国家的需要，所以才会相互攻击而成为敌人。其中国家利益或民族利益是任何一个国家的共同目标，而国家身份或认同就是这种利益的集合。国家正是通过比较来窥探自我与社会存在怎样的联系。敌人正是国家与国家比较和竞争的产物。这种比较滋生了羡慕、嫉妒和仇恨，乃至恐惧。"我们总是把自己分离成一个国家、一个家庭、一个团队，分离为法国人、德国人等等，这样会不断给自己带来不安全的感觉。"[②] 正如亨廷顿所指出的："要区分，就必然要比较，看'我们'跟'他们'区别何在。要比较，则会作出评估：'我们'的做法比'他们'的做法是优还是劣。群体的自我中心主义会让人有理由证明自己比别人强，需要证明自己群体的优越性。竞争导致对立，使本来较狭窄的区别感导致较强烈和较根本性的同异感。这种认识模式固定下来，就会将对立面妖魔化，使对方变成敌人。"[③] 群体与群体、国家与国家之间的比较，导致了自我与他者的区分与对立以及二者优劣高下的评估。在这种区分与评估中，自我产生优越感从而贬斥他者，甚至将他者非人化为与自我势不两立的敌人。

如何看待敌我之间的关系，决定了我们对敌人将采取何种行动方式。一个国家对另一个国家的"敌人"想象反映了该国家人们的恐惧，从而也界定着自己的国家身份与国家地位，是一个国家自我审视、自我想象的一种方式。人类社会在文明程度不高的时候，国家与国家或群体与群体之间冲突的结局常常是由冲突双方的首领对敌人的认知来决定的。有证据表明，"攻击行为的发起者越不能直接决定攻击的结果，他的攻击性就越强。一个人在作决定时，如果他感到对决策的结果负有直接责任，而且必须立即面对他的行

---

① ［美］罗伯特·达尔：《多头政体——参与和反对》，谭君久等译，商务印书馆 2003 年版，第 121 页。

② ［印度］克里希那穆提：《恐惧的由来》，凯锋译，学林出版社 2007 年版，第 71 页。

③ ［美］塞缪尔·亨廷顿：《我们是谁？——美国国家特性面临的挑战》，程克雄译，第 24 页。

为后果，而他的决定并不仅仅是从一系列事件到最终结果之间的一个环节，那么他在作出决定时就会更为慎重”[①]。古典意义上的敌对关系是一种相对关系。例如，柏拉图、格劳秀斯等人就是持这种观点的代表。他们认为，敌我之间最终将媾和。而在现代战争中，由于各种类型的敌对关系交汇在一起就会上升为一种绝对的敌对关系。例如，施米特认为，在毛泽东的具体处境中，“与白人殖民剥削者的种族性敌对关系、与资产阶级的阶级敌对关系、与同一人种的日本入侵者的敌对关系、在长期的激烈内战中日益增长的与自己民族弟兄的敌对关系并没有相互抵消或者制约，而是在具体情况下得到证实和加剧”[②]。施米特中肯地指出了中国共产党当时所面临的敌对关系的复杂性。然而，毛泽东却化腐朽为神奇，把敌人相对化了。毛泽东将“一个无空间限制的全球共同的绝对的世界敌人——马克思主义的阶级敌人与一个可划分地域的、中国和亚洲在抗击资本主义的殖民主义时的实际敌人结合起来。毛泽东第一个解决了这一矛盾，因为他在对抗外来入侵者和内部敌人的这场双重自卫战中作出了正确的权衡：先打击实际的敌人，日本帝国主义，再打击绝对的阶级敌人，反动的国民党；而与他的对手不同的是，他打内战也像在抗击一个实际的敌人”[③]。这大概也是毛泽东所指出的“中国革命的首要问题是分清敌友的问题”的一个重要的现实原因。

我们知道，国家认同常常是通过对内部敌人和外部敌人的区分来建构的。在最初意义上，国家认同主要是由外部敌人建构的，但在现代意义上，内部敌人同样建构着国家认同。这种国家认同的建构是通过排斥一部分人来实现的。这种遭到排斥的内部敌人往往被视为外部敌人的帮凶或等同于外部敌人。国家对内部敌人所采取的惩罚和控制常常超过了外部敌人。因为在大多数情况下，外部敌人只是想象的产物。只有士兵和特定时期比方外敌入侵时才会遭遇实际的敌人。在这种情况下，单个的敌方士兵就成了“我们”眼中敌人形象的全部，就代表了政治宣传中的抽象的敌人。而在国内政治冲突

---

① ［以］Ben Shalit：《战斗与冲突心理学》，王京生等译，第63—64页。

② ［德］卡尔·施米特：《游击队理论——“政治的概念”附识》，《政治的概念》，刘宗坤等译，第400页。

③ ［德］施米特/什克尔：《与施米特谈游击队理论》，卢白羽译，见刘小枫选编《施米特与政治的现代性》，第47—48页注释部分。

和阶级对抗中，“阶级敌人”“种族敌人”“人民敌人”“政治敌人”等就是具体的敌人。

## 3.3 “敌人”与权力关系

有关敌人的理论具有独特性和选择性，总是与力量或权力这种对国家生存非常重要的因素密切相关。敌人作为话语政治的一个重要的语言符号，既体现了国内政治中复杂的权力关系，也说明了国际政治为何以及如何成为国家之间争夺话语主导权的重要场所。树立敌人的目的在于界定自己，而攻击敌人的目的就是需要征服或控制敌人。“攻击行为的动机基础是人类控制的需要，对事件或人实施控制的需要似乎是人类的基本特征。许多宗教战争据此来使自己合理化，即：如果能迫使人们以某种方式行事并且拥有某种信念和态度，世界将变得更美好。”[①] 对他者的控制近乎是人类的一项本能，因此，人们总是寻找各种理由去征服他者。克劳塞维茨（Carl Von Clausewitz）认为：“战争是迫使敌人服从我们意志的一种暴力行为。”[②] 因此，把“我们”的意志强加于敌人是目的，为了实现此目的，必须让敌人无力抵抗。[③] 换言之，战争的目的是要迫使敌人屈服，至少要防止敌人的行动违背我们的意愿。克劳塞维茨进一步指出：要让敌人服从我们的意志，就必须使敌人的处境比按我们的要求作出牺牲更为不利。因此，唯有令敌人真正无力抵抗，他们才会服从我们的意志。敌人这一概念是抽象的，但敌对双方中的任何一方对另一方而言都不是抽象的，就连敌人的意志也不是抽象的。[④]

从权力政治的角度而言，敌人理论最核心的因素是如何理解权力的本质、表现、配置、局限以及规律等问题在建构敌人意象中所起的作用。因此，国内政治和国际政治都是争取权力的斗争，权力既是政治斗争的手段，也是政治斗争的目的。敌对双方无论采用何种方式斗争，都是围绕权力而进行的。虽然在施米特的意义上，政治来源于“敌人/朋友”的区分，毛泽东

① ［美］弗兰肯：《人类动机》，郭本禹等译，陕西师范大学出版社 2005 年版，第 195 页。

② ［德］克劳塞维茨：《战争论》第 1 卷，中国人民解放军军事科学院译，第 23 页。

③ 参见上书，第 24 页。

④ 参见上书，第 27—29 页。

也指出了政治就是要区分“谁是我们的敌人？谁是我们的朋友？”，但这种区分是围绕政治权力而进行的。正如汉斯·摩根索指出：权力是指人支配他人的意志和行为的力量。而政治权力体现的是权力行使者与权力行使对象之间的心理的关系。前者影响后者的意志而对某些行动有支配力量。[①] 汉斯·摩根索此处的权力关系实际上包括物质暴力和思想控制两个方面所呈现的政治关系。当两个国家相互建构为敌人的时候，只要没有实质性的攻击，它们就还停留在建构敌人意象的阶段，一旦双方处在攻击状态，无论意识形态方面的攻击还是实质性的军事领域的攻击，它们都表现为一种政治权力支配关系，只不过前者体现为一种话语权的争夺，后者则表现为武力的争夺。这种权力斗争的背后自然是各自的国家利益，尽管敌对双方很多时候都会打着维护人类利益、伸张全球正义等意识形态的口号。

当一个国家侵略或占领另一个国家时，敌对双方的权力关系所反映的支配与反支配、控制与反控制、占领与反占领等现实的政治关系就全面凸显出来，此时的敌人不再局限于过去所建构的虚幻的“敌人意象”，而是成了实际的、具体的敌人。马基雅维里指出：“当你占领这个国家领土的时候，所有受到你损害的人们都变成你的敌人了；而且你又不能够继续保持那些帮助你取得那里统治权的朋友们，因为你既不能够依照他们的期望给以满足；你又不能够采取强有力的措施对付他们，因为你感到对他们负有恩义；还因为一个人纵使在武力上十分强大，可是在进入一个地方的时候，总是需要获得那个地方的人民的好感的。”[②] 从马基雅维里的论述中我们可以看出，当一个国家或军队征服了另一个国家时，“受到损害的人们”就成了它的具体的敌人。而被征服国支持“入侵者”的那些“朋友”则面临尴尬的处境，他们要么冒着“叛变”“投敌”“通敌”的危险而成为另一部分人的敌人，要么确实成为“受到损害的人们”的敌人。而征服者同样也面临尴尬的处境，一方面，他们并不一定能够满足支持过他们的“朋友们”的期望，另一方面又不能像对付“敌人”那样使用武力来对付他们的“朋友们”。即使征服者强大无比，也需要获得当地人的“好感”和“支持”。那么，如何解决这一困境呢？马基雅维里认为：“征服这些地方的人如果想要保有它

① 参见［美］汉斯·摩根索：《国家间政治——权力斗争与和平》，徐昕等译，第 56 页。
② ［意］尼科洛·马基雅维里：《君主论》，潘汉典译，商务印书馆 1985 年版，第 6 页。

们，就必须注意两个方面：一方面就是，要把它们的旧君的血统灭绝；另一方面就是，既不要改变它们的法律，也不要改变它们的赋税。这样一来，在一个极短的期间内，它们就会同古老的王国变成浑然一体了。”[①] 但是，如果那些被征服的国家在语言、文化和制度上与征服国不同，那么这种占领将存在各种难以预料的困难，占领与反占领、殖民与反殖民的斗争将长期存在。

孟德斯鸠在《论法的精神》一书中深刻地指出：战争的权利产生征服的权利，但是征服敌人后所拥有的权利并不是任意的，而必须以法律为依据。也就是说，在通过武力征服敌人的过程中，靠武器和暴力“说话”，一旦征服了敌人，就必须依靠法律和规则这些“软权力”才能维持一种长久的支配关系。因此，征服者首先应遵守自然法、自然理智法、政治社会构成法和征服本身的法则。因为征服是一种取得，它包含保存和使用的精神，而不是破坏的精神。因此，征服国应当尽量避免灭绝敌人和毁灭被征服国，应当尽可能保存被征服国原有的法律来进行治理，为被征服国建立崭新的政治和民事的治理机构。当然，对敌人的征服也有可能带来“好处”。孟德斯鸠进一步认为：那些法制废弛、腐化丛生、迫害遍布的被征服国因被征服而改革，进步对民众未尝不是好事。[②]

综上所述，敌人的政治特性体现在政治身份的集体性、自我与他者关系的对抗性以及权力关系的征服性三个方面。如果我们过度强调“敌人”的政治性，正如温特所指出的，就很有可能给国家带来四种后果：第一，国家往往采取强烈的改变现状的方式试图摧毁或征服敌人。敌人的威胁可能迫使国家根据“不是杀人就是被杀”的原则而采取改变现状的行为。第二，国家决策在很大程度上不考虑未来前景而向最坏处作准备。这样就减少了国家以合作行动回应敌人所作出的任何合作举动的可能性。第三，相对军事力量被视为至关重要。国家会遵循“要和平，就要准备战争”的原则而积极备战，这势必导致国家之间的军备竞赛与军事对抗。第四，如果真正爆发了战争，国家就会以“敌人的方式”来对付敌人，这就意味着无限制地使用暴力，因为

---

① ［意］尼科洛·马基雅维里：《君主论》，潘汉典译，第 8 页。

② 参见［法］孟德斯鸠：《论法的精神》上册，张雁深译，商务印书馆 1961 年版，第 138—141 页。

自我限制只会使自己处于相对劣势的地位，除非国家清楚地看到自我限制没有危害。如果战争尚未爆发，但由于为了避免敌人通过第一次打击取得决定性的优势，国家就必须准备先发制人。总之，当国家面临敌人的时候，必须做的事情就是实行赤裸裸的权力政治。[①]

① 参见［美］亚历山大·温特：《国际政治的社会理论》，秦亚青译，第330—331页。

# 第四章

# “人民公敌”及其问题

在古典政治哲学意义上，“敌人”是针对国际关系而言的，此种意义上的敌人就是指“外部敌人”。在某一时期，一个国家可能会有若干敌人，而其中通常有一个是首要的或最为重要的敌人。在实际的政治冲突中，敌人观念扩展到了国内政治领域，甚至扩展到与“我们”没有直接联系的某种群体或更为抽象的概念，如“魔鬼”“愚昧”“野蛮”等。在特定的历史时期，某些国家甚至还通过引入一个更严厉或更具威胁性的敌人来化解其国内矛盾。亨廷顿指出：“社会学理论和历史表明，没有外部敌人或对立面，容易出现内部纷争。”[①] 这意味着，当一个国家的外部敌人消失或者与外部敌人的对抗不那么激烈时，内部的纷争就随之出现，人们就需要寻找或树立“内部敌人”，而有关外部敌人的认知和理论将会被投射或扩展到内部敌人之上。“若要降低某敌人在我们知觉中的挑战等级或威胁等级，可以通过呈现另一个更具威胁性的敌人来实现，也可以通过改变对敌人的评价或改变对自身应对能力的评价来实现。”[②] 而统治阶级可以把任何人看成社会秩序的敌人[③]，所谓“人民公敌”（“人民敌人”“阶级敌人”“人民公敌”都是在同一种意义上使用的政治术语，都属于内部敌人），就是将国民对象化为“内部他者”，是外

---

① ［美］塞缪尔·亨廷顿：《我们是谁？——美国国家特性面临的挑战》，程克雄译，第216页。

② ［以］Ben Shalit：《战斗与冲突心理学》，王京生等译，第112页。

③ 参见［德］沃夫冈·索夫斯基：《暴力十二章》，邱慈贞译，玉山社出版事业股份有限公司2006年版，第114页。

部敌人扩展的产物。那么，在国内政治冲突中，是什么原因使得具有相同或相似社会特征的人分属于两个在政治上完全对立的阵营呢？是否存在某些特定的社会特征决定了人们在某个政治事件中的政治倾向呢？这些问题的解答需要我们面向“人民”本身。

## 4.1 人民及其政治内涵

毛泽东曾提出：“为了正确地认识敌我之间和人民内部这两类不同的矛盾，应该首先弄清楚什么是人民，什么是敌人。”① 这种“人民/敌人”的区分与“朋友/敌人”的区分类似，但二者区分的政治语境是不同的。前者主要是从国内政治而言的，这里的敌人主要是指内部敌人，针对的是一个国家内部的群体与群体之间、党派与党派之间、阶级与阶级之间的对立冲突关系；而后者主要是从国际政治而言的，这里的敌人主要是指外部敌人，针对的是国家与国家之间的关系。“人民/敌人”的区分是认识敌我矛盾和人民内部矛盾的根本性前提。换言之，如果不进行这种政治性的区分，我们就很难正确地把握并厘清不同类型的矛盾尤其是人民内部矛盾，就可能产生政治误判，从而影响政治发展与社会稳定。

从词源学的意义而言，“人民”一词最初具有人类、平民、百姓的意思。表面看来，“人民”是“人”与“民”的合成词，它与二者既密切相关，又与二者有着很大的区别。在中国古代，“人”与“民”的内涵不同。例如，《诗·大雅·假乐》载：“假乐君子，显显令德。宜民宜人，受禄于天。”从这里的“宜民宜人”可以看出“民”与“人”是有区别的。通常，“人”主要是相对物而言的，孔子有“天地之性人为贵”的说法。《论语·乡党》载：“厩焚。子退朝，曰：‘伤人乎?’不问马。”此处的“人”是相对“马”这种动物而言的。而“民”主要是相对君、官而言的。孟子的“民为贵，社稷次之，君为轻”中的“民”就是相对“君”而言的庶民，是被统治者。张岱年指出：“在孔子学说中，人是泛称，民是人的一部分。”② 而“人民”是相对

① 毛泽东：《关于正确处理人民内部矛盾的问题》，《毛泽东著作选读》下册，人民出版社 1986 年版，第 757 页。

② 张岱年：《文化哲学》，教育科学出版社 1988 年版，第 172 页。

统治者而言的、具有数量意义的集合名词。例如，“质尔人民，谨尔侯度，用戒不虞”（《诗·大雅·抑》）中的“人民”、“人民鸟兽草木之生物”（《管子·七法》）中的“人民”和“掌建邦之土地之图，与其人民之数，以佐王安扰邦国”（《周礼·地官·司徒》）中的“人民”都有平民、百姓的意思。[①]孟子甚至认为：“诸侯之宝三：土地、人民、政事。宝珠玉者，殃必及身。”（《孟子·尽心下》）按照孟子的民本思想，“人民”与土地、政事一样，是诸侯实现政治统治的重要基础。在西方古典政治哲学视域中，“人民”一词最初仅仅具有被统治的大多数的数量意义。而现代意义上的“人民”概念则是民族—国家发展的产物，正是在近代的政治理论体系和政治实践中，“人民”观念也像“敌人”观念一样有着突出的地位。人民在事关政治生存问题上的意志表达是强有力的，但人民并不是一种有力量的主体，人民不是一种能被明确组织化的力量，人民并不足以构成一个稳定的、组织性强的权威核心。[②] 然而，如果我们要深入认识、理解和建构政治的权威性，那么就无法离开“人民”。

在政治语境中，人民和敌人一样是一种政治判断，是意识形态色彩很浓的政治话语。而政治话语的内涵总是随着政治形势的变化而改变，因此，在政治意义上所界定的这些概念就带有主观性、可变性和随意性。在我国独特的政治文化语境中，“人民”一词尤其显示出强烈的意识形态色彩和情绪化的特征。例如，毛泽东曾指出：

> 人民这个概念在不同的国家和各个国家的不同的历史时期，有着不同的内容。拿我国的情况来说，在抗日战争时期，一切抗日的阶级、阶层和社会集团都属于人民的范围，日本帝国主义、汉奸、亲日派都是人民的敌人。在解放战争时期，美帝国主义和它的走狗即官僚资产阶级、地主阶级以及代表这些阶级的国民党反动派，都是人民的敌人；一切反对这些敌人的阶级、阶层和社会集团，都属于人民的范围。在现阶段，在建设社会主义的时期，一切赞成、拥护和参加社会主义建设事业的阶级、阶层和社会集团，都属于人民的范围；一切反抗社会主义革命和敌

---

① 参见《辞源》，商务印书馆 1977 年版，第 158 页。

② 参见［加］大卫·戴岑豪斯：《合法性与正当性：魏玛时代的施米特、凯尔森与海勒》，刘毅译，第 62—63 页。

视、破坏社会主义建设的社会势力和社会集团，都是人民的敌人。①

显然，“人民”作为一个集合名词，其政治内涵和范围在不同历史时期是变化不定的，是通过与“敌人”的比较由“我们”来界定的。正如毛泽东指出的，抗日战争时期凡是“抗日的阶级、阶层和社会集团”都是“人民”；而解放战争时期凡是反对“美帝国主义和它的走狗”的阶级、阶层和社会集团都划归“人民”；而到了社会主义建设时期，“一切赞成、拥护和参加社会主义建设事业”的阶级、阶层和社会集团都属于“人民”。正是凭借这种特定的政治情境和意识形态背景，“人民”如何成了政治哲学的新的因素方可获得理解。② 与敌人强调彼此之间的差异性相反，人民作为一种“实存性存在”的实体，强调的是民族—国家内部的政治同一性，它所涉及的仍然是身份或认同的问题，这种同一性也是一种“集体想象”。“它同时也隐藏或消除差异而与种族压迫、社会清洗的现实相联系。”③ 换言之，它同样暗含着以政治暴力来确保全体政治意愿的一致性。

施米特考察了近代宪法学意义上的“人民”概念，认为“人民”既可以理解为无定型的、宪法意义的实体，也可以理解为在宪法上获得定型的、有组织的实体。将人民理解为无定型的政治实体，是因为人民是制宪权的主体，人民是民意的载体和喝彩的载体，人民是那些不统治、不当权的人，人民是一切行政机关的对立面。“人民就是那些不统治、不代表、不行使行政机关的要求组织起来的各项职能的人。”④ 正是在这种意义上，人民是一个无定型也不可能获得完全定型的实体，因而人民概念具有特殊性。显然，上述关于“人民”的界定是从否定方面进行的，但并不是通过首先界定“谁是敌人”之后来确定“谁是人民”的。施米特指出：“凡是没有特出之处、没有差别的人，凡是不享有特权的人，凡是不因财富、社会地位或教养而出类拔萃的人，都是人民。”⑤ 施米特把人民理解为在宪法上获得定型的、有组

---

① 毛泽东：《关于正确处理人民内部矛盾的问题》，《毛泽东著作选读》下册，第 757—758 页。

② 参见［德］卡尔·施米特：《政治的浪漫派》，冯克利、刘锋译，上海人民出版社 2004 年版，第 67 页。

③ 张文喜：《卢梭的人民概念及其政治哲学意义》，《浙江工商大学学报》2007 年第 5 期，第 43 页。

④ ［德］卡尔·施米特：《宪法学说》，刘锋译，上海人民出版社 2005 年版，第 259 页。

⑤ 同上书，第 260 页。

织的实体，并不是说人民本身有定型、有组织，而仅仅是规定了选举和投票的程序，人民才作为宪法上定型的、有组织的实体，人民的意志只是作为一个有效性系统甚或虚构系统的结果而得以实现。在这种情况下，人民就是参加投票的选民或选举权人的简单多数或特定多数。[①] 在施米特看来，“同一性原则”和“代表性原则”是使人民形成并保持为一个政治统一体的两种重要的“政治形式”原则。所谓“同一性原则”是指统治者和被统治者的同一性，即“真实存在的人民自身形成一个政治统一体”。而“代表性原则”是指统治者是被统治者的代表，这意味着“作为政治统一体的人民永远无法作为真实的实体出现，因此必须寻找某些人作为人民的人身性代表”[②]。由于关于同质性的预设有可能是虚构的，并不具备真正的公共性，所以这样很有可能导致极其危险的后果：“人民从政治状态退回到非政治状态，从而成为一种纯粹文化的、经济的或植物性的存在，效力于另一个政治上活跃的外族。”[③] 因此，必须对同一性原则施加民主性限制。尽管施米特认为，人民作为政治实体带有某种否定性，但这种否定性并不减少它对公共生活的重要意义。他说：“人民是一个只在公共领域里才存在的概念。人民仅仅出现在公共性的框架内，正因为有了人民，公共性才得以产生出来。人民与公共性是并存的关系，离开了公共性，就没有了人民，离开了人民，就没有了公共性。唯有在场的、实实在在地聚集起来的人民才是真正的人民，才确立起了公共性。”[④] 施米特在这里深刻地指出了人民与公共性之间的相互关系，人民作为一个有定型的政治实体，其在场性和实在性只有在公共领域才会显现。在这种意义上，人民是不能被代表的。“人民之所以不能被代表，是因为它必须亲自在场，只有不在场的东西才能被代表，在场的东西是不能被代表的。”[⑤] 按照施米特的观点，人民是具体的政治实体，正如他在分析敌人的公共性时所指出的，敌人只能是公敌，是一种集体身份，甚至只能是一种国家身份，人民也是一种集体身份和集体性的政治认同。在某种意义上，“人民”就是“我们”，甚至可以表述为“我们人民”来体现我们共享的政治

---

① 参见［德］卡尔·施米特：《宪法学说》，刘锋译，第 269 页。

② ［加］大卫·戴岑豪斯：《合法性与正当性：魏玛时代的施米特、凯尔森与海勒》，刘毅译，第 64 页。

③ 同上书，第 65—66 页。

④⑤ ［德］卡尔·施米特：《宪法学说》，刘锋译，第 261 页。

同一性。

要在政治意义上确定“谁是人民”，首先要“在有人决定谁是人民之后，人民才能做出决定”[①]。在亨廷顿看来，“长久的传统、战争和征服、公民投票或全民公决、宪法修订或其他因素”[②] 有可能决定谁是人民。在我们看来，亨廷顿所针对的主要是民主国家面临的问题。而在专制国家，如何界定人民的身份，确定谁是人民、谁是敌人的标准则非常简单，常常是由政治独裁者来决定谁是人民、谁是敌人。其标准也会简单到凡是支持和拥护其专制统治的人就是人民，反之则为敌人，历史已经充分地证明了这一点。施米特所说的“人民”，其存在的特性与外在性无关，而只能保持在封闭的内在性之中。这种内在性一旦瓦解，人民的普遍平等性也随着消解，取而代之的将是实际上的等级性，“人民”就不再是人民，“人民”成了政客们建构出来满足他们需要的一种话语，“人民”并不真正存在。

然而，“人民”始终是近代以来决定政治共同体能否获得政治合法性的关键因素。用卢梭的话说，人民和国家一样，是社会契约的产物，而不是先于契约而存在的。人民既是契约的原因，也是契约的结果。人民不是一个单纯的集合体，而是有机统一体。人民只是在与自身订立契约。[③] 埃德蒙·柏克（Edmund Burke）也曾指出：“在原始的自然状态下，根本就不存在人民这样的概念。若干数量的人，他们自身并没有团体能力。人民的概念就是团体的概念。它完全是人为的，并且与任何其他法律拟定一样，是共同约定的产物。那个约定所具有的特殊性质是什么，取决于特定的社会采取什么样的形式，任何其他东西都不可能成为他们的契约。因此，一旦人们打破赋予国家以团体形式和团体能力的那个原始的协议或约定，他们就不再成其为人民了——他们不再是团体，在内部，他们失去了法律上的联合行动的凝集力量，对外也不再能得到认可了。他们成了一定数量的、身份不明的、松散的个体盲流，而不再是别的什么东西，他们的一切都得从头再来。啊！他们哪

① Ivor Jennings, *The Approach to Self-Government*, Cambridge, Cambridge University Press, 1956, p. 56. 转引自［美］塞缪尔·亨廷顿：《我们是谁？——美国国家特性面临的挑战》，程克雄译，第 14 页。

② ［美］塞缪尔·亨廷顿：《我们是谁？——美国国家特性面临的挑战》，程克雄译，第 14—15 页。

③ 参见［法］卢梭：《社会契约论》，何兆武译，第 24—25 页。

里知道，要想把自己重新组织起来，形成具有真正国家特性的实体，得需要多少艰难的跋涉啊!”[①] 显然，柏克所理解的“人民”存在于政治状态而非自然状态，“人民”纯粹是一个人为建构的团体概念，是具有契约意识和契约行为的政治团体，人民是国家的源生基础。柏克在此赋予了国家和人民同一性。[②] 一旦这种同一性被打破，人民就变成了一个纯粹数量意义上的概念，其身份和认同又将重新建构。20 世纪那些以“人民”的名义而进行的、血腥的政治暴力活动严重地扭曲了“人民”这一概念，而且在很多国家，人民在一夜之间莫名其妙地成了自己的“敌人”。

## 4.2 “人民公敌”及其确立

“人民公敌”（或“人民敌人”）是一个近代政治范畴，像“人民”这个概念一样，“人民公敌”在不同时期也具有特定的政治内涵，是将外部敌人观念向内部“扩展”的结果。近代人民主权学说为“人民敌人”一词提供了理论支持，“人民敌人”意味着破坏“公意”或人民主权的人。卢梭认为，破坏社会条约和法律的人不再是国家的成员，“所以就应该把他当作公约的破坏者而流放出境，或者是当作一个公共敌人而处以死刑。因为这样的一个敌人并不是一个道德人，而只是一个个人罢了”[③]。显然，卢梭此处所言的“敌人”是指自然人或者生物人，而不是道德意义上的人。雅各宾派专政期间，其在正式文件中使用“人民敌人”或“革命敌人”一语，既体现革命民主专政的特征，又体现小资产阶级革命家的狂热性。不可否认，在特定的历史时期，分清敌我有利于国家的安全和稳定，然而，如果将人民错误地当成敌人，将人民内部矛盾转化成敌我矛盾，那么将会导致严重的政治后果，甚至是悲剧性的后果。

对“人民公敌”这一范畴的研究必须与市民社会这个符号领域结合起

① ［英］埃德蒙·柏克：《自由与传统——柏克政治论文选》，蒋庆、王瑞昌、王天成译，商务印书馆 2001 年版，第 84 页。

② 参见张文喜：《卢梭的人民概念及其政治哲学意义》，《浙江工商大学学报》2007 年第 5 期，第 42 页。

③ ［法］卢梭：《社会契约论》，何兆武译，第 46—47 页。

来。根据马克思的阶级理论，个人在阶级结构中的位置决定着他的政治倾向。因此，人民公敌、阶级敌人涉及社会结构和政治认同等主要变量。美国著名社会学家、耶鲁大学社会学教授杰弗里·亚历山大（Jeffery C. Alexander）认为：“当公民判断谁应当而谁又不应当被包括在市民社会内时，判断谁是朋友而谁又是敌人时，他们凭借的乃是一个有系统的、非常精致的符号准则体系。”[①] 这个符号准则体系将公民美德与公民邪恶区分开来。亚历山大认为，对立的准则体系对人性作了针锋相对的假设。在民主制的准则体系中，人们是理性的，能够形成开放的而不是秘密的社会关系，他们将把同伴作为朋友而不是作为敌人来对待；而在非民主制的准则体系中，人们是非理性的，因而形成秘密的而不是开放的社会关系，他们将群体外面的人视为敌人。由于在对立的准则体系中，人们的动因、社会关系是不同的，因而他们所建立的制度也是完全不同的。在后一种准则体系中，由于在相当长的历史时期，压迫话语起着重要的作用，无论其对象是否邪恶，最终都创造出一个先前并不存在的、客观的实体，对手就被理解为最具威胁的敌人。[②] 通常而言，存在所谓“人民公敌”或“人民敌人”的国家遵循的都是非民主制的准则体系。

“人民公敌”或“人民敌人”作为内部敌人，和外部敌人一起构成了完整的敌人体系。“内部敌人”可以说是人类非常荒唐和愚蠢的一种“发明”，如果说外部敌人尚有助于内部的团结，那么内部敌人则没有任何积极作用，只是制造不必要的仇恨和冲突，甚至演变为政治清洗和种族屠杀。由于信仰或意识形态的差异，持异见者就变成了内部敌人，而且要通过残酷的斗争来镇压敌人，直到在肉体和精神上将其征服和消灭。[③] 人们为什么会树立一个内部敌人呢？美国著名的“码头工人哲学家”埃里克·霍弗（Eric Hoffer）在其经典著作《狂热分子：码头工人哲学家的沉思录》一书中指出：“没有外敌可以摧毁时，同一阵营的狂热者就会彼此

---

① ［美］杰弗里·亚历山大：《作为符号性分类的公民与敌人——论市民社会的极化话语》，朱苏力译，见邓正来、杰弗里·亚历山大主编《国家与市民社会——一种社会理论的研究路径》，上海人民出版社 2006 年版，第 199 页。

② 参见上书，第 200—208 页。

③ 参见赵汀阳：《精神政治的四大发明》，《社会科学论坛》2008 年第 7 期，第 137 页。

为敌。”[①] 在与外部敌人进行生死斗争之后，人们通过斗争自己人来宣泄激情。在某种程度上，国家内部认定所谓的“人民敌人”就符合霍弗所说的这种情形。但是，霍弗显然没有充分地说明我们为什么要寻找内部敌人。而科塞对这一问题则有着自己深刻的见解：群体在与外部敌人的冲突失败之后，往往不会归因于敌人的强大，而是在群体内寻找破坏团结的“持异议者”，并对其采取行动。例如，布尔什维克党反对孟什维克主义者、托派分子和布哈林分子的斗争、蒋介石的“攘外必先安内”政策，等等，都是很好的证明。通过替罪羊的牺牲来洗刷群体的失败，并以此重建内部的团结。正如科塞所指出的：“被寻找的内部敌人可能与被招引来的外部敌人一样是实际存在的：他可能是一个反对群体生活或群体行动的某些方面的持异议者，他被认为是一个潜在的变节者或异教徒。但是内部敌人也可能是‘发现’的，他可能仅仅是虚构的，通过对他的共同敌视以实现群体所迫切需要的团结。”[②] 内部敌人无论是“发现的”还是政治领袖虚构的，它的存在所产生的作用都是真实的。

在 20 世纪，“人民公敌”不仅是一个道德判断的词汇，也是政治控制的一种重要形式。“最恐惧的事情是‘思想犯罪’的任何迹象、异常的任何姿势，因为这只能导致蒸发。恐惧、仇恨以及痛苦是允许的反应，而且它们按要求出现。”[③] 只要不存在比较的标准，“我们”就不会意识到自己所受到的愚弄和压迫。实际上，我们最大的敌人就是我们的神经系统。“人民公敌”“人民敌人”“阶级敌人”之类的称呼，其性质仿佛同“卖国贼”和“汉奸”一样，是能够先验地证明自身正确并可以使人在这种错觉中获得陶醉的词语。[④]“人民公敌”的存在，意味着政治统治者无法正视人民的异质性而过度地强调人民的同质性。事实上，人民相互之间达成某种契约，同样意味着存在冲突性和差异性，只不过在特定的情境中，共同利益或公共意志是人民达成的基本共识，但这并不意味着在一个政治共同体中的人民就不具有需求

---

① ［美］埃里克·霍弗：《狂热分子：码头工人哲学家的沉思录》，梁永安译，广西师范大学出版社 2008 年版，第 177 页。

② ［美］科塞：《社会冲突的功能》，孙立平等译，第 93 页。

③ Judith Schlar, *Political Thought and Political Thinker*, Chicago, The University of Chicago Press, 1998, p. 345.

④ 参见［日］竹内实：《“敌人”是什么》，《竹内实文集》第六卷《文化大革命观察》，程麻译，第 97 页。

的个体性。所谓“阶级敌人”表明：国家内部阶级之间同样存在“为了承认的斗争”。正如马克思所指出的，人类为了生存必须在既定的社会关系之中进行生产。显然，马克思的人民概念是建立在经济关系之上的，而不是建立在卢梭有机的公众社团的共同体之上的。换言之，人民概念的历史性产生和形成是服从于经济规律的。[①] 人民是何以成为敌人的呢？在大多数情况下，一旦脱离执政党的控制或者反对执政党的政治统治，人民就会被执政党宣布为“人民敌人”，甚至人类的敌人。

在苏联早期的政治实践中，掌权者常常通过建构“人民公敌”或“人民敌人”这一内部敌人意象来对苏联公民进行政治动员并分而治之。在这种意义上，“人民公敌”或“人民敌人”的建构是掌权者进行政治统治和政治控制的一种重要方式。“把象征性的敌人形象用于负面宣传，这是俄罗斯政治生活中惯用的手段。”[②] 十月革命胜利之初，刚成立的苏维埃政权处于内忧外患之中，“敌人”真实地存在于苏联的政治生活中。列宁在1917年通过使用“人民公敌”一词来表明他的工农革命专政思想与18世纪革命民主派的继承关系，同时又摈弃了小资产阶级的狂热性。苏联在这一时期建构的“敌人意象”与真实存在的“敌人”密切相关，例如，“在国内战争时期，以邓尼金、高尔察克、弗兰格尔、尤登尼奇、克拉斯诺夫等旧俄将军为代表的白卫军和白卫分子，以马赫诺、彼得留拉为代表的乌克兰极端无政府主义者和乌克兰民族主义者，是威胁苏维埃政权的主要国内敌人”[③]。而从20世纪20年代末至40年代初，苏联国内经历了残酷的路线斗争，托洛茨基、季诺维也夫、加米涅夫、布哈林等政治斗争的失败者就成了“人民的敌人”。除了上述各个时期因政见不同而被认定为“敌人”的人之外，苏联的犹太人也被认定为“人民的敌人”，这与“犹太人阴谋论”和历史上的反犹主义有着密切的关系。更具讽刺意味的是，那些在卫国战争期间以各种方式参与建构“外部敌人”的著名作家、诗人和剧作家，很多在战后被宣布为

---

① 参见张文喜：《卢梭的人民概念及其政治哲学意义》，《浙江工商大学学报》2007年第5期，第43页。

② ［俄］波切普佐夫：《入侵》，列弗尔—布克出版社2001年版，第463页。转引自张建华：《冷战背景下苏联对外政治中的“敌人形象”》，《史学月刊》2010年第7期，第67页。

③ 张建华：《政治动员背景下苏联国内政治中的“敌人形象”》，《史学月刊》2011年第4期，第85页。

“人民的敌人”。[①] 1936年苏联通过的《苏维埃社会主义共和国宪法》中强调：“人民的敌人”不是指叛徒和杀人者，而是“侵犯社会主义的公共财产的人，是人民的敌人”（第131条）。而对“人民的敌人”的惩罚较之叛变投敌之人的惩罚更为严厉。[②] 后来，赫鲁晓夫曾揭露斯大林利用“人民的敌人”这一罪名来加害他的政敌。[③] 由此可见，“人民公敌”其实是将外部敌人意象投射到内部的人民之上，这样他们也“具有”了外部敌人的邪恶性质。

正如什克尔所言：“人民的敌人当然不是人民的朋友……人民的朋友当然不是人民的敌人——然而当朋友的利益违背了人民的利益时，他们之间的友谊就有可能会受到损害，即便有批评与自我批评，他们也不会因此而成为敌对关系……不存在这样的朋友、这样的敌人，两者都缺乏明确的界定，在具体处境中，他们有时不那么像朋友，有时甚至更像敌人；他们所谓的存在，本身直接就是一种显明了的非存在，黑格尔称之为假象。”[④] 反右派斗争的扩大化证明了什克尔关于敌友关系判断的合理性。

我们还可以通过乔治·奥威尔（George Orwell）的小说《一九八四》所描述的“人民公敌”爱麦虞埃尔·果尔德施坦因（Emmanuel Goldstein）来进一步理解“人民公敌”究竟是如何被建构的。果尔德施坦因首先是一个符号意义上的敌人，奥威尔是这样叙述的：

> 果尔德施坦因是个叛徒、变节分子，他一度（那是很久以前了，到底多久，没有人记得清楚）是党的领导人物之一，几乎与老大哥本人平起平坐，后来从事反革命活动，被判死刑，却神秘地逃走了，不知下落……他是头号叛徒，最早污损党的纯洁性的人。后来的一切反党罪行、一切叛国行为、破坏颠覆、异端邪说、离经叛道都是直接起源于他的教唆。反正不知在什么地方，他还活着，策划着阴谋诡计；也许是在

---

① 参见张建华：《政治动员背景下苏联国内政治中的“敌人形象”》，《史学月刊》2011年第4期，第85—93页。

② 参见［日］竹内实：《“敌人”是什么》，《竹内实文集》第六卷《文化大革命观察》，程麻译，第92—93页。

③ 参见［法］布兰科·拉齐奇：《赫鲁晓夫秘密报告事件始末》，夏平译，上海人民出版社1988年版，第61、86页。

④ ［德］施米特/什克尔：《与施米特谈游击队理论》，卢白羽译，见刘小枫选编《施米特与政治的现代性》，第2页。

海外某个地方，得到外国后台老板的庇护；也许甚至在大洋国国内某个隐蔽的地方藏匿着——有时就有这样的谣传。[1]

果尔德施坦因是由大洋国的政治领袖创造的一个敌人，他被核心党不断强化成一个符号——叛徒。于是，人民仇恨他、害怕他并且厌恶他。[2] 因为这个"人民公敌"与反党、叛国、破坏颠覆、异端邪说、离经叛道等政治词汇密切相关。人们可能会质疑引证和利用一部讽刺文学作品来说明和阐释政治哲学上的命题是否合适；换言之，我们用"果尔德施坦因"这个人物作为引证的例子来说明"人民公敌"是否具有理论说服力？正如美国著名政治理论家茱迪·史珂拉（Judith N. Schlar）在《〈一九八四〉：政治理论应当关注吗？》一文中所指出的："政治理论的众多任务之一是，通过批判和分析将松散的信仰和观念同理性思考最广泛的范畴联系起来，从而使得信仰和观念更为一致。这是一种分类功能。我们通过将理念置于哲学框架的已有主体之中而使其易于理解。"[3] 实际上，人们可能没有看到这部讽刺作品所包含的对政治问题的哲学分析的特有价值。因为人们常常只关注作品与现实的相关性。而在人类的历史长河中，有很多政治理念恰恰是通过小说和历史叙述来进行建构和传播的。

在政治的意义上，"敌人"是"我们"必须打倒的对象。因为如果不将敌人打倒的话，"我们"就会被"敌人"打倒。施米特指出："如果能把全人类划分成无产阶级和资产阶级的对立阵营，按照无产阶级国家和资产阶级国家划分朋友和敌人，而且，如果在这个过程中，所有其他敌—友阵营统统消失了，那么政治的全部现实就会浮现出来，那些乍看上去似乎十分纯粹的经济概念统统变成了政治概念。如果一个阶级或国内其他某个集团强大到足以阻止本国与他国发生战争，却没有能力掌握国家政权或缺乏掌权的意愿，进而无法决断谁是朋友，谁是敌人，也无法在必要的时候发动战争，那么这个政治统一体就会瓦解。"[4] 按照我们上面所分析的人民和敌人的区分，我们

① ［英］奥威尔：《一九八四》，董乐山译，辽宁教育出版社 1998 年版，第 11—12 页。

② See Rosemary Gordon Montagnon, "Do Be My Enemy for Friendship's Sake", *Journal of Analytical Psychology*, 2005, 50 (1), p. 30.

③ Judith Schlar, *Political Thought and Political Thinker*, Chicago, The University of Chicago Press, 1998, p. 340.

④ ［德］卡尔·施米特：《政治的概念》，刘宗坤等译，第 154 页。

可以如此推论：全世界无产阶级都是人民，而全世界资产阶级都是敌人。显然，这种根据意识形态的对立来进行的“人民/敌人”或“朋友/敌人”的区分是荒唐可笑的，然而在特定的历史时期，这种区分确实真实存在。而在一个国家内部将一部分人认定为敌人通常有一个标准，即他们是否“爱国”、是否为国效忠，但是某些群体总是假借爱国主义来进行敌友区分。施米特指出：“如果被国家宣告为敌人的一方态度强硬，这可能就是内战的信号，标志着国家作为一个有组织的、拥有国内和平与领土完整以及不受外国干涉的政治统一体的解体。这样，国家这个政治统一体此后的命运便由内战来决定了。”[①] 当不断地寻找和确立内部敌人时，内战和内乱就成了这种国家政治生活的常态。

## 4.3　我国宪法中的“敌人”观念

国家可以通过制度来树立“内部敌人”。科塞指出：“由于对群体来说，目标选择是要不断进行并制度化的，所以社会制度也可能提供‘内部敌人’。”[②] 由制度所界定的内部敌人同样会被赋予“野蛮人”形象，由于内部敌人存在于我们的生活世界，因而其比外部敌人更加真实和具体，对内部敌人的恐惧更甚于对外部敌人的恐惧，因此，对内部敌人的斗争和惩罚甚至比对外部敌人的斗争和惩罚更为残酷。例如，斯大林专制政权对“人民敌人”的清洗、中国十年内乱中被贴上标签的“阶级敌人”无不面临毁灭性的命运。不可否认，在革命时代，区分敌友是首要问题，因为这种区分不仅决定着战争，而且决定着政治。[③] 现在的问题是：在和平时期，到底谁有权力来认定内部敌人？是谁赋予他们这种权力的？如何来界定敌人并解决敌我矛盾？显然，这些重大问题应当通过正当的程序由法律来决定，而不应仅仅从政治上进行判断。因为法律具有权威性、稳定性，而政治判断往往容易被政治领袖按照自己的意志和认识而随意改变。换言之，在没有通过法律的规定

① ［德］卡尔·施米特：《政治的概念》，刘宗坤等译，第 164 页。

② ［美］科塞：《社会冲突的功能》，孙立平等译，第 94 页。

③ 参见［德］卡尔·施米特：《游击队理论——“政治的概念”附识》，《政治的概念》，刘宗坤等译，第 394—395 页。

和裁决之前，并无先验的人民和敌人的区分。即使两类矛盾的“区分”者和“处理”者，其本身也是法律面对的对象，如果“区分”和“处理”不当，也应受到法律的追究。[①] 因此，国内敌人的认定最终应归结到宪法问题，即只有宪法这种根本性的政治制度才能确定所谓的“内部敌人”。

宪法作为国家的形式化表达，是对特定人民之集体认同的确认，并以此来反对其敌人。施米特认为，绝对意义上的宪法是指具体的、与每个现存政治统一体一道被自动给定的具体生存方式，它包含三个层面的含义：第一，宪法就是一个特定国家的政治统一性和社会秩序的整体状态。因此，宪法是国家的“灵魂”和“生命”。第二，宪法是一种特殊类型的政治和社会秩序。宪法体现具体的统治和服从关系，这种关系决定了政治和社会秩序。因此，国家就是宪法。第三，宪法是政治统一体的动态生成原则。这样，国家就被理解成某个不断生成、不断被重新创造的东西，而不能被理解成某个现存的东西，某个静止不动的东西。[②] 宪法的作用最终取决于主权决断，也就是作为政治统一体的人民区分敌友的决断。虽然人民是决断的主体，可是事实上几乎所有的政治决断都不是人民作出的，人民所能做的只是同意或不同意，他们所做的只是认可决断是否有效。换言之，实际进行决断的不是人民而是某些掌握了权力的人，掌权者常常假借人民的意志进行敌友的区分。[③]

新中国成立以来，除了1982年宪法未使用“敌人”这一术语，其他几部宪法都提到了“敌人”问题，具体内容见下表：

**表2　　我国宪法“序言”中“敌人”表述的比较**

| 中华人民共和国宪法 | 内容 |
| --- | --- |
| 《中华人民共和国宪法草案（初稿）》（1954） | 我国各民族已经团结成为一个自由平等的民族大家庭。这个团结在发扬各民族间的友爱互助、反对帝国主义和各民族的**内部公敌**、反对大民族主义和地方民族主义的基础上将继续加强。 |

① 参见张奎良：《关于两类矛盾问题的沉思》，《求是学刊》2004年第2期，第32页。

② 参见［德］卡尔·施米特：《宪法学说》，刘锋译，第4—9页；［加］大卫·戴岑豪斯：《合法性与正当性：魏玛时代的施米特、凯尔森与海勒》，刘毅译，第61页。

③ 参见［加］大卫·戴岑豪斯：《合法性与正当性：魏玛时代的施米特、凯尔森与海勒》，刘毅译，第63页。

续前表

| 中华人民共和国宪法 | 内容 |
| --- | --- |
| 《中华人民共和国宪法草案》(1954) | 今后在动员和团结全国人民完成国家过渡时期总任务和反对**内外敌人**的斗争中，我国的人民民主统一战线将继续发挥它的作用。<br>我国各民族已经团结成为一个自由平等的民族大家庭。在发扬各民族间的友爱互助、反对帝国主义、反对**各民族内部的人民公敌**、反对大民族主义和地方民族主义的基础上，我国的民族团结将继续加强。 |
| 《中华人民共和国宪法》(1954) | 今后在动员和团结全国人民完成国家过渡时期总任务和反对**内外敌人**的斗争中，我国的人民民主统一战线将继续发挥它的作用。<br>我国各民族已经团结成为一个自由平等的民族大家庭。在发扬各民族间的友爱互助、反对帝国主义、反对**各民族内部的人民公敌**、反对大民族主义和地方民族主义的基础上，我国的民族团结将继续加强。 |
| 《中华人民共和国宪法》(1975) | 我国人民有充分的信心，在中国共产党领导下，战胜**国内外敌人**，克服一切困难，把我国建设成为强大的无产阶级专政的社会主义国家，对于人类作出较大的贡献。 |
| 《中华人民共和国宪法》(1982) | 无有关“敌人”的内容 |
| 《中华人民共和国宪法修正案》(1999) | 在我国，剥削阶级作为阶级已经消灭，但是阶级斗争还将在一定范围内长期存在。中国人民对敌视和破坏我国社会主义制度的**国内外的敌对势力和敌对分子**，必须进行斗争。 |

通过上表的比较，我们可以看出：中国共产党中央委员会提出的1954年的《中华人民共和国宪法草案（初稿）》提到了各民族的“内部公敌”问题，而1954年《中华人民共和国宪法草案》和正式通过的《中华人民共和国宪法》则提出了“内外敌人”和“各民族内部的人民公敌”，1975年《中华人民共和国宪法》只提“国内外敌人”。这三部宪法的局限性是未能正确地认识国家、社会与公民之间的互动关系。1982年的《中华人民共和国宪法》“序言”删除了“敌人”这一政治对抗性话语，这是新时期对人民、公民、敌人问题认识的一个巨大进步，从而也标志着国家的政治生活逐步走入正轨，回到了宪法规定的范围之内。可是，1999年的《中华人民共和国宪法修正案》

中又出现了“国内外的敌对势力和敌对分子”这一耐人寻味的提法。虽然在这部宪法的“序言”中不再使用“敌人”一词，而是改用“敌对势力”和“敌对分子”，但实际上是将“敌人”的外延扩大了。其后果是：某些人根据宪法所赋予的言论自由，在提出不同政见时，很有可能被当作“敌视和破坏我国社会主义制度”的“敌对分子”。这种所谓的“敌对分子”实际上就是最初宪法“序言”中的“内外敌人”，只不过换了一种说法。宪法的“序言”虽然不是宪法的条文，但是宪法的重要组成部分，指出了国家生活中的基本问题。[①] 将敌人话语（无论“人民公敌”还是“内外敌人”抑或其他表述）写入一个国家的宪法，显然体现了一种对抗性的政治立场。尽管在后来的宪法中对这一话语进行了修正，但这种对抗性仍然存在。我们必须承认，宪法作为国家的根本大法实际上是一种政治判断，无论过渡时期的宪法还是后来多次修正过的宪法，它们都是如此。这种政治判断体现并论证了宪法与法律在效力上的位阶关系。[②]

通过上述对宪法中敌人观念的分析，我们有必要弄清楚“敌人”（指“内部敌人”“人民公敌”“人民敌人”）与“人民”“公民”是一种什么样的关系。这种政治关系的区分是非常重要的。因为这种区分会导致一种实际的后果，即持何种立场以及使用何种方式来对付“敌人”，这首先需要一种明确的政治判断。实际上，毛泽东早就认识到应如何看待这种关系。他于1957年在《关于正确处理人民内部矛盾的问题》的政治报告中就提出了“人民内部矛盾”的问题。数十万知识分子被打成右派分子、被划为人民公敌的事实说明，如果没有民主，人民内部矛盾是无法得到正确处理的。应实现国家利益和人民利益的一致性，而不是保证一党的专政和集团的利益；否则的话，就无法逃脱“国家”或政党视人民为敌人、人民也把政府当作敌人的怪圈。[③]

使用“人民”这个概念的目的是在政治上区分敌我，敌人当然不被包括在人民的范围内。在阶级斗争时期，“人民”被赋予了特殊的含义，它与

---

① 参见韩大元编著：《1954年宪法与新中国宪政》，湖南人民出版社2004年版，第400—401页。

② 参见上书，第24—25页。

③ 参见杜光：《漫漫立宪路，宪政何迢迢——纪念中国立宪起步一百年》，见 http://www.360doc.com/content/081103/16/51664_1871783.html。

“敌人”相对，“人民内部矛盾与敌我矛盾”之分正是这两个概念的经典表达。[①] 我认为，除了人民内部矛盾和敌我矛盾之外，应该还存在敌人内部矛盾。毛泽东就非常重视敌人内部矛盾，并通过抓住敌人内部矛盾来获得胜利。内部敌人“应该”还是公民，但绝对不是“人民”。1954 年宪法第 85 条规定：“中华人民共和国公民在法律上一律平等。”当时在制定宪法的过程中存在关于“公民”和“人民”的争论，韩大元在《1954 年宪法与新中国宪政》一书中对 1954 年《中华人民共和国宪法草案》的制定情况有一个较为详细的陈述：

> 李维汉说：“宪法中的公民，包括所有中国国籍的人在内。”
>
> 邓小平说：“把全体人民改写成全体公民为好。”
>
> 刘少奇说：“这里的公民包括过去的所谓‘人民’和‘国民’在内。地主阶级分子也是公民，不过是剥夺了政治权利的公民。如果只写人民，就不能包括‘国民’那一部分人了。”[②]

以上讨论对“人民”和“公民”进行了较为明确的区分，其中刘少奇的理解是非常中肯的。根据韩大元的研究，毛泽东同意宪法中对“公民”的界定。毛泽东对宪法草案曾做出了 16 条批语，其中第 5 条批语为：“什么是公民？举行内乱，推翻政府。包括严厉与非严厉。”[③] 根据刘少奇的观点，宪法中的所谓“人民公敌”或“内部敌人”以及后来国内的“敌对分子”都是“公民”，只不过是已经被剥夺或将要被剥夺政治权利的公民。按照 1954 年宪法的规定，如果“敌人”也属于公民的话，那么敌人和人民“在法律上一律平等”，因为他们都是中国公民。

在新中国成立之初，不只是政治领导人对人民和敌人进行区分，一些有名的知识分子和社会人士也使用这种区分。例如，沈钧儒作为全国人民代表大会代表对 1954 年的宪法草案发表了意见，他说：

> 各位代表！我们决不能忘记：台湾八百万人民还没有得到解放，蒋

---

① 参见贺卫方：《法院名称的变与不变》，见 http://www.tecn.cn/data/detail.php?id=4898。

② 韩大元编著：《1954 年宪法与新中国宪政》，第 233 页。

③ 同上书，第 77 页。《中华人民共和国宪法草案》第 16 条规定：中华人民共和国维护人民民主制度，保护全体公民的安全和一切合法权益，镇压一切反革命活动，惩办一切勾结外国帝国主义、背叛祖国、危害人民、破坏人民民主制度和破坏国家建设事业的卖国贼和反革命分子。

介石匪帮还没有全部消灭。我们决不能忘记：帝国主义好战分子还在进行侵略战争的阴谋。我们更不应该忘记：已经消灭和将要消灭的阶级，决不甘心于失败，他们有的人还会企图复辟，有些人还会进行抵抗。我们对这些内外敌人必须时刻保持着高度的警惕。[①]

沈钧儒的发言代表了当时一部分知识分子对政治形势的理解，他对“人民”和“敌人”的理解仍然遵循政治领导人对这一问题的区分。《中华人民共和国宪法草案》全文 8 954 个字，而“人民”一词就有 262 个，可见该词出现频率之高。[②] 也有学者认为：“人民的国家是保护人民的，对于人民内部，则实行民主制度，给予言论、集会、结社等各项的自由权和选举权；但对于人民的敌人则实行专政，实行独裁，压迫这些人，不许他们乱说乱动。”[③] 显然，这种理解是以政治领袖的指示为基础的。例如，毛泽东曾指出：“只有民主集中制的政府，才能充分地发挥一切革命人民的意志，也才能最有力量地去反对革命的敌人。”[④]

在法律上确定了敌人之后，敌人就由一个特定的阶级概念转变为确切的法律概念了。虽然在政治实践中它仍然在发挥作用，但至少已经不再是政治上那个先验性概念了。从阶级视角来确定敌我矛盾在逻辑上本身就存在矛盾。例如，人民犯了法也要受到法律制裁，甚至被判处死刑，这从阶级意义上就很难解释。毛泽东也意识到了这种矛盾，他说：“这和压迫人民的敌人的专政是有原则区别的”[⑤]。但是，如果从法律上以行为为标准来确定敌人概念，那么这一矛盾就迎刃而解了。[⑥] 根据宪法的规定，在国内，只能说一切反对社会主义建设和颠覆与破坏社会主义国家及利益的人是敌人。从法律上确定敌我关系，可以避免扩大敌人的范围并混淆两类矛盾。

区分人民和敌人的标准是什么呢？毛泽东提供了一个经典的区分标准：“一切赞成、拥护和参加社会主义建设事业的阶级、阶层和社会集团，都属

---

① 转引韩大元编著：《1954 年宪法与新中国宪政》，第 333 页。

② 转引上书，第 338 页。

③ 孟光编著：《人民宪法讲话》，华南人民出版社 1955 年版，第 15 页。转引上书，第 402 页。

④ 毛泽东：《新民主主义论》，《毛泽东选集》第 2 卷，人民出版社 1991 年版，第 677 页。

⑤ 毛泽东：《关于正确处理人民内部矛盾的问题》，《毛泽东著作选读》下册，第 760 页。

⑥ 参见张奎良：《关于两类矛盾问题的沉思》，《求是学刊》2004 年第 2 期，第 32 页。

于人民的范畴。一切反抗社会主义革命和敌视、破坏社会主义建设的社会势力和社会集团，都是人民的敌人。”[①] 现在的问题是：“社会主义”为什么可以成为区分人民和敌人的标准？两类矛盾的理论，本来是要分清人民和敌人的，但实际的后果是造成了人民和敌人区分的混乱，给国家带来了灾难性的后果。因此，我们今天从学理上分析这一问题仍然具有重要的意义。显然，上述“经典”标准本身是含混不清的，它只是一个原则性的政治标准，而不是法律标准。当然，无论苏联的领导人还是中国的领导人，他们都意识到了区分“人民/敌人”之标准的重要性，因而都曾通过政党制定过某些标准。这些“不受任何法律约束”的标准把大批无辜的人民当作人民的敌人而“清洗”掉了。从“人民”变成“非人民”再变成“人民的敌人”，只是经过了一个简单的身份的改变，这种改变是在宪法之外进行的。这种身份的改变意味着敌人不再享有基本的政治权利，甚至基本的“生存空间”也被剥夺了，剩下的只有惩罚和死亡。

宪法对保障公民的人身权利有着明确的规定。例如，1954 年宪法第 89 条规定：中华人民共和国公民的人身自由不受侵犯。任何公民，非经人民法院决定或者人民检察院批准，不受逮捕。然而，在 1957 年的反右斗争中，作为公民的“右派”分子的基本权利都遭到了非法剥夺，这严重违反了宪法。然而，宪法并没有明确界定人民和敌人的界限。但是，如果我们深入分析谁是制宪权主体就能更好地理解这种区分。法国思想家西耶斯（Sieyès）认为，只有国民才能构成制宪权主体。国民成为制宪权主体是现代宪法发展的基本特征，表明政治社会中国民的宪法地位。例如，美国宪法和德国宪法都在“序言”中明确规定了国民的制宪权主体地位。美国宪法“序言”中规定：“美国人民，为建设更完美之合众国，以树立正义、奠定国内治安、筹设公共国防、增进全民之福利，并谋今后使我国人民及后世永享自由生活起见，特制定美利坚合众国宪法。”[②] 德国基本法的“序言”中规定：“德国人民，意识到自己对上帝和人类的责任，为维护自己民

① 毛泽东：《关于正确处理人民内部矛盾的问题》，《毛泽东著作选读》下册，第 757—758 页。

② ［美］汉密尔顿、杰伊、麦迪逊：《联邦党人文集》，程逢如等译，商务印书馆 2004 年版，第 452 页。

族的政治的统一……凭借自己的制宪权为德意志联邦共和国制定本基本法。”[①] 通过对我国宪法中的“敌人”话语及其演化的历史分析，我们认识到：宪法所确立和保护的价值必须被当作社会的根本价值。片面地强调宪法的阶级性和工具性并把宪法当作阶级统治的工具，这是错误的。如果宪法仅仅是实现某一政党之政策的工具，那必然会破坏民主，导致独裁和专政，给国家、人民带来无穷的灾难。不可否认，宪法在我国作为国家的根本大法与社会政治生活有着特殊的关系，它需要处理各种不同的政治利益的关系，因而宪法无法脱离社会的政治关系。但是，我们必须防止政治“脱宪法化”或“反宪法化”倾向，不然宪法的权威性必将受到损害，导致宪法不仅不能制约公共权力和保障公民权利，反而成为某些人侵犯人民权利的工具。

① 转引自韩大元编著：《1954年宪法与新中国宪政》，第35页。

# 第五章

# “敌人”的意识形态化

“敌人”成为“我们”的威胁，除了这种威胁本身的实在性，还取决于“我们”对敌人的心理建构。敌人一旦“呈现”于我们的意识之中，它就不再只是一种想象或意象，而是成为我们对自身处境的一种参照，我们就会据此作出相应的判断和并采取行动。对敌人的建构既与我们的外部世界或他者密切相关，同时也出自我们内在的心理需要。正如亨廷顿指出：“20世纪后期的社会生物学、个性理论、社会特性理论和归因理论都支持一条结论，即仇恨、敌对、需要敌人、个人和群体暴力以及战争，其根源都必不可少地在于人的心理状态和所处环境。”[①] 我们所处的社会、教育或宗教都指出了“我们”与“敌人”之间的差异，而我们的思想则创造了“敌人”这个实体。“敌人充当着我们由以区分要么作为个体要么作为群体的我们自己的对立面，敌人有助于我们界定我们的肉体与心理的边界。”[②] 无论在基本的生存需要层面还是在抽象的意识形态层面，国家都必须使人们相信打倒或消灭敌人的必要性。因为不消灭敌人，就会被敌人消灭。对“敌人”认知的建构与某种特有的机制紧密相关，国家总是要通过强化某种机制来维护和支持民众对敌人的评价，以及满足国家对此的解释和需要。而且，国家需要民众对敌人的认知达成共识，这种共识是由国家意识形态主导的。通常而言，“敌人意象”

① ［美］塞缪尔·亨廷顿：《我们是谁？——美国国家特性面临的挑战》，程克雄译，第24页。

② Rosemary Gordon Montagnon，“Do Be My Enemy for Friendship's Sake”，*Journal of Analytical Psychology*，2005，50（1），p. 27.

的建构是通过敌意、仇恨与意识形态三个基本环节来实现的。

## 5.1 敌意是撒旦的阿喀琉斯之踵

“世界历史就是人们之间充满敌意的历史。”① 历史上发生过的无数次冲突和战争表明，人类历史的确是一部充满敌意的历史，世界因此是一个充满敌意的世界。弗洛伊德甚至认为，所有的社会关系均由敌意支配。② 弗洛伊德虽然有夸大敌意的嫌疑，但是他针对第一次世界大战所导致的大规模死亡，深刻地指出了敌意对人类社会关系的重要影响。克劳塞维茨在《战争论》中曾指出：人们相互间的斗争是由敌对的情感和敌对的意图这两种要素构成的，而敌对的意图比敌对的情感更为普遍。③ 克劳塞维茨在此将敌意细分为意图和情感两个方面，为我们后面进一步深入理解敌意提供了一种有意义的途径。“敌人”意象正是建立在敌意之上的，敌意是建构“敌人”的心理前提。正如竹内实指出：“敌人”得以建构的主要根据在于必须有将“敌人”视为“敌人”的强烈敌意。④ 因此，我在下文将分析什么是敌意、敌意的特征、敌意的类型、敌意形成的原因以及敌意对敌人建构的作用等问题。

### 5.1.1 敌意及其类型

敌意不仅是人类本性，而且也是人的情感在社会发展中的一种模式。人们凭常识就知道，敌意常常与人的攻击性相关，似乎是一种本能。然而，在建构敌人的过程中，敌意显然不只是一种本能，而且还是人的一种情感。这种敌意的情感恰恰是社会关系所固有的组成部分，只有在这种意义上，我们探讨敌意与建构敌人之间的关系才有价值。美国著名社会心理学家查尔斯·

---

① ［德］施米特/科耶夫：《科耶夫与施米特的书信往来》，罗卫平译，见刘小枫选编《施米特与政治的现代性》，第 74 页。

② See Tom McCall, “Society— ‘A Gang of Murderers’: Freud on Hostility and War”, *Common Knowledge*, 2006, 12 (2), p. 272.

③ 参见［德］克劳塞维茨：《战争论》第 1 卷，中国人民解放军军事科学院译，第 25 页。

④ 参见［日］竹内实：《“敌人”是什么》，《竹内实文集》第六卷《文化大革命观察》，程麻译，第 92 页。

霍顿·库利（Charles Horton Cooley）指出："敌意不再是由简单的刺激引起的简单的冲动，而是与富于想象的人类思维相关联的敌对情绪。这种更高的智力形式可以被视为敌视同情，或是对同情的敌对评价。"[①] 对敌人的敌意既可能是认知上的，也可能是情感上的，大多数情况下，二者兼而有之。通常情况下，认知上的敌意会随着政治情势的变化和交流的增加而缓解，而情感上的敌意却久久难以释怀。[②] 原初的敌意常常带有直接的和非理性的特征，而较高级的敌意则是人类理性推理的结果。一个心怀种族或民族仇恨的人，只要见到任何一个他所仇视的民族的成员——不管他是阿拉伯人还是犹太人，塞尔维亚人还是克罗地亚人，黑人还是白人——就会产生不理智的敌意，而不会考虑这个人的个人特点或信仰。这种敌意涉及不良意愿或不公正的感受，表现出攻击的认知成分。[③] 在心理学家看来，敌意与不良意愿、非正义以及攻击等人类认知有着密切的联系。巴里·艾伦（Barry Allen）甚至认为：敌意是一种对非正义进行否定的整体。换言之，敌意通常是对立双方都认为对方是非正义的从而相互否定的结果。人们通常认为，他者的敌意都可以归因于恶意，因而他者被认为是"邪恶的"。根据这种逻辑，敌人作为绝对的他者当然是邪恶的，因此我们是无辜的受害者。既然敌人是邪恶的，那么我们就不需要考虑我们自身对敌意的产生所起的作用。换言之，敌人的邪恶性是导致我们产生敌意的根源。不可否认，基于敌意的行为往往是暴力的和危险的，但是将其视为"邪恶"则过于简单、没有根据，在道德上也是缺乏远见的。[④] 巴里·艾伦清醒地认识到将敌意与邪恶画等号往往会导致对敌意的误解，也会模糊敌意的本质。因为我们在很多时候根本就不知道我们的敌人是如何将其侵略归因于恶意的，而基于敌意的行动也很少产生邪恶的后果。因此，简单地将敌意等同于邪恶，实际上也是对我们自身的一种否定，我们因此也和敌人一样是邪恶的。而一旦赋予敌人以邪恶性，就意味着

---

① ［美］查尔斯·霍顿·库利：《人类本性与社会秩序》，包凡一、王源译，华夏出版社1999年版，第170页。

② 参见杨剑：《领袖心理、公众情绪和敌意的社会习得——李登辉现象的挫折攻击理论分析》，《台湾研究集刊》2004年第4期，第53页。

③ See Arnold H. Buss & Mark Perry, "The Aggression Questionnaire", *Journal of Personality and Social Psychology*, 1992, 63 (3), pp. 452-459.

④ See Barry Allen, "Evil and Enmity", *Common Knowledge*, 2004, 10 (2), p. 194.

我们关闭了与敌人对话的大门。那种认为“动物性地或本能地厌恶不同种族的人是人的天性”[①] 的观点显然是有问题的。尽管许多社会学家、历史学家甚至哲学家都认为人类社会存在普遍的敌意，而且他们的诸多理论都建立在这种假设之上，但是自由主义理论却通过假设人类天生具有善性而否认存在原初的敌意。例如，洛克认为，人类的自然状态是由理性和自然法则所支配的“完美的自由状态”，并且人类普遍“平等”。[②] 然而，当一个国家的民众对另一个国家的民众、一个国家内部的某一个群体或阶级对另一个群体或阶级产生敌意时，我们就不再认为这种敌意是本能的和非理性的，这种敌意是集体理性所导致的结果。换言之，这种敌意不再是简单的刺激反应，而是库利所指的与人类思维相关联的敌对情绪。

根据存在等级或程度的不同，敌意可以分为个人的、家庭的、家族或部族的、种族的、国家的、国际的，甚至全球的敌意。[③] 虽然这种分类只是基于主体的不同而进行的简单划分，但它说明了人类世界敌意存在的普遍性。英国社会学家齐格蒙·鲍曼（Zygmunt Bauman）将“敌意”更为具体化，他认为：“历史上充满着团体的和宗派的敌意，总是互相伤害并潜在地具有破坏性，时常爆发成公然的暴力，有时甚至会导致屠杀，并且在有些情况下会导致整个民众和文化的灭绝。”[④] 无论科耶夫（Alexandre Kojève）和克劳塞维茨还是鲍曼，他们都认为历史上的敌意是“人们之间的”“团体的”“宗派的”敌意，即这种敌意总是群体意义上的，而非个体与个体之间的敌意。换言之，“敌意”只有成为社会模式的组成部分，我们对它的讨论才具有意义。鲍曼通过研究现代性与大屠杀之间的内在联系，指出了敌意的本质和后果，敌意潜在地具有破坏性，如果不加以控制，敌意就会带来暴力和屠杀，甚至会导致“整个民众和文化的灭绝”。

库利则根据敌意所涉及的智能的组织活动的水平将其分成三类：（1）原始的即自发的或动物性的形式；（2）社会的、同情的、想象的或个人的一种

---

① ［美］查尔斯·霍顿·库利：《人类本性与社会秩序》，包凡一、王源译，第 187 页。

② See William Rasch, “Lines in the Sand: Enmity as a Structuring Principle”, *The South Atlantic Quarterly*, 2005, 104 (2), p. 254.

③ See Barry Allen, “Evil and Enmity”, *Common Knowledge*, 2004, 10 (2), p. 195.

④ ［英］齐格蒙·鲍曼：《现代性与大屠杀》，杨渝东、史建华译，译林出版社 2002 年版，第 119 页。

比较直接的即不涉及正义准则的形式；（3）合理的或伦理的，和上面一类相似，但涉及正义准则和良心的形式。我们要探讨的敌意主要涉及正义准则和良心这种形式的敌意。换言之，这种敌意对敌人的建构是合理的，并且涉及道德判断。这种类型的敌意通常是政治领袖裹挟并强化民众形成敌对情绪的结果。这种国家层面的敌意不可能是基于本能而形成的非理性的敌意，而是一种出于特定政治目的和国家利益而产生的敌意，这种敌意往往与政治领袖或政治集团对他者及其意图的理性判断有关，尽管有时这种判断可能是错误的。

加州大学戴维斯分校的政治学教授泽夫·毛兹（Zeev Maoz）将敌意区分为间接的敌意与直接的敌意、均势的敌意与非均势的敌意，并对它们的关系进行了分析，这种区分有助于我们了解国际关系中的敌意是如何建构敌人的。在下面三个国家的关系图中，我们能通过有关另外两对双边关系的信息推出其中一对的双边关系。例如，图 1 表示我的朋友的朋友是我的朋友，当国家 i 和 j 是朋友关系且 i 和 k 也是朋友关系时，j 和 k 就应该是朋友关系，在现实的国际关系中也确实如此，这个图说明若 i 和 j、i 和 k 之间表现为善意，那么 j 和 k 之间也表现出善意，因而这三个国家相互之间都没有敌意。图 2 表示我的敌人的敌人是我的朋友，当国家 i 和 j、j 和 k 相互充满敌意时，i 和 k 并不必然为敌人，当二者都释放出善意时，它们可以成为朋友。图 1 和图 2 都表示一种均势关系。图 3 表示我的敌人的朋友是我的朋友，国家 i 和 k 的关系是消极的，表现出敌意，是敌对关系，但 k 和 j 的关系是积极的、友好的，i 和 j 的关系也是积极的、友好的。图 4 表示我的敌人的敌人是我的敌人，这种三边关系都是消极的、充满敌意的。图 3 和图 4 都表示一种非均势关系。[①] 从上面的分析可以看出敌友关系的复杂性，间接的敌意对直接的敌意会有一定的影响，但并不存在必然的因果关系，国家之间是否为敌友关系最终取决于“自我”与他者的敌意或善意的互动。不过，这些图例说明我的敌人的敌人并不一定就是我的朋友，也有可能是我的敌人。这就说明所谓“均势”实际上是不确定的，正如汉斯·摩根索所指出：“最大的不

① See Zeev Maoz, Lesley G. Terris, Ranan D. Kuperman, Ilan Talmud, “What Is the Enemy of My Enemy? Causes and Consequences of Imbalanced International Relations, 1816-2001”, *The Journal of Politics*, 2007, 69 (1), p. 104.

可确定性在于人们始终无法清楚谁是我们的盟友和谁是敌人的盟友。”[①] 由于敌人和朋友的意图都很难被量化和确定，因此，并不容易确定国际关系中各方的真实意图到底是善意还是敌意，我们只有通过各方具体的政治行动才能最后确定国家间的关系。泽夫·毛兹的模型也可以用来分析国内群体之间的不同意图所构建的敌友关系，但是由于敌意本身的复杂性和不确定性，所以群体之间的关系也是复杂多变的。

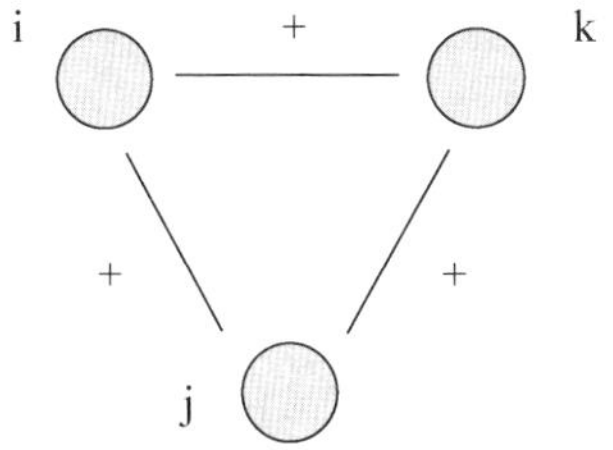


**图 1 均势关系：我的朋友的朋友是我的朋友**

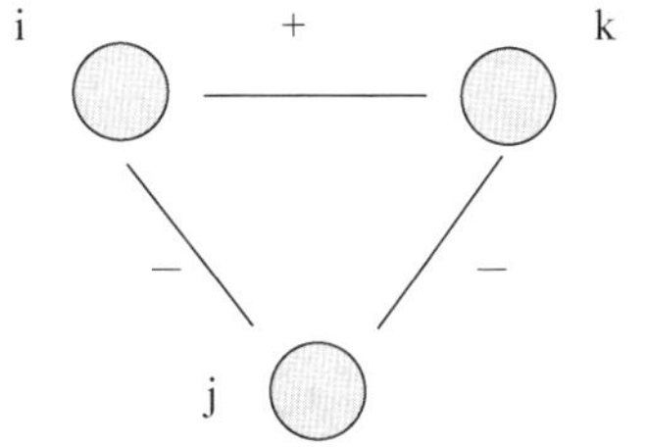


**图 2 均势关系：我的敌人的敌人是我的朋友**

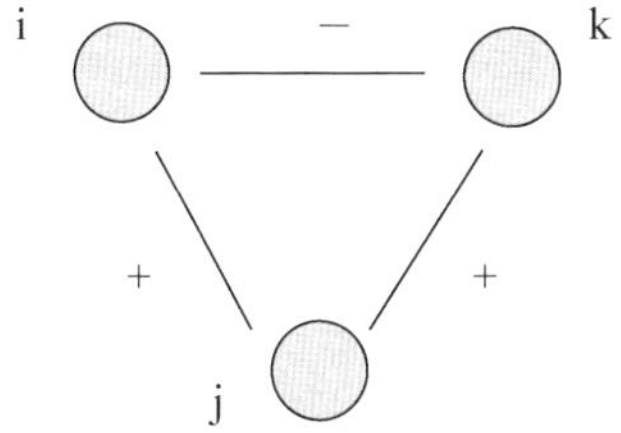


**图 3 非均势关系：我的敌人的朋友是我的朋友**

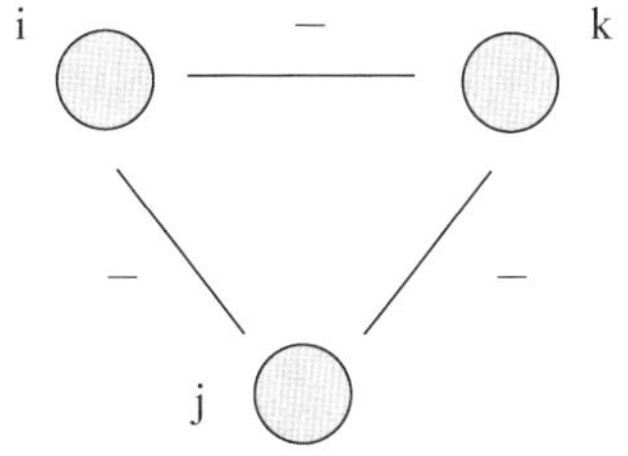


**图 4 非均势关系：我的敌人的敌人是我的敌人**

资料来源：Zeev Maoz，Lesley G. Terris，Ranan D. Kuperman，Ilan Talmud，“What Is the Enemy of My Enemy? Causes and Consequences of Imbalanced International Relations，1816－2001”，*The Journal of Politics*，2007，69（1）p. 105.

总之，根据不同的标准对敌意进行类型学研究，可以让我们深入了解敌意的表现形式，也可以充分地认识到敌意所涉及的主客体关系以及隐藏在敌意背后的更深层次的历史传统、社会心理和政治意识形态等因素。

### 5.1.2 敌意形成的原因

敌意产生的原因很复杂，大致与角色关系、恐惧、想象或者同情有关。

① Hans J. Morgenthau，*Politics among Nations*：*The Struggle for Power and Peace*，7th Edition，New York，McGraw-Hill，2005，p. 152.

首先，敌意来自角色关系。[①] 在国际政治或国际关系中，敌意来自非常确定的角色关系，就是一个国家认为另一个国家的意图和行为威胁到了自身的核心利益，因而把其当作实际的或者潜在的敌人。这种预期既可能源自两国曾经出现冲突的历史，也可能源自对未来可能出现的敌对行动的预测。持续的竞争关系受以下因素影响：第一，一系列突出的未解决的问题；第二，战略互存——对安全威胁的相互感知；第三，敌意的心理表现——怀疑、抹黑以及憎恨；第四，反复的军事冲突。因此，敌意是指以两国间军事冲突的历史为基础，对敌对行动的感知或预期。[②] 也就是说，敌意来自自我对他者的对抗性认知，这种敌意是一种竞争者敌意。正如齐格蒙·鲍曼在《现代性与大屠杀》一书中所指出的："竞争者敌意是指由人类追求认同和划分界线的实践活动所产生的一种更加具体的对抗。在竞争者敌意当中，反感和憎恨的情绪看起来更像是隔离活动的情感附属物；隔离活动本身则需要一次行动、一次努力、一场持久的活动。"[③] 这种敌意是一种基于自我与他者的隔离和对抗而产生的排他性的认知。就国际关系而言，敌意必然是基于某种根本的矛盾而产生的。换言之，如果国家之间没有根本的矛盾和利益纷争，彼此相安无事，那么就不会存在敌意。既然不存在敌意，那么从自利的角度而言，"我们"就根本不应该树立"敌人"。而对"敌人"而言，如果和对方不存在敌意，那么它就不会作为"敌人"的"敌人"而存在。因此，"要发现'敌人'，必须有敌意才行"[④]。然而，也有学者在研究中发现，在经济全球化的过程中，特定时期国家与国家之间的关系所建构的国家认同政治的概念化主要是由经济上的竞争而非政治上的敌意所引起并强化的。而且，经济竞争的逻辑与政治敌意的逻辑在当代国家认同政治实践的过程中将持续共存，"国家生存"可以被理解为经济竞争力的增长和军事力量的递减。[⑤] 换言之，

---

① 参见［美］亚历山大·温特：《国际政治的社会理论》，秦亚青译，第 331 页。

② See Zeev Maoz, Lesley G. Terris, Ranan D. Kuperman, Ilan Talmud, "What Is the Enemy of My Enemy? Causes and Consequences of Imbalanced International Relations, 1816-2001", *The Journal of Politics*, 2007, 69 (1), p. 101.

③ ［英］齐格蒙·鲍曼：《现代性与大屠杀》，杨渝东、史建华译，第 86 页。

④ ［日］竹内实：《"敌人"是什么》，《竹内实文集》第六卷《文化大革命观察》，程麻译，第 96 页。

⑤ See Sami Moisio, "From Enmity to Rivalry? Notes on National Identity Politics in Competition States", *Scottish Geographical Journal*, 2008, 124 (1), pp. 78-95.

由经济上的利益纷争所导致的国家之间的角色关系不同于传统的、因为彼此对立或仇视的政治意识形态而形成的角色关系。

其次，敌意来自恐惧。一个人生理上的本能反应和心理上的自我保护意识，可以让他产生对敌人的恐惧。[①] 什么是恐惧呢？多米尼克·莫伊西(Dominique Moïsi)认为：“恐惧是一种面对即将到来的无论是真实还是夸大的危险的一种情感上的反应。恐惧导致防御性的反应，揭示并反映出一个人、一种文化、一种文明的身份，及其在某个特定时刻的脆弱性。”[②] 对敌人的恐惧常常是一种集体的非理性的心理，国家出于自我保护的需要而对敌人产生恐惧，特别是对未知的和潜在的敌人有着深深的恐惧，即使最强大的国家面对具有不确定性的敌人，也会存在某种程度的恐惧。修昔底德在《伯罗奔尼撒战争史》中认为，伯罗奔尼撒战争发生的真正原因是雅典势力的增长以及因此引发了斯巴达的恐惧，但这个真正原因常常被争执的言辞掩盖了。[③] 修昔底德的这一判断在现代政治中得到了全面的验证，例如，美国对恐怖主义的恐惧，日本和亚洲一些国家对中国和平崛起的恐惧，中国台湾对大陆的恐惧，常常引发其公众难以控制的敌意。如果媒体夸大这种恐惧和敌意，那么敌对国家或地区的民众就会陷入“恐惧——敌意——更大的恐惧——更大的敌意”的恶性循环之中。在很多情况下，公众对敌人的恐惧是由政治领袖主导的，他们经常性地利用突发事件来引发恐惧、强化敌意，甚至将对方妖魔化。这种恐惧往往是一种“异类恐惧”，它会导致强烈的敌意和敌我界限的划分。对敌人的恐惧实际上是对死亡的恐惧，是对暴力的恐惧，正是因为这种恐惧，所以我们要竭尽自身具有的身体力量和理性力量来保全生命，国家则需要动用一切可以动用的力量甚至采用“先发制人”的方式来保护主权的完整。

最后，敌意来自想象或者同情。敌意需要相似和差异的统一，对那些完全与“我们”不同的他者，我们不会产生敌意，因为我们对它们毫无兴趣，无法想象。而关系密切与相互理解的人或国家并不能确保不产生敌意。例

---

① 参见［印度］克里希那穆提：《恐惧的由来》，凯锋译，第43页。

② ［法］多米尼克·莫伊西：《情感地缘政治学：恐惧、羞辱与希望的文化如何重塑我们的世界》，姚芸竹译，新华出版社2010年版，第96页。

③ 参见［古希腊］修昔底德：《伯罗奔尼撒战争史》上册，谢德风译，第21页。

如，人们经常恨所爱的人就是一个典型的例子。而关系密切的两个国家或群体完全有可能产生冲突，这可以解释为什么有些国家在很长时间内是友好国家或者盟友，但一旦出现裂痕就会彼此产生敌意，甚至导致冲突和战争。“由于这种‘敌意’坚信‘敌人’就是‘敌人’，于是，也就自然反对那种对‘敌人’是否是真的‘敌人’有些怀疑或者保持中立的意见，以及怀有这种意见的人。”① 对敌意持“坚信”和“怀疑”的立场，都是诉诸“想象”。在“想象”之中，无论敌人是否对我们怀有敌意，我们都想象它们是充满敌意的，因此，我们也对它们充满敌意。敌意有时也来自同情，同情也是一种想象。我们在这里所说的同情是指同“敌人”一样感受，而不是对敌人的怜悯。换言之，我们把敌人的感受置入我们的心理体验，我们将自己投射到敌人的位置，设身处地地感受敌人的心理体验，这种体验就是同情。这种想象或同情不仅有对敌人情绪状态的“同感”，而且还有对敌人的关注，涉及对敌人的情感和情绪状态的参与、理解与把握。敌意来自想象或者同情，牵涉两个根本问题：一是认识论问题，即我们如何知道敌人的敌意；二是生存论问题，即我们为何会对敌人产生敌意。

### 5.1.3 敌意的功能

迈尔教授在评述施米特的学说时认为，敌意乃是“撒旦的阿喀琉斯之踵”，他指出：“在所有的历史的变动性中，敌人不可更改的本性理所当然地成为确实可靠的坐标，而敌意则是唯一永久不变的基点，借此人们可以通过自己的力量摆脱欺骗和自我欺骗的无根性：谁想对抗撒旦，谁就必须强调敌意的存在。敌意证明其自身乃是——**‘仁善只是名义上的’**——撒旦的阿喀琉斯之踵，因为其‘本性’为其作伪的艺术设定了界限。”② 在迈尔看来，敌意可以让人们摆脱“欺骗和自我欺骗的无根性”，敌意是斗争的前提。

建构敌人，需要发现和利用敌意的积极功能，也就是说要通过利用敌意来建构共同的敌人。普鲁塔克认为，“敌意中最有害的因素到了警惕的人那

① ［日］竹内实：《“敌人”是什么》，《竹内实文集》第六卷《文化大革命观察》，程麻译，第97页。

② ［德］迈尔：《古今之争的核心问题——施米特的学说和施特劳斯的论题》，林国基等译，第27页。

里会变得最为有益”[1]，因为敌人总是伺机刺探我们的信息、监视我们的行动。而我们在敌意的驱使下，将会保持头脑清醒，并以崇高的目标督促行动。显然，“以崇高的目标督促行动”体现了敌意的较高级的作用，这种行动就是库利所说的“铲除邪恶”，而崇高的目标就是库利所指的“正义的理想”[2]。这种崇高的目标或正义的理想使得人们将敌对的一方视为非正义的甚至邪恶的。这样，“敌意的表达就具有一种积极的功能，它可以通过使有敌意的参与者退出来而使群体不至于解体”[3]。科塞此处所说的敌意主要发生在同一社会共同体内的不同成员之间，这种敌意就是古希腊意义上所讲的“对朋友的愤怒”（raging-at-the-friend），而非“对敌人的愤怒”（raging-at-the-enemy）[4]，因此，这种敌意并不会导致群体的分裂。

敌意决定是否对敌人采取暴力。正如塞尔西奥·拉米雷斯（Sergio Ramírez）所言：“危险的敌意，在于每个人的手都放在匕首上。”[5] 当然，敌意只是意味着暴力冲突的可能性。敌意的作用是激起争斗的能量，把感情的动力化作保存自我或扩展自我的行动。[6] 敌意往往意味着不承认他者的某些权利，因此也不会自愿限制对他者使用暴力的程度。对自我而言，“敌意”实际上成了真正的“敌人”。当然，我们也要认识到，敌意并不意味着一定会产生冲突或暴力。然而，带有绝对的、彻底的敌意的全面战争使得人类很难再消除敌意，也使得全面和解难以实现。[7] 但是，战争之外的公民对敌人的敌意却有可能因为政治领导人所宣扬的意识形态或特定的政治事件而被转移到其他对象之上。科塞指出：“敌意既可以向敌意的原初对象发泄，也可以向替代目标发泄。只有在针对敌意的真正起因的情况下，敌对情绪才能在冲突行为中释放出来。一旦针对原初对象的冲突行为受到阻止，敌对的情绪

---

① ［古罗马］普鲁塔克：《古典共和精神的捍卫：普鲁塔克文选》，包利民等译，第164页。

② ［美］查尔斯·霍顿·库利：《人类本性与社会秩序》，包凡一、王源译，第179页。

③ ［美］科塞：《社会冲突的功能》，孙立平等译，第24页。

④ Tom McCall，“Society—‘A Gang of Murderers’：Freud on Hostility and War”，*Common Knowledge*，2006，12（2），p. 273.

⑤ ［尼加拉瓜］塞尔西奥·拉米雷斯：《危险的敌意》，《当代外国文学》2004年第1期，第58页。塞尔西奥·拉米雷斯系尼加拉瓜小说家、散文家、政治家，曾任尼加拉瓜副总统。

⑥ 参见［美］查尔斯·霍顿·库利：《人类本性与社会秩序》，包凡一、王源译，第191页。

⑦ See Hugo Slim，“Why Protect Civilians? Innocence，Immunity and Enmity in War”，*International Affairs*，2003，79（3），p. 500.

就会转向替代目标，只有通过紧张状态的释放才会得到替代性的满足，但是与原初对象的敌对关系仍然存在。”[①] 科塞的理论可以很好地解释一个国家的不同族群、阶层、阶级以及群体之间的敌意问题，而且也说明了对一个他者的敌意可以转移到另一个他者之上。

总之，群体性或集体性敌意的呈现常常是自上而下而不是自下而上构成的。就国家与国家之间的敌对关系而言，这种敌意往往是由政治领袖左右的。而国家内部的敌意则是由社会控制的。当然，敌意的存在并不意味着对立双方就已经把对方当作敌人，敌人的建构还需要经过国家意识形态将群体的敌意固化为“共同的仇恨”。政治领袖为了“树立敌人”，总是通过官方的各种渠道夸大敌人的威胁。这种认知上的敌意可以巩固政治领袖所坚持的立场，为其政治决策、权力运用、社会动员赢得正当性。而且，树立外部敌人可以转移社会的内部矛盾。然而，对敌人的认知仅仅停留在观念上是不够的，还需要从情感上强化对敌人的敌意，这种敌意必须转化为强烈的仇恨，仇恨就成了强化的敌意。对群体内某个成员的仇恨并非来自个人的动机，而是因为这个成员的存在对群体其他成员而言是危险的，无论这种危险是实际存在的还是不真实的，这个成员都可能被确立为群体的敌人——内部敌人。一个群体或国家不断强化对另一个群体或国家的敌意，这种敌意就变成了仇恨，另一个群体或国家就变成了外部敌人。

## 5.2 仇恨及其本质

仇恨是一种将敌意集中化的情感。如果没有敌意，那么就不可能出现最野蛮的、近乎本能的仇恨感。[②] 如果没有仇恨，那么也就没有战争。“战争起于仇恨。战争就是否定敌人的生存。它是仇恨的最极端的后果。”[③] 但是，仇恨并不等于战争，战争也不等于仇恨，如果我们仅仅因为仇恨而对敌人采取行动，那么就可能迷失方向。而且，对敌人的仇恨很少成为战争的动机，但是战争一定充满着对敌人的仇恨。对敌人的仇恨是一种集体性的仇恨而非

① ［美］科塞：《社会冲突的功能》，孙立平等译，第25页。

② 参见［德］克劳塞维茨：《战争论》第1卷，中国人民解放军军事科学译，第25页。

③ ［德］卡尔·施米特：《政治的概念》，刘宗坤等译，第145页。

个体性的仇恨。例如，“同仇敌忾”这个成语说的就是对敌人的一种集体性的仇恨。“同仇”出自《诗·秦风·无衣》“王于兴师，修我戈矛，与子同仇”。而“敌忾”出自《左传·文公四年》“诸侯敌王所忾，而献其功”。“同仇敌忾”的意思就是对敌人的共同仇恨。我在此处分析“同仇敌忾”一词的目的不是要对其进行词源学和语义学的探讨，而是要说明对敌人的仇恨并非个人仇恨，而是一种“公共的”或共同的集体仇恨。在现代政治冲突中，“同仇敌忾”常常是意识形态的产物，是政治领袖进行政治控制的有效工具。

### 5.2.1 奥威尔式的仇恨

个体仇恨要发展成一种集体仇恨，需要一种集体机制的强化，通过一种专门的机制控制对仇恨对象的仇恨，就会产生巨大的威力。而且，仇恨作为一种政治控制的方式，可以由政治组织来系统地实施。奥威尔在《一九八四》这部小说中对仇恨作为一种政治控制的方式进行了生动而深刻的描述。“核心党”不仅通过每天的《两分钟仇恨》节目，而且还通过有组织的“仇恨周”活动来强化人们对敌人的仇恨。我们可以将奥威尔描述的这种用来进行思想控制和政治控制的仇恨称为“奥威尔式的仇恨”。他是这样描述的：

> 仇恨刚进行了三十秒钟，屋子里一半的人中就爆发出控制不住的愤怒的叫喊。电幕上扬扬自得的羊脸，羊脸后面欧亚国可怕的威力，这一切都使人无法忍受；此外，就凭果尔德施坦因的脸，或者哪怕只想到他这个人，就自动地产生恐惧和愤怒。不论同欧亚国相比或东亚国相比，他更经常的是仇恨的对象，因为大洋国如果同这两国中的一国打仗，同另外一国一般总是保持和平的。但是奇怪的是，虽然人人仇恨和蔑视果尔德施坦因，虽然每天，甚至一天有上千次，他的理论在讲台上、电幕上、报纸上、书本上遭到驳斥、抨击、嘲笑，让大家都看到这些理论是多么可怜的胡说八道，尽管这样，他的影响似乎从来没有减弱过……
>
> 仇恨到了第二分钟达到了狂热的程度。大家都跳了起来，大声高喊，要想压倒电幕上传出来的令人难以忍受的羊叫一般的声音。……两分钟仇恨之所以可怕，不是你必须参加表演，而是要避免不参加是不可能的。不出三十秒钟，一切矜持都没有必要了。一种夹杂着恐惧和报复情绪的快意，一种要杀人、虐待、用大铁锤痛打别人脸孔的欲望，似乎

像一股电流一般穿过了这一群人，甚至使你违反本意地变成一个恶声叫喊的疯子。然而，你所感到的那种狂热情绪是一种抽象的、无目的的情感，好像喷灯的火焰一般，可以从一个对象转到另一个对象。因此，有一阵子，温斯顿的仇恨并不是针对果尔德施坦因的，而是反过来转向了老大哥、党、思想警察；在这样的时候，他打从心眼里同情电幕上那个孤独的、受到嘲弄的异端分子，谎话世界中真理和理智的唯一卫护者。可是一会儿他又同周围的人站在一起，觉得攻击果尔德施坦因的一切的话都是正确的。在这样的时刻，他心中对老大哥的憎恨变成了崇拜，老大哥的形象越来越高大，似乎是一个所向无敌、毫无畏惧的保护者，像块巨石一般耸立于从亚洲蜂拥而来的乌合之众之前，而果尔德施坦因尽管孤立无援，尽管对于是否有他这个人的存在也有怀疑，却似乎是一个阴险狡诈的妖物，光凭他的谈话声音就能够把文明的结构破坏无遗。

有时候，你甚至可以自觉地转变自己仇恨的对象。温斯顿突然把仇恨从电幕上的脸孔转到了坐在他背后的那个黑发女郎的身上，其变化之迅速就像做噩梦醒来时猛地坐起来一样……

仇恨达到了最高潮。果尔德施坦因的声音真的变成了羊叫，而且有一度他的脸也变成了羊脸。接着那头羊脸又化为一个欧亚国的军人，高大吓人，似乎在大踏步前进，他的轻机枪嘶叫，似乎有夺幕而出之势，吓得第一排真的有人从坐着的椅子上来不及站起来。但是就在这一刹那间，电幕上这个敌人已化为老大哥的脸，黑头发，黑胡子，充满力量，镇定沉着，脸庞这么大，几乎占满了整个电幕，他的出现使大家放心地深深地松了一口气。①

通过奥威尔的描述，我们可以清楚地了解到：对精神生活的控制是核心党的主要政策，仇恨成了教育的主要内容，它每天都会通过电幕进行《两分钟仇恨》节目来强化无产者的仇恨。核心党将仇恨的对象尽情地丑化，丑化成带有象征意味的动物形象例如“羊”，甚至丑化成“妖物”，强调它的“破坏性”，使人们自动产生“恐惧和愤怒”，产生“一种要杀人、虐待、用大铁锤

① ［英］奥威尔：《一九八四》，董乐山译，第12—15页。

痛打别人脸孔的欲望”，但这种狂热情绪是一种“抽象的”“无目的”情感，而且还可以从一个对象转移到另一个对象。即使你所仇恨的对象实际上并不是意识形态所宣传的那样邪恶，甚至完全是被“虚构”或者“发明”出来的，也能达到这种效果。除了每天固定出现的《两分钟仇恨》节目，大洋国甚至还安排了“仇恨周”这样的“主题活动”。“仇恨周已经进行了六天，在这六天里，天天是游行、演讲、呼喊、歌唱、旗帜、标语、电影、蜡像、敲鼓、吹号、齐步前进、坦克咯咯、飞机轰鸣、炮声隆隆。在这六天里，群众的情绪激动得到了最高峰。大家对欧亚国的仇恨沸腾得到了发狂的程度，要是在那最后一天要公开绞死的二千名欧亚国战俘落入群众之手的话，他们毫无疑问地会被撕成粉碎。”[①] 可是，当群众发现欧亚国竟然不是他们的敌人，他们的敌人是东亚国时，“仇恨继续进行，一如既往，只是已换了对象”[②]。因为核心党的党员马上就列举了东亚国的“暴行、屠杀、驱逐、抢劫、强奸、虐待俘虏、轰炸平民、撒谎宣传、无端侵略、撕毁条约的罪状”[③]。群众听了这些之后无法不相信，无法不感到愤怒，无法不产生仇恨。这一切虽然是奥威尔虚构的，然而，不幸的是，他所描述的这一切在20世纪竟然成了一种普遍的现实，甚至比他描述的情况还要更为严重。

那么，通过仇恨这种活动渲染“奥威尔式的仇恨”的意义或价值究竟何在？其意义主要体现在巩固人们对反革命的仇恨以及对党的热爱。首先，可以维持和强化对“人民公敌”——果尔德施坦因的仇恨。果尔德施坦因作为“叛徒”和“蜕变者”，是曾经和“老大哥”平起平坐的、党的主要领导人之一。然而，在每天的《两分钟仇恨》节目中，他成了头号卖国贼，是最早破坏党的纯洁性的人，所有后来对党所犯的罪行、变节、破坏活动、异端邪说以及越轨行为都直接出自他的煽动。然而，果尔德施坦因的敌人形象是党虚构的，并不是真实的存在，因此必须通过“仇恨会”这种形式来固化对他的仇恨与鄙视，从而将果尔德施坦因及其领导的反革命集团说成“万恶之源”，从而为其定罪寻找一个充分的理由。其次，维持对“老大哥”和党的崇拜与忠诚。毫无疑问，塑造果尔德施坦因的反革命形象就是为了制造某种恐慌，

---

① ［英］奥威尔：《一九八四》，董乐山译，第161—162页。

② 同上书，第163页。

③ 同上书，第162页。

而制造恐慌的直接目的就是为了巩固人民对“老大哥”和党的崇拜。“老大哥的形象越来越高大，似乎是一个所向无敌、毫无畏惧的保护者。”《两分钟仇恨》节目就是为了告诉人们：只有党才是他们的保护者，只有党才能保护他们。在《两分钟仇恨》节目中，不断强调敌人的存在就是要提醒人们，生活并不太平，思想警察的抓捕以及公开审判就是为了让人们相信，党一直在维持这个社会的太平。《两分钟仇恨》节目总是以“老大哥”的头像作为结尾，配合激昂的音乐，这更能升华人们对“老大哥”、对党的依赖和崇拜。然而，正如美国斯坦福大学菲利普·津巴多（Philip Zimbardo）教授所指出的：《一九八四》中所描述的党有一个致命的弱点，它进行思想控制所依赖的力量是可见的、透明的。温斯顿及其同盟都知道，他们究竟谁被控制以及如何被控制，因为党希望把征服他们精神世界的胜利完全归功于自己。[①] 这样，思想控制的实际效果就会大打折扣，而且“老大哥”和党进行思想控制的动机也会受到人们的质疑，因为思想控制和人的本性背道而驰。

我国曾经风行一时的“样板戏”所渲染的阶级仇恨就是一种典型的“奥威尔式的仇恨”。样板戏作为一种高度概念化、符号化的隐喻系统，不但通过政治与文学的直接对应关系将社会的冲突结构与敌我形象连接起来，而且通过戏剧的独特表现形式使阶级斗争呈现诗化的特征。由于阶级斗争是样板戏的绝对叙事母题，因此，阶级仇恨就成了每一部样板戏中最突出的阶级情感。不可否认，在革命成功之前，利用阶级仇恨可以进行有效的社会动员和政治动员，但当阶级斗争不再是社会的主要矛盾时，仍然渲染阶级仇恨，其政治控制的意图就不言自明了。王元化先生曾撰文说：“十亿人在十年中只准看这八出戏，整整看了十年……而且是以革命的名义，用强迫命令的办法，叫人去看，叫人去听，去学着唱。”[②] 正是这种反复的、强迫性的观看，这种在中国大陆境内既是同时性的也是延续性的全社会观看行为，使得阶级仇恨在观众身上得到了不断的强化和巩固，国家权力和政治意志也因此深入到社会的各个角落。例如，《沙家浜》《海港》中的阶级仇恨，就是以阶级名

① 参见［美］菲利普·G·津巴多：《论〈一九八四〉中的思想控制：当想象变为现实——以吉姆·琼斯的丛林实验为例》，见［美］阿博特·格里森、玛莎·努斯鲍姆、杰克·戈德史密斯编《〈一九八四〉与我们的未来》，董晓洁、侯玮萍译，法律出版社 2013 年版，第 148—149 页。

② 王元化：《样板戏及其它》，《文汇报》1988 年 4 月 29 日。

义发布的、对每一个阶级成员进行绝对控制的阶级情感符号。这种关于阶级仇恨的叙事，最终转化为观众自我的历史、日常生活经验以及仪式信仰。正如社会学家帕森斯（Talcott Parsons）所言：“终极价值观、社会结构和社会团结所依赖的情感，是通过仪式的作用才不断地‘变成’力量的状态，从而有可能有效地控制行动和分派社会的诸种关系。”① 阶级仇恨正是通过样板戏这种程式化的、带有国家仪式特征的文艺形式“变成”了一种政治控制的力量，外部敌人在样板戏中成了政治美学上的丑陋形象，而内部敌人则是无处遁形的道德堕落者。

仇恨作为政治控制的方式，可以投射到不同的对象之上。美国著名政治学家拉斯韦尔（Harold Lasswell）曾指出：“农村对城市的仇恨，贵族阶级对富豪阶级的仇恨，中产阶级对体力劳动者、贵族阶级以及富豪阶级的仇恨都可以转嫁到犹太人身上。经济困难和国际屈辱带来的挫折、不道德行为引起的内疚、虔诚减弱造成的内疚——这些德国人生活上的重压都可以在政治上轻易被人利用。”② 在当代出现的以色列士兵对黎巴嫩人、对巴勒斯坦人的仇恨，实际上就是对所有阿拉伯人的仇恨。伊拉克士兵对美国人、对英国人的憎恨，实际上就是对所有西方人的仇恨。可见，仇恨完全可以成为政治控制的一种方式。

“谁控制过去就控制未来；谁控制现在就控制过去。”③ 这既是核心党的口号，也是20世纪的政治现实。“党叫你不相信你耳闻目睹的东西。这是他们最后的最根本的命令。”④ 根据美国心理学家斯金纳（Burrhus Frederic Skinner）的理论，对敌人的仇恨实际上成了对环境和外部刺激的机械反应。因为对敌人的“奥威尔式的仇恨”完全是通过一套精心设计的程序来操控的，普通老百姓知道的信息非常有限，他们掌握的“事实”是经过人为选择和描述的，久而久之，老百姓就处在一张用谎言织就的大网之中而不自知。控制人们对敌人的无比仇恨将会进一步强化人们对“敌人”的建构。这种通过语言符号来控制老百姓的思想感情在特定环境中确实能起到巨大的作用，

---

① ［美］T. 帕森斯：《社会行为的结构》，张明德等译，译林出版社2003年版，第486页。

② ［美］哈罗德·D·拉斯韦尔：《政治学——谁得到什么？何时和如何得到?》，杨昌裕译，商务印书馆1992年版，第32页。

③ ［英］奥威尔：《一九八四》，董乐山译，第32页。

④ 同上书，第70页。

但是一旦民众有所觉悟，他们就将改变历史的进程。例如，在冷战、古巴导弹危机和越南战争中，这种旨在操纵人们思想的“新语”就在积极运作，而民众的觉醒则掀起了各种反战活动。[①] 可是，今天的朝鲜，人们仍然生活在政治领袖所虚构的、对敌人的“奥威尔式的仇恨”之中。

### 5.2.2 仇恨的本质

仇恨是原始敌意固化后的最强烈、最持久、最复杂的一种情感形式，它既含有认知的成分，也带有非理性的因素。它最突出的特点就是使仇恨者丧失对被仇恨者的情感领受力。当仇恨存在的时候，被仇恨者得不到任何怜悯和同情，甚至还会出现倒错的情感领受——仇恨者以被仇恨者的痛苦为乐。古希腊民主派政治家恩培多克勒曾指出：万物的生灭变易都是“爱”和“恨”这两种力量相互斗争的结果，其中“爱”是一种结合的力量，而“恨”则是一种分离的力量，这两种力量既相互对立又相互补充。在恩培多克勒看来，爱和恨不仅是自然物质的动力因，而且也是人类生活的普遍伦理原则，爱是善的力量和目标，恨则是恶的渊薮。这样，爱与善、恨与恶就等同起来了，爱和恨就被赋予了道德价值，成了宗教和道德意义上的善和恶的原则，它们既存在于客观世界，又是主观世界的组成部分，分别主宰神的幸福世界和苦难纷乱的尘世这两个对立的世界。在恩培多克勒看来，现实世界在很大程度上处于“恨”的影响之下，“恨”是造成纷乱、战争、灾难和死亡的恶的渊薮。由此也可以推出，道德上的邪恶也是由仇恨引起的。[②] 由此可见，古人已经深刻地认识到仇恨的本质之所在。

对敌人的仇恨按照复杂化程度的差异分为初级仇恨、理性化的仇恨和意识形态化的仇恨三个层次。首先是对敌人的初级仇恨，这种仇恨具有普遍性。但这种仇恨还只是停留在对敌人的反感和厌恶上，因为它还没有被强化和利用，它是一种不需要煽动就已经存在的情感。初级仇恨被统治集团或利益群体强化和利用之后，就会转化成理性化的仇恨，此时通常会出现一种具有逻辑性

① 参见陆建德：《永不停息的叛逆者》，见［美］诺姆·乔姆斯基《反思肯尼迪王朝——肯尼迪、越南战争和美国的政治文化》，童新耕译，第 4 页。

② 参见汪子嵩等：《希腊哲学史》第 1 卷，第 815—827 页；［英］阿诺德·汤因比：《历史研究》，刘北成、郭小凌译，第 62 页。

的理论为这种仇恨提供合法化的论证，并且使这种仇恨得以内化。“令人厌恶的他者被说成是恶意的或者‘客观地’有害的——在任何一种情况下都会威胁到憎恨群体的幸福。举例来说，被憎恨的群体会被描绘成与憎恨群体信奉的宗教所理解的邪恶力量相互勾结，或者也可以被描绘成是一个没有道德的经济竞争敌手；一般而言，社会关联、冲突和分化是现时的焦点强制规定了被憎恨的他者的‘有害性’得以理论化的语义领域。”[①] 以初级仇恨和理性化的仇恨为基础而形成的、对敌人的第三种仇恨为意识形态化的仇恨。这种仇恨强调敌人具有破坏性和毁灭性，通常从国家层面通过各种传媒予以强化，从而导致国民对敌人仇恨的狂热和偏执，敌人被描绘成绝对的邪恶，是必须予以消灭的害虫。例如，纳粹对犹太人的仇恨就是一种意识形态化的仇恨，“这种仇恨不仅来源于党的纲领，用于政治目的，而且是一种感情上的仇恨、心理上的仇恨，认为仇恨的对象在身体上不干净，像麻风病患者一样。德国大众吸收了这种深刻的仇恨，把他们主子的教导具体化了。犹太人是卑鄙的；犹太人是骗子、坏蛋；犹太人是德国人的敌人，他们危及了德国的生存；犹太人是《凡尔赛条约》的主要推动者，这个《条约》使德国的地位大大下降；犹太人是撒旦，在各国之间播种不和的种子，使它们流血打仗，从中渔利”[②]。德国普通民众对犹太人的强烈敌意和仇恨在很大程度上来源于德国纳粹所宣传的政治意识形态上的仇恨，这种仇恨弥漫于德国民众的日常生活之中。因此，这种仇恨不仅是“感情上的仇恨”“心理上的仇恨”，也是一种“政治仇恨”“种族仇恨”“宗教仇恨”。

### 5.2.3 仇恨的功能

像敌意一样，仇恨也有积极的价值。尼采甚至认为仇恨是道德价值的根源，他在《论道德的谱系》一书中提到了仇恨的积极功能：

> 可这是个大事件：从那报复的树干中，从那犹太的仇恨中，从那地球上从未有过的最深刻、最极端、能创造理想、转变价值的仇恨中生长出某种同样无与伦比的东西，一种新的爱，各种爱中最深刻最极端的一

① ［英］齐格蒙·鲍曼：《现代性与大屠杀》，杨渝东、史建华译，第84—85页。

② ［美］丹尼尔·乔纳·戈德哈根：《希特勒的志愿行刑者》，贾宗谊译，新华出版社1998年版，第259页。

> 种——从其他哪根树干中能够长出这种爱？……但是也不要误以为这种爱是对那种报复渴望的否定，是作为犹太仇恨的对立面而萌发的！不是的！事实恰好相反！这种爱正是从那树干中长出来的，是它的树冠，是凯旋的、在最纯洁的亮度和阳光下逐渐逐渐地伸展开来的树冠。即使在光线和高度的王国里，这树冠也似乎以同样的渴求寻求着那仇恨的目的、胜利、战利品、诱惑，这种渴求使那种仇恨的根在所有的深渊中越扎越深，在所有的罪恶中越变越贪。拿撒勒斯的这位耶稣，爱的人格化福音，这位把祝福和胜利带给贫苦人、病患者、罪人的“救世主”——他难道不正是最阴险可怕、最难以抗拒的诱惑吗？这诱惑和迂回不正是导向那些犹太的价值和理想的再造吗？难道以色列不正是通过这位“救世主”的迂回，这位以色列表面上的仇敌和解救者来达到其精心策划的报复行动的最后目标的吗？[①]

关于仇恨，尼采提出了与众不同的思想，仇恨能创造理想，仇恨能转变价值，仇恨能创造一种新的爱，他甚至认为仇恨就是一种极端的爱，断言基督教的爱是最精巧的“怨恨之花”。

政治领袖与民众“同仇敌忾”组成政治联盟，这种联盟对敌人构成一种有效的威胁。“在对付共同的敌人时，拥有共同的仇恨能通过排除外人、鼓励联合来增强群体的团结程度。”[②] 所谓“共同的仇恨”指向的一定是共同的敌人，这种仇恨可以对敌对的外群形成排斥，从而增加内群的凝聚力。马克斯·韦伯曾指出：“在近代阶级斗争的条件下，精神的奖赏包括仇恨和报复欲，特别是怨愤之情和对一种貌似道德的自命正确的要求，以及由此而起的对敌人施以毁谤和虐待的要求，都可以得到满足。”[③] 对那些“打算用武力在地球上建立绝对正义的人”[④] 而言，仇恨作为对其追随者的精神奖赏具有不可低估的“价值”。换言之，政治领袖必须想方设法强化其追随者对敌人的仇恨，否则他们就不可能指望其追随者打击和消灭敌人。

---

① ［德］尼采：《论道德的谱系》，周红译，三联书店 1992 年版，第 19—20 页。

② ［美］M. W. 布伦戴尔：《扶友损敌：索福克勒斯与古希腊伦理》，包利民等译，第 75 页。

③ ［德］马克斯·韦伯：《学术与政治：韦伯的两篇演说》，冯克利译，三联书店 1998 年版，第 113 页。

④ 同上书，第 112 页。

当然，仇恨也会产生最具破坏力的后果。哈佛大学心理学家戈登·奥尔波特（Gordon Allport）在其名著《偏见的本性》中区分了仇恨的偏见与爱的偏见，仇恨者总是希望消灭其仇恨的事物，他指出：“某固定组织针对一个人或一类人进行冲动性攻击。由于该组织习惯痛苦的感觉和非难思想，它便在个人的精神和情感世界建立了一个顽固的逻辑结果，正是通过这种本性，仇恨便具有对外惩罚性，即仇恨者确信错误存在于他所仇恨的事物之中，只要他相信这一点，他就对其自身无情的心理状态没有丝毫的罪恶感。”① 由此可见，仇恨者的仇恨并非总是非理性的激情的产物，相反，它在很多时候都是理性推理的结果，而且仇恨者总是会为攻击或惩罚仇恨的对象寻找理由。仇恨者产生仇恨后常常会生发怨恨，它是舍勒所说的一种有明确的前因后果的心灵自我毒害。这种自我毒害有一种持久的心态，它是因强抑某种情感波动和情绪激动、使其不得发泄而产生的情态；这种“强抑”的隐忍力通过系统训练而养成。其实，情感波动、情绪激动是正常的，属于人之天性的基本成分。这种自我毒害产生某些持久的情态，形成确定样式的价值错觉和与此错觉相应的价值判断。在此，首先要加以考虑的情感波动和情绪激动是：报复感和报复冲动、仇恨、恶意、羡慕、忌妒、阴毒。② 根据舍勒的观点，怨恨会导致价值错觉和错误的价值判断，因而也是一种心灵的自我毒害。而仇恨常常将人类本性中最阴暗邪恶的一面发展到极其险恶的境地。即使最文明的民族，相互间也可能燃起强烈的仇恨感。③ 仇恨摧毁了各种人际关系，使原本相互亲爱的人们彼此交恶，暴力以对，甚至发生蓄意谋杀。仇恨产生的冲击将人类的文明和宽容一扫而尽。它刺激个人去追逐残暴之举，使人们分门别派，彼此争斗，陷入凶恶殊死的对抗。④ 例如，巴基斯坦与印度之间存在的仇恨；朝鲜人与日本人之间存在的憎恶与仇恨；越南少数族裔团体对大多数民族以及柬埔寨赫姆对越南少数族

---

① Gordon Allport，*The Nature of Prejudice*，New York，Addison-Wesley，1954，p. 363. 转引自［美］詹姆斯·B·雅各布、吉姆伯利·波特：《仇恨犯罪：刑法与身份政治》，王秀梅译，北京大学出版社 2010 年版，第 13 页。

② 参见［德］舍勒：《道德建构中的怨恨》，罗悌伦译，见刘小枫编《舍勒选集》上册，上海三联书店 1999 年版，第 401 页。

③ 参见［德］克劳塞维茨：《战争论》第 1 卷，中国人民解放军军事科学院译，第25 页。

④ 参见［美］小拉什·多兹尔：《仇恨的本质》，王江译，新华出版社 2004 年版，第 1 页。

裔更有着几个世纪的强烈仇恨，等等”[①]。这些存在于亚洲的宗教团体、种族、民族和部落之间的仇恨，常常带来严重的后果。“由于仇恨的缘故，人类干着各种令人震惊和憎恶的罪恶勾当。这些难以言表的行径还有许多不同的名称——迫害、折磨、种族灭绝以及恐怖主义。”[②]“仇恨是所有罪恶的根源。单从种族仇恨、民族仇恨、政治仇恨、宗教仇恨这些字眼上看，你就似乎能够理解这一点。对那些膜拜仇恨的人来讲，比如说制造这次事件的恐怖分子，只要能达到他们的目的，就可以不择手段，甚至采用最恶劣卑鄙的方式。”[③] 在现实政治中，仇恨往往得到国家意识形态的固化和民族心理的积淀，从而在相当长的时期内影响着国家间的关系和民众间的交流。对敌仇恨是“我们”必须具备的“美德”，尽管“我们”这些普通公民从来没有见到敌国的一个公民，甚至只要“我们”有机会接触外国人，“我们”就会发现“他们”同“我们”一样也是人，就会发现过去的宣传和教育都是谎言，“我们”对敌人的恐惧、仇恨和自以为是就会化为乌有。这种憎恨的教育，实际上是对道德和常识的野蛮践踏。[④] 显然，对敌人基于仇恨的价值判断是不真实的，是一种基于价值假象的道德判断，但在现代社会冲突中，仇恨甚至成了决定性的力量，并逐步改变了现行的伦理。

“恨与之战斗的对手是正当的，正如爱与之有密切联系的人是正当的一样。”[⑤] 要想有效地煽动人们对敌人的仇恨，就要把敌人描述为危险而凶残的恶魔，从而使得这种仇恨像爱一样具有正当性。而这种集体仇恨的维系和强化需要通过系统的政治宣传和持续的意识形态教育来突出敌人的破坏性和毁灭性特征。正如拉斯韦尔所指出的：“在现代国家中，人民对战争的抵触情绪是如此强烈，以至于每一场战争都必须以抵御危险而残忍的侵略者为借口。公众憎恨的目标必须清晰而明确。战争的起因不能归结为处理国际事务的整个世界体系，也不能归结为整个统治阶级的愚蠢或恶意，而只能是因为

---

① ［美］詹姆斯·B·雅各布、吉姆伯利·波特：《仇恨犯罪：刑法与身份政治》，王秀梅译，第22页。

② ［美］小拉什·多兹尔：《仇恨的本质》，王江译，第1页。

③ 同上书，第2页。

④ 参见［英］奥威尔：《一九八四》，董乐山译，第175页。

⑤ Georg Simmel, *Conflict*, trans. Kurt H. Wolff, Glencoe, III, The Free Press, 1955, p. 34. 转引自［美］科塞：《社会冲突的功能》，孙立平等译，第42页。

敌人的贪婪。罪恶与无辜必须有地理上的划分，而所有的罪恶都必定属于边境的另一边。如果宣传家打算鼓动人民的仇恨，那么他必须确保所有发出的信息都是在确立敌人应为战争负完全责任。”① 拉斯韦尔在此深刻地指出了仇恨、敌人和战争之间的紧密关系，战争中的仇恨往往是极端化的集体仇恨，由于敌人的罪恶因而恨之欲其死。

### 5.2.4 政治怨恨

政治怨恨是某一政治群体由于受到另一政治群体的侵犯或者因自身的政治劣势而无力直接采取政治行动时产生的对另一强势群体带有恶意的情绪反应。“怨恨”和“仇恨”不同，马克斯·舍勒认为，“怨恨”是对他人作出的一种消极的、包含敌意的、确定的情绪反应，“是一种隐隐地穿透心灵、隐忍未发、不受自我行为控制的愤懑；它最终形成于仇恨意向或其他敌对情绪一再涌现之后，虽然尚未包含任何确定的敌对意图，然而，其血液中已在孕生一切可能的敌意”②。根据舍勒的观点，怨恨形成于仇恨意向或其他敌对情绪之后，与敌意和仇恨紧密相联。通常而言，怨恨者是处于弱势地位的个体，是持有报复欲但又不能有效释放的个体，“怨恨产生于一个人为他人或环境所迫，不得不继续待在自己所不满意、与自我评价不相称的环境中的时候”③。当有更多的个体持有相同的怨恨情绪时，社会怨恨就将形成，从而导致一个群体与另一个群体之间的严重对立和冲突。政治怨恨指向的客体是处于社会强势地位的政治群体或者政府，这一群体拥有怨恨者所不具有的权力、财富和地位，它所拥有的一切在怨恨者看来其来源都是不合法的，甚至是建立在对怨恨者的剥夺之上的。

在现实的政治生活中，“反对派越感到无力重新夺回失去了的位置，就越陷入怨恨”④。这种怨恨就是一种典型的政治怨恨，是在不同党派之间争权夺利的过程中形成的、舍勒所谓的“自我毒害”情绪。在现代民族—国家

---

① ［美］哈罗德·D·拉斯韦尔：《世界大战中的宣传技巧》，张洁、田青译，中国人民大学出版社2003年版，第49页。

② ［德］舍勒：《道德建构中的怨恨》，罗悌伦译，见刘小枫编《舍勒选集》上册，第398页。

③ ［奥地利］赫尔穆特·舍克：《嫉妒与社会》，王祖望、张田英译，社会科学文献出版社1999年版，第216页。

④ ［德］舍勒：《道德建构中的怨恨》，罗悌伦译，见刘小枫编《舍勒选集》上册，第421页。

内部，还存在一种种族或民族怨恨、阶级怨恨，这种怨恨是由某些“领袖”人物煽动，通过某些特定的政治事件而形成的一个种族或民族对另一个种族或民族、一个阶级对另一个阶级的怨恨，这种怨恨作用局限于特定的种族或特定的集团。例如，美国著名的法学家富勒（Lon L. Fuller）在《满怀怨恨的告密者》一文中虚构了一个紫衫党，他叙述道：

> 在紫衫党的统治之下，许多人通过向党和政府检举自己的敌人来发泄心头的怨恨。被检举的事情包括：私下发表批评政府的言论；偷听敌台；和臭名昭著的流氓无赖以及特务狼狈为奸；囤积超过许可数量的干酪；没有在五天内报告自己丢失了身份证，如此等等。因为这些事情都挡了当时正义实施的道路，所以如果它们被证实了的话，被告就会被判处死刑。在有的案件中，判决的权威依据是“紧急状态”法，在有的案件中，判决的作出是没有任何法律依据的，虽然这些判决是由那些被合法任命的法官们作出的。①

显然，富勒在这里描述的“敌人”是内部敌人，而检举这些“敌人”的目的是为了发泄怨恨。所谓事实无非捕风捉影、子虚乌有，而一旦被证实则面临死刑的威胁，但判决并不是根据法律而作出的，而往往是根据主观臆断。一旦紫衫党的统治被推翻，这些“满怀怨恨的告密者”就将面临被怨恨者的惩罚。这种怨恨来自不能通过采取政治行动作出直接反应的人群，他们只能以一种想象中的复仇来获得心理上的补偿。

政治领袖经常利用政治怨恨来进行政治动员，因此，政治怨恨在某种程度上构成了政治认同的条件，但是政治怨恨常常会伤害政治理性。政治怨恨具有强大的宣泄力、潜在的递增性和极强的传染性，一个怀恨在心的政治群体很难以理性去总结其政治活动的经验教训，当政治怨恨不断累积和扩散时，它将侵蚀怨恨者自身的社会认知体系、道德结构乃至核心价值体系，严重影响整个群体的价值判断，煽动群体成员或社会成员对现实或对立群体的不满，激发怨恨者甚至整个社会以非理性、暴力的方式去行动，最终可能导致社会的动荡。不过，由于怨恨是一种复杂的情绪反应，实证研究中很难得到有效验证，因此，也有不少学者质疑其与冲突之间的关系，美国学者弗林

① ［美］富勒：《满怀怨恨的告密者》，汪庆华译，《天涯》2001年第1期，第186页。

斯（Manfred S. Frings）就质疑：“怨恨是否在各种宗教及教派的产生中发挥着作用，它们是否在积极真理的外表下制造着堕落的道德判断——这些都还是悬而未决的问题。”[①] 即使怨恨是一个“悬而未决”的问题，但怨恨总是存在的。一个有趣的现象是，怨恨者怀有怨恨并不必然意味着他们会对怨恨的客体采取直接的敌对行动，当怨恨者有机会获取他们所嫉妒的权力、财富和地位时，他们就会实现由“受害者”向“施害者”角色的转换，这种怨恨就会缓解或者消失。

## 5.3 敌人的意识形态化

敌人有时并不直接在场，而是存在于话语之中，只不过有时是书面话语，有时是日常话语，敌人在话语中间接在场。因此，无论寻找外部敌人还是建构内部敌人，意识形态都在其中起着非常重要的作用，与敌人有关的政治话语对敌人意象的建构尤为关键。在某种意义上，话语既可以带来国家之间的安全，也可以导致国家之间的不安全。一个国家的外交和安全政策话语常常会引起它与其他国家之间的社会互动并产生影响。美国前总统乔治·W.布什于2002年年初提出了“邪恶轴心”论，这种不当的政治话语就引发过国家之间的敌意和冲突。一个国家可以利用其特有的话语系统去建构本国所面临的“威胁”和“敌人”，从而为其进行政治动员和对“敌人”采取暴力行动提供合法理由。如果一个国家敌视或仇恨另一个国家，那么它往往会使用“诋毁”和“消灭”敌人的话语。一个国家可以凭借政治话语迫使另一个国家去做它不愿意做或违背其自身政治意志的事情，也可以凭借政治话语让冲突之外的其他国家了解其政治意图。因此，敌人实际上是国家之间通过各自的意识形态相互诠释和建构的产物。[②] 正如摩根索所言：“像所有思想观念一样，意识形态是一种武器，它可以提高国民的士气，并随之增加国

---

① ［美］曼弗雷德·S·弗林斯：《舍勒的心灵》，张志平、张任之译，上海三联书店2006年版，第145页。

② 参见刘永涛：《话语作为（不）安全实践：语言、理论和“邪恶轴心”》，《世界经济与政治》2008年第5期，第23页。

家的权力，而且正是在这样做的行动中，它会瓦解对手的士气。”[1] 因此，政治领袖必须通过意识形态表达国家的政治目的：使人民相信敌人已经丧失了自己的全部意义。由于敌人是邪恶的，所以通过战争剥夺敌人的权利是正义的。同时，政治目的必须同敌对双方国家联系起来并对其应动员的群众发生作用。然而，当某些概念如正义、自由、权利与和平等被政治领袖用来使自己的政治野心合法化，并用来剥夺敌人权利或在道义上贬低敌人时，这种政治宣传就会导致一种糟糕的后果。

### 5.3.1 意识形态是国民身份的试金石

意识形态是国民身份的试金石，在建构敌人时尤其如此。“美国人心目中的英国敌人形象，是近代历史上第一次出现的意识形态敌人的形象。”[2] 美国人常常用“美国信念”这类意识形态来说明美国的特性，同时又声称自己的国家有“普遍性”，因为“信念”的原则适用于人类社会。而且，美国人习惯用“信念”来区分敌友。[3] 国家常常分别从士兵和人民的角度来进行意识形态宣传。通常而言，“要把对方的军队知觉为‘敌人’，士兵们并不需要一般的意识形态作为背景。他们所需要的只是把对方的军队看作是打破自己个人平衡的因素，或者是对他、他的战友构成的直接威胁”[4]。而对人民的意识形态宣传则可以通过所谓“共同的敌人”使得人民团结起来。正如亨廷顿所指出的：“当国民面对共同的敌人时，全国的团结增强，而可能引起内部分裂的彼此敌对情绪则被压抑下去了。社会矛盾和经济分歧会减少。未遭摧毁的经济的生产效率会提高。”[5] 因此，“共同的敌人”构成了国家意识形态宣传最坚实的基础，从而产生强大的凝聚力。这就是有些国家刻意通过“寻找敌人”“树立敌人”来扩大外来威胁从而保持社会团结的原因。要使对方成为“我们”的敌人，就需要通过国家计划周密而系统地改变我们对对方的知觉、操纵我们的认知，将我们的行为导向宣传者意图中想要达到的甚至

---

① ［美］汉斯·摩根索：《国家间政治——权利斗争与和平》，徐昕等译，第 126 页。

② ［美］塞缪尔·亨廷顿：《我们是谁？——美国国家特性面临的挑战》，程克雄译，第 42 页。

③ 参见上书，第 41—42 页。

④ ［以］Ben Shalit：《战斗与冲突心理学》，王京生等译，第 31 页。

⑤ ［美］塞缪尔·亨廷顿：《我们是谁？——美国国家特性面临的挑战》，程克雄译，第 216 页。

超乎想象的水平。这种活动就是国家意识形态宣传。例如，希特勒认识到意识形态宣传是维持政权的强大力量，他在 1933 年任命戈培尔（Joseph Goebbels）为纳粹党大众启蒙与宣传部部长，控制了各种形式的媒体，同时通过大量的宣传海报和大规模的群众集会等来唤醒德国民众对纳粹的忠诚与爱国主义情感。这种宣传始终传递一条持久而教条的信息：德国人必须采取行动以保持民族的纯洁性，并为增加他们的生存空间而战。① 在纳粹的宣传中，犹太人被描述成雅利安民族纯洁性的破坏者，因而威胁着德国人的生存。“在德国的公开讨论中，绝大部分是反对犹太人的。提供给德国人民考虑的，只有犹太人的负面形象，把犹太人说成是恶毒的、邪恶的、异己的，说他们是渗透颠覆分子、破坏分子、像魔鬼一样的恶人。绝大多数德国人没有机会或者很少有机会同犹太人接触。他们对犹太人并不太了解。他们是通过排犹主义者的讲话、文章、漫画和讨论认识犹太人的。民间传说、学术论著、报章杂志、政治性的小册子等等，都刻画了关于犹太人的恶毒形象，这构成德国文化的核心部分。”② 犹太人的势利、攻击性和复仇心理被反犹太主义者无限夸大，从而为他们迫害犹太人寻找理由。

随着国家意识形态在建构敌人意象时主导地位的确立，大众文化也成了附和并塑造国家认同的工具，这种认同随即被政治化以便赢得支持。于是，大众传媒和文学作品都极力描述敌人的野蛮，歌颂“我们”的丰功伟绩。因此，对敌人形象的描述大多是负面的和消极的，而对我们形象的描述则是正面的和积极的，美国内战、日俄战争、普法战争、中国内战，莫不如此。例如，在日本侵华战争期间，日本国内的报刊、广播等舆论工具颠倒战争的性质，煽动战争的狂热，丑化中国抗日军民，歪曲中国的现状，美化侵略战争。1937 年 8 月 20 日的《东京朝日新闻》报道了上海战役中战死的两名日本大尉的事迹，使用了“激战 16 小时，以寡兵击退敌人大部队”③ 的叙述，文章对其弟“一定要为哥哥报仇”④ 的誓言大加赞扬。尽管“胜者为王，败

① 参见［美］阿伦森等：《社会心理学》，侯玉波等译，中国轻工业出版社 2005 年版，第 234 页。

② ［美］丹尼尔·乔纳·戈德哈根：《希特勒的志愿行刑者》，贾宗谊译，第 8 页。

③ 转引自孙继强：《侵华战争时期的日本报界研究（1931—1945）》，中央编译出版社 2014 年版，第 327 页。

④ 同上书，第 327—328 页。

者为寇”这种逻辑永远通行，但是战败国也总是想方设法美化自己，贬低和丑化自己的敌人。大众意识中敌人形象的基本来源是大众传媒和通俗读物，大众可以从中找到有关敌人的各种知识。例如，以美、苏为首的两大阵营之间的冷战，实际上是资本主义文化体系与社会主义文化体系的对抗，是两种不同的社会制度、意识形态、价值观念之间的冲突。因此，这两大阵营互为“潜在的战略对手”和意识形态方面的主要敌人。当然，这种对抗和冲突并不总是以暴力或战争的形式表现出来，它们之间既有武力冲突，如朝鲜战争和越南战争，也有相互妥协，如柏林危机、古巴导弹危机的解决，也有和平相处，如 20 世纪 70 年代的缓和与欧安会的召开等。但是，对立双方的大众传媒和通俗读物都将对方丑化为邪恶的敌人。这些宣传对民众形成敌人意象有着重要的影响。俄罗斯媒体在 2001 年所做的调查表明：在俄罗斯，大约有 34%的人把美国当作敌人，5%的人把中国看作敌人，3%的人把日本视为敌人，把“其他国家”看作敌人的人占 9%，34%的被调查者认为很难把这些国家看作“敌人”。俄罗斯自由民主党国际问题副主席、1993—1995 年国家杜马国际事务委员会主席和 1999 年地缘政治委员会主席 A. B. 米特罗诺夫认为，最主要的敌人将是美国及其傀儡英国和土耳其，因为它们的政策体现了盎格鲁-撒克逊和伊斯兰的战略——得到俄罗斯的大量的自然资源、控制欧亚中部地区的经济、消灭俄罗斯的文明和不允许俄罗斯独立。但是，大多数俄罗斯人倾向于将西方看作朋友，因为他们认为自己和西方在世界观上有共同点。[①]

极权政体常常通过意识形态话语控制其国民的思想并形成敌人意识。经过对国民思想上的训练、宣传或者洗脑，统治者把对敌人的强烈憎恨和厌恶灌输给国民，对敌人的敌意、恐惧和仇恨固化成了国民的一种思维方式和思维模式。例如，萨达姆统治伊拉克时，为了巩固执政基础和维护政权的合法性，他通过各种方式来强化人民的敌人意识，在其政治话语中总是提到各种敌人，例如真主的敌人、人民的敌人、伊拉克的敌人等，具体包括伊朗、以色列、美国及其盟国等外部敌人，什叶派和库尔德人等内部敌人。萨达姆利用他所控制的政治话语把敌人称为癌细胞、章鱼、昆虫、蛇、妖怪等，尽其

① 参见［俄］亚·弗·卢金：《俄国熊看中国龙——17—20 世纪中国在俄罗斯的形象》，刘卓星等译，重庆出版社 2007 年版，第 285—286、320 页。

所能将敌人妖魔化。他还要求人民像吟诵圣歌一样重复那些话语，从而维系国内的团结和对他的个人崇拜。如果有任何团体或者个人反对这些政治话语，那么这些团体和个人就将面临残酷的镇压。[①] 朝鲜的意识形态话语也体现出严格的思想控制。2013 年 3 月 7 日，针对朝鲜的核试验，联合国安理会通过了严厉制裁朝鲜的新决议，朝鲜则在社论中说：“如果敌人拿着匕首来到我们面前，那我们就拔出大刀把他大卸八块。如果他拿着步枪，那我们就开大炮把他炸飞。如果他扬言动用核武，那我们就用威力更大、精度更高的核武对付他。”[②] 朝鲜甚至宣布不再承认韩朝之间的《停战协定》，还说：“敌方若敢动我方的任何领土、领海与领空，我们将毫不留情地展开报复性打击。”[③] 金正恩强调：“如果敌人在敏感海域再次做出丝毫触犯朝鲜的妄动，我将下达命令绝不错过这一来之不易的绝好机会，在全前线开始正义的祖国统一大进军。”[④] 从朝鲜的意识形态宣传来看，这种好战姿态是给国民看的，带有很强的欺骗性，但是它可能在特定时期内能够强化国民对敌人的仇恨并促进国内的团结。无论伊拉克关于敌人的政治话语还是朝鲜关于敌人的政治话语，在某种意义上都只不过是统治者的政治独白和敌人意象或幻象，然而一旦通过各种方式固化成国民的敌人意象，它就能发挥巨大的政治力量：它一方面可以增强政治集团的自身认同、内部凝聚力以及激情和活力，让国民时刻处在警惕之中，为军事对抗作好一切准备；另一方面可以把自身的一切错误、失误和困难归咎于敌人，让敌人变成替罪羊，通过这些虚假的话语宣传转移人民对国内问题的注意力，防止国民知道其独裁和专制统治的真相。因此，没有敌人也要创造敌人，旧敌人消灭了就创造新敌人。通过宣传让国民相信，政治领袖是带领群众去消灭邪恶敌人的“救世主”或“大救星”。[⑤]

当然，少数精英通过意识形态所确立的敌人意象必须为广大公民所接受和认同，否则敌人意象就只是少数精英所虚构的一种幻象。敌人在动机上的侵略性、威胁性和有害性，敌人在决策结构上的单一性，敌人在决策制定上

---

① 参见［以］欧夫拉·本杰欧：《杀人的词句：萨达姆伊拉克的政治话语》，孙力舟译，《国际政治研究》2003 年第 2 期，第 42—44 页。

②③④ 《朝鲜激烈应对联合国制裁》，《参考消息》2013 年 3 月 9 日。

⑤ 参见赵汀阳：《精神政治的四大发明》，《社会科学论坛》2008 年第 7 期，第 135—136 页。

的高度理性等，这些意象是需要广大公民感知和认同的。如果公民不共享这种意象，或者对敌人有着更全面的认识，那么他们常常会被指责为敌人的受骗者，甚至被指责为叛国者。其后果是，人们无法更全面地看待威胁者，最终不可避免地被卷入了少数精英所虚构的敌人意象之中，从而无法通过正确的政策选择去避免某些本可以避免的危机和冲突。[①]

### 5.3.2 战时意识形态中的敌人意象建构

在战争期间，如何动员人民反对敌国，如何巧妙地瓦解敌人的士气和斗志，需要“我们”利用意识形态来控制国民的头脑并有效地建构关于敌人的“邪恶意象”。正如汉斯·摩根索指出的：“要想激发起支持自己一方事业的道义上的热情和对敌人的仇视，战争必须从自己的立场看是正义的，从敌人的立场看是非正义的。”[②] 在大多数案例中，“敌人”是由政策制定者或少数精英在外交事务中所使用的对敌国的意象。政治家常常从伦理和法律原则出发或以生物学上的必要性来谈论自己的政策，他们通过意识形态的宣传让国内民众从心理上和道德上都能接受他们的对敌政策，从而获得民众的支持。在政治领域，关于敌人的这些意象被用来组织和动员人们反对敌人，而宣传是传播和巩固这些意象最为重要的方式。

拉斯韦尔通过分析第一次世界大战中的意识形态案例，发现宣传是“思想对思想的战争”，是与军事压力、经济压力同样重要的反对敌人的三大行动之一。他认为：“宣传最有效力的作用是动员社会成员仇恨敌人，维持中立国及盟国之间的友好关系，促使中立国转而反对敌国，以及粉碎敌人坚不可摧的抵抗。”[③] 由于宣传在战争中可以对国际态度产生重要影响，所以大多数国家都非常重视这种思想领域的战争。例如，1941 年 6 月，苏联为了应对德国等敌对国家的宣传专门设立了反宣传机构——军事政治宣传局，针对敌国的居民和军人进行政治宣传。它还吸收了众多著名作家组成文学小组，通过文学艺术的形式丑化敌人，激发苏联人民对敌人的憎恨，不断强化

① 参见［美］马莎·L·科塔姆、贝思·迪茨-尤勒、埃琳娜·马斯特斯、托马斯·普雷斯顿：《政治心理学》，胡勇、陈刚译，第 81 页。

② ［美］汉斯·摩根索：《国家间政治——权力斗争与和平》，徐昕等译，第 407 页。

③ ［美］哈罗德·D·拉斯韦尔：《世界大战中的宣传技巧》，张洁、田青译，第 22 页。

德国法西斯及其同盟者是人类的罪人，宣传卫国战争是正义的战争，颂扬苏联人的善良、勇敢和力量。[①] 拉斯韦尔指出，要确定某一个国家为敌人，需要从三个方面加强对敌国的负面性论证和宣传：第一，该国在危机期间总是首先进行动员并且实施战争行为，表明它有迫使事态结束的邪恶愿望。第二，该国总是在两国关系最终破裂之前的激烈谈判中，竭力把对方政府摆在应该受到控告的侵略者的地位。第三，搜集该国违反法律、实施暴力和心存恶意的记录，从而证实该国打算伤害和摧毁“我们”。[②] 显然，这种宣传的目的是要使对手处于道德上的不利地位，从而让国际和国内社会认为这个国家有意与“我们”为敌。例如，日本在攻陷南京前的宣传就属于这样的案例。《东京日日新闻》认为蒋介石政权是一个反日的民族主义政权，必须通过武力予以解决。“日本在过去数年间想方设法促使蒋介石抗日政权反省，并费尽口舌向其解释国交的正确路线。然而，换来的却是对方反过来利用日本的公正态度，致使抗日意识不断高涨。这告诉我们通过和平外交手段促使抗日政权反省已然无望。因此，无法通过和平手段使蒋政权放弃抗日政策，而只要蒋政权存在，日本就总是受害国家，东洋的稳定也是绝不可能实现的。祈愿东洋和平并健康发展的日本为了现在以及将来东洋的稳定，到了必须准备一大圣战的时刻。……我们主张对于南京政府，应该以武力从根本上进行解决。”[③] 日本通过新闻媒体将自己打扮成一个“受害者”，肆意渲染和放大中国民众的抗日意识和抗日政策对日本的威胁，因此，通过宣传获得日本民众的支持并让其相信武力是解决这一问题的根本途径。

在战争期间，战争组织机构充分利用在危机中积累的高度攻击情绪，并通过放大敌人的威胁来激发“我们”对敌人的报复性冲动情绪。“受到威胁的感觉大大增加了对爱的需要，于是，国家变成了一个具有无限保护作用和无限宽容的、强大而睿智的象征。”[④] “我们”可以通过投射法来强调敌人的破坏性和道德上的邪恶，从而使得“我们”的报复性冲动获得道德上的正当

① 参见张建华：《冷战背景下苏联对外政治中的“敌人形象”》，《史学月刊》2010 年第 7 期，第 68 页。

② 参见［美］哈罗德·D·拉斯韦尔：《世界大战中的宣传技巧》，张洁、田青译，第 54 页。

③ 《东京日日新闻》1937 年 8 月 14 日。转引自孙继强：《侵华战争时期的日本报界研究（1931—1945）》，第 208 页。

④ ［美］哈罗德·D·拉斯韦尔：《政治学——谁得到什么？何时和如何得到?》，杨昌裕译，第 25 页。

性。“我们”还可以通过投射法来缓解“我们”对敌人的恐惧，要让民众相信，“面临失败的不是我们自己，而是我们的敌人；我们的胜利完全是有把握的”[①]。随着危机的发展，人们的眼光都集中到代表国家的“我们”这个象征的命运，而原先对“他们”的某些象征所抱有的爱和尊重则被削弱，成了集体的“我们”的各种象征的附属品。拉斯韦尔将宣传的对象分为四个主要的群体：“我们”国内的受众、“我们的敌人”、“我们的（或他们的）盟友”和“中立者”。[②] 他认为，除了对国家内部的民众进行意识形态宣传，还要重视对中立国、结盟国以及敌对国的宣传。对中立国家宣传的任务是“引导中立国家中的权势人物把我们的敌人看作他们的敌人，把我们的事业当作他们的事业”[③]。同时积极提供各种有利机会，使他们由战争的旁观者变为战争的参与者。对结盟国家宣传的目的在于“突出我们在战争中所作的艰苦努力，和我们对结盟国家抱有的战争目标的衷心拥护与支持”[④]。对敌对国家宣传的主要目的则是设法把敌对情绪转向其他敌人，或者使这种敌意转向内部，以便酿成内战或引起革命。拉斯韦尔的这些思想在《美国陆军条例》的第33款第5条中得到了很好的体现：“调动并利用所有手段，包括精神上和肉体上的手段，借助它们消除敌人的求胜意志，破坏可使敌人获胜的政治及经济潜力；使敌人丧失来自盟友和中立派的支持、援助及同情，或防止敌人获取这种支持和同情；使我国人民及盟友确立、保持并增强获胜的信念；寻求、保持并扩大支持、援助，以及来自中立派的同情。”[⑤]

我们要通过意识形态宣传让公众相信：任何一个发动战争并且阻碍和平的国家都是不可救药的、邪恶的、堕落的。因此，有罪的人就是邪恶的，邪恶的人就是有罪的。[⑥] 例如，在苏联的意识形态宣传中，“法西斯”一词是“非人类”“专业杀人犯”“占领者”“施暴者”“匪徒”的代名词，而希特勒

---

① ［美］哈罗德·D·拉斯韦尔：《政治学——谁得到什么？何时和如何得到?》，杨昌裕译，第26页。

② 参见［美］哈罗德·D·拉斯韦尔：《世界大战中的宣传技巧》，张洁、田青译，第4页。

③ ［美］哈罗德·D·拉斯韦尔：《政治学——谁得到什么？何时和如何得到?》，杨昌裕译，第26页。

④ 同上书，第27页。

⑤ ［俄］B. A. 利西奇金、Л. A. 谢列平：《第三次世界大战——信息心理战》，徐昌翰等译，社会科学文献出版社2003年版，第68页。转引自张建华：《冷战背景下苏联对外政治中的“敌人形象”》，《史学月刊》2010年第7期，第70页。

⑥ 参见［美］哈罗德·D·拉斯韦尔：《世界大战中的宣传技巧》，张洁、田青译，第73页。

则是“无可救药的失败者”“性错乱者”“杀人犯”“当代的奴隶主”的代名词。[①] 因此，这些敌对国家都是邪恶的和有罪的。拉斯韦尔认为，要激发公众对敌人的仇恨，必须有一些共同的标准，他称之为国家的道德律令：（1）敌对国几乎总是可以被论证成傲慢和轻蔑的。（2）敌人不仅是傲慢的，而且还是十分卑鄙的。（3）敌人天生就是背信弃义的。（4）敌人进行的是说谎的宣传。（5）敌人是好争吵的、粗鲁的、具有破坏性的。（6）敌人在其战争行为中是极其残忍和堕落的。总之，要让公众相信敌人就是十恶不赦的恶魔，唯有如此，才能激发仇恨并延续仇恨，这样敌对国就变成了敌人。[②] 例如，第二次世界大战期间，日本的报纸就将英、美等国称为“鬼畜”“非人”“暴徒”，而称日军为“皇军”，将侵略战争称为“圣战”。1949 年 4 月，苏联政府制定了《近期反美宣传强化措施计划》，其具体内容包括：努力宣传或揭露美国经济大危机的各种征兆、美国垄断资产阶级统治、美国扶植法西斯主义、美国文化和道德的堕落与腐朽、美国日益严重的种族主义、美国新闻出版业的厚颜无耻、美国社会犯罪率急速上升、美国政府中存在危险的反苏阴谋者、美国对外政策的侵略性并为达到对外侵略目的而建立的北大西洋公约组织以及作为美国和西方国家的思想进攻武器的“世界主义”；并且，特别强调在以美国为首的西方阵营中存在不可调和的矛盾等。[③] 这种宣传的目的就是要抓住敌人的负面文化以丑化敌人，从而增强国内民众的自豪感。美国、日本、苏联等国进行的意识形态宣传都具有极强的政治目的性，都是为了积极主动地塑造负面的“敌人意象”，从而操纵国民的个体意识甚至整个社会意识和民族意识。

战争强化了国民空前的民族认同和民族情感，团结与忠诚成了国民的最高义务。对团结和忠诚的要求在本质上就是对民族共同历史的记忆，这种民族记忆具有强大的情感号召力，意识形态宣传家的任务就是放大并重复这种记忆。[④] 宣传机器所展示的“共同敌人”使得国家利益掩盖了国家的内部分

---

① 参见张建华：《冷战背景下苏联对外政治中的“敌人形象”》，《史学月刊》2010 年第 7 期，第 70—71 页。

② 参见［美］哈罗德·D·拉斯韦尔：《世界大战中的宣传技巧》，张洁、田青译，第 73—87 页。

③ 参见张建华：《政治动员背景下苏联国内政治中的“敌人形象”》，《史学月刊》2011 年第 4 期，第 92 页。

④ 参见［美］哈罗德·D·拉斯韦尔：《世界大战中的宣传技巧》，张洁、田青译，第 55—56 页。

歧。阶级对抗、政治分歧都统一在国家的名义下反对敌人，敌人成了具体的威胁。战争界定了绝对意义上的敌人，这种绝对的敌人是精英所主导的、经由民众想象的产物。对任何一个参战国的民众而言，为国捐躯或牺牲成了一种至高无上的荣誉。对敌人的政治宣传构成了政治话语的组成部分，在特定时期，甚至成了政治话语的核心。宣传尽可能地使用道德词汇来描述政治冲突。“我们”是正义的，而“敌人”则是非正义的，甚至邪恶的，交战双方总是用各种表达“野蛮”的术语去描述对方，总是美化自己并不高尚的行为并设法转移国内矛盾。“敌人必须被塑造成不仅是作为社会遗产的威胁而出现，而且是实现新的民族价值观的障碍。”[1] 霍布斯意义上的国家会根据理性和道义来行事的幻想在战争中彻底破灭了，国家成了彻头彻尾的“愚夫”。

当然，人们要看穿意识形态伪装背后的实际政治意图是非常困难的。在战争期间，征服敌人和反抗敌人都需要有某种能为人们所接受的、具有正当性的意识形态目标。当强国与弱国之间势力悬殊时，强国有时会利用“适者生存”这种生物学原则来建构它们的战时意识形态。它们认为，劣等种族理应顺从优秀种族，“奴役和灭绝是优秀种族理应享用的餐后甜点”，强国支配弱国是一种自然现象，弱者试图与强者平起平坐则是反自然的。例如，法西斯主义、纳粹主义和日本军国主义都是如此。正如汉斯·摩根索所指出的：当帝国主义政策是出于一种体现权力的征服欲时，帝国主义国家就会通过意识形态宣称征服弱国是其不可推卸的道义责任，它们就会使用诸如“白种人的责任”“民族使命”“天命所定”“神圣的托管”“基督教义务”等意识形态话语来伪装和美化自己。日本所谓的“东亚共荣圈”就是带有典型的虚伪性和欺骗性的意识形态宣传。[2] 针对帝国主义的意识形态宣传，弱国也会通过“安全”“复仇”“荣誉”“和平”等价值目标来建构反对敌人的意识形态，从而唤起国民对敌人的仇恨并促进国内的团结。

① 参见［美］哈罗德·D·拉斯韦尔：《世界大战中的宣传技巧》，张洁、田青译，第59页。

② 参见［美］汉斯·摩根索：《国家间政治——权力斗争与和平》，徐昕等译，第129页。

# 第六章

# “通敌”与“敌人认同”悖论

从“我们”的立场来看，“敌人”通常都是加害者和作恶者，是我们不共戴天的仇人，而“我们”是当然的被害者或受害者，“我们”和“敌人”往往是一种水火不容、你死我活的敌对关系。[①] 然而，在任何一场侵略与反侵略的战争中，总有某些人置国家利益和民族利益于不顾，投靠敌人，支持敌人，“为敌人服务”，与敌人发展成某种“共谋”关系，从而成为敌人的“帮凶”，最终也成了“我们”的敌人。例如，每当“中华民族到了最危险的时候”，就会出现层出不穷的“汉奸”、叛徒等“通敌”现象。[②] 在庞大的通敌者队伍中，既有政治领袖、知识精英，如汪精卫、周作人之流；也有日本扶植的、有组织的汉奸集团，如伪满洲国傀儡政权；还有由众多的无业游民、流氓无赖、失意军人等构成的底层汉奸。日本人扶植与之“亲善合作”的政权，通过所谓“华人治华”来达到对中国分而治之的目的。事实上，这些“通敌”政权对中国并不具备完整的管辖权。对通敌者而言，他们的“通敌”行为面临严峻的政治合法性和道德正当性的考验。因为“通敌”一词带有强烈的否定意义。于是，通敌者像抗敌者那样也通过诉诸民族主义来为自

---

① 虽然在实际的政治冲突中，“我们”常常也充当“加害者”的角色，敌人有时恰恰是“受害者”，但“我们”通常不会承认自己是“加害者”，更不会在意“敌人”的“受害者”地位，只会强调敌人是“加害者”或潜在的“加害者”。即使“我们”承认敌人是“受害者”，“我们”也会认为那是“他们”罪有应得。

② 在抗日战争时期，据统计有300～400万人充当日本侵略者的“帮凶”。参见林秋萍：《汉奸的词义解释与法律界定》，《社会科学论坛》2005年第2期，第154页。

己的行为辩护。[①] 正如抗敌者所宣扬的那样，通敌者也认为自己有资格挽救民族。只不过前者是通过团结人民来抵抗敌人，而后者则是动员人民与敌人“合作”。从民族主义的角度而言，民族利益或国家利益是民族主义者政治忠诚的最高目标。毫无疑问，历史上出现的“通敌”行为是与民族忠诚或国家忠诚的目标相背的，这种行为似乎意味着要消弭民族主义所主张的“排他性的身份认同与绝对的领土主权的硬性特征”[②]，同时也需要“抹除绝对妥协与纯粹抵抗之间的常规界限”[③]。唯有如此，通敌者才能找到某种理由为自己的通敌行为辩护。然而，无论出于何种理由，无论怎样为其行为辩护，通敌者由于与敌人的妥协与合作而为世人所诟病，因而常常被称为“臭名昭著的通敌者”[④]。如果仔细考察战争期间“通敌”行为发生的原因和历史背景，我们就会发现道德判断是影响殖民帝国和战时欧洲出现的通敌现象研究的一种主要障碍[⑤]，因此，简单的价值判断和道德谴责将掩盖历史上通敌行为的普遍性和复杂性。

## 6.1 通敌行为的复杂性

就人类的战争史而言，通敌并不是罕见的或偶然发生的，而是一种常见的复杂政治现象。随着政治制度、政治空间、时间和通敌者个体等因素的变化，通敌行为所体现的政治意涵也在变化。在上述因素中，“政治空间”的变化是影响对通敌者和通敌行为进行价值判断的关键因素，因为在不同的政权内，通敌的范围、构成和政治内涵也会不同[⑥]，但人们认为通敌者的本质是一样的，都是背叛了“我们”而成了“我们”的敌人。通敌者通敌的原因极为复杂，既有深刻的政治、经济方面的原因，也与通敌者的文化传统、宗

① See Yumi Moon, “Immoral Rights: Korean Populist Collaborators and the Japanese Colonization of Korea, 1904-1910”, *The American Historical Review*, 2013, 118 (1), pp. 23-24.

② ［加］卜正民：《中国日占区的事仇民族主义》，见［加］卜正民、施恩德编《民族的构建：亚洲精英及其民族身份认同》，陈城等译，第 186 页。

③ 同上书，第 187 页。

④ Yumi Moon, “Immoral Rights: Korean Populist Collaborators and the Japanese Colonization of Korea, 1904-1910”, *The American Historical Review*, 2013, 118 (1), p. 20.

⑤ Ibid., p. 22.

⑥ 参见岳钦韬：《抗战时期通敌行为动机——以浙江省为例》，《史学集刊》2012 年第 1 期，第 114 页。

教观念甚至个人人格有着密切的关系，往往是各种因素相互影响、共同作用。[①] 因此，我们应尽可能地综合各种因素对通敌者的通敌行为作出全面的解释。

一般而言，通敌现象出现在战争爆发和占领时期，尤其表现为侵略战争中被侵略方的人员与敌人的“合作”。当自己的国家被敌人占领，政治领袖和人民均处于极度的尴尬之中，除了要面对如何结束被侵略和被占领这样的战略性问题，更现实的问题是如何与敌人相处。如何与敌人相处可以分为政治领袖或政府当局如何与敌人相处和人民如何与敌人相处两个方面的问题。因此，通敌实际上涉及政治领袖的通敌和普通民众的通敌两个方面的问题。对政治领袖而言，是成立流亡政府还是试图设法与敌人相处，是他们作为失败方不得不作出的抉择。例如，第二次世界大战期间，德国先后占领了丹麦、挪威、荷兰、比利时和法国等国，丹麦和法国在敌占区，以捍卫民族利益的名义，决定与敌人合作，努力保护民众免受占领者最恶劣的暴力侵犯。而挪威、荷兰和比利时则成立了流亡政府，指示老百姓与敌人对抗。毫无疑问，政治领袖或政府当局对待敌人的态度会影响老百姓的判断，政治领袖的通敌问题自然会影响普通民众对敌人的判断和态度，而普通民众的通敌行为则会面临更多的尴尬。对敌占区的人民而言，他们不得不面临一个非常现实的问题：面对敌人的规定，他们该如何回应？因为在一种新的管制或统治模式下，原有的法律、行为方式、生活模式等都可能需要改变，这就意味着敌占区的人民必须重新诠释和构建他们与敌人的关系。如果没有合法的、有权威的国家当局的引导，敌占区的人民就不得不自行决定如何处理与敌人的关系。现实的客观情况是多数人会选择活着而不是英勇就义，他们的行为揭示出勇气与胆怯、挑衅与屈从、抵抗与通敌等自相矛盾的特性。对敌占区的人民而言，当生存成为他们的首要目标时，通敌与抵抗的界限就很难分清了。

① 例如，美国学者在对朝鲜战争后被遣返的美国战俘进行了问卷和访谈研究后发现，有部分美国士兵出现了通敌行为，成了“通敌者”（collaborator）。从他们的陈述中发现，“通敌”或与敌人合作的原因各种各样，既有他们面临的压力的影响，也有他们自身人格和出身背景等因素的影响。还有学者认为，共产党的“洗脑”技术、战俘本身的软弱以及美国社会的软弱等因素也有一定的影响。See Edgar H. Schein, Winfred F. Hill, Harold L. Williams, Ardie Lubin, “Distinguishing Characteristics of Collaborators and Resisters among American Prisoners of War”, *The Journal of Abnormal and Social Psychology*, 1957, 55 (2), pp. 197-201.

大多数人既不是积极的抵抗者，也不是懦弱的通敌者，换言之，敌占区的人民并非持要么抵抗要么通敌这种简单的、非此即彼的立场，而是表现出现实的复杂性：半通敌、默认、必要的屈服、中立主义、低调零碎的抵抗。[①]

"通敌"行为有许多不同的表现形式，也有许多不同的界定方式和分类标准。[②] 英国学者安德鲁·瑞格比（Andrew Rigby）深入地研究了第二次世界大战时期的通敌现象，提出以通敌行为出现的生活范围作为划分标准，把通敌行为分为政治通敌、军事通敌、同行业通敌、经济通敌和性关系通敌等形式，其中经济通敌是最普遍的通敌形式，而性关系通敌则是一种特殊的社会通敌形式。[③] 实际上，我们可以将上述分类简化为政治通敌和经济通敌两类。政治通敌，即从被占领国内部寻找和培植可供敌人利用的力量，并借助这种力量瓦解和分裂被占领国内部的团结，从而实现敌人的侵略目的。例如，日本在中国实施的"以华制华"政策就是这样一种政治策略。而经济通敌则给了敌人在经济上实施"以战养战"政策的可能性。换言之，"以战养战"则是通过经济掠夺政策，利用掠夺的财力、物力和人力来满足侵略者的战争需要。无论晚清时期的多国联军还是抗日战争时期的日本侵略者，他们在侵略我国时，总是会受到财力、兵力和运输能力等各种客观因素的制约。因此，侵略者们大多采取"以华制华"的策略，诱使一部分民族败类成为通敌者，这样既可以减少侵略者的伤亡，节省财政支出，也可以瓦解我方抗敌之斗志，削弱我方的抵抗力，同时也增强了敌人的侵略力量，加大了我方抗敌的难度。不过，这种概括式通敌形式的划分，并不能揭示通敌现象的本质。

也有学者提出按照通敌者的罪行程度来划分通敌的种类，也就是说，以通敌行为对其同胞或国家所造成的危害、伤害或暴力程度来进行划分。这种分类标准显然只适合分析通敌的结果，而不适合分析通敌的原因，具有很大的局限性，但通敌者所造成的危害程度为惩罚通敌者提供了可供区分的标

① 参见［英］安德鲁·瑞格比：《暴力之后的正义与和解》，刘成译，译林出版社 2003 年版，第 18—20 页。

② See Yumi Moon, "Immoral Rights: Korean Populist Collaborators and the Japanese Colonization of Korea, 1904-1910", *The American Historical Review*, 2013, 118 (1), pp. 22-23.

③ 参见［英］安德鲁·瑞格比：《暴力之后的正义与和解》，刘成译，第 21 页。

准。上述几种分类，都是以结果为导向的，均没有考虑通敌者为什么通敌、哪些因素导致了通敌。沃内尔·沃姆布朗（Werner Warmbrunn）根据通敌者的心理和行为的范围来分析通敌背后的原因，前者主要分析通敌者究竟是心甘情愿通敌还是被动勉强通敌，后者关注通敌行为究竟是出于某种被错误引导的忠贞观念，还是为了达到放纵的个人利益。根据这两种标准，他将第二次世界大战期间欧洲敌占区的通敌者分为叛国者、爱国的叛国者、适应者和有条件的通敌者四种类型，见下表。①

**表 3　　第二次世界大战期间欧洲占领区通敌行为类型**

| 标准<br>原因 | 情愿通敌 | 勉强通敌 |
|---|---|---|
| 个人/自我利益 | 叛国者：为了私人利益而无条件通敌 | 适应者：为了生存通敌 |
| 社区利益 | 爱国的叛国者：因占领者的缘故而通敌 | 有条件的通敌者：为更广泛的社区服务 |

通过对通敌者的类型学分析，我们可以更全面地了解通敌行为所体现的政治本质。从通敌者的社会地位和身份来看，既有身居高位的军政要人，也有迫于生计的普通百姓，无论主动通敌还是被动通敌，通敌行为都涉及抗敌意识、通敌者的生存、敌人的威逼利诱以及对通敌者的评价等几个方面的问题。而这些因素又与政治空间和时间的变化密切相关。例如，在抗日战争时期，国民政府政权管辖不及，日伪政权实际控制这种政治空间的变化让普通民众的忠诚无所适从。随着时间的流逝，普通民众出于生存的需要，由过去的抵抗变成了合作。下面，我们详细分析通敌者的生存与适应、忠诚与背叛、审判与惩罚问题。

第一，通敌者的生存与适应问题。为了生存，通敌者的抗敌意识弱化，从而出现了由抗敌向通敌的转向，甚至成了适应者。在生存的压力下，通敌变成了一种“必要的恶”。例如，在日军占领区，当普通民众面临巨大的生存压力时，只得“宁忍敌辱，以保身家”，求生的欲望占了上风。除了普通民众，一些战前国民政府的基层行政人员也因战时求生而担任伪职，其目的

① See Werner Warmbrunn, *The Dutch Under German Occupation, 1940－1945*, London, Oxford University Press, 1963, pp. 272－275. 同时参见［英］安德鲁·瑞格比：《暴力之后的正义与和解》，刘成译，第22—23页。

多为“混口饭吃”。安德鲁·瑞格比研究第二次世界大战时期欧洲敌占区的通敌者时有这样一段描述：“最早的适应者是指那些穷困潦倒的人，他们需要找到一份工作，即使这份工作的最终得益者是敌人。这些人包括，为了保持工厂运转而生产和销售商品给敌人的工人，还有卖粮食给敌人的农民，他们都被认为是与占领者合作的通敌者。然而，他们这样做是为了避免贫困，除了与敌人合作外，他们别无其他的现实主义的选择。他们与敌人合作，并不是出于某种‘缘由’，只是为了家人的生存。”[①] 由此可以看出，这种奉行适应主义的通敌者最为普遍，他们为了生存，别无选择。

抗日战争时期，各界民众大部分具有强烈的抗敌意识，也有一部分对民族前途悲观失望，从而抗敌意识弱化。我在此处所说的通敌者属于抗敌意识弱化这一类型，对通敌者的通敌行为动机，我认为有必要对他们的主动通敌和被动通敌予以区分。有学者根据有关史料，用计量分析方法对 1939—1945 年国民政府军将领的投敌原因进行了分析，他们认为大批国民政府军将领的投敌与国民政府的蓄意牺牲、国民政府敌后游击战的失败、日军对国民政府敌后部队的诱降这三个方面直接相关。投敌将领中绝大多数是西北军、东北军、地方保安部队的军官，投敌行为多发生在鲁苏、冀察这两个游击战区以及与日军正面接触的第五战区，投敌时间集中在太平洋战争爆发后的一年半内。根据相关研究，抗战初期，非嫡系部队尚能本着“先国难后私仇”的精神“相忍为国”，但由于它们非国民政府的嫡系，国民政府对它们蓄意牺牲和排挤打压，加之军需供应不足，从而导致它们消极避战，如宋哲元在豫西不战而退，韩复榘在山东轻弃济南。更有一批将领缺乏民族意识，迫于蒋介石集团的歧视，加之日军采用武力威压和政治诱降并行的迫降政策，大批投敌将领打着“曲线救国”的旗号纷纷降日叛国，从而成为人人唾弃的千古罪人。[②] 也有学者分析了抗战时期浙江省的通敌现象，认为浙江省处于国、共、日伪三方不断博弈的状态下，通敌现象较全国其他地区更为复杂，具有一定的典型性。岳钦韬认为，下层民众抗敌意识弱化，既有平均主义、功利主义和封闭主义等传统社会心理因素的影响，也有当时国家政权的

① ［英］安德鲁·瑞格比：《暴力之后的正义与和解》，刘成译，第 24 页。

② 参见王侃、杨树标：《论 1939—1945 年国民政府军将领投敌之原因》，《党史研究与教学》2000 年第 5 期，第 43—52 页。

压力的影响。面对日军的猛烈进攻，国民党各级政府及军队的应变工作准备不足。省、县各级政府临危先撤、弃民于不顾者屡见不鲜。各地民众对兵役的恐惧和抵制相当严重。日伪强权压迫、屠杀恐吓、宣传教育等手段也是促成民众通敌或投敌的重要原因。其中宣传教育是改变民众对敌人态度的重要手段。日伪政权成立后，日军通过宣传建构其“亲善的”形象，试图消弭民众的抗敌意识，从而与它“合作”。日军通过兴办一些旨在培养驯服顺民、“奴隶愚民”的学校，瓦解国人的民族意识和抗敌意识，借以巩固它的统治。在长时间的奴化教育下，民众的抗敌意识、民族意识不断淡化，最后都认识不到何为“通敌”了。[①] 换言之，随着时间的流逝，如果民众习惯并默认了“亡国奴”的生活，那么与侵略者的“合作”就成了一种普遍的生活形态，时间逐渐改变了人们对“通敌”的看法，这种行为的善恶价值也随着时间而模糊了。安德鲁·瑞格比指出：“我们不可能审判适应者，他们在日常生活中表现出来的怯懦和软弱，一个共同的原因是他们没有选择的自由；试图做其他的选择，既不可能，也不现实。在这个意义上说，他们可以努力躲避他们行动的责任，但在占领区社会沉沦的状态下，他们终究避免不了作为人类所面临的艰难的道德选择。”[②] 但是，对被征服的社会而言，如果通敌者不能证明这种选择的正当性，那么他们将面临更为严重的政治和道德危机。因此，通敌者总是试图为自己的行为寻求规范性的正当性辩护。[③] 因此，每一个“通敌”事例都必须具体情况具体分析，对此类奉行适应主义的通敌现象很难有一个统一的评判标准。但是，对军队大规模投敌或通敌现象的评判显然不能与对普通民众为了生存而成为适应者的评判相等同。

第二，通敌者的忠诚与背叛问题。站在历史的角度，我们大多数人都会谴责通敌者对国家和民族的背叛，会谴责他们信仰不坚定，缺乏政治忠诚和民族忠诚的品质。背叛是相对于抵抗和忠诚而言的，“背叛不是抵抗，而是一种纯粹的、彻底的投降”[④]。人们通常不会去细究通敌者到底是因为什么

① 参见岳钦韬：《抗战时期通敌行为动机——以浙江省为例》，《史学集刊》2012 年第 1 期，第 119 页。

② ［英］安德鲁·瑞格比：《暴力之后的正义与和解》，刘成译，第 26 页。

③ See Yumi Moon, “Immoral Rights: Korean Populist Collaborators and the Japanese Colonization of Korea, 1904-1910”, *The American Historical Review*, 2013, 118 (1), pp. 23-24.

④ ［美］戴瑞斯·瑞嘉利：《你相信谁？你又指望什么?》，见［美］阿博特·格里森、玛莎·努斯鲍姆、杰克·戈德史密斯编《〈一九八四〉与我们的未来》，董晓洁、侯玮萍译，第 166 页。

而向敌人投降，但是“背叛常常被认为是个体针对其国家所犯下的最不能容忍的罪行之一”[①]。例如，所谓“德拜事件”（Debye Affair）说的就是荷兰著名物理学家彼得·德拜（Peter Debye）到底是纳粹的通敌者还是反对者的问题，虽然它已经成了一桩历史公案，但其核心问题是人们对德拜忠诚的质疑。有学者指出，那些在民主社会看似平常的反抗方式在纳粹德国是不适用的。反抗纳粹主义的人只有两种选择：要么离开德国，要么尽其最大能力抵抗纳粹政权本身。德拜拒绝了第一种选择，也没有抵抗纳粹政权本身。人们质疑他为什么不早点离开，也质疑在严重侵犯了正直和人性标准的纳粹德国，他究竟是如何生活和工作那么长的时间的。[②] 如果我们站在他们当时的历史处境以及他们所面临的死亡恐惧，尤其是当普通民众面临生死抉择时，生存自然成了他们最迫切的需求，或许我们对通敌者的谴责就不会那么强烈，甚至还会生发出“怒其不争，哀其不幸”的感慨和些许同情。当然，无论如何我们都不应该赞扬或肯定通敌行为，因为在民族—国家所主导的国际政治格局中，国家利益和民族利益“总是”高于人类利益或人的利益，即使这种利益是独裁者的利益或利益集团的利益。通敌者的“忠”与“奸”貌似存在严格的界限，但实际上绝对忠诚和绝对背叛的比例毕竟是少数。许多通敌者徘徊在“忠”与“奸”的模糊界限上，当个人生存和民族大义发生冲突时，个人生存往往是他们优先考虑的因素。对通敌者和通敌行为的评价，我们不能预设所有人都会或者应该会抵抗或持不合作态度，更不能简单地断定通敌者都是没有爱国精神的卖国贼，而是应该根据具体的通敌现象来予以评判。安德鲁·瑞格比通过分析敌占区某一特定的社区或社会，发现那些无论

---

① Robert Loeffel, “Treasonous Conduct: Assessing the Wartime Activities, Post-War Trials and Tribulations of Australian Collaborators in the Second World War”, *Australian Journal of Politics and History*, 2009, 55 (1), p. 17.

② 彼得·德拜（Peter Debye, 1884—1966），美籍荷兰人，著名物理学家与物理化学家，1936 年获诺贝尔化学奖。第二次世界大战期间他拒绝接受德国籍而移居美国，1946 年加入美国籍。2006 年 1 月，荷兰出版的一部论爱因斯坦的书引发了所谓的“德拜事件”。该书指控德拜在担任德国物理协会主席期间与纳粹合作，1938 年 12 月，他要求剩下的犹太人成员离开该协会。在随后一个月内，两所荷兰的大学将德拜的名字从它们的研究机构和科学奖励中删除，引发了当时国内和国际的热议。荷兰政府委托有关机构对德拜 1933—1940 年期间在德国的情况进行了调查，最后的报告将其定调为“机会主义”，认为他是与德国纳粹分子有关的“机会主义者”。See Jurrie Reiding & Peter Debye, “Nazi Collaborator or Secret Opponent?”, *Ambix*, 2010, 57 (3), pp. 275-300.

出于自我利益还是社会最大利益考虑而向敌人提供服务的通敌者，他们在道德堕落上几乎没有什么差别。这两种类型的通敌者都被冠以“叛国者”的道德标签，只不过出于社会最大利益考虑的通敌者有时被认为是“爱国的叛国者”。事实上，在实际的情形中，我们很难将上述两种类型截然区分。不过，安德鲁·瑞格比又认为对不同类型的通敌者进行道德评价还是必要的，他指出：“尝试估价不同类型的通敌者道德过失的程度，对于区分下列两种情况还是必要的：一种人是机会主义者，他们通敌完全是为了私人的目的，他们的行动只是出于个人的贪婪、虚荣或欲望；另一种人与占领者合作是因为认同了敌人，他们是具有通敌信念的通敌者，希望通过与敌人的合作，能够有助于他们的社会发生积极的变化。一些学者认为通敌者这个词适合后一种人。与那些贪图个人利益、没有节操的通敌者不同，这些信念通敌者至少可以申明，他们的所作所为是出于实现某个高尚目标，而不是为了狭隘的个人利益。”① 显然，区分机会主义的通敌者和具有通敌信念的通敌者是有意义的，但是后者的行为和动机更为复杂，更具有欺骗性，我在“敌人认同”悖论中将进一步予以分析。

第三，通敌者的审判与惩罚问题。通敌者必须受到应有的审判和惩罚，这涉及自我正义与国家正义的实现问题。但是，审判的程度和惩罚的力度如何掌握，是一个非常现实的技术问题。例如，第二次世界大战期间，少数与德军勾结的澳大利亚公民就因自己的通敌行为而面临少数的审判，1914 年制定的《罪行法案》赋予澳大利亚政府起诉那些犯有叛国和背叛罪行的个体。《罪行法案》第 24 条规定，无论出于何种意图以何种方式，也无论是否宣布为战争状态，凡是支持与联邦开战的敌人的人都犯下了可公诉的罪行。② 因此，这些叛国者都将受到审判和惩罚。但是，在实际的案例中，通敌者的罪行轻重程度不同，通敌的原因也不一样，因而审判和惩罚也面临各种挑战。因此，一个简单的办法就是根据实际的情况将通敌者区分为无条件通敌者和有条件通敌者来审判，正如安德鲁·瑞格比所指出的：“通敌者的

① ［英］安德鲁·瑞格比：《暴力之后的正义与和解》，刘成译，第 23—24 页。

② See Robert Loeffel, “Treasonous Conduct: Assessing the Wartime Activities, Post-War Trials and Tribulations of Australian Collaborators in the Second World War”, *Australian Journal of Politics and History*, 2009, 55 (1), pp. 17-19.

罪恶程度与他们的通敌形式有关，无条件的通敌者是指那些为了个人的酬金和满足，准备背叛、拷打和谋杀他们的同胞的人，他们与有条件的通敌者相比，其道德世界的差异如天壤之别。无论是对还是错，有条件的通敌者真诚地相信，通过与敌人的合作，可以服务于他们的同胞，可以向同占领者作斗争的抵抗组织提供援助。”[①] 毫无疑问，人们对无条件的通敌者、叛国者和爱国的叛国者的憎恨程度高于有条件的通敌者，因此，相对而言，对无条件通敌者的审判和惩罚要比对有条件通敌者的审判和惩罚简单得多。但是，在实际惩罚中却并非总是如此，安德鲁·瑞格比在研究巴勒斯坦通敌现象时指出：“人们试图惩罚所谓的通敌者，有的以肃清叛国者为借口报个人或家族间的积怨和世仇，有的以所谓的通敌者为由迫害政治对手和竞争党派的成员，还有各种各样的敲诈、专案逮捕、虐待，大量的巴勒斯坦人受到了一个或多个尚处于萌芽状态的巴勒斯坦安全机构的指控，他们被认为是以色列情报机构的情报员。因此，人权在正义的名义下遭到践踏；在揭示过去的苦难问题上，因为没有任何的官方意见，谣传和道听途说取代了历史真相。”[②] 实际上，巴勒斯坦人对通敌者惩罚范围的扩大化现象在其他国家也同样存在。因此，对通敌者的审判和惩罚必须由合法的国家机关负责，应该避免滥用私刑和政治谋杀的发生，尤其要创造条件让那些奉行适应主义、罪恶不大的有条件通敌者能“回归社会”，防止他们成为我们中间的敌人，从而有助于政治稳定与社会和解。

总之，通敌者与敌人合作导致了一种非常奇特的道德后果，尽管他们会寻找道德实用主义的理由将其行为正当化并为自己辩护，但是在那些道德激进主义者看来，这种行为始终是不可原谅的道德污点，而“通敌”及其意涵则往往成了某些特殊历史事件的缩影。[③]

## 6.2 汉奸：单一民族—国家话语中的敌人

在现代中国的政治话语中，“汉奸”常常被认为是一种典型的通敌者，

① ［英］安德鲁·瑞格比：《暴力之后的正义与和解》，刘成译，第28页。

② 同上书，第156页。

③ See Yumi Moon, “Immoral Rights: Korean Populist Collaborators and the Japanese Colonization of Korea, 1904-1910”, *The American Historical Review*, 2013, 118 (1), p.24.

“汉奸”被认为是内部敌人，是因为其与外部敌人合作。但是，传统意义上的“汉奸”问题仍然是“华夷”或“夷夏”观念的延续，并非单一民族—国家体系中呈现的政治话语。“汉奸”一词指称的演变，反映了中华民族观念认同的确立和民族—国家观念的兴起，同时也反映了中国社会政治结构的变迁。只有在民族—国家话语体系中，汉奸问题才涉及爱国和卖国的是非界限，涉及我们应该如何对待爱国和卖国这两类敌对群体及其言行的政治哲学问题，尤其涉及有关敌人的政治哲学。

从最初意义而言，汉奸原指背叛汉民族、背叛汉族王朝而投靠与汉族为敌的异族的汉人，其界限是民族或种族而非近代意义上的国家。例如，李零在《汉奸发生学》一文中举了伍子胥灭楚和申包胥救楚、夫差灭越和勾践覆吴两个例子来说明“汉奸发生学”的基本原理。他进一步以李陵由降而叛为例予以说明：李陵由降而叛属于“逼叛”。如果只从“叛”字来看，李陵毫无疑问是个“汉奸”。因为他娶了匈奴公主做了匈奴王，而且死在胡地。但是，如果我们认识到其“叛”是出于无奈和为人所逼，或许会生发出些许同情和遗憾。那些逼迫李陵的满朝大臣乃至用人唯亲的汉武帝所构成的那股势力，才是真正的“汉奸”。[①] 由上述例子可以看出，李陵成为“汉奸”有迫不得已的成分，乃是被汉朝内部的奸人所逼，这些奸人才是真正的汉奸，才是真正危险的内部敌人。

自近代以来，汉奸则超越了汉民族的范围，而与国家紧密联系起来了，从而演变为泛指背叛祖国、投靠外国侵略者、出卖国家利益的中国人。因此，汉奸的实质是投靠异族侵略者或外国侵略者。鸦片战争前后，“汉奸”一词在清朝文献中出现频率较高，但是，正如茅海建在《天朝的崩溃》一书中所指出的：“在鸦片战争中，‘汉奸’是一个最不确定的称谓，一切不便解释或难以解释的事由、责任、后果，大多都被嫁移到‘汉奸’的身上。”[②] 有学者认为，“汉奸”一词在近代以前主要有三层意义：一是用来指称联合、鼓动少数民族反清的汉人；二是指与清朝藩属国有联系、出卖朝廷利益的汉人；三是指违背清代法律规定，在沿海、边地交流贸易的汉人。[③] 到了鸦片

① 参见李零：《汉奸发生学》，《读书》1995 年第 10 期，第 87—88 页。

② 茅海建：《天朝的崩溃》，三联书店 1995 年版，第 306 页。

③ 参见吴密：《清代官书档案所见汉奸一词指称及其变化》，《历史档案》2010 年第 1 期，第 57—59 页。

战争前后，“汉奸”一词的指称发生了变化。林则徐在广东查禁鸦片时给“汉奸”一词作如下解释：“各国夷商来粤贸易，所有货船进埔，及夷商在省在澳，均准由洋商雇给买办工人应用，定例原所不禁。乃有一种奸徒，不由商雇，私与夷人往来，勾串营私，无所不至，是以内地名曰‘汉奸’。”[①] 而从实际出卖国家利益的不同行径来看，汉奸大致可以分为五类：转卖鸦片者、接济逆夷者、煽惑百姓者、充当内应者、贿夷乞降者。[②] 由此我们可以看到“汉奸”一词与传统的“华夷”或“夷夏”观念有着密切的联系。从清代前期来看，“汉奸”一词主要建立在华夷观念之上，这种观念不同于现代民族—国家之间的关系，是一种基于文化层面、由内及外的认知理念和统治秩序，故此时的“汉奸”成了汉民族的专有名词，它与满汉之间的不对等关系有着密切的联系。当满族人取代了占人口绝大多数的汉民族的政权，传统的华夷关系变成了不对等的满汉关系，民族仇恨、反清情绪、文化冲突异常激烈，整个清代都存在防汉抑汉的思想，随着时间的推移，满族统治者不仅未能以夷变夏，而且难蹈以夏变夷的宿命，直至满人与汉人无异，逐渐接受了华夷秩序。[③] 由于清朝统治者固守华夷秩序，因而把西方国家和西方人看作华外之夷，强调华夷之别，而汉奸就是通夷、降夷的人。在鸦片战争前，汉奸大多是平头百姓，基本没有封疆大吏和朝廷重臣，普通民众成为“汉奸”，既有利益的驱使，也有被迫的成分，在很大程度上与他们缺乏清晰的国家和民族认同有关。而在鸦片战争之后，汉奸大多是官僚权贵。而且，汉奸的民族界限也有所淡化，已经不仅仅局限于汉人了，其他非汉民族的人如果出卖国家利益也被视为汉奸，“汉奸”一词因此具有了部分现代意义。随着主权意识及民族—国家观念的兴起，汉奸就与卖国相关联了，凡是出卖国家主权和国家利益的人就被视为汉奸。随着清朝的灭亡，以华夷观念为基础的“汉奸”概念被以现代民族—国家观念为基础的“汉奸”概念所取代。

到了抗日战争时期，“汉奸”完全确立为一个民族—国家的政治话语，

---

① 林则徐：《林则徐集·公牍》，中华书局1963年版，第141页。转引自郑剑顺：《鸦片战争时期的汉奸问题》，《求索》1991年第4期，第103页。

② 参见白纯：《鸦片战争前后的汉奸问题初探》，《南京政治学院学报》2000年第3期，第63—65页。

③ 参见吴密：《清代官书档案所见汉奸一词指称及其变化》，《历史档案》2010年第1期，第56—67页。

已经不仅仅是一种个别现象，而成了一种较为普遍的社会现象。换言之，很大一部分人成为汉奸与他们持有的民族—国家观念有关。有学者据此将汉奸分为三大类：第一类汉奸认为自己是“民族英雄”，至少是“爱国者”，与抗日者不分上下。他们的理由是，他们冒着生命危险试图将国家和人民从民族危机中拯救出来。第二类汉奸认为自己是被迫与敌人合作。他们又可以分为两个亚类：一类是为了个人生存而加入通敌组织成为汉奸，另一类开始迫于压力与敌人合作，但自称是为了国家而苟且偷生，身在曹营心在汉。第三类汉奸则纯粹为了追求个人利益而主动通敌，其行为与爱国主义、民族主义等完全无关。这三类汉奸几乎都否认关于卖国者的指控，他们甚至认为“曲线救国”的实际结果对国家和民族有利。① 不可否认，战时通敌的意识形态与民族主义有着某种直接联系，甚至有学者提出了所谓“通敌卖国者的民族主义”（collaborationist nationalism），这种民族主义在抗战时期产生了较大的影响，至少蒙蔽了部分民众并影响了他们的抗日意志。② 在整肃汉奸的过程中，甚至还进一步出现了“文化汉奸”和“经济汉奸”的区分。台湾学者刘心皇在《抗战时期沦陷区文学史》一书中给“文化汉奸”定了一些标准：曾经担任敌人的职务者；曾经担任汉奸政权的职务者；曾经在敌伪报章、杂志、书店等处发表文章及出版书籍者；曾经在敌伪保障之下出版报章、杂志、书籍者；曾参与敌伪文艺活动者。③ 显然，他所定的这些标准过于宽泛，不够严谨，在实际的政治判断和敌我区分中容易引起混乱。而“经济汉奸”则是与日本有联系的、从事经济活动者的概称。著名学者郑振铎在《锄奸论》一文中认为，“经济汉奸”包括一切与敌人有商业上、经济上之往来与联络者。④ “汉奸”作为一种社会现象，我们应该全面考虑其产生的社会历史环境。换言之，在中国出现的“汉奸”并非个案，而是出现了庞大的汉奸群体或汉奸集团，甚至汉奸群体之内还有派别之分。“中国大众的民族意志极弱，这可以从中国有那么多的汉奸卖国贼这一点上看出来……几乎可以

① See Dongyoiin Hwang, “Wartime Collaboration in Question: An Examination of the Postwar Trials of the Chinese Collaborators”, *Inter-Asia Cultural Studies*, 2005, 6 (1), pp. 76, 91.

② Ibid., pp. 78, 92.

③ 参见刘心皇：《抗战时期沦陷区文学史》，成文出版社1980年版，第1—2页。

④ 参见郑振铎：《锄奸论》，《周报》第2期，1945年9月15日。

说，这种丑恶的现象在世界各国都是绝无仅有的。在东北和长江流域，他们无耻地争权夺利，出卖国家。中国的内地可以说是汉奸遍地。这是因为在现代中国同外国屡战屡败之后，大众的心理从反洋排外变为崇洋迷外。于是出现了中国人恨中国人、但却不恨外国人的奇怪景观……我们认为，间接帮助敌人毁灭中国的人和汉奸卖国贼一样可恶。他们同那些完全不负责任、不讲仁义之徒是一丘之貉。在消灭汉奸卖国贼的同时，我们还要根除那些间接帮助敌人毁灭中国的人。”[①] 汉奸对侵略者的帮助和对祖国所起的破坏性作用是外敌自身无法办到的，因而其危害性无法用言词来形容。汉奸认贼作父、助纣为虐，他们几乎不受良心谴责，不在乎公众舆论，畏敌、媚敌、事敌的汉奸情结加深了中国人民的苦难，延缓了抗战胜利的进程。汉奸与汉奸群体的出现既有历史的原因，也是主体选择的结果。普通民众沦为“汉奸”，既受当时社会环境的影响，也与他们的无知和盲目有关。一部分受教育程度不高和尚未遭受侵略的民众甚至不知道谁是敌人，也认识不到敌人的危害性，更意识不到自己是否通敌。例如，1941 年 4 月 17 日，日军经过松林、则水牌偷袭绍兴时，当地民众正演庙台戏。“敌酋用国语‘通知’村民，不必惊惶，部分村民误以为是国军，继续演了下去，没有人把这消息报告到县城去，结果弄得城里人逃都不及。”[②] 汉奸群体的出现在很大程度上是汉奸群体成员自主选择的结果。例如，伪满洲国出现了庞大的汉奸群体，这些汉奸甚至有着共同的政治认同和政治诉求，他们应该知道通敌的严重后果。

汉奸问题涉及忠奸之辨，涉及局部效忠与国家效忠的冲突。关于抗日战争时期的“汉奸”问题，我们要考虑当时存在的重庆的国民党一党政府、南京的傀儡维新政府以及延安的共产党政府三个政府对民众效忠问题的实际影响。在这种情况下，敌友界限有时是模糊不清的。这种政治上的含混状况使得我们从政治伦理视角来反思汉奸的“效忠与背叛”也变得含糊起来，从而使得国家效忠变得复杂起来。当然，仅仅就民族利益而言，国家忠诚和文化

① ［美］魏斐德：《汉奸！——战时上海的通敌与锄奸》，吴晓明译，《史林》2003 年第 4 期，第 4 页。

② 亢郎：《在诸绍前线——亢郎寄自诸暨》，《东南日报》1941 年 8 月 10 日。转引自岳钦韬：《抗战时期通敌行为动机——以浙江省为例》，《史学集刊》2012 年第 1 期，第 119 页。

认同是不言而喻的。在一个国家的内部存在着众多不同的社会集团，有些集团的利益是相互对立的，尤其在经济领域表现出明显的利益冲突。汉奸在成为“汉奸”之前，相对于其他社会集团成员，他们在经济上可能是有利益冲突的“敌人”，但在政治上应该是“朋友”。他们的利益和效忠都具有某种相对性和局部性，这种局部效忠可能会减弱他们对不同集团的认同强度，但也可能会缓和不同集团之间的利益冲突。然而，无论作为其他社会集团成员的朋友还是敌人，他们都受到国家效忠的限制，也就是说在国家利益面前，他们在经济上的冲突或对立应该让位于国家利益。而现实问题是，如果他们完全认同其他社会集团成员的政治信念，他们就可能无法完全得到他们所追求的经济利益和其他利益。如果经济利益是他们的优先目标，那么他们就将失去其所属的政治集团成员的政治支持。如果他们想同时当经济敌人和政治朋友，那么他们就必须在两者互不妨碍的限度内行动。汉奸和其他与之竞争的经济集团成员，拥有相同的政治态度、共同的语言、共同的习惯、共同的历史、共同的核心价值以及共同的国家象征。更重要的是，他们把自己的国家和其他国家相比较，发现他们相互之间的共同点要远远多于与其他国家成员之间的共同点。他们相信他们共有的民族特性优于其他国家成员的品质，他们的思想信念和道德判断都源自这种身份和认同。“他们对国家的忠诚，不仅仅是对于得到的好处的感谢和回报。他们的忠诚也正是他们得到好处的条件。只有忠于国家，只有牢牢地依附于国家并把它看作所有世间财物的源泉，只有自己与国家认同，个人才能体验到自身归属于国家的那种安全感，才能体验到民族骄傲的兴奋，也才能体验到祖国在战胜他国时的成就感。因此，保护国家免遭外来的破坏和内部的分裂，是所有公民优先关心的事情。同样，对国家的忠诚成为所有公民至高无上的义务。他们不能容忍任何可能威胁国家团结的事情。与国家的团结不协调的利益、思想和忠诚必须让位于那种对国家团结的关心。”[①] 无论各社会成员采用何种方法解决他们自己的冲突，他们所追求的目标和运用的手段都受到了国家团结的限制。换言之，即使各成员之间存在严重的经济利益冲突，也不应该损害国家利益，危及国家安全。

汉奸作为“内部敌人”，其叛变投敌行为意味着他们抛弃了对国家团结

① ［美］汉斯·摩根索：《国家间政治——权力斗争与和平》，徐昕等译，第530页。

而言至关重要的价值标准，对国家的政治团结造成了严重威胁。正如有的学者指出：汉奸的通敌行为严重削弱了国家所做的全力抵抗的努力，也削弱了中国人民抵抗侵略者的意志，因此他们是“民族的罪人”。因为他们背叛了国家，有的甚至参与建立伪政权对抗重庆中央政府，犯下了严重的卖国罪行。而在共产主义者看来，汉奸是“人民的敌人”，是阶级斗争的对象。[①]在这种意义上，汉奸的背叛是得不到道德上的任何辩护的。可是，汉奸总是寻找各种理由为其通敌行为辩护。他们认为，“通敌行为是为了避免耻辱性失败、防止国家灭亡以及拯救被抛弃的、无助的和绝望的人民的权宜之计。为了和平与国家安全，为了减轻老百姓在战争中承受的伤痛，与敌人合作在某种程度上是合理的”[②]。他们甚至认为，虽然从法律和道德的角度而言，这种行为是错误的，但是从他们的动机和结果来看却是可以接受的。从道德上而言，“汉奸”这一称谓显然带有强烈的道德义愤和政治歧视，“当违反普遍的文化规范和投向特有的民族敌人这两种罪行在外国入侵中国期间同时发生时，‘汉奸’一词便成了挂在通敌分子脖子上的耻辱的牌子”[③]。正如著名心理学家潘菽在《汉奸的心理分析》一文中指出的：“我们把世界上一切卑鄙、下贱、愚蠢、无耻、盗窃、奸邪都合并起来还不足代表他们（指汉奸）的罪恶。把字典上一切要不得的字都聚集起来都不足以形容他们的嘴脸。”[④] 他的观点代表了绝大多数国人对“汉奸”的态度，民间舆论也弥漫着“汉奸人人得而诛之”的愤恨，似乎只有从肉体上消灭汉奸，方解民众的心头之恨。被孙中山谓之“为革命捐躯第一人”的刘道一在《驱满酋必先杀汉奸论》一文中说：“今日之计，救同胞而不杀酋奸，是犹抱薪救火，薪不尽而火不灭也；逐满酋而不杀汉奸，是犹隔靴搔痒，靴不启而痒不止也。汉奸乎！汉奸乎！而可任其白日横行而不杀乎？国人皆曰：‘杀，杀，杀。’”[⑤] 虽然刘道一是在民族共同体意义上使用“汉奸”一

---

① See Dongyoiin Hwang, “Wartime Collaboration in Question: An Examination of the Post war Trials of the Chinese Collaborators”, *Inter-Asia Cultural Studies*, 2005, 6 (1), p. 75.

② Ibid., p. 91.

③ ［美］魏斐德：《汉奸！——战时上海的通敌与锄奸》，吴晓明译，《史林》2003年第4期，第2页。

④ 潘菽：《汉奸的心理分析》，《新民族》1938年第2卷第3期，第36页。

⑤ 刘道一：《驱满酋必先杀汉奸论》，见张枬、王忍之编《辛亥革命前十年间时论选集》第2卷下，三联书店1963年版，第857页。

词的，但是人们对待“汉奸”的这种态度同样适用于违背了国家效忠原则、出卖了国家利益的人。因此，人们认为汉奸必须受到惩罚，以便伸张正义。随着抗战的胜利，政治和军事形势的变化，重庆政府决定严惩汉奸，原因有三：一是民众对汉奸不可遏止的公开的仇恨；二是重庆政府需要接管曾经被汉奸控制和管理的日占区；三是重庆政府决定消除在战时与汉奸有联系的任何可能的证据。[①] 人们由于难以遏制的愤怒和等不及官方的审判，暗杀或就地处决汉奸就成了他们常用的方式，有时不但汉奸本人成为暗杀的目标，甚至其家庭成员也成了人们泄愤的对象。人们认为惩治汉奸不仅仅是政府的责任，而且认为国家的每一个成员都有权惩治通敌者。

## 6.3 敌人认同悖论

“我们”如何与敌人相处，除了上述通敌行为之外，还有一种“帮凶”现象，即为虎作伥、助纣为虐，甚至完全认同敌人的价值观，像敌人一样行动。例如，在犹太人大屠杀中，犹太合作者的“帮凶”现象非常典型。著名的犹太裔政治思想家阿伦特（Hannah Arendt）甚至认为，如果没有犹太人与纳粹的合作，受害者的数量将会大大减少。她在有关《艾希曼诉讼案》的著作发表后，遭到了激烈的抨击。她对犹太“帮凶”现象的批判，结果导致犹太人认为她在与纳粹“合作”，本来拒绝一切“附敌”思想的她结果被批评者当成了“附敌分子”。他们认为她的作品不过是“以制造轰动为目的的侮辱性贩卖”[②]。而特伦克（Isaiah Trunk）则反对阿伦特的观点，他认为犹太人是否参与合作对他们自身的命运不会存在实质性的影响。鲍曼也认为阿伦特的结论过于仓促，与事实不符。但是，鲍曼又在某种程度上肯定了犹太人的“合作”所起的作用，他认为：

> 如果没有得到及时便捷或者存在于一个较大范围内的合作，执行集体屠杀这样程序繁复事务的官员们将会遭遇到棘手程度决然不同的管

---

① See Dongyoiin Hwang, “Wartime Collaboration in Question: An Examination of the Postwar Trials of the Chinese Collaborators”, *Inter-Asia Cultural Studies*, 2005, 6 (1), p. 91.

② ［法］朱莉亚·克里斯蒂瓦：《汉娜·阿伦特》，刘成富等译，江苏教育出版社 2006 年版，第 113 页。

> 理、技术和资金方面的问题。……被害社区的领袖们执行了屠杀过程中必不可少的大部分预备性官僚工作（比如为纳粹提供记录、把即将被害的人归档），他们负责监管为受害者维持性命而进行的生产和分配活动，甚至毒气室可接纳他们，他们负责看管被俘人员，以至于维持法律和秩序的工作没有让德国人大伤脑筋或者多费钱财，他们为屠杀过程中前后相继的每一步确定对象，保证屠杀过程顺畅如流，他们把物色好的对象运送到便于集结而造成混乱最小的地点，他们为这最后的旅程积敛资金。如果没有这些方方面面卓有成效的帮助，屠杀照样也有发生的可能——但它或许会以不同的或者是不那么令人发怵的篇章进入历史，而仅仅是嗜血成性的征服者，出于复仇的怒火或者共同的仇恨，施加在身不由己的被征服者身上的严酷的强制和残忍的暴行。①

鲍曼的这种分析是中肯的，他深刻地指出了“帮凶”现象在大屠杀中所起的作用。虽然没有这种“帮凶”行为，大屠杀也可能照常发生，但是屠杀的过程将不会那么“顺畅如流”。我们无意在此过多地分析受害者是否成为敌人的“帮凶”对他们的结局有何种影响，因为这不是我们研究的主要任务，也很难找到实证材料来证实或者证伪他们所争论的问题。但是，我们无法否认，犹太人领袖所提供的各种统计资料部分地导致了纳粹种族政策在应用中产生了全面的和毁灭性的结果。我们所要阐释的问题是：“帮凶”现象存在的实质是什么？这种现象凸显了“我们”和敌人之间的一种什么样的关系？

对于“帮凶”现象，有学者将其解释为“认同攻击者”的过程。一位曾经被关押在纳粹集中营的心理学家布鲁诺·贝特汉姆（Bruno Bettelheim）认为：有些犹太人以及其他一些被监禁者主动投靠纳粹党卫军，协助他们实施集中营的规定，认同纳粹看守的目标，这就是认同攻击者的过程。② 他将这种认同过程的深层次因素视为囚犯需要理解自己所处的环境。因为囚犯的生命完全掌握在敌人的手中。因此，囚犯就像人们接受并认同父亲的绝对权力那样也会认同自己的敌人，从而使得自己也具有敌人的骇人特征，并以此

---

① ［英］齐格蒙·鲍曼：《现代性与大屠杀》，杨渝东、史建华译，第155—156页。

② See Bruno Bettelheim, *The Informed Heart*, New York, The Free Press, 1960. 同时参见［以］Ben Shalit：《战斗与冲突心理学》，王京生等译，第116页。

来中和其对自身的影响。[①] 如前文所述的抗战时期出现的汉奸中，有部分人曾留学日本，认同日本的政治和文化。也许人们无法理解心理学家对这种“帮凶”现象的解释和分析，但是这种现象确实存在。我们认为这种“帮凶”现象的实质就是对“敌人”的认同，因而可以将其称为“敌人认同”或“认同敌人”。关于“敌人认同”有很多案例可以证明，例如，集中营的囚犯、战俘，人质绑架案中的人质，甚至在国际关系中都可能出现对加害者或敌人的认同现象。认同敌人，就意味着“我们”与敌人的差异在减少，这将大大减少对敌人的攻击性。当然，这并不一定意味着敌人也认为其与“我们”的差异在减少。

在“敌人认同”的防卫机制中，“投敌叛变”是其中的重要范例。所谓“投敌叛变”是指一国公民投奔敌人或者敌对营垒，或者在被捕、被俘或者由于其他原因被敌方控制之后投降敌人，从而危害国家安全或民族利益的行为。这种投敌叛变的人被称为“叛徒”或“变节者”（turncoat）[②]，自然也就成了敌人。“投敌叛变”大抵可分为“投奔敌人”和“投降敌人”两类。所谓投奔敌人或敌对营垒，就是主动投奔到敌人控制的区域；或者投向敌对国家或敌对势力；或者身怀鬼胎，投机革命，一旦革命失败，便投敌而去；或者篡改革命学说，腐蚀革命队伍，使革命蒙受损失；或者窃取重要职权，出卖革命成果，导致反革命复辟。所谓投降敌人，则是在被捕、被俘或者由于其他原因被敌方控制之后主动要求投降；或者受金钱、美色、地位等利诱而变节投降；或者受胁迫为保全性命而被动投降。无论是哪种形式，“叛徒”或“变节者”都背叛了过去的信仰，“其新的信仰从精神上讲并非是该信仰的积极意涵，他在生活中不去实现与此意涵相应的目的，只生活在反旧信仰

---

① 参见［以］Ben Shalit：《战斗与冲突心理学》，王京生等译，第 116 页。

② “叛徒”或“变节者”（turncoat）这一术语的由来有三种说法：第一种说法认为，古代欧洲不同军队的士兵穿着颜色不同的军服，一旦吃败仗，士兵们就会把外套翻过来掩饰原来的身份以有利于逃命。人们就把这种行为叫作“变节”（turn-coat）。第二种说法认为，从前有位萨克森公爵（Duck of Saxony），其领地位处边界，其中一部分与法国接壤，另一部分与日耳曼相邻。因此，他设计了一面为白色、另一面为蓝色的外套。当他想讨好法国时，他便把白色的那一面翻出来；而当他想讨好日耳曼时，他就穿蓝色的那一面。于是就产生了“变节者”（turncoat）一词。第三种说法则认为，过去英国贵族的仆从都穿着固定的制服，但是每一家的式样各不相同。对主人来说，随从或仆人换穿外套就意味着背离旧主，另事新主。因此，就衍生出了“叛徒”或“变节”（turncoat）这个词汇。参见叶弦、林佩芳编著：《英语词汇背后的故事》，南海出版社 2005 年版，第 259 页。

的斗争之中，只为了否定旧信仰而生活。他之所以赞同新意涵，仅只因为这是从他的过去精神中延续下来的报复行动链中的一环；精神的过去确实像网眼的作用；他就从这一网眼去否定旧事物，批驳旧事物”[1]。从政治的层面而言，变节者无论主动变节还是被动变节，都改变了他们过去的政治信仰，他们自然就成了“我们”的敌人。

投敌叛变的根本目的是为了个人私利，其客观结果是背叛了自己的国家或政府，危害了国家安全或利益。[2] 在第二次世界大战历史上，苏联的杰出将领弗拉索夫从红军英雄成为纳粹的帮凶，就是“投敌叛变”的一个典型案例。[3] 弗拉索夫的叛变与当时的整个历史背景密不可分。在卫国战争初期，总共有 534 万名苏联士兵被德国人俘虏，其中 380 万人是在战争爆发后的头几个月被俘的。在当时的苏联看来，这些人就是“叛徒”和“人民的敌人”，因为苏军根本没有“战俘”的概念。斯大林在 1941 年 8 月 16 日签发的第 270 号命令指出，红军战士在任何情况下都必须坚持到最后一个人，不做俘虏。俄罗斯联邦刑法典第 58 条也规定，被俘红军战士的家属交法庭审判并将被流放到西伯利亚。因此，被俘的苏军士兵要么在集中营里成为“烈士”，要么与德国人合作，别无选择。而集中营恶劣的生存条件也是部分俘虏被迫与德国人合作的原因之一。德国军事历史学家约阿希姆·霍夫曼（Joachim Hofmann）写道：“士兵们被俘时身体极度虚弱。战斗期间，他们有时 6～8 天没有东西吃。甚至在向他们提供充足食物的情况下，他们也没有能力进食。几乎所有的战俘营都报告说，很多战俘在第一次进食后就失去了知觉，然后就死了。”[4] 整个战争期间，有 250 万苏军战俘死于集中营。以上情形对弗拉索夫一定有重要影响。同时，集中营的消息完全有利于德国人。由于信息不对称，弗拉索夫认为苏联已经输掉了这场战争，唯一能做的就是与德国

① ［德］舍勒：《道德建构中的怨恨》，罗悌伦译，见刘小枫编《舍勒选集》上册，第 424 页。

② 参见钊作俊：《投敌叛变罪若干疑难问题研讨》，《南都学坛》2002 年第 4 期，第 93—94 页。

③ 弗拉索夫曾经为苏联建立过无数功勋，被斯大林授予大将军衔。1942 年 7 月 13 日，他被德军俘虏，关在集中营。后来，他与德国人合作成立了“俄罗斯解放军”，指望依靠德国人来改造苏联的社会制度。1945 年，弗拉索夫率领“俄罗斯解放军”向美军投降。1946 年 6 月 3 日，弗拉索夫及其部下被遣送回苏联，经过短暂的审判，苏联军事法庭判决他们犯有叛国罪，于 1946 年 8 月 1 日被处以绞刑，时年 37 岁。

④ 转引自李浩：《从红军英雄到法西斯帮凶——苏联叛将弗拉索夫的可悲人生》，《环球军事》2003 年第 17 期，第 21 页。

人合作，推翻斯大林政权，重建俄罗斯。弗拉索夫对其部下说：“难道流更多的血不是犯罪吗？难道俄罗斯民族的主要敌人不是布尔什维克主义和斯大林吗？难道奋起反对斯大林及其同伙不是每个俄罗斯人首要的神圣义务吗？在有丛林和沼泽的那个地方，我终于得出了结论：我的义务是动员俄罗斯民族投入反对布尔什维克政权和建设新俄国的斗争。”[①]

根据以往的案例来看，“敌人认同”一般都经历恐惧、害怕、同情和合作四大历程，结果就出现了不逃跑，甚至配合和帮助敌人等认同敌人的情形。换言之，配合或帮助敌人就是所谓的“为敌人效力”或“为敌人服务”。它包括广义和狭义两个方面：广义的“为敌人效力”指为取得敌人的信任与赏识而实施的、有损我方利益而有利于敌方的行为；狭义的“为敌人效力”即接受敌方组织、安排、派遣、命令、指挥等从事有利于敌人的行为，接受敌方派遣，入境窃取与刺探国家秘密、军事情报，入境投毒、爆炸、杀害我方要人。[②] 当然，选择与不共戴天的敌人合作不无他们自己的理性衡量，引导他们行为的目标就是继续活下去。[③] 从历史事实来看，从受害者变为敌人的“帮凶”和附庸，往往有充足的理由自觉自愿地甚至是一腔热忱地去投降。

根据一些叛变投敌的案例，我们认为，成为“敌人”的“帮凶”一般要满足以下四个条件：(1) 敌人的暴力足以摧毁受害者的意志与生命，然后用恐怖手段使其屈服于上层权力，受害者认为敌人不可战胜并接受权力强加的秩序；(2) 受害者的身份群体已经被剥夺了进行持续抗争所必需的资源，并深信自己难以脱逃敌人的控制；(3) 受害者能体认到敌人的小恩小惠和物质利益；(4) “封锁”受害者，使受害者对“我们”的前途失去信心，而相信敌人提供的信息。[④] 满足这四个条件之后，“帮凶”或者通敌者最终就变成了“我们”的敌人。1938 年日本人在南京扶持的第一个伪政权“维新政府”就符合上述条件。例如，当时的“教育部部长”顾澄认为与日本“亲善合

---

① 转引自李浩：《从红军英雄到法西斯帮凶——苏联叛将弗拉索夫的可悲人生》，《环球军事》2003 年第 17 期，第 21 页。

② 参见钊作俊：《投敌叛变罪若干疑难问题研讨》，《南都学坛》2002 年第 4 期，第 94 页。

③ 参见［英］齐格蒙·鲍曼：《现代性与大屠杀》，杨渝东、史建华译，第 161 页。

④ 参见上书，第 157 页。

作”才是保证民族生存的唯一出路，抵抗将会导致民族的灭顶之灾。通敌者认为，在中华民族生死存亡之秋，与日“亲善合作”乃万不得已之举。“在他们眼中，他们所做的一切都是为了中国，而不是为了日本，尽管接受日本人的安排明确意味着丧失主权，但他们认为这种丧失是暂时的。”① 而在犹太人大屠杀中，犹太精英的“帮凶”行为在使犹太人无行为能力的过程中起着关键性的中介作用，“使人们向其征服者那毫无羁绊的意志做出彻底的屈服”②。鲍曼进一步指出：“在很大程度上，犹太人自身就是即将消灭他们的社会场景中的一个组成部分。他们为行动的有条不紊搭上了至关重要的一环，他们自己的行动成了整个行动中不可或缺的一部分，是其成功所需的紧要条件。”③

叛变投敌者背叛了原有的群体，其叛变行为将强化投敌者对现有群体的效忠。由于投敌者已经无法回头，因而他们必须表现出对新的群体的忠诚，这种忠诚要超过他们对原有群体的忠诚，甚至要显得比现有群体成员更加坚定。在原有群体成员看来，变节者比敌人更加危险，因为他们不仅背叛了原有群体的共同价值观念，同时还掌握了原有群体的信息，这些信息将有助于敌人的攻击。因此，变节者不仅要改变原有群体的价值观念，而且要信仰新的群体的价值观念，从而表现出他们对现有群体的忠诚。

在一个群体内部，除了变节者被群体视为危险的敌人之外，内部的持异见者或异端分子也常常被群体某些成员视为潜在的敌人或实际的敌人。正如科塞所言：“群体对于异端分子的反应有时要比对变节者更充满敌意。因为后者离开这个群体只是为了到敌人那里去，而异端分子则代表了一种暗中更为有害的危险：通过拥护群体的核心价值和目标，而把群体分裂为不同的派别，这些派别在用什么手段去实现这些目标的问题上是不同的。与变节者不同，异端分子要求维护群体的价值和利益，而只是提出达到同一个目标的不同手段，或是对正式的信条提出不同的解释。”④ 持异见者仍然忠诚于自己的群体，他们与竞争对手在价值目标上具有相似性甚至有许多共同点，但在对手看来他们是比外部敌人更危险的敌人，因为持异见者会分裂群体的团

---

① ［加］卜正民：《中国日占区的事仇民族主义》，见［加］卜正民、施恩德编《民族的构建：亚洲精英及其民族身份认同》，陈城等译，第184页。

②③ ［英］齐格蒙·鲍曼：《现代性与大屠杀》，杨渝东、史建华译，第161页。

④ ［美］科塞：《社会冲突的功能》，孙立平等译，第57页。

结，破坏群体的利益，因而持异见者会唤起对手更多的敌意，他们甚至会被群体冠以“敌人的代理人”的名称。在关系紧密的群体的冲突中，一方对另一方恨得越切，它对这个群体的团结和一致的威胁就越大。[①]

根据刑法学的观点，投敌叛变行为显然侵害了国家安全和利益。但从政治哲学的角度来分析，我们认为投敌叛变行为不仅侵害了国家安全和利益，而且破坏了公民与国家之间的关系。国家规定公民有抵抗入侵之敌的义务，也有义务不听从敌人的任何指令，并尽可能以各种手段打击敌人。“即使敌人想重建公共秩序，也不可顺从，因为这将使敌人更便于开展军事行动。”[②]显然，通敌者违背了自己作为公民对国家的效忠义务。效忠作为一个典型的道德和政治性质的范畴，是公民的特定义务之一，效忠即“国民对持有主权者所负有的、同所受保护相互关联的那种义务”[③]。投敌叛变显然破坏了公民对国家的忠诚。国家作为决定性的政治统一体具有要求“国民随时准备赴死的权利和毫不犹豫地消灭敌人的权利”[④]。通敌者由于与敌人合作，因而对“谁是敌人”的评估随着参照系的变化而发生改变。“如果一部分人宣布他们不再承认以前的敌人，那么他们就会根据情况加入到敌人那边并帮助敌人。”[⑤] 于是，“敌人不再是‘外人’，而是被纳入了自身的参照系之内，并且被认可，因而不再是敌人。其他人——最初是参照系的一部分——现在被排除在参照系之外，并且遭到拒斥，成为了外人”[⑥]。然而，这种通敌行为并不能改变或者消除敌友区分这一事实。只不过通敌者由昔日属于“我们”的人变成了“他们”——现在是“我们”要加以攻击的敌人。在大多数人看来，叛徒比敌人更可恨、更可怕！一方面，由于叛徒知悉昔日的团体或组织的信息从而带来比敌人更大的危险；另一方面，叛徒自知叛变投敌绝无退路，只好当凶狠恶毒的“铁杆”叛徒了。因此，对叛徒，任何组织几乎都以最严厉的手段来予以惩罚。“群体必须竭尽全力地与叛徒进行斗争，因为叛

① 参见［美］科塞：《社会冲突的功能》，孙立平等译，第58页。

② ［德］卡尔·施米特：《游击队理论——“政治的概念”附识》，《政治的概念》，刘宗坤等译，第387—388页。

③ ［奥］凯尔森：《法与国家的一般理论》，沈宗灵译，中国大百科全书出版社1996年版，第262页。

④ ［德］卡尔·施米特：《政治的概念》，刘宗坤等译，第163页。

⑤ 同上书，第168页。

⑥ ［以］Ben Shalit：《战斗与冲突心理学》，王京生等译，第119页。

徒如果不是实际上也是在象征的意义上威胁到我们一直关心的群体的生存问题。"[①] 特别在我们这种一元价值观盛行的社会，"我们从小也养成了一种对叛徒深恶痛绝的观念，大到张国焘，小到甫志高，都是最卑贱、最可耻、最可憎的人渣"[②]。

在敌对关系中，由于"帮凶"在打击敌人的过程中所起的重要作用，敌对双方通常都会不择手段地诱使或胁迫敌方人员帮助"我们"或与"我们"合作，从而进一步打击敌人。打击敌人的目的除了一贯的经济利益之外，还有一个深层次的目的，即通过武力征服并迫使敌人"认同我们"。要使敌人"认同我们"，首先需要敌方的精英认同"我们"，因此，让敌人"群龙无首"就成了打击敌人最为重要的目标之一。因为一旦剥夺了敌人的领袖和核心权威，敌人就会成为一盘散沙，不能坚守其自我认同，敌人的内部结构也因此而坍塌，瓦解为个体的集合。这些个体要么被胜利者合并进一个新的结构，要么被强行编制成一个屈从与孤立的群体，去接受新秩序操纵者的直接监管。[③]

在认同敌人的过程中，由于加害者的征服、暴力、威胁等因素的影响以及被害者主体地位的丧失，一种普遍的屈辱感便产生了。当生存成为第一需要时，"我们"就不得不学会长期"与狼共舞""卧薪尝胆"。可是，等到那天到来时，"我们"却突然发现："我们"不得不接受敌人已经安排好的一切规则。而且，"我们"还得为自己的行为寻求合法性。这种寻求合法性的过程体现了"我们"接受敌人规则的一种"斯德哥尔摩情结"[④]：在本质上，我们认为敌人的规则是不平等的，是充满罪恶的；但为了生存，我们又不得不

---

① ［美］科塞：《社会冲突的功能》，孙立平等译，第 56 页。

② 雷池月：《叛徒、告密者及其他》，《书屋》2002 年第 6 期，第 45 页。

③ 参见［英］齐格蒙·鲍曼：《现代性与大屠杀》，杨渝东、史建华译，第 157—158 页。

④ "斯德哥尔摩情结"或"斯德哥尔摩综合征"（Stockholm syndrome），又称人质情结或人质综合征，是指被害者对加害者产生情感，甚至反过来帮助加害者的一种情结。1973 年 8 月 23 日，两名罪犯 Jan Erik Olsson 与 Clark Olofsson 在试图抢劫瑞典斯德哥尔摩最大的一家银行失败后，将四名银行职员扣为人质。一名女性人质与罪犯产生了亲密感情并发生了性关系，这种感情直至扣押结束后仍然维持了一段时间。而且，这四名人质竟然抗拒政府最终营救他们的努力。心理学家将被害者对加害者产生的感情称为"斯德哥尔摩情结"或"斯德哥尔摩综合征"。1974 年 2 月 4 日，美国加利福尼亚报界百万富翁的女儿帕蒂·海斯特（Patty Hearst）被劫持后与劫持者产生了一种亲密关系。参见［以］Ben Shalit：《战斗与冲突心理学》，王京生等译，第 116 页；梁颖慧：《斯德哥尔摩综合征》，《检察风云》2006 年第 20 期，第 32—34 页；《人质情结：斯德哥尔摩综合征》，见 http://www.psytopic.com/mag/post/hostage-complex-stockholm-syndrome.html；维基百科："斯德哥尔摩征候群"，见 http://zh.wikipedia.org/wiki。

接受这种规则。对受害者而言，由于长期的弱势地位和羞辱感，因而对平等、非战、和平等价值充满渴望。但是，一旦生存成为第一法则，其他需要和价值就将退居幕后。“斯德哥尔摩情结”的要害在于：加害者处于绝对优势的情况下，被害者无法逃离加害者安排的博弈系统；生存的需要就会导致被害者与加害者合作，而加害者行为的不正当性就会被忽略。①

受害者成为“通敌者”、沦为敌人的“帮凶”并最终成为加害者，大多是在重大的民族国家、政党集团、利益群体之间的正面冲突的背景下产生的。我们应该认识到历史背景的复杂性。“通敌者”说的是本民族的语言，宣传的是民族的利益。他们声称，“跟外族合作事宜，无论如何肯定都是暂时的，而且是为本民族更高的利益服务”②。从前面所分析的几种“通敌者”案例中，我们发现“通敌者”和抵抗者一样，在借助民族或民族主义的主张来为自己的行为辩护。通敌者总是想方设法将“通敌”行为解释成民族主义，这是耐人寻味的。“国难当头，恨奸思忠”，人们常常关注“气节”，在道学家看来，自杀对受害者而言，不仅是保存名节之上策，而且还兼有正气浩然的美感。他们只责问个人而不论环境，往往失诸空洞抽象、虚假失真。事实上，在绝大多数情况下，受害者沦为“帮凶”、认同敌人，乃时势所然。关于那些爱国的叛国者或通敌者，有时确实很难根据既定的标准对他们的行为进行价值判断，但是，无论他们出于何种理由为自己开脱和辩护，他们都必须为自己的行为给“我们”造成的伤害承担道义上的责任。

---

① 参见李扬帆：《从屈辱感到斯德哥尔摩情结》，《世界知识》2007 年第 16 期，第 64 页。

② ［加］卜正民：《中国日占区的事仇民族主义》，见［加］卜正民、施恩德编《民族的构建：亚洲精英及其民族身份认同》，陈城等译，第 187 页。

# 第七章

# 敌人的非人化

人们习惯于从善与恶、正义与非正义的二元对立立场判断朋友和敌人，敌人代表着“绝对的恶”，往往被“我们”妖魔化。由于大多数人都习惯将“敌人”等同于“坏人”“邪恶”“野蛮”“非正义”等，因此，“敌人”实际上成了一个价值判断词。敌人在相互毁灭之前往往会将对方“非人化”，从而寻求消灭敌人的正当性。“非人化”作为人类特有的社会心理现象，不仅普遍存在于群体暴力中施暴者与受暴者的相互贬损之中，而且也充斥于我们的日常生活世界。“非人化”如此普遍以至于我们都忽略了它的存在，它既表现为个体之间的“非人化”，也表现为群体之间的“非人化”，甚至还表现为国家之间的“非人化”，而国家层面的“非人化”常常出现在国家意识形态对敌人进行道德排斥的宣传中。[①] 例如，大屠杀中的犹太人、巴尔干战争中的波斯尼亚人、卢旺达大屠杀中的图西族人，都是加害者在国家层面通过意识形态对他们非人化。[②] 敌人一旦被“非人化”，暴力就将成为消灭敌人的优先选择。

① See Cristian Tileagă, “Ideologies of Moral Exclusion: A Critical Discursive Reframing of Depersonalization, Delegitimization and Dehumanization”, *British Journal of Social Psychology*, 2007, 46 (4), p. 717.

② See Nick Haslam, “Dehumanization: An Integrative Review”, *Personality and Social Psychology Review*, 2006, 10 (3), p. 253.

## 7.1 “敌人”与价值判断

大多数政治和社会理论都假定敌人具有和“我们”一样的“人性”(Humanness)。因此，敌人的非人化与“人性”这一古老问题直接相关。“人性”通常被分为“人类的独特性”(Human Uniqueness，缩写为 HU)和“人类的本性”(Human Nature，缩写为 HN)两个不同维度。“人类的独特性”是指人类与动物相区分的特性，包括优雅、礼仪、道德和较高的认知。“人类的本性”则是指人类共有的、基本的特征，包括情绪、热情和认知灵活性。“当人类的独特性被人们否定，他们就会被比作动物，并被认为幼稚、不成熟、粗鄙、荒谬和落后。当人类的本性被人们否定，他们就会被看作物体或机器，并被认为是冷酷、死板、迟钝、缺乏情感。”[①] 综上所述，非人化涉及人类、动物和机器的三分法，通过赋予动物性或机械性来否定其人性。[②] 将敌人非人化就是对上述两个维度的彻底否定，因而敌人不再具有人性，而是具有和我们完全不同的“敌人性”或“敌性”，这种特性类似动物性和机械性。

将“敌人”与“野蛮”“邪恶”“非正义”等同起来，“敌人”就成了一个否定性的价值判断词，敌人就是一种非人的、异化的存在。例如，奥威尔在《一九八四》中叙述说：“当前的敌人总是代表着绝对邪恶的势力，因此不论是过去或者未来，都不会同它有什么一致的可能性。”[③] 由于敌人是“绝对邪恶”的体现，而且这种邪恶性永远都不会改变，因此它同“我们”就不存在同一性，因为“我们”代表的是善性。著名的黑格尔研究专家科耶夫在 1956 年 1 月 4 日回复施米特的信中也认为敌人是邪恶的。他说：“‘敌人的典型形式’当然是邪恶，更准确地说是基督教的恶；它也表现为‘动物

① Brock Bastian & Nick Haslam, “Experiencing Dehumanization: Cognitive and Emotional Effects of Everyday Dehumanization”, *Basic and Applied Social Psychology*, 2011, 33 (4), p. 296.

② See Brock Bastian & Nick Haslam, “Experiencing Dehumanization: Cognitive and Emotional Effects of Everyday Dehumanization”, *Basic and Applied Social Psychology*, 2011, 33 (4), pp. 295-296; Nick Haslam, “Dehumanization: An Integrative Review”, *Personality and Social Psychology Review*, 2006, 10 (3), pp. 255-258.

③ [英] 奥威尔:《一九八四》，董乐山译，第 31 页。

本性’。对于黑格尔而言（‘对于我们自身’或者‘对于恶本身’），这种‘动物本性’是无效的，因为人类已经将它否定了，并且只有人类——而不是动物——可以否定这种‘恶的本性’。因为，当‘不愉快的意识’（即宗教人士，更准确地说是基督徒）在其死前作为奴隶出现，冒着生命危险以期实现其获得承认（他作为人的现实和荣誉）的欲望，并且避免这种斗争，那么，‘就其本身而言’，什么是兽性这个问题就不是无效的，而是非常重要的，即‘恶魔的’。”① 显然，在科耶夫看来，敌人所表现出的兽性即“动物本性”是无效的，它是人类所否定的“恶的本性”，因而敌人是邪恶的。科耶夫在此指出，将敌人非人化的一个根本特征就是强调敌人的“动物性”或“兽性”。例如，美国政府就是按照是否从事邪恶行为这一标准来对其他国家进行分类的。“美国人把暴政、君主制、贵族制以及压制自由和个人权利的行为视为敌人。”② 美国按照这一标准来公布它的敌人的名单，2003年就列出了36个恐怖组织、7个资助恐怖主义的国家、6个“邪恶轴心”国家。③ 显然，在道德上贬低敌人，把他们当成非人的怪物，这种道德上或审美上对敌人的判断已经超出了政治领域。根据施米特的观点，敌友的区分无须借助任何道德、审美、经济或其他方面的判断。虽然敌我之间总是存在冲突的可能性，但敌人在道德上并不必然是邪恶的，或在审美方面是丑陋的。④ 那么，在实际的政治冲突中，敌人作为一个政治问题的纯粹性是根本无法保证的，它作为一个生存论意义上的问题也根本不可能与“价值领域”无关。而且，将敌人等同于道德上抽象的邪恶并不是根源于敌人的实际品质，但是对敌人的这种贬斥和丑化却容易为从肉体上消灭敌人提供正当性。

要激发人们对敌人的仇视，支持我们的事业，战争必须从自我立场看是正义的，从敌人立场看是非正义的。在战争中，“像强奸、抢劫、杀戮儿童、奴役人民、对战俘进行报复，甚至烧死活埋，这样的事情都被视为家常便饭，若是我方而不是敌方所为，则更被认为是为国尽忠、为民立功”⑤。为

---

① ［德］施米特/科耶夫：《科耶夫与施米特的书信往来》，罗卫平译，见刘小枫选编《施米特与政治的现代性》，第74页。

② ［美］塞缪尔·亨廷顿：《我们是谁？——美国国家特性面临的挑战》，程克雄译，第42页。

③ 参见上书，第218页。

④ 参见［德］卡尔·施米特：《政治的概念》，刘宗坤等译，第138—140页。

⑤ ［英］奥威尔：《一九八四》，董乐山译，第166页。

什么人们会认为消灭或杀死敌人是“光荣”和“正当”的呢?显然,人类的道德原则对这种行为产生了影响。为了消灭敌人,必须把敌人与人性的恶以及道德上的非正义捆绑在一起。例如,柏拉图在《理想国》中提出:帮助朋友、伤害敌人是正义的。一个人总是爱他认为好的人,而恨那些他认为坏的人。好人才是朋友,坏人才是敌人。假使朋友真是好人,当待之以善,假使敌人真是坏人,当待之以恶,这才算正义。一个正义的人应该伤害那些坏的敌人。[①] 这样,敌人与“坏人”“恶”“非正义”等价值判断词就等同起来了。于是,消灭敌人也就获得了道德上的正当性。例如,当“我们”把敌人宣传为野蛮的军队,这样“我们”在作战中就可以采取野蛮手段,因为“我们”士兵头脑中被灌输的敌人的野蛮形象促使他们违反所有的战争规则。宣传敌人野蛮的目的是为了剥夺敌人生存的机会,但是“我们”没有想到这种宣传最终也将摧毁“我们”自己。在士兵的头脑中,敌人形象在和敌人的实际接触之前就形成了。由于敌人的野蛮和邪恶形象在士兵的头脑中已经根深蒂固,因此他们不可能对国家意识形态所模式化的敌人形象进行清醒的自我认识。向士兵灌输这种敌人形象,极大地扭曲了士兵自己的感知,以至一旦面临现实,他们总是觉得自己希望看到的东西得到了证实。

当“敌人”等同于“邪恶”这个价值判断词时,我们有必要重新思考人类的古老话题:我们生性善良只是被一个恶的社会腐蚀了,抑或我们天生邪恶需要被一个好的社会救赎?换言之,人类究竟是邪恶社会的无辜牺牲品还是本身就具有天生的邪恶基因?菲利普·津巴多教授指出:“恶的冲动和善的冲动构成了人性中最根本的两重性。”[②] 也许我们每一个人都可以成为圣徒或罪人、利他者或自利者、温顺者或残暴者、支配者或服从者、加害者或受害者、囚徒或狱吏。当只能二选一时,我们该作出何种选择呢?由于被过度的欲望、无限的贪欲、充满敌意的冲动所驱使,人类这个物种如果不通过教育、宗教、家庭或者不通过严格的纪律和政府权威来控制的话,我们就无法变成理性的、明智的和富有同情心的人。[③]

---

① 参见[古希腊]柏拉图:《理想国》,郭斌和等译,第12—13页。

② Philip Zimbardo, *The Lucifer Effect: Understanding How Good People Turn Evil*, New York, Random House, 2007, p. 298.

③ Ibid., p. 297.

## 7.2 非人化的心理学解释

"非人化"（dehumanization）是人类社会的一种普遍社会心理现象。[①]群体暴力、奴隶制、种族屠杀乃至战争的加害者都热衷将受害者非人化，受害者面对侵害也会将加害者非人化，加害者在将受害者非人化的过程中甚至也会把自己非人化，某些受害者在被加害者非人化的过程中有可能认同这种非人化并将自我非人化。在大多数情况下，加害者所主导的非人化是单向度的，但在非人化的过程中往往会出现二者的双向互动，即加害者与受害者的相互非人化。通常而言，把人"非人化"为牲畜或其他动物的行为在伦理上是禁止的，在道德上也是不可接受的。然而，在意识形态宣传中，敌人经常被描述为低人一等的动物和有威胁的恶魔，这种把敌人"非人化"的行为往往能为"我们"所接受，并似乎可以得到道德上的辩护。人们甚至认为，把敌人非人化既有利于强化"我们"对敌人邪恶性的理解，也有利于加强既有成员的信念和团结。然而，人们对"非人化"的认识既缺乏一种系统的理论基础，也缺乏深入细致的分析和研究，几乎都是凭直觉来认识这种普遍现象的。学术界对"非人化"的研究散见于种族与人种、社会性别与色情、身体残障、医学和技术等领域，其中在种族冲突和种族屠杀中最为常见。[②]

### 7.2.1 什么是非人化？

简而言之，"非人化"就是将某一些人或某一类人去人性化或非人性化。"非人化"最初是生物学意义上的概念，但又不是一个简单的生物学问题，而是生物学、伦理学和心理学等多学科共同关注的综合性问题。非人化是对"人类的独特性"和"人类的本性"这两个人性维度的否定，因而对前者的

---

① 有关社会排斥的研究表明，各种形式巧妙的"非人化"现象每天都会在我们的社会互动中出现。See Brock Bastian & Nick Haslam, "Excluded from Humanity: The Dehumanizing Effects of Social Ostracism", *Journal of Experimental Social Psychology*, 2010, 46 (1), pp. 107-113.

② See Nick Haslam, "Dehumanization: An Integrative Review", *Personality and Social Psychology Review*, 2006, 10 (3), pp. 252-254; Cristian Tileagă, "Ideologies of Moral Exclusion: A Critical Discursive Reframing of Depersonalization, Delegitimization and Dehumanization", *British Journal of Social Psychology*, 2007, 46 (4), p. 717.

否定被称为“动物论的”（animalistic）非人化，主要是把人类和动物进行比较，而对后者的否定则被称为“机械论的”（mechanistic）非人化，主要是把人类和机器进行比较。[①] 在大多数情况下，非人化把人比作非人的生物，如猴子、畜生、猪、蟑螂、害虫，等等。有时候也会把人当作无生命物，如垃圾、废物、破鞋，等等。甚至还会把人当作隐喻意义上的恶魔、魔鬼、黑鬼、流氓、罪犯，等等。正如美国学者大卫·利文斯顿·史密斯（David Livingstone Smith）所指出：在通常情况下，即使个体遭受了严重毁容，人们也认为他拥有类似于我们的本质。与此相反，尽管有些人被认为不具有类似于人的本质，人们也可以想象他们具有类似于我们一样的外貌，但他们是低于人类的非人。他们拥有类似于掠夺者、猎物或其他不洁动物的特性。因此，他们引起恶心、恐惧、憎恨和蔑视等反应。而且，这种非人化是真实的而非隐喻意义上的过程，因为使人非人化者（the dehumanizers）真的相信受害者是低人一等的非人。[②] 史密斯在此指出了人的本质和外貌在非人化的过程中所呈现的内在联系，非人化是将人的本质去人性化，尽管会用一些隐喻或非人的生物来称呼被非人化的对象，但他们实际上还是被赋予了人的外貌。

菲利普·津巴多教授认为，“非人化”是理解人类自相残杀的关键。他指出：“非人化是我们理解‘人类相残’时的核心概念。当某些人认为其他人被排除在人类的道德秩序之外时，非人化就发生了。在这些使人非人化者看来，这种心理过程的客体丧失了他们的人类身份。通过把某些个体或群体区别在人性的范围之外，这些暂时搁置了道德的使人非人化的行为体通常支配着其同类的理性行动。”[③] 津巴多进一步指出，非人化是体现人类偏见和种族歧视的核心过程，它污辱了被非人化的人，并且赋予他们一种“被贬损的身份”。例如，某些人歧视残疾人就是一种非人化，他们由于身体的不健全而被使人非人化者认为是道德败坏的。在这种情况下，那些正常的、正直的甚至通常充满理想主义的人也可能做出毁灭性的残忍的行为。根据津巴多

---

① See Nick Haslam, “Dehumanization: An Integrative Review”, *Personality and Social Psychology Review*, 2006, 10 (3), pp. 255-258.

② 参见［美］大卫·利文斯顿·史密斯：《非人：为何我们会贬低、奴役、伤害他人》，冯伟译，重庆出版集团、重庆出版社 2012 年版，第 216—222 页。

③ Philip Zimbardo, *The Lucifer Effect: Understanding How Good People Turn Evil*, New York, Random House, 2007, p. 307.

教授的观点，"非人化"主要是将人去道德化，就是要把非人化的对象排除在正常的道德秩序之外。那些人类认可的普世价值和基本道德不再适用于被非人化的对象，例如"不要杀人"是人们普遍接受的道德法则，它约束着人们不要加害他人。但是，当人们一旦摆脱道德法则的约束，并且把某些人排斥在人类的道德秩序之外，"不要杀人"这一禁令就变成了"要杀人"或"必须杀人"，他们就会对自己的同类实施残忍无比的杀戮行为，甚至还认为"杀人"是光荣的，在道德上是可以接受的。例如，战争中的交战双方甚至出现了杀人比赛，以杀害敌人的多少来论功行赏。在穆斯林宗教激进主义与犹太人的冲突中，犹太人常常被描述成恶魔，穆斯林针对这些"邪恶敌人"的暴力被认为是必要的和正当的。无疑，"非人化"与暴力之间一定有着某种内在的关系，因为这些残忍的暴力行为都是建立在对敌人非人化的基础之上的。

非人化通常意味着加害者与受害者相互将对方去人性化并建构对方的非人形象，但是加害者往往在建构过程中起着主导作用。一般而言，加害者是普通人，他们并不是精神病人、疯子或者恶魔。人们把加害者称为"魔鬼"，只不过是在对这些使人非人化者进行非人化。[①] 同样，受害者也是正常人，加害者把他们当作"害虫"或"牲畜"来对待，就是把他们当作失去人性的人来非人化。当然，只有人类这个物种才有可能进行非人化的行为，也只有人类才能对同类进行大规模的迫害，这种迫害行为来源于人类这一物种特有的认知能力。换言之，其他物种不具有这种认知能力，因而不可能像人类一样对同类进行迫害甚至实施种族灭绝。

虽然非人化与暴力之间的关系引起了人们的重视，但一直没有令人信服的理论可以解释非人化的产生机制和发展过程，也没有确切证据表明非人化与人类相互残杀之间的直接联系，因而也很难提出行之有效的控制非人化的方法。尽管心理学家对非人化现象进行了有意义的研究，但大多数研究还是基于直觉的分析。因此，关于非人化问题需要一种综合性理论来进一步解释，我们分别从"社会认知""去正当化""道德排斥"三个方面来对此进行分析。

---

① See Robert O. Deaner, "Further Questions about Dehumanization", *Journal of Social, Evolutionary, and Cultural Psychology*, 2012, 6 (4), p. 515.

### 7.2.2 社会认知与非人化

非人化以及由此导致的同类自相残杀与人类特有的认知有关。而个人及其认知过程是处于社会交往、社会群体和社会结构之中的。[①] 当使人非人化者把另一个群体排斥在人类社会之外时，他在非人化的过程中就进入了一种社会认知解构主义的状态，表现出情感麻木、缺乏同情和认知僵化等状况。[②] 澳大利亚墨尔本大学心理学教授尼克·哈斯拉姆（Nick Haslam）进一步从关系认知、认知模式、行为解释、社会归类、心理距离和移情作用等几个方面分析了非人化的社会认知基础。[③] 我们认为，敌人的非人化主要取决于关系认知和认知能力。

首先，非人化涉及使人非人化者对自己与被非人化的他者之间关系的认知。在群体共享中，人们与群体成员会有一种整体感并且团结一致，也会赋予"我们"与"他们"不同归类以重要意义。种族或民族认同建立在群体共享的基础之上，一旦发生群体冲突，"我们"就会将冲突的对立方排除在群体之外，并打破这种认同，突破或排除他者与"我们"的群体共享，因而刻意地把他者比作低人一等的动物，出现一种动物论形式的非人化。被非人化者被认为玷污了群体共享关系，导致"我们"的厌恶和反感，他们不再适用群体的道德规范。而在机械论的非人化模式中，人们会以一种中立的、机械的、疏远的、客观化的取向来看待被非人化的对象，不考虑实际存在的任何社会关系，它反映了人们对他者关联性的冷漠。因此，这种非人化形式大多出现在个体与个体之间，而动物论的非人化则出现在群体与群体之间。就认知模式而言，尼克·哈斯拉姆分析了社会与自然历史模式和大众生物学思维的本质主义模式。社会与自然历史模式与人类的进化过程密切相关，人类的认知也在不断进化，在产生神人同形同性论和图腾崇拜的同时，也产生了认为其他群体是"非完整人类"的观念，这在很大程度上是基于直觉的理解和

① 参见 Teun A. van Dijk：《社会认知、社会权势与社会话语》，《国外语言学》1991 年第 3 期，第 17 页。

② See Brock Bastian & Nick Haslam，"Experiencing Dehumanization：Cognitive and Emotional Effects of Everyday Dehumanization"，*Basic and Applied Social Psychology*，2011，33（4），p. 297.

③ See Nick Haslam，"Dehumanization：An Integrative Review"，*Personality and Social Psychology Review*，2006，10（3），pp. 260-262.

认知，而非科学或哲学的论证，因而这种模式的非人化主要是动物论的非人化，即把某一个人类群体贬低为动物，并赋予其动物性。而在大众生物学思维的本质主义模式中，主要把外部集团看作没有意识的物品，认为它们没有情感和权利，只不过是实现我们目的的手段或工具，因而这主要是一种机械论的非人化。①

其次，非人化取决于人类特有的认知能力。史密斯认为非人化与人类的五种认知能力相关：第一，生物学机制驱使我们把生物世界的不同自然特性称为“物种”。第二，社会学机制驱使我们把人类世界的不同自然特性叫作“种族”。第三，我们拥有对“物种”和“种族”等概念进行抽象思考的能力。第四，我们认为“物种”和“种族”的无形特性可以传递给后代。第五，我们假设“物种”和“种族”拥有等级。人们正是根据这五种认知能力来思考某些种族的本质，甚至在特定条件下，认为这些种族具有非人的本质，从而将其非人化。因此，人们可以突破禁止使用暴力的禁忌，甚至使用更大的暴力防止自己免受暴力的侵害。通常，突破暴力禁忌会给人们带来精神上的伤害，然而对一个非人的群体实施暴力，人们不仅不会感到内疚，而且认为是一项道德义务。因此，当一个群体试图伤害另一个群体时，总是先将对方非人化，对它们实施的不道德行为被认为是道德的、正当的。② 史密斯关于“非人化”的分析对我们思考敌人的非人化富有启发意义。在现代社会，“非人化”经常出现在领导者和宣传人员所崇奉的国家意识形态之中，从而为即将实施的暴力行为提供舆论准备和辩护，在战争和实际冲突中将敌人非人化可以强化士兵的战斗动机。

### 7.2.3 去正当化与非人化

对非人化的另一种常见的解释方式是借用“去正当化”（De-Legitimization）的概念来分析“非人化”的心理过程。以色列学者乌迪·勒贝尔

---

① See Nick Haslam, “Dehumanization: An Integrative Review”, *Personality and Social Psychology Review*, 2006, 10 (3), pp. 260-261.

② 参见［美］大卫·利文斯顿·史密斯：《非人：为何我们会贬低、奴役、伤害他人》，冯伟译，第208页；Robert O. Deaner, “Further Questions about Dehumanization”, *Journal of Social, Evolutionary, and Cultural Psychology*, 2012, 6 (4), pp. 515-517。

(Udi Lebel) 认为，“当敌手被认为是‘不正常的人’时，对其去正当化的过程就成功了”[①]。甚至有人把这种去正当化的政策称为“象征性的圣战政治”。乌迪·勒贝尔进一步指出：“一方面，当权者的行为是为了让敌对者与一切积聚政治权力的正当性努力保持距离；另一方面，敌对者不断努力对抗这种针对他的象征性的圣战，因此寻求获得公开的正当化并进入国家的万神殿之中。”[②] 乌迪·勒贝尔在此明确地指出了敌对双方总是通过各种手段和努力试图将对方去正当化，并且在这种去正当化的过程中确证自身的正当性。这种去正当化的行为经常出现在阶级政治和身份政治之中，我们前面讨论的“人民公敌”的确立和犹太人大屠杀都有这种去正当化的影子。以色列心理学家丹尼尔·巴塔尔（Daniel Bar-Tal）从心理学中的社会、文化和制度等维度对信念与认同、信念与群体的关系进行了深入分析。他认为，一个社会拥有诸多共同的信念，其中爱国主义、安全、努力和去正当化是最核心的信念。爱国主义和去正当化是提高社会凝聚力和社会生存必不可少的信念，目的在于培育和维持一种社会统一感。爱国主义和去正当化，对作为一种集体性存在的社会是非常重要的，总是伴随着肯定的自我评价和清晰的认同感。它们通过神话、集体记忆、意识形态、象征、自我想象、对其他社会的想象、价值观和社会愿景等方式获得传播。[③] 去正当化为种族主义和其他形式的歧视提供了一种心理基础，而“非人化”则意味着对其他种族或种族内部的某些人去正当化，把某些极端负面的特征赋予这些群体，从而将其排斥于社会认同的人类群体之外，并且否认他们拥有和我们同样的人性。与此同时，这个群体被贴上了非人类的标签，要么是低人一等的动物，要么是超出人类之物如恶魔、怪物或撒旦，但都被赋予了否定性价值。[④] 显然，“去正当化”这一概念是种族冲突的产物，它试图剥夺和去除另一个种族群体的人性，同时用来解释冲突产生的原因、为攻击提供理由并且宣扬种族优越感。巴塔尔用“去正当化”解释“非人化”现象，为我们理解种族屠杀提供

---

①② Udi Lebel, “‘Beyond the Pantheon’: Bereavement, Memory, and the Strategy of De-Legitimization Against Herut”, *Israel Studies*, 2005, 10 (3), p. 106.

③ See Daniel Bar-Tal, *Shared Beliefs in a Society: Social Psychological Analysis*, Thousand Oaks, CA, Sage, 2000, p. 136.

④ Ibid., p. 122; Nick Haslam, “Dehumanization: An Integrative Review”, *Personality and Social Psychology Review*, 2006, 10 (3), p. 254.

了一条重要途径，但同时也使得这一问题更加扑朔迷离。

另一位以色列学者曼弗雷德·盖斯特菲尔德（Manfred Gerstenfeld）在《欧洲的去正当化趋势》一文中认为，种族灭绝始终是以色列面临的主要危险。其理由是：激进的穆斯林好战分子一旦拥有核武器就会针对以色列，以色列将处在大规模屠杀或第二次犹太人大屠杀的威胁之中。对犹太国家的去正当化是以色列面临的第二大威胁，其最终结果是对以色列人的大规模屠杀，因为去正当化经常是种族屠杀的舆论前提。把以色列人去正当化、视以色列为纳粹国家、妖魔化以色列等现象甚至出现在当代欧洲主流思想中。[①]他进一步认为，历史上出现过宗教反犹主义、民族—种族反犹主义和反以色列主义这三种形式的反犹主义思想，其共同点是把犹太人妖魔化。通常而言，反犹主义的发展体现在妖魔化、隔离、驱逐或消灭三个阶段，其核心思想是“犹太人是绝对的恶”，这种邪恶性体现在犹太人想统治世界、犹太人是残忍的和嗜血的、犹太人是劣等的和低于人类的三个方面。他指出，在对犹太人去正当化和污名化的过程中，妖魔化这一反犹主义的核心主旨又以新的形式重新出现，“犹太人是绝对的恶”变成了“以色列人是绝对的恶”，以色列甚至比纳粹德国更坏，这些观点甚至出现在某些欧洲政客的公开言论之中。以色列的敌人通过各种策略试图将以色列人去正当化，这是对以色列人生存的威胁。因此，必须积极地与这种去正当化的行为进行坚决的斗争，曼弗雷德·盖斯特菲尔德提出了五种斗争的途径：第一，绝不允许敌人有一份免费的反犹太人和反以色列的午餐。第二，“进攻是最好的防御”。由于国际人权组织对以色列采取双重标准，因此必须严厉回击人权观察和大赦国际对以色列的抨击。第三，阳光是最好的消毒剂。要继续揭露在校园和各种主流新教教派中盛行的赞成反以色列人的观点。第四，以色列人和支持以色列的人应该停止成为言语上的素食者。“我们”永远不要低估敌人的行为。第五，关注那些处于成功状态、相对更胆大妄为的少数敌人。[②] 曼弗雷德·盖斯特菲尔德通过对媒体言论和政治领导人讲话的分析，认识到对犹太人去正当化的危害性。毫无疑问，对任何一个种族或者国家去正当化的行为都是不正当

① See Manfred Gerstenfeld, “De-Legitimization Currents in Europe”, *Israel Affairs*, 2012, 18 (3), pp. 389-390.

② Ibid., pp. 392-400.

的和不可接受的，尽管去正当化的言论并不等于实际发生的行为。犹太人正是基于历史的惨痛教训时刻保持着高度的警惕和敏感性，在反去正当化的过程中，他们也许不知不觉地陷入了将对方去正当化的过程，这是他们自身需要警醒的。

### 7.2.4　道德排斥与非人化

"非人化"也是道德心理学关注的重要问题，学者常常借助"道德排斥"（Moral Exclusion）概念来解释"非人化"现象。[①] 其中，美国有两位代表性的学者对道德排斥问题进行了深入研究。一位是美国纽约城市大学的苏珊·奥珀托（Susan Opotow）教授，她主要研究道德排斥与非正义、非人化以及和平教育等问题及其关系，在学术界有着广泛影响。另一位是哈佛大学著名的社会伦理学教授赫伯特·C. 科尔曼（Herbert C. Kelman），他对道德排斥、非人化与暴力之间的关系进行了卓有成效的研究。

苏珊·奥珀托认为，道德排斥与日益严重的社会问题诸如堕胎、物种保护、核武器和移民政策等有关，道德排斥是指把某些个体或群体排除在道德价值、规则和公平考虑的应用范围之外，一旦在道德上遭到排斥，这些个体或群体就成了无关紧要的存在物，就成了各种伤害形式如剥削、侵犯人权和种族灭绝的合适目标，被伤害甚至被杀害都是合理的和可以接受的。而人们对上述问题的态度取决于他们自身是被包含在社会道德范围之内还是被排除在社会道德范围之外。[②] 换言之，那些被排除在正义范围之外的他者，金规则对他们不再适用，不正义反而被认为是正常的和可以接受的。例如，"9·11"恐怖袭击者对美国人的仇恨和美国人对恐怖分子的仇恨，就像伊拉克两个对立宗派之间的暴力一样，是道德排斥的表现。苏珊·奥珀托进一步指出，在一种安全文化中，道德排斥的增加就意味着人权的侵犯。理解道德排

---

① "道德排斥"（Moral Exclusion）是相对于"道德包含"（Moral Inclusion）而言的。苏珊·奥珀托认为，道德包含强调对所有人的公平、资源共享和福利关怀，因而道德包含是建构和平的动因，而道德排斥则是引起破坏性冲突和严峻社会问题的动因。See Susan Opotow，Janet Gerson，Sarah Woodside，"From Moral Exclusion to Moral Inclusion：Theory for Teaching Peace"，*Theory into Practice*，2005，44（4），p. 304.

② See Susan Opotow，"Moral Exclusion and Injustice：An Introduction"，*Journal of Social Issues*，1990，46（1），p. 1.

斥是如何成为如此严峻的、有广泛影响的社会现象，关键在于了解人们是如何从他们曾经所拥有的民主、价值自由和正义等基本原则中被分离出来的。[①] 道德排斥的形式多种多样，既有极端伤害中的那种明目张胆的道德排斥，也有为社会所容忍、难以察觉、非常微妙的道德排斥，但它们具有以下一些共同特征：(1) 被排斥者是与“我们”心理上疏远和无关的人。(2) 缺乏对被排斥者的积极的道德义务。(3) 被排斥者是无足轻重的、可以牺牲的、不值得公平对待和共享共同体资源的人，因而不值得促进他们的福利。(4) 对正义适用范围之内的人而言，支持被排斥者的过程和结果都是不可接受的。[②] 非人化作为一种极端的道德排斥形式自然具有上述四个方面的特征，但是它往往又是一种非常微妙的道德排斥形式，如果它不通过公开的言论或意识形态表现出来，人们的确很难予以辨别。

赫伯特·C. 科尔曼认为，在实施惩罚性群体暴力的情境中，非人化的道德维度主要关注对暴力进行正常道德约束变弱的情况。他指出，通过把受害者非人化，敌意间接地导致暴力。他说：“在通常意义上，如果有计划、有组织的杀戮想以一种平静而有序的方式进行，就必须剥夺受害者的人类身份，因为要突破禁止杀戮人类同伴这条强烈的禁令太艰难了。在某种程度上，受害者被非人化，意味着道德原则不再适用于他们，对杀戮的道德限制也被轻而易举地克服了。”[③] 换言之，当人们被剥夺了遗传的、共同的人性时，他们就被去人性化了，就失去了唤起同情和道德情感的能力，就可能被当成实现邪恶目的的手段。[④] 加害者要对受害者实施暴力，必须先对其进行道德排斥，将受害者排斥在人类道德的秩序之外，而非人化是最极端的排斥方式。

科尔曼指出，在全面了解非人化的进程之前，我们必须首先了解在由道

---

① See Susan Opotow, “Moral Exclusion and Torture: The Ticking Bomb Scenario and the Slippery Ethical Slope”, *Peace and Conflict: Journal of Peace Psychology*, 2007, 13 (4), pp. 458-459.

② See Susan Opotow, Janet Gerson, Sarah Woodside, “From Moral Exclusion to Moral Inclusion: Theory for Teaching Peace”, *Theory into Practice*, 2005, 44 (4), pp. 305-306.

③ Herbert C. Kelman, “Violence without Moral Restraint: Reflections on the Dehumanization of Victims and Victimizers”, *Journal of Social Issues*, 1973, 29 (4), p. 48.

④ See Nick Haslam, “Dehumanization: An Integrative Review”, *Personality and Social Psychology Review*, 2006, 10 (3), p. 254.

德所维系的人类关系中把他人理解为完整的人意味着什么。在科尔曼看来，把他人理解为完整的人意味着人们会对每一个人的死亡感到悲伤，无论熟悉与否，也无论是否来自同一群体。换言之，如果我们在认同（identity）和共同体（community）的意义上来理解他者，那么我们就会认为他者之死是一种值得同情的损失。[①]

"认同"和"共同体"概念是科尔曼理解"非人化"的基础，非人化就是"剥夺共同体和认同意义上的加害者和受害者的过程"[②]。显然，科尔曼所说的"认同"主要是一种伦理意义上的道德认同，而他所说的"共同体"是指群体意义上的道德共同体。科尔曼说："给予一个人认同就是把他理解为一种个体的、独立的并区别于他人的存在，他有能力作出选择，并有权根据自己的目标和价值过他自己的生活。把一个人放入共同体中，就是把他——包括其自我——理解为个体间相互联系的网络之组成部分，人们在此相互关心、承认彼此的个性并尊重各自的权利。这两点共同构成了个体价值的基础——把他人当作目的而非实现其他外在目的的手段来接纳个体。个体价值也有个人和社会两种指向，它意味着个体既有自身价值，也对他人有价值。"[③] 在对认同和共同体概念进行分析的基础上，科尔曼指出了二者与大屠杀之间的内在关系。在某种程度上，大屠杀就是对同类在共同体意义上的认同的剥夺，就是将他们排除在"我们"之外。事实上，一个群体对被排除在共同体之外的人或群体产生同情和认同几乎是不可能的。尤其当他们被排除在人类之外而成了另外一个非人的物种时，禁止杀戮同类的道德限制就可以被轻易突破，而且不会产生任何道德上的罪恶感。[④] 我们越将某人排除在我们所属的道德共同体之外，我们就越会对他/她抱有偏见和刻板化印象，并且认为对他/她的侵犯是正当的，在道德上是可以接受的，原因是他/她不属于我们这个道德共同体。[⑤] 其实，当我们分析"共同体"的时候，"认同"

---

① See Herbert C. Kelman, "Violence without Moral Restraint: Reflections on the Dehumanization of Victims and Victimizers", *Journal of Social Issues*, 1973, 29 (4), p. 49.

② Ibid., p. 25.

③ Ibid., pp. 48-49.

④ Ibid., p. 49.

⑤ See Stefano Passini, "Moral Reasoning in a Multicultural Society: Moral Inclusion and Moral Exclusion", *Journal for the Theory of Social Behaviour*, 2010, 40 (4), p. 436.

这个概念也内含于其中了，因为我们首先要解决“谁被包含在这个共同体之内或者谁被排除在这个共同体之外”的问题。

当受害者被加害者在道德上排除在共同体之外时，受害者在种族灭绝政策支配下的大屠杀中就变成了纯粹的手段，他们尽可能多的死亡就成了加害者的政策目标。对受害者实施有计划的、有组织的、系统性的毁灭，在加害者眼中既是可取的目标，也是完全可以接受的手段。科尔曼进一步指出：对某些种族群体的非人化与历史上这些目标群体长期被侮辱并被排除在人类之外有关。换言之，加害者长期对受害者的排斥、不信任和蔑视是非人化的历史根源。这种群体非人化早已存在于相应的传统、习俗、想象和词汇之中。被非人化的受害者通常属于一个独特的种族、宗教、人种或者政治团体，但他们的独特性在加害者眼中却是低等的、不吉利的和未开化的。例如，“亚洲佬”这种歧视性的词汇就是要剥夺受害者的认同，并将其排除在人类共同体之外。[1]

把受害者非人化是满足加害者自身的过程。科尔曼指出：大屠杀过程的动态性加剧了加害者把受害者非人化的倾向。尤其是那些作为官僚集团组成部分的高层参与者，受害者只不过是他们所撰写的屠杀报告中的统计数字，是决定生产率和发展速度的数字。而在杀戮现场，加害者通过屠杀来证明受害者是低能的并且是应当被清洗或灭绝的，证明任何人对低人一等的受害者的伤害都是“正确”的，加害者在对受害者的杀戮中找到了自身存在的意义。在对权威的无条件服从和常规化的杀戮工作中，加害者的个体能动性也被剥夺了，加害者本身成了手段，成了屠杀受害者的工具。他们不再有自己独立的价值判断，也不再是有道德意识的行为体，他们只不过是杀人机器上的部件，他们在执行任务的过程中异化了。加害者即使作出某些决策，也只关乎屠杀进程的细节和杀人方式的选择，至于会带来何种后果则不在他们的考虑范围之内。加害者在决策过程中也将自身异化了，其自我认同感也被剥夺了。在对受害者非人化的过程中，加害者丧失了关心、同情和把受害者当作人类来对待的能力。当加害者把受害者排除在共同体的关系网络之外时，他们所属的共同体就变成了一个狭隘的、封

① See Herbert C. Kelman, “Violence without Moral Restraint: Reflections on the Dehumanization of Victims and Victimizers”, *Journal of Social Issues*, 1973, 29 (4), p. 50.

闭的群体。[①] 事实上，受害者在被非人化的过程中也会通过道德排斥将加害者非人化。例如，美国前总统布什和现总统奥巴马先后在公开言论中认为恐怖分子是不值得予以道德和公正对待的政治行为体。[②]

## 7.3 敌人非人化的路径

将敌人"非人化"，首先要把敌人想象或描绘成"异类"，认为他们是低等或劣等的种族或民族，甚至将他们排除在人类之外。"非人化"通常出现在敌对国家或敌对双方的宣传动员中，不仅出现在敌对的国家与国家、民族与民族、种族与种族、教派与教派之间，也出现在阶级与阶级、政党与政党之间。[③] 例如，美国在实施种族隔离政策时期，通过丑化黑人来表达对黑人的仇视和恐惧。托马斯·狄克逊（Thomas Dixon）在《同宗者：三K党的历史传奇》一书中把黑人描绘成一种野蛮的动物，一种应当蔑视和毁灭的动物。他描述道："他长着低等动物的又粗又短的脖子，皮肤是炭黑色的，嘴唇厚得向上下翻卷，上面爬满弯弯曲曲的血丝。他的鼻子扁平，硕大的鼻孔似乎要无限度地扩张。眼白上长着棕色斑点的小珠子般的邪恶眼睛分得很开，在稀疏的眉毛下，像猿猴一样闪着亮光。巨大的颧骨和下巴几乎遮住了耳朵，像是要伸到耳朵外面去。"[④] 这种充斥着种族歧视的非人化行为将黑人贬低成低人一等的兽类，种族歧视者甚至还从科学和哲学层面来论证在生物学和生理学背景下白人优越而黑人低劣的观点。美国的科学家声称"黑奴们"生来就欠缺某种白人才具有的生物结构，证明黑人在生理和心智上都是低等生物，因而对黑人的私刑和其他形式的攻击很容易为人们所接受并能得到社会力量的支持。[⑤] 科尔曼在研究中发现，非人化现象在战争中非常普

① See Herbert C. Kelman, "Violence without Moral Restraint: Reflections on the Dehumanization of Victims and Victimizers", *Journal of Social Issues*, 1973, 29 (4), pp. 50-52.

② See Andrew Pilecki, Jonathan M. Muro, Phillip L. Hammack, Carley M. Clemons, "Moral Exclusion and the Justification of U. S. Counterterrorism Strategy: Bush, Obama, and the Terrorist Enemy Figure", *Peace and Conflict: Journal of Peace Psychology*, 2014, 20 (3), p. 286.

③ 参见徐贲：《警惕"非人化"语言的敌意》，《南方周末》2012年2月10日。

④ 转引自［美］安东尼·平：《上帝，为甚么?》，周辉译，道风书社2005年版，第79页。

⑤ 参见上书，第80页。

遍，但多少还受到传统战争伦理的限制，可是非人化在种族屠杀中则无所约束，带来的后果更加严重、更为残酷，他指出："在战争环境下对敌人非人化是一种普遍的现象。而惩罚性的大屠杀以一种更加极端的非人化为前提。人们会害怕和憎恨敌人，会被他充分地激怒、煽动或者威胁，并随时准备取其性命。然而，他们仍然会把他当作人类来作出反应，事实上，他们甚至会尊重他并对他抱有亲切感，后悔因利益纷争而卷入冲突。与此相反，在惩罚性大屠杀中，杀戮并不是出于对屠杀对象的威胁或挑衅的回应。并不是对方做过什么招来杀身之祸，而是因为他所属的类导致了他的死亡。"[①]由此可见，由极端的非人化导致的种族屠杀与由利益纷争而导致的战争的结果是完全不一样的。

将敌人"非人化"很少是单向度的，由于敌我矛盾和冲突的加剧，敌对双方均会将彼此非人化。因此，敌我的非人化是相互的，敌人不再像"我们"一样是人。[②] 科尔曼发现，加害者在将受害者非人化的过程中也将自身非人化了，而且这种非人化的程度是随着暴力程度的不断升级而升级的，加害者由于受到环境压力的影响而变得更加凶残，迫害和谋杀的手段无所不用其极，他们甚至会在杀戮中获得某种快感和成就感，而相应的意识形态宣传竟然肯定这种灭绝人性的行为。加害者在大屠杀中也逐渐将自己非人化，对受害者的杀戮不再受道德约束，他们失去了作为道德存在物的能力。科尔曼进一步指出，加害者的行为使得其所拥有的非人化成了他们生命中的一种无法逃避的状态。加害者在非人化的过程中丧失了个人认同意识和共同体意识。[③] 科尔曼在此敏锐地发现了加害者在将受害者非人化的过程中迷失了他们自己的认同感和共同体意识，这是其他学者很少注意到的，大部分学者只是认为加害者丧失了对受害者的认同感和共同体意识，将受害者排除在人类的道德秩序之外。

将敌人"非人化"就是为消灭敌人提供某种正当性。敌人一旦被妖魔

---

① Herbert C. Kelman, "Violence without Moral Restraint: Reflections on the Dehumanization of Victims and Victimizers", *Journal of Social Issues*, 1973, 29 (4), pp. 49-50.

② See Donald W. Shriver, JR., *An Ethic for Enemies: Forgiveness in Politics*, Oxford University Press, 1995, pp. 123-126.

③ See Herbert C. Kelman, "Violence without Moral Restraint: Reflections on the Dehumanization of Victims and Victimizers", *Journal of Social Issues*, 1973, 29 (4), pp. 50-51.

化，暴力就将成为消灭敌人的最优选择。施米特指出："对手们相互消灭之前必先将对方推入全盘贬低的深渊，在这样一个世界上，不产生新的绝对的敌对关系才怪。敌对关系如此可怕，以致人们也许根本不可以再谈论敌人或者敌对关系，甚至在毁灭行动可能开始以前，敌人或者敌对关系便遭到各种形式的诽谤和诅咒。随之，毁灭变成了完全抽象和完全绝对的东西。毁灭根本不再针对一个敌人，而只是用来贯彻最高价值的所谓客观措施，众所周知，为此付出任何代价都不过分。正是对现实敌对关系的否认，为一个绝对的敌对关系的毁灭活动打开了通道。"[①] 也就是说，将敌人非人化意味着要对敌人进行"全盘贬低"，这样就会产生一种绝对的敌对关系，故而对敌人进行任何形式的诽谤和诅咒都是正当的和可以接受的，现实的、真实的敌对关系就变成了抽象的、绝对的敌对关系，毁灭敌人是了结这种敌对关系的唯一"客观措施"，任何形式的毁灭都是为了实现所谓的"最高价值"。因此，将敌人非人化是毁灭敌人的重要前提。

将敌人非人化既是一种心理过程，也是一种政治过程，不同的国家和群体使用的非人化修辞千奇百怪，方式也多种多样，但可以概括为三种主要的路径：一是直接将敌人等同于动物；二是将敌人在隐喻意义上非人化；三是将敌人去人格化。

### 7.3.1　将敌人动物化

把人比作动物，是非人化最主要的一种方式。这种非人化通常发生在不同种族和人种之间的冲突中。例如，种族主义者常常把非洲人比作猿猴，拒绝承认他们是人类的成员。使人非人化者常常把某些群体比作狗、猪、老鼠、寄生虫或昆虫，他们用夸张、讽刺的方式将种族上他者的身体特征描绘为动物的形象。[②]

洛克认为，由于敌人不受理性法则的约束，因此可以把他们视为猛兽，视为危险和有害的动物。对他们，除了强力和暴力法则之外，别无他法，

---

① ［德］卡尔·施米特：《游击队理论——"政治的概念"附识》，《政治的概念》，刘宗坤等译，第436页。

② See Nick Haslam，"Dehumanization：An Integrative Review"，*Personality and Social Psychology Review*，2006，10（3），pp. 252-253.

可以像杀死豺狼或狮子一样消灭他们。[①] 在实际的政治冲突中，敌对双方的政治领袖和民众常常将对方当成禽兽，当成野蛮人看待。例如，第二次世界大战时期，杜鲁门就明确地说日本人是禽兽，因而应该待之以禽兽。[②] 在整个战争期间，美国的意识形态宣传和卡通艺术充斥着日本人的“猴子”形象。珍珠港事件更加强化了自亚里士多德以来欧洲人蔑视其他有色人种的传统。在美国人看来，日本人是典型的“野蛮人”，他们就是野兽。[③] 正如亨廷顿所指出的：“日本人实际上是被套上了欧美人千百年来对非白种人所持有的种族成见……包括类人猿、矮子、原始人、小人、疯子等等形象。”[④] 然而，恰恰是被欧美人视为野兽的日本人把中国人当成牲口一样屠杀。例如，日本一名将军指出，日本军人在侵略中国期间残忍地屠杀中国平民，是因为“我们认为他们只是物，而非像我们一样的人”[⑤]。纳粹在对犹太人实施大屠杀时，他们通过电影和海报宣传一种国家层面的观念，即犹太人只不过是寄生虫、贪婪的老鼠等低级的动物生命形式。美国在实行种族隔离政策时期，白人暴徒对黑人处以私刑，不仅不被认为是对人性的犯罪，反而认为是这些“黑鬼”罪有应得。显然，把敌人说成野蛮人和禽兽实际上体现了自我的狂妄。因为“恐吓、强迫以及压制是一种完全适合于管理牲畜的手段。——而牲畜，只有牲畜，可能——必须在恐吓、强迫和压制下才被推动、驱赶或胁迫而进入一种与其现存不同的形式中”[⑥]。大批屠杀敌人，残酷折磨战犯，人被当作禽兽、畜生或害虫等来对待，意味着将人当作动物一样的客体排除掉了。

### 7.3.2　将敌人符号化

在冷战期间，西方大国的领导人对敌人的依附者所持有的无赖意象也是

---

① 参见［英］洛克：《政府论》下篇，叶启芳、瞿菊农译，商务印书馆1964年版，第12页。

② 1945年8月杜鲁门在与佐治亚州参议员Russell的谈话中谈及这种观点。参见［美］约翰·罗尔斯：《万民法》，张晓辉等译，吉林人民出版社2001年版，第106页。

③ See Donald W. Shriver, JR., *An Ethic for Enemies: Forgiveness in Politics*, Oxford University Press, 1995, p.123.

④ ［美］塞缪尔·亨廷顿：《我们是谁？——美国国家特性面临的挑战》，程克雄译，第217页。

⑤ Philip Zimbardo, *The Lucifer Effect: Understanding How Good People Turn Evil*, New York, Random House, 2007, p.307.

⑥ ［英］齐格蒙·鲍曼：《生活在碎片之中——论后现代道德》，郁建兴等译，学林出版社2002年版，第186—187页。

把敌人非人化的一种重要方式，他们认为被敌人控制的依附国在能力和文化上都很低劣。例如，朝鲜、古巴、伊拉克、利比亚、塞尔维亚和伊朗等国就被美国认为是具有威胁性的、低劣的“无赖国家”（rogue state）。英语中的“rogue（译为无赖或流氓）”，既可以指乞丐、流浪汉，也可以指流氓和罪犯，甚至可以指动植物。美国的少数精英用 rogue 来贬低他们所憎恶的国家并把这些敌对国家的领导者贬低为动物。例如，美国就曾把萨达姆称为“巴格达的畜生”。正如德里达（Jacques Derrida）所指出的：“畜生不仅仅是动物，它还是邪恶、恶鬼、妖魔、魔鬼的化身。”[①] 而“无赖国家”是美国给其敌对国家所贴的带有侮辱性质和指控性质的道德标签，是美国不断制造敌人的政治文化所催生的相应的政治修辞，是美国少数精英用来指称某些在他们看来缺乏民主并且不尊重法治的国家。这些国家有时候又被美国称为被遗弃的国家（outcast）、无法无天的国家（outlaw nation）和恶棍国家（pariah state）。德里达在《无赖》这部著作中对“无赖国家”进行了批判，他引用了乔姆斯基在《无赖国家：世界事务中的武力规则》中的观点，认为“最大的**无赖国家**恰恰是传播和使用**无赖国家**这类概念的国家，它表现在语言、修辞、司法文书以及那些人所共知的军事战略后果方面。首要的和最粗暴的**无赖国家**，就是那些无视和持续违反国际法的国家，这类国家恰恰以国际法的捍卫者自居，以国际法的名义讲话，每当它们受利益驱使，它们就以国际法的名义对所谓无赖国家发动战争。这样的国家就是美国”[②]。在德里达看来，当初定义其他国家为无赖国家的美国恰恰是最邪恶、最粗暴、最具破坏性的无赖国家。那么，谁拥有定义无赖国家的权利呢？其根据到底是什么呢？这个定义无赖国家的国家为什么又会被人们认为是最大的无赖国家呢？对这些问题的回答，我们可以回到有关敌人意象的论述中，一个国家对另一个国家的意象可以分为敌人、野蛮人、帝国主义、殖民地、堕落者、无赖和联盟等多种类型。当一个国家对另一个国家持有无赖意象时，它其实是由该国少数精英所建构的他国形象，当美国称其他国家为无赖国家时，无赖国家就是美国的少数政治精英或知识精英对其他国家所持的一种政治意象，这种意象是以美国的根本利益作为判断标准的，“美国人只需在美国内部并且无须与任

① ［法］德里达：《无赖》，汪堂家、李之喆译，上海译文出版社 2011 年版，第 130 页。

② 同上书，第 128—129 页。

何人协商就可以判定，不管哪个国家的政策违反了其根本利益，这些根本利益就可以使它有充分理由去攻击、颠覆和摧毁这些国家。为了证明这个主权国的单边主义，证明这种对主权的独享，证明对联合国这个被认为民主和正常的机构的破坏，为了给这个最强者的理性辩护，就需要宣布被视为侵略者或被认为有威胁性的上述国家以无赖国家的方式行事”①。这样就出现了“美国说哪个国家是无赖国家，哪个国家就是无赖国家”② 的情况。很显然，“无赖国家”作为一种政治意象，是美国打击其他国家的修辞策略，这个妖魔化术语的滥用，使得国际政治和国际关系更加复杂，也使得国际伦理秩序更加混乱。一个民主政体之所以被人们认为是无赖国家，是因为它为了使自己免遭威胁，不得不效仿敌人，不得不效仿它所认定的无赖国家，最后自己也成了无赖国家。

### 7.3.3　将敌人去人格化

将敌人去人格化是敌人非人化的第三条路径。“那些对其他人使用毁灭手段的人觉得，自己被迫要从道义上消灭这些其他人——他们的牺牲品和客体。他们必须将作为整体的对方宣布为犯罪和非人性，说成彻底的非价值，否则，他们自己便是罪犯和非人。价值与非价值的逻辑发展出他们整个的毁灭性结论，并被迫不停地更新、深化对所有无生命价值的歧视、罪犯化和贬低，直到赶尽杀绝为止。”③ 德国刑法学家雅科布斯（Guenther Jakobs）也认为：“敌人现实上是非人格者，他们无非要被当作野兽来对待。”④ 希特勒曾多次称犹太人是一种细菌、分解病菌或害虫，他在《我的奋斗》中写道：“犹太病毒的发现是世界上最大的变革之一。我们现在进行战争与上个世纪由巴斯德和科赫发动的战争属于同一类。有多少疾病源自于犹太人病毒……只有消灭犹太人，我们才能再次获得健康。”⑤ 这样犹太人问题就变成了一

①② ［法］德里达：《无赖》，汪堂家、李之喆译，第138页。

③ ［德］卡尔·施米特：《游击队理论——“政治的概念”附识》，《政治的概念》，刘宗坤等译，第435—436页。

④ 转引自［德］贝恩特·舒乃曼：《针对公民的刑法或者针对敌人的刑法——恐怖主义的挑战和增大的警察权力》，冯军译，见赵秉志主编《全球化时代的刑法变革——国际社会的经验及其对中国的启示》，中国人民公安大学出版社2007年版，第94页。

⑤ 转引自［英］齐格蒙·鲍曼：《现代性与大屠杀》，杨渝东、史建华译，第95页。

个“政治卫生问题”。上述将敌人去人格化的方式其实隐含了我们前文所讨论的将敌人动物化和符号化两种形式的部分内容，例如雅科布斯把敌人当作“野兽”看待，希特勒把犹太人当作“疾病”看待。换言之，将敌人动物化和将敌人符号化在某种意义上构成了将敌人去人格化的重要方式，当然，将敌人去人格化与上述二者有着实质性的差异。纳粹分子采取许多具体措施把犹太人非人化。例如，给集中营中的犹太人剃光头，通过编号管理犹太人，长时间的、高强度的体力劳动，营养不良，分不清性别，以及身心不断遭受暴力摧残，使得犹太人的形体上留下了“劣等人”的痕迹，在心理上产生了严重后果。这种情形就是把敌人绝对化，敌人乃是一种生物性的存在，仅仅是自我的工具，敌人“非人”。当将敌人绝对化成了一种制度化的行为时，敌人就必须被非人化。无论外部敌人还是内部敌人，阶级敌人还是种族敌人，概莫能外。“当某个群体被剥夺了人性的时候，如纳粹人眼中的犹太人，日本人眼中的盟军俘虏、某些虔诚的犹太教信徒眼中的非犹太人、某些以色列民族主义者眼中的阿拉伯人，对这个群体使用的行为标准往往不同于对‘正常人’使用的标准。以色列人声称，巴勒斯坦人对以色列人的肆意屠杀和恐怖行为使得他们被看作‘非人类’，进而导致以色列人也采取非人类的行为标准对待他们。”[①] 例如，在美国对越南的米莱大屠杀（My Lai massacre）中，无辜被杀的平民被美国士兵贴上了“亚洲佬”（gooks）的标签。今天，他们又用“哈吉斯”（hajjis）、“毛巾头”（towel heads）等标签指称伊拉克战争中的敌人。给敌人贴上非人化的标签之后，虐杀他们就容易多了。[②]“弱小得多的敌人”必须被“决定性地和迅速地”击溃，因为任何推迟或抵抗都将“削弱政治支持”。通过巨大的宣传攻势将敌人描绘成行将毁灭我们的恶魔之后，再彻底消灭敌人。[③] 将敌人“非人化”，如果在国家意识形态层面被强化而成为一个民族的思维方式，那么它实际上会使其国民扭曲甚至丧失人性，从而变得残忍和非理性。例如，据《纽约时报》2012 年 2

---

① ［以］Ben Shalit：《战斗与冲突心理学》，王京生等译，第 169 页。

② See Philip Zimbardo, *The Lucifer Effect: Understanding How Good People Turn Evil*, New York, Random House, 2007, pp. 307-308.

③ 参见［美］诺姆·乔姆斯基：《反思肯尼迪王朝——肯尼迪、越南战争和美国的政治文化》，童新耕译，第 4—5 页。

月 3 日报道，美国“最致命神枪手”克里斯·凯尔（Chris Kyle）在得克萨斯州中弹身亡，凯尔曾四次前往伊拉克参战，1999—2009 年，他杀死了 150 多名伊拉克叛乱分子。2012 年 1 月，凯尔在接受采访时表示，他并不把自己击毙的伊拉克人当人看，而是把他们视为“野蛮人”，他并没有因杀人而感到悔恨，他因此而被伊拉克人称为“魔鬼”。[①] 从这个案例既可以看到“非人化”的相互性，也可以看出“非人化”所导致的严重后果。

综上所述，我们可以看出，非人化并非一种言说方式，而是一种思维方式。将敌人非人化并非一种现代的思维方式，它有着古老的传统，而且极其普遍，在今天仍然起着作用。即使不将敌人非人化，敌人最多也只是“无价值的生命”。例如，纳粹分子就将人类生命分为有价值的生命和无价值的生命，有价值的生命可以获得生存空间，而无价值的生命则应该予以根除，在纳粹分子看来，犹太人是“无民族的民族”，因而他们是不可救药的、毫无生命价值的敌人。[②] 这种极端贬低其他群体并抱有优越感的现象容易导致非人化，非人化又导致极端的暴力行为，甚至导致种族屠杀，一个群体越是被非人化，它就越容易遭遇大规模的屠杀。[③]

---

① 参见《“最致命神枪手”之死轰动美国》，《参考消息》2013 年 2 月 5 日。

② 参见［英］齐格蒙·鲍曼：《现代性与大屠杀》，杨渝东、史建华译，第 91 页。

③ 参见［美］马莎·L·科塔姆、贝思·迪茨-尤勒、埃琳娜·马斯特斯、托马斯·普雷斯顿：《政治心理学》，胡勇、陈刚译，第 79 页。

# 第八章

# 惩罚敌人的合目的性

惩罚敌人常常是建立在对敌人的非人化的基础之上的，惩罚敌人的目的不仅在于清算敌人的罪行，而且还在于保护自我和伸张正义。因此，惩罚敌人是一个纯粹的合目的性问题。正如雅科布斯所指出的，人们是消灭敌人还是与敌人谈判是一个纯粹的合目的性问题。① 这种合目的性要求惩罚的目的本身是正当的，至少要让人们相信它是正当的。惩罚敌人的目的是通过打击甚至消灭敌人来保存自我，于是，惩罚敌人就成了一个理性选择的问题。对外部敌人和内部敌人的惩罚是否适用同样的规则？如果不同，二者又有哪些具体的差别？这些问题需要我们在理论上予以解决。惩罚敌人需要解决以下三个方面的基本问题：一是惩罚敌人的合目的性问题，二是敌人刑法对敌人惩罚的前置化问题，三是武器在惩罚敌人的过程中的作用问题。

## 8.1　惩罚敌人的合目的性

惩罚敌人是建立在一种目的论基础之上的，也就是说，惩罚敌人总有一个“最终目的”，而惩罚只是实现这个最终目的的手段。因此，通常有关惩罚的哲学或解释都是目的论的。正如有学者指出：目的论之解释方法是解释方法之桂冠。“因为只有目的论的解释方法直接追求所有解释之本来目的，

① 参见［德］京特·雅科布斯：《规范、人格体、社会——法哲学前思》，冯军译，法律出版社2001年版，第100页。

寻找出目的观点和价值观点，从中最终得出有约束力的重要的法律意思；而从根本上讲，其他的解释方法只不过是人们接近法律意思的特殊途径。”[①]对敌人的惩罚恰当与否都是由惩罚主体的目的以及是否实现了这个目的来决定的。例如，西塞罗认为：“对于敌对者的惩罚会减轻自身的痛苦。”[②]根据西塞罗的观点，“减轻自身的痛苦”就是惩罚敌人的目的。虽然西塞罗认为敌人应该受到惩罚和报复，我们可以通过惩罚敌人来减轻自身的痛苦，但他同时认为我们对敌人也负有某种义务。[③]而普鲁塔克则认为“补偿是医治受伤害心灵的一剂良药”[④]。西塞罗和普鲁塔克都是从自我的角度来看待对敌人的惩罚问题的，他们都持一种典型的补偿论观点。正如格劳秀斯所指出的，战争中对敌人的报复行为往往会导致对无辜者的伤害。[⑤]而在现代意义上，对敌人的惩罚则体现了一种报应论。例如，阿伦特在《极权主义的起源》一书中认为：“惩罚是罪人应得的。”[⑥]敌人作为罪人应该受到相应的惩罚，而且我们必须把战争罪行赋予某个特定的敌人。[⑦]正如我们在谈及“友友敌敌”原则时已经阐明的，对敌人的惩罚涉及对等报复正义问题，这种报复性伤害在道德上具有某种不确定性。根据对等报复的观念，对敌人的惩罚必须用“同等的恶”去回报它们。《圣经》中“以命偿命，以眼还眼，以牙还牙，以手还手，以脚还脚，以烙还烙，以伤还伤，以打还打”体现的是一种典型的对敌人的对等式报复。[⑧]问题是“以恶对恶”的度如何把握？由谁来把握？这里还需要解决一个问题：对敌人所实施的惩罚性的“恶”必须被说成正当的和好的。这又涉及对敌人惩罚的限度问题。唯有如此，这种以正义的名义对敌人所实施的伤害才能获得正当性。从理论上而言，惩罚是由社会或其代表以不受个人感情影响的方式决定的。[⑨]“是什么使得我们在这个

---

① ［德］汉斯·海因里希·耶赛克、托马斯·魏根特：《德国刑法教科书》，徐久生译，中国法制出版社2001年版，第193页。

② 转引自［荷兰］格劳秀斯：《战争与和平法》，何勤华等译，上海人民出版社2005年版，第281页。

③ 参见上书，第433页。

④ 转引上书，第281页。

⑤ 参见上书，第401页。

⑥ ［美］汉娜·阿伦特：《极权主义的起源》，林骧华译，上海三联书店2008年版，第130页。

⑦ 参见［美］哈罗德·D·拉斯韦尔：《世界大战中的宣传技巧》，张洁、田青译，第55页。

⑧ 参见《出埃及记》，21：23-25。

⑨ 参见［美］M.W.布伦戴尔：《扶友损敌：索福克勒斯与古希腊伦理》，包利民等译，第71页。

时代非要拼个你死我活？从前我们的祖先只进行一定程度报复的事件，是什么使得我们一开始就采取最后手段，一言不合便杀？这不是胆怯又能是什么呢？每个人都觉得打败敌人比毁灭敌人、制服敌人比杀死敌人表现更多的英武和傲气。”① 正是胆怯和恐惧成了惩罚敌人的根由。“当复仇的对象已感觉不到这是在向他复仇时，复仇也同样令人惋惜。因为复仇者复仇是为了泄恨的快乐，那就需要被复仇者感到痛苦，饮恨终身。”② 因此，我们应该认识到惩罚敌人的复杂性。

诚如前述，持补偿论、报应论或报复论的惩罚观都是以目的论为基础的，而且这种目的论是一种典型的道德目的论。因此，对敌人的惩罚是一个道德合目的性问题，而非自然合目的性问题。正如万俊人所指出的：道德目的论比较重视行为的结果，而不看重行为的动机，有着明显的结果论或效果论倾向。某一行为的善恶好坏的性质和程度取决于该行为所产生的实际结果，该行为结果首先是相对于行为主体自身而言的，其次才是相对于其他相关群体或个体而言的。换言之，道德目的论重视行为是否实现了该行为主体的道德目的，在何种程度上实现或达成了该主体的道德目的。实现了目的在道德上就是善的，否则在道德上就是恶的。③ 根据道德目的论的基本观点，从补偿论、报应论或报复论的角度来看，惩罚敌人这种行为首先是与“我们”自身密切相关的，惩罚敌人在于满足“我们”的目的和需要，而不是满足敌人的目的和需要，恰恰相反，“我们”不仅不能满足敌人的目的，而且还要阻止和扼杀敌人想要实现的目的。

“惩罚强调了受难，以作为惩治邪恶行为的结果。”④ 但是，惩罚主体的确定、惩罚与罪行之间等量关系的确定并不容易。心地不良、感情用事和报复心理都会使他们过分地惩罚别人，结果只会导致混乱和无序。⑤ 有人从功利主义出发，认为惩罚敌人是“用小恶换大善”，哪怕对敌人使用酷刑也具有正当性。但是，世界上没有任何一种理论能得出“道德上为善的目的可以

①② ［法］蒙田：《论罗马、死亡、爱》，马振骋译，第159页。
③ 参见万俊人：《论道德目的论与伦理道义论》，《学术月刊》2003年第1期，第76页。
④ ［荷兰］格劳秀斯：《战争与和平法》，何勤华等译，第277页。
⑤ 参见［英］洛克：《政府论》下篇，叶启芳、瞿菊农译，第10页。

使道德上有害的手段和副产品圣洁化”[①] 这样的结论。我们必须承认：在某些情况下，为了保护无辜者而对敌人实施惩戒性打击或报复性行动以阻止敌人违反战争法，这种打破战争法的行为被认为是正当的。但是，正如孟德斯鸠所指出的：完成征服之后，征服者就不再有杀人的权利，因为他们已经脱离了自卫和自保的情况。[②] 但是，对敌人做出何种行动不仅取决于自我的意愿，而且也取决于敌人的反应。克劳塞维茨指出：“要想打垮敌人，我们就必须根据敌人的抵抗力来决定应该使用多大的力量。”[③] 敌人的抵抗力是现有手段的多少和意志力强弱的乘积。通常而言，现有手段的多少是确定的，但意志力的强弱则很难确定。惩罚敌人并不是为了将他们送进必死的境地，而是为了在他们身上揭示“新生”的能力。惩罚敌人意味着给某一事件画上句号。[④]

大量的历史证据表明，惩罚“敌人”旨在达到某个目的或保护“我方”已有的价值观念。因此，惩罚敌人涉及惩罚者、惩罚对象——敌人、惩罚的目的三个方面。如果缺乏其他控制手段，那么惩罚敌人通常就意味着对敌人的暴力攻击。“人类的攻击并不是处理某个特定问题的行为，而是处理许多与生存有关的问题的适应性行为。”[⑤] 因此，攻击是由意向和伤害来界定的。这样，攻击就是为了控制敌人而实施的心理或身体伤害。对敌人的攻击既涉及对敌人的心理伤害，也涉及对敌人的身体伤害。在心理上，攻击的目的是使敌人屈服。因此，攻击的目的应该是控制敌人而不是消灭敌人。可是在大多数情况下，人们倾向于对敌人实施毁灭性的惩罚。因为逐渐增加的攻击可能会增加报复，而毁灭性的攻击则可能会使其减少或终止报复。但是，“暴力的、残忍的士兵表现出的行为不仅违反战争法则，而且也不符合他们所在社会的行为规范。他们只不过是利用军队的便利环境来满足其敌对和攻击的需求。他们攻击行为的结果是敌人的毁灭——使对手遭受伤害或损害”[⑥]。要区分被动地妨碍我们的敌人和故意进攻我们的敌人，这将决定我们对敌人采取不同的应对和攻击策略。“敌人主动对我们期望的状态或行动发起挑战，

① ［德］马克斯·韦伯：《学术与政治：韦伯的两篇演说》，冯克利译，第 108 页。
② 参见［法］孟德斯鸠：《论法的精神》上册，张雁深译，第 139 页。
③ ［德］克劳塞维茨：《战争论》第 1 卷，中国人民解放军军事科学院译，第 27 页。
④ 参见［法］朱莉亚·克里斯蒂瓦：《汉娜·阿伦特》，刘成富等译，第 228 页。
⑤ ［美］弗兰肯：《人类动机》，郭本禹等译，第 192 页。
⑥ ［以］Ben Shalit：《战斗与冲突心理学》，王京生等译，第 55 页。

他们的胜利在我们看来就是我们的失败。”①

惩罚敌人的合目的性要求惩罚的目的本身是正当的。究竟该如何惩罚敌人，古人的观点并不统一。蒙田曾指出：“在战争中不管对敌人做出什么样的伤害，都高于公义，不受制于公义，在神前与人前都一样。”② 可见，对敌人的惩罚高于正义。康德也认为，“一个国家反对一个不公正的敌人的权利是没有限制的，至少在质的方面是如此，不是从量和程度上而论。换言之，受害的国家可以使用（当然不是使用任何手段，但是实际上并非如此）一切被允许和有理由的手段，只要这个国家力所能及，都会用那些手段来坚持那些属于它的权利”③。这就意味着，对不公正的敌人的惩罚是没有限度的。其实，大多数思想家还是主张对被征服者讲究人道，不能滥杀无辜。正如洛克所指出的：“法律的目的是对受法律支配的一切人公正地运用法律，借以保护和救济无辜者；如果并未善意地真实做到这一点，就会有战争强加于受害者的身上。”④ 格劳秀斯也指出：“这种在战争中的容忍不仅是对正义的献礼，也是对人道的献礼，对节制的献礼，对灵魂之伟大的献礼。”⑤ 而且，“在战争中的报复不应走极端，也不应超过侵略者为其罪行所应承受的必要惩罚的限度。只有基于这些正当的目的，并且在受到这些限制的情况下，才可以进行惩罚”⑥。由于战争的残酷性，必须对打击和惩罚敌人进行有效的限制。“过去各国的统治集团可能认识到共同利益，因此对战争的毁灭性虽然加以限制，但还是互相厮杀的，战胜国总是掠夺战败国。而在我们的时代里，它们互相根本不厮杀了。战争是由一国统治集团对自己的老百姓进行的，战争的目的不是征服别国领土和保卫本国领土，战争的目的是保持社会结构不受破坏。”⑦ 例如，卢梭认为，由于战争的目的在于摧毁敌国，因而人们就有权杀死对方持有武器的保卫者；而一旦他们放下武器投降，他们就

① ［以］Ben Shalit：《战斗与冲突心理学》，王京生等译，第 109 页。
② ［法］蒙田：《论罗马、死亡、爱》，马振骋译，第 10 页。
③ ［德］康德：《法的形而上学原理——权利的科学》，沈叔平译，商务印书馆 1991 年版，第 188 页。
④ ［英］洛克：《政府论》下篇，叶启芳、瞿菊农译，第 15 页。
⑤ ［荷兰］格劳秀斯：《战争与和平法》，何勤华等译，第 435 页。
⑥ 同上书，第 440 页。
⑦ ［英］奥威尔：《一九八四》，董乐山译，第 77 页。

不再是敌人。“战争决不能产生不是战争的目的所必需的任何权利。”[①] 人类必须以理性为基础来惩罚敌人。因此，惩罚敌人必须遵循一定的规则，从而使得这种惩罚具有合法性和正当性。而且，交战国双方必须在国内和国家之间都遵循这些规则，同时对合法与非法的理解必须在内容上完全一致。否则，国家之间的规则将无法推进和平，只不过是为双方相互指责和推卸责任提供借口和说辞。[②]

## 8.2 “敌人刑法”及其超越

“敌人刑法”指的是惩罚敌人的前置化问题。雅科布斯于1985年提出了这个概念，在当时并没有产生任何实质性的影响，但2001年的“9·11”事件使得它逐渐为刑法学界所知。2003年，他在《市民刑法和敌人刑法》一文中提出：“刑法应该把某些人当作敌人来对待。”雅科布斯所说的“敌人刑法”实际上谈的是刑罚的前置化问题，也就是在犯罪前将“敌人”予以处罚。[③] 敌人刑法把人分成了两类：一类是可以遵守规范，所谓具有人格特质的人格者；另一类是持续性地、原则性地威胁或破坏社会秩序者和根本性的偏离者，应该将其视为敌人来对待。[④] 雅科布斯指出：“根本性的偏离者，对于具有人格之人所应为之行为不给予保证，因此，他不能被当作一个市民予以对待，他是必须被征讨的敌人。这场战争乃是为了市民的正当权利，即对于安全的权利而战，与刑罚有所不同，遭到制裁之人并无权利，而是作为一个敌人被排除。”[⑤] 雅科布斯关于“敌人刑法”的基本观点大致包括三个方面：（1）刑法提前介入，处罚是针对敌人将来要做的事；（2）对敌人严厉

---

① ［法］卢梭：《社会契约论》，何兆武译，第19页。

② 参见［德］卡尔·施米特：《游击队理论——“政治的概念”附识》，《政治的概念》，刘宗坤等译，第383页。

③ 参见［德］雅科布斯：《市民刑法与敌人刑法》，徐育安译，见许玉秀主编《刑事法之基础与界限——洪福增教授纪念专辑》，学林文化事业有限公司2003年版，第15—39页；《Jakobs教授之敌人刑法概述》，见http://www.angle.com.tw/lawdata/seminar/G00014-1.pdf。

④ 参见《敌人刑法之细部问题讨论》，见http://www.angle.com.tw/lawdata/seminar/G00014-4.pdf；刘仁文：《敌人刑法：一个初步的清理》，《法律科学》2007年第6期，第54页。

⑤ ［德］雅科布斯：《市民刑法与敌人刑法》，徐育安译，见许玉秀主编《刑事法之基础与界限——洪福增教授纪念专辑》，第39页。

惩罚，包括酷刑和死刑；（3）废除或限制敌人所享有的“正当程序”权利。[①] 雅科布斯认为：出于必要的理由，我们对危险的人要将其去人格化，不是把他们当人格体来对待，而是当成动物来对待。[②] 综上所述，我们可以发现市民刑法具有回溯性，针对已经发生的犯罪和犯罪人进行惩罚，而敌人刑法则具有前瞻性，针对将要发生的有组织的犯罪，把犯罪人当作敌人来惩罚，因而这种惩罚带有预防性和前置性。

雅科布斯的观点遭到了各种批评和质疑。其中最主要的批评者认为，“敌人刑法”是一种“纳粹式”的思考，沿袭的是施米特“敌友”区分的政治路径。雅科布斯把敌人理解为一个可以任意剥夺其权利的非人格体，这是一种非常危险的刑法理念。但是，也有学者认为这种批评是偏颇的，因为“纳粹式”的思考涉及种族主义，而雅科布斯的“敌人刑法”并不涉及这个问题，因此不能说它是一种纳粹式的思考。[③] 正如我们在论及“敌人是什么”时所指出的，敌人体现的是国家与国家之间的关系，在这种意义上说敌人是一个非人格体似乎有点道理。但是，在现代国际关系上，国家往往被拟人化，因而国家也是“人格体”。把敌人当成非人格体，就是把某些人当成非人来对待，这是对人的否定和不尊重。虽然敌人不尊重人，但是敌人刑法中的“敌人”并非实际的敌人，而是“我们”想象的或虚构的敌人。对这种想象的或虚构的敌人的惩罚，类似于“先发制人”的打击，其合法性和正当性是要受到质疑的。

法国法学家玛瑞莉·戴尔玛斯·玛尔蒂（Mireille Delmas Marty）指出，“敌人刑法”体现的是一种典型的相对主义立场，它在国内法中强调“镇压”，而在国际法中则扩大了“正当防卫”概念。“敌人刑法”意味着在紧急情况下，传统刑法中的程序保障和实体保障应该让位于国家安全。玛尔蒂认为这种观点将“罪”与“危险性”相混同，扩大了归罪和责任，以一种战争逻辑解构了传统的刑法，消灭敌人取代了对犯罪者的惩罚，体现的是刑事法

---

① 参见刘仁文：《敌人刑法：一个初步的清理》，《法律科学》2007年第6期，第54页。

② 参见《Jakobs教授之敌人刑法概述》，见 http://www.angle.com.tw/lawdata/seminar/G00014-1.pdf。

③ 参见《国际上关于敌人刑法之讨论》，见 http://www.angle.com.tw/lawdata/seminar/G00014-2.pdf。

律政策中的“极权”模式。早在20世纪80年代，他就分析过这一“极权”模式的三个变体：镇压、宣告特殊状态或紧急状态、通过“树靶子”的方式强化制裁。“敌人刑法”就是由“9·11”事件所激活的第三个变体，即以“树靶子”的方式将敌人的范围扩大化，对敌人的惩罚将面临波及整个体系的风险。例如，美国在反恐战争中试图使酷刑正当化的做法表明了“敌人刑法”模式存在的巨大风险。①

如果我们回顾前文有关“人民公敌”的论述，就会发现“敌人刑法”并非什么新的理论，我国的政治领袖早在新中国成立初期到“文革”期间就争论并实践过这一问题。我国“敌人刑法”的实践在新中国成立初期符合玛尔蒂上述关于“极权”模式的第一个变体即镇压，但是后来的历次政治运动将敌人的范围扩大了，就类似“树靶子”这种变体了。政治领袖们认为，应当用对待“敌人”的方式镇压和惩罚反革命，而且必须用重刑才能平息人民的愤怒，因此死刑和无期徒刑往往是惩罚敌人的最佳选择，唯有如此才能最大限度地消灭敌人，从而保护人民的安全和巩固新的政权。正如彭真所指出的：“不坚决消灭人民的敌人，就没有人民的胜利，不坚决地将残余的美蒋匪帮这一群豺狼镇压下去，就没有人民的安全和人民胜利的巩固，对于他们的仁慈、宽大，就是对于人民的残酷，就是把伟大的人民革命事业当儿戏，就是对于人民不忠诚。”② 对“敌人”的审判，必须彻底否定敌人以往的刑法，代之以建立在阶级斗争基础之上的“敌人刑法”，这是战胜者的政治与法律逻辑。“敌人刑法”作为政治统治的工具，与当时的政治运动紧密相联，其具体实践首先体现在镇压反革命的运动中。1950年7月23日，中国政务院和最高人民法院颁布了《关于镇压反革命活动的指示》，要求对反革命分子进行严厉的镇压。1951年2月21日，中央人民政府发布的《中华人民共和国惩治反革命条例》明确规定：一切土匪、恶霸、流氓、地痞乃至各种帮派会门分子都是“反革命分子”。首要分子或情节严重者，都可以被判处死刑或无期徒刑。然而，由于政治意识形态对“谁是我们的敌人”的认定有着决定性的影响，“敌人刑法”

---

① 参见［法］玛瑞莉·戴尔玛斯·玛尔蒂：《暴力与屠杀：刑法上的“敌人”还是刑法上的“不人道”》，余履雪译，《法学家》2010年第4期，第99—101页。

② 彭真：《彭真文选》，人民出版社1991年版，第208—209页。

使得“敌人”的范围与边界具有相对不确定性，为了镇压和消灭敌人，犯罪与刑罚之间的基本平衡状态被打破，加之镇压比例的要求，最终使得对敌人的惩罚扩大化和非理性化，甚至出现了滥捕滥杀、错捕错杀问题。[①]显然，“敌人刑法”是一个国内刑法问题，甚至可以说是一个国内政治或伦理问题。新中国成立初期的政治语境中的“敌人刑法”与雅科布斯所提出的“敌人刑法”相去甚远，我国所实践的“敌人刑法”既有事后的严厉镇压，也包括事前的预防。而雅科布斯所提出的“敌人刑法”主要是相对民主法治国家的市民刑法而言的，而非相对专制或极权国家而言的，后者的刑法本身就是一部敌人刑法，它要维护极权统治者的利益，而非保护市民或人民的权利。在我看来，“敌人刑法”是一种过时了的刑事法律或刑事政策理论，我们在现阶段讨论这一问题应该有着高度的警惕。

国内支持雅科布斯的学者认为，应该保留针对敌人的死刑，其理由如下：第一，“对敌人适用死刑是一种久远的文明”，是“充满理性和正义的智慧之举”[②]。这位学者似乎要从历史传统中寻求某种支持。然而，即使在历史上有合理性的传统，但这并不代表在今天仍然具有合理性。而且，敌人在历史上是针对国家与国家之间的关系而言的，而不是针对个人与个人或者个人与国家之间的关系而言的。而且，雅科布斯所谈的“敌人刑法”是相对现代民主国家中的“市民刑法”而言的，他本人也反对或否定极权体制中的“敌人刑法”。第二，敌人的敌对行为不值得社会宽恕。因为他们破坏了社会的实在法规范，他们已经不是社会的成员，而是社会的敌人。第三，敌人本质上不是公民，而是公敌。因此，敌人在现实社会中不应该享有人类尊严，也不再拥有基本的人权，对敌人处以死刑，剥夺其生命是最有效的打击手段。他甚至得出了这样的结论：“在敌人那里，既不会发生人道问题，也不会发生误判问题。因此，对于敌人，必须杀掉，如果一个社会尚未达到不杀死敌人就不足以稳定自己的话。对于敌人，一切都必须根据敌人刑法来对待，敌人刑法受纯粹的有效性思想的支配。在敌人刑法中完全不存在敌人的权利，

① 参见蔡道通：《建国初期的“敌人刑法”及其超越——兼评雅科布斯的“敌人刑法”》，《刑事法评论》2011 年第 1 期，第 253—262 页。

② 冯军：《死刑、犯罪人与敌人》，《中外法学》2005 年第 5 期，第 611 页。

存在的仅仅是人民的权利。”① 那么，他究竟是如何来界定敌人的呢？他认为，敌人就是其行为总是违反实在法之基本规范的人。他进一步认为，“谁从根本上否定这个社会，用他的行为（不仅仅是用思想）持续地、顽固地破坏这个社会的基本法规范，谁就是这个社会的敌人”②。这种对敌人含糊不清、模棱两可的界定如果用于刑事法律实践，将会带来灾难，因为历史已经证明了这一点。令人奇怪的是，他在同一篇文章中又“坚定地”主张“对于犯罪人，绝对不能判处死刑，需要立即废除针对犯罪人的死刑”③。其理由是：犯罪人是人类成员，享有人类尊严。在此，他俨然又成了一个人道主义者！我无意在此细究“敌人刑法”的刑事法学内涵，只是从政治哲学视角来分析由此可能引发的问题。我们认为，上述“敌人刑法”思想至少存在三个方面的问题：

第一，“敌人刑法”混淆了政治领域和法律领域的问题。刑事法律如何对待“敌人”，本质上属于政治选择的刑事政策问题，也是政治领袖“如何运用其政治智慧、展示其政治远见、承担其政治责任”的问题。④ 如果不能清晰地界定敌人，明确区分市民和敌人，就会导致“敌人刑法”适用对象的模糊，如果对市民适用对敌人的特殊规则，就会恶化市民在实体法和程序法上所受到的处遇。⑤ 正如前文所述，“敌人”乃是一个带有强烈意识形态色彩的政治术语，而在刑法面前各式各样的“敌人”只能以“犯罪人”的身份进入刑法体系。此外，以什么样的标准来判断谁是“敌人”？谁有资格来决定哪些人是敌人？雅科布斯一方面提出刑法应该把某些人当作敌人来对待，另一方面又把某些人去人格化，当作动物来对待。从他的这种矛盾立场可以看出其思想的激进和极端化。同时，也正是他的这种极端观点导致人们认为他在复活纳粹主义。因为纳粹也曾把敌人非人化，甚至把犹太人描绘成一种传染病，与犹太人交往孕育着威胁。“纳粹最成功之处在于对犹太人非人

① 冯军：《死刑、犯罪人与敌人》，《中外法学》2005年第5期，第612页。

② 同上书，第614页。

③ 同上书，第611页。

④ 参见蔡道通：《建国初期的“敌人刑法”及其超越——兼评雅科布斯的“敌人刑法”》，《刑事法评论》2011年第1期，第269—270页。

⑤ 参见王莹：《法治国的洁癖——对话Jakobs的“敌人刑法”理论》，《中外法学》2011年第1期，第133页。

化……非人化增加了德国大众舆论中已经存在的广泛的冷漠，并迈出了在无政府的暴力和死亡集中营理性化的、‘生产线式’灭绝之间的决定性的一步。”[①] 纳粹甚至把犹太人描绘成“害虫、寄生虫、吸血鬼”，将其比喻成应该予以消灭的“泛滥成灾的老鼠”。[②] 雅科布斯认为，一个犯罪人，如果就其态度、或就其牟利以作为维生之职业、或就其参与犯罪组织等而言，可被设想为持续性地违背法律，则这种犯罪人是原则性、恒常性地否定法律者，这种犯罪人就是“敌人”。而国内有学者将敌人和犯罪人绝对隔离开来。也就是说，敌人不是犯罪人，犯罪人不是敌人。他说：“罪犯也是享有基本人权的公民，而罪犯并不是敌人。”[③] 虽然雅科布斯借“9·11”事件来推销他的“敌人刑法”，提出对敌人惩罚的前置化，然而他的“敌人刑法”并不专门针对恐怖主义犯罪，而是包括恐怖主义犯罪、经济犯罪、有组织犯罪、性犯罪以及其他危险犯罪。而国内有学者竟然将“敌人刑法”的适用范围无限扩展，他说：“一些人出于自己的政治理想而大规模地杀害无辜的平民，一些人纯粹为了满足自己无底的欲望而有组织地杀人、抢劫和强奸，一些人身为高官在享受着厚禄的同时利用职权疯狂地敛财”[④]，等等，这些人都适用“敌人刑法”。这种将敌人范围无限扩大的做法，潜藏着巨大的风险。

第二，“敌人刑法”有可能变成消灭异己和进行政治控制的工具。就政治实践而言，为了有效地控制危险源，避免对其他市民乃至社会造成更大的损害，“敌人刑法”容忍或允许通过酷刑等手段剥夺和限制犯罪嫌疑人的程序权利。然而，以对待敌人的方式对待市民将导致社会的恐慌和权力的滥用。与此同时，“敌人刑法”也有可能使得国家忽视对政治暴力产生根源的批判性反思，而“敌人”以暴力的方式对抗政府或社会，往往有深刻而复杂的原因。我们应该认识到，人民敌人也许是政治上的实际的敌人，但是实际的敌人并不是绝对的敌人，他们不应该被当成绝对的敌人来对待，更不应该被称为人类的敌人。唯有如此，才有可能防止将敌人的范围扩大化。在一个法治社会，一旦“敌人”被妖魔化，对敌人的惩罚就可能突破法律和道德的限度，由于敌人和市民

---

① ［英］齐格蒙·鲍曼：《现代性与大屠杀》，杨渝东、史建华译，第247页。

② 参见［美］阿伦森等：《社会心理学》，侯玉波等译，第234—235页。

③ 冯军：《死刑、犯罪人与敌人》，《中外法学》2005年第5期，第612页。

④ 同上书，第611页。

或者人民的政治区分，对整个社会的政治控制也将进一步加强。

第三，对敌人使用酷刑是对人类权利和尊严的践踏。例如，联合国大会1975年12月9日通过的《保护人人不受酷刑和其他残忍、不人道或有辱人格的待遇或处罚宣言》指出：酷刑是过分严厉的、故意施加的、残忍的、不人道或有辱人格的待遇或处罚。[①] 毫无疑问，酷刑是对个人权利和人格尊严的践踏，无论其实现什么样的目的，它作为一种手段本身就是邪恶的。正如蒙田曾经指出："暴君要杀人，又要让人感到他的愤怒，为了达到这两个目的，就要挖空心思出主意延长死亡时间。他们要敌人命归阴，但是又不要太快，让他们来不及品味复仇的滋味。这时候他们遇到了难题。因为，如果用刑太酷，用刑时间就会很短；如果用刑时间长，又怕不够痛苦。所以他们要有分门别类的刑具。"[②] 对敌人使用酷刑就是把敌人的身体当成暴力的客体，这种刑罚方式的目的是要考验敌人的身体所能忍受疼痛和痛苦的极限，从而在精神上和人格上摧毁敌人。

在我国的政治语境中，敌人无论在政治意义上还是在宪法意义上或者在刑法中，都实现了从政治概念到法律概念的转换，这种转换的意义是不言自明的。虽然这种界定尚不明确，并且这种区分仍然是政治决断意义的延续，但毕竟迈出了富有意义的一步。毕竟我们可以深入思考：敌人作为公民在何种意义上实现了人民到敌人这种身份的转变？这种转变是何种力量促成的？推动这种转变的人是否具有某种法定的权力？如何在今后的政治生活中减少过去的那种政治悲剧？等等。就历史经验来看，人民公敌作为内部敌人所受的惩罚往往比外部敌人所受的惩罚更为极端、更为严厉。例如，内战通常被认为是阶级敌人对阶级敌人的战争，其主要目标就是消灭作为敌人的国家政权。阶级敌人之间所呈现的关系往往是一种绝对的敌对关系，阶级敌人就是绝对的敌人。由于这种绝对敌对性，所以对敌人的惩罚将不受任何限制。这就是为什么阶级敌人往往得不到尊重，常常被当作罪犯来对待的重要原因。[③] 在一

① 参见［英］奈杰尔·S·罗德雷：《非自由人的人身权利——国际法中的囚犯待遇》，毕小青等译，三联书店2006年版，第415页。

② ［法］蒙田：《论罗马、死亡、爱》，马振骋译，第166页。

③ 参见［德］卡尔·施米特：《游击队理论——"政治的概念"附识》，《政治的概念》，刘宗坤等译，第371页。

个国家内部，一旦确定了人民和敌人的区分，人民和敌人之间就只剩下斗争了，而且是你死我活的斗争。在某种意义上，刑法是作为政治调整的手段来使用的。在国家内部对恐怖主义的打击过程中，出现了一种所谓的“有选择的公民战争”，政府试图通过准军事的力量去消灭潜在的恐怖分子。[①] 如果没有暴力作为后盾，没有发生实际的军事冲突，“敌人”就仅仅停留在想象和观念阶段，尽管“敌人”确实存在，但其实在性体现在对敌人肉体杀戮的现实可能性中。[②]

“敌人刑法”的理论与实践有历史必然性，对新中国政权的巩固有积极意义，但是其内在缺陷也是非常明显的，“敌人刑法”使得法律问题意识形态化。而且，在推进法治社会建设的新的历史时期，有部分学者还鼓吹通过“敌人刑法”来对付所谓“内部敌人”，这是不可取的，也是非常危险的。那么，究竟如何对待内部敌人呢？毛泽东的《关于正确处理人民内部矛盾的问题》一文仍然是解决内部敌人问题最为经典的文献，尽管他曾经是“敌人刑法”的实践者，并且带来了严重的后果。

首先，我们要分清敌我矛盾和人民内部矛盾这两类矛盾的性质。毛泽东指出：“敌我之间和人民内部这两类矛盾的性质不同，解决的方法也不同。简单地说起来，前者是分清敌我的问题，后者是分清是非的问题。当然，敌我问题也是一种是非问题。比如我们同帝国主义、封建主义、官僚资本主义这些内外反动派，究竟谁是谁非，也是是非问题，但是这是和人民内部问题性质不同的另一类是非问题。”[③] 毛泽东在此阐明了政治与是非之间的内在关系，此处的政治自然是敌人与朋友的区分，而分清是非问题是进行这种政治区分的前提。所谓是非问题就是善与恶、真与假、正确与错误、先进与落后等二元对立的现象和观念。明辨是非就是要以正确的政治标准和道德尺度，对发生在日常生活和政治实践中的诸种现象和观念进行分析和评判。明是非是讲政治的先决条件之一，而讲政治就必须先要明是非。我们在这里所

---

① 参见［德］贝恩特·舒乃曼：《针对公民的刑法或者针对敌人的刑法——恐怖主义的挑战和增大的警察权力》，冯军译，见赵秉志主编《全球化时代的刑法变革——国际社会的经验及其对中国的启示》，第94页。

② 参见［德］卡尔·施米特：《政治的概念》，刘宗坤等译，第145页。

③ 毛泽东：《关于正确处理人民内部矛盾的问题》，《毛泽东著作选读》下册，第759页。

探讨的是非包括政治是非和道德是非。所谓政治是非，是由某一阶级或政治群体的政治标准衡量和检验的是非，它随着政治情势的改变而变化。换言之，政治是非并不是固定不变的，它往往以政治领袖的是非为是非。帝国主义、封建主义、官僚资本主义的"是"就是社会主义的"非"，它们的"非"就是社会主义的"是"；即使在社会主义内部，政治是非观念也并不是一成不变的。我们可以通过苏联和中国这两个社会主义国家之间关系的变化来分析政治是非问题。当二者亲如兄弟时，如果说苏联的"非"就是反对革命和反对社会主义，那么就是"是非"不明，就会因此而被认定为反对革命和反对社会主义的敌人；可是，当苏联变成"修正主义"的时候，谈论苏联的"非"又变成了"是"，而说它的"是"又会被认为是"非"，也可能被认定为反对革命的敌人。道德是非与政治是非不同，它是以人类的道德标准来衡量和检验的是非。虽然道德是非也并非一成不变，但它相对于政治是非要稳定得多。例如，公平、正义、节制、勇敢等传统美德，并不会随着改朝换代而变成"非"，也不会因阶级立场不同而成为"非"；而与此相反的不公平、非正义、奢侈和懦弱等道德上的"非"则受到人们道德上的否定和谴责。通常而言，道德是非具有相对的稳定性，只有在"礼崩乐坏"、政治是非介入或凌驾于道德是非之上时，道德是非才会成为一个问题。因为此时的道德是非需要以政治是非的是非为是非，如果政治是非的是非发生了改变，那么道德是非的是非就会让人们无所适从。因此，应该是政治是非服从道德是非，而不是道德是非从属于政治是非。在此基础上，我们才能根据人类的道德是非去分清政治是非，才能真正分清敌我矛盾和人民内部矛盾，才不会混淆这两类不同的是非和不同的矛盾。

其次，我们可以通过"人民民主专政"来解决这一问题。我们知道，专政有两个方面的作用：一是解决国内敌我之间的矛盾。就国内而言，专政的作用在于"压迫国家内部的反动阶级、反动派和反抗社会主义革命的剥削者，压迫那些对于社会主义建设的破坏者，就是为了解决国内敌我之间的矛盾"[①]。为了维护社会秩序和人民的利益，对那些刑事犯罪分子必须实行专政。对敌人专政，就是在必要的时期内，"不让他们参与政治活动，

① 毛泽东：《关于正确处理人民内部矛盾的问题》，《毛泽东著作选读》下册，第759页。

强迫他们服从人民政府的法律，强迫他们从事劳动并在劳动中改造他们成为新人”[①]。而对人民内部矛盾问题，则只能用民主的方法来解决。因为“人民自己不能向自己专政”[②]。二是对外解决敌我之间的矛盾，防止国家外部敌人颠覆和侵略。

从理论上讲，只有合法的政府通过合法的程序才能认定谁是人民的敌人。如果人民不愿意服从当下合法政府所认定的敌人而想自己认定敌人的话，那么他们就需要寻求一种新的合法性。[③] 毛泽东就是通过自己寻求新的合法性来认定敌人的。“人民”之所以被政府认定为敌人，是因为政府认为他们存在犯罪的可能性和潜在的危险性，政府因此采取特别的前置化的反应。但是，这种反应必须受到法治国家的控制。换言之，这种控制必须是有限度的、符合既定法律程序的，而不能使用所谓不受限制的“敌人刑法”来对待，一个民主和法治的政府应该容忍持异议者。

## 8.3 武器的纯洁性问题

武器在对敌人的攻击和惩罚中充当了致命的“角色”，其目标就是制造痛苦和伤害，武器成了死亡的工具和标志。[④] 换言之，没有武器就没有暴力，没有武器就没有敌人。正是武器使得敌人不再只是一种观念或意象，也正是暴力使得敌人具有了实际的攻击意义。武器作为杀人的工具，其致命性首先体现在物理效能上，即具有物理上的杀伤力，尤其体现为战时敌我双方战斗人员的现实伤亡。与此同时，武器还具有心理效能，使用武器而产生的噪声、光波等既能在战场上对敌我双方产生心理威慑，也能引起一个国家的公众和元首的心理恐慌。在战争中，武器这一特定的暴力载体使得敌人的权利空洞化和虚无化。而在现代战争中，武器使得人类大规模同时死亡成为可能，现代技术使得人类与死亡的关系发生了改变。[⑤]

---

① 毛泽东：《关于正确处理人民内部矛盾的问题》，《毛泽东著作选读》下册，第 765 页。

② 同上书，第 760 页。

③ 参见［德］卡尔·施米特：《游击队理论——“政治的概念”附识》，《政治的概念》，刘宗坤等译，第 428 页。

④ 参见［德］沃夫冈·索夫斯基：《暴力十二章》，邱慈贞译，第 37 页。

⑤ See Tom McCall, “Society— ‘A Gang of Murderers’: Freud on Hostility and War”, *Common Knowledge*, 2006, 12 (2), p. 262.

人们正是认识到了无约束性暴力的残酷性，所以提出了所谓“武器的纯洁性”问题。“武器的纯洁性”是以色列军队提出的重要准则之一，其基本内涵是：“只有在一个颇具《日内瓦公约》精神的严格的道德准则约束下，士兵才能够使用武器。这个准则把暴力的使用严格限定在战斗和自卫当中。”① 换言之，武器的使用必须按照国际人道法来进行，禁止使用超出使敌人“失去行动”所要求更大痛苦的武器。例如，禁止和限制集束炸弹的使用，就是要防止给敌人带来不必要的痛苦和伤害。禁止使用违反“公众良知要求”、对自然环境带来严重损害的武器，就是要防止给更多无辜平民带来损害。例如，禁止和限制化学武器、核武器的使用就是出于这一目的。《日内瓦公约第一附加议定书》第 36 条规定要对武器及作战手段和方法进行审查，其目的是通过对武器使用的道德限制来达到人道主义目的。我们认为，“武器的纯洁性”就是有关武器的伦理或道德限制问题，它与正义战争理论的应用有着密切的关系，它不只是关于武器使用的道德限制，也包括武器研发、武器贸易和武器销毁等方面的伦理问题。因此，“武器的纯洁性”既包括武器研发和使用目的的纯洁性，也包括武器使用手段和方法的纯洁性，应该是二者的有机统一。然而，我们也必须清醒地认识到，即使人们在理论上达成了共识，也不见得在实践中尤其在面对实际的敌人时会严格遵循有关武器的道德命令。

武器之所以能决定战争的胜负，在某种程度上取决于敌我双方所使用武器之间的“代差”，它与武器研发有着密切关系。武器作为人造之物，由人来决定其形态、结构、功能和质量，敌对双方之间的知识、观念和智慧的“代差”，使得武器与武器之间也形成了作战性能和战斗力上的“代差”，谁最先掌握了具有绝对优势的先进武器，谁就可能先发制人，克敌制胜。恩格斯在《反杜林论》中曾指出：“暴力不是单纯的意志行为，它要求具备各种实现暴力的非常现实的前提，特别是**工具**，其中，较完善的战胜较不完善的；其次，这些工具必然是生产出来的，同时也可以说，较完善的暴力工具即一般所说的武器的生产者，战胜较不完善的暴力工具的生产者；一句话，暴力的胜利是以武器的生产为基础的，而武器的生产又是以整个生产为基

① ［以］Ben Shalit：《战斗与冲突心理学》，王京生等译，第 228 页。

础，因而是以‘经济力量’，以‘经济状况’，以可供暴力支配的**物质**手段为基础的”[①]。恩格斯在此深刻地指出了武器及其“代差”在敌我冲突中获得胜利的重要性，胜利是“较完善的”武器战胜“较不完善的”武器，最终以可供暴力支配的物质手段为基础。在具体的战斗中，先进的武器常常会成为克敌制胜的关键，但是再先进的武器也是由人制造出来的，并且需要人去掌握和使用。毛泽东在《论持久战》中指出：“武器是战争的重要的因素，但不是决定的因素，决定的因素是人不是物。力量对比不但是军力和经济力的对比，而且是人力和人心的对比。军力和经济力是要人去掌握的。”[②] 正是人和武器的完美结合，才使得武器具有了彻底的致命性。武器不只是石头、铁块、火药或者机器，也包括人的知识、能力、计谋和策略。武器只有被人类使用，其摧毁力量才会显现，正是人的行为让武器脱离潜伏状态，成为致命的破坏工具。[③]

然而，人们在研发先进武器赶超敌人武器“代差”的同时也引发了一系列道德问题，这主要涉及战争的目的正义。例如，已故 AK-47 之父卡什尼科夫（Михаил Калашников）曾经说过：“当我发明的枪用于国家解放和防卫时，我没有担心。但当我看到爱好和平的人因此而大量伤亡时，我感到非常的痛苦和沮丧。我试图告诉自己，60 年前发明这些武器只是为了保卫国家利益，从而好让自己平静下来。”[④] 诚然，卡什尼科夫当初发明这种自动步枪的目的是为了让苏军更好地抗衡和防御敌人的进攻，但今天它已经超出防御意义而成了全球普遍使用的攻击性武器。卡什尼科夫所提到的国家解放、防卫和国家利益等概念都是正义战争的基本价值，也是武器研发的基本伦理准则。当有人提出卡什尼科夫应该为这种“杀人”武器承担责任时，他明确拒绝对那些死于其发明的武器的人承担任何责任，因为他当初的目的是“为了保卫国家利益”，如果有过错也是后来那些国家的政策的过错而非武器设计者的过错。这里涉及武器伦理的根本性问题，即武器研发在道德上可否

① ［德］恩格斯：《反杜林论》，《马克思恩格斯选集》第 3 卷，人民出版社 2012 年版，第 546 页。

② 毛泽东：《论持久战》，《毛泽东选集》第 2 卷，第 469 页。

③ 参见［德］沃夫冈·索夫斯基：《暴力十二章》，邱慈贞译，第 35—36 页。

④ John Forge, “What Are the Moral Limits of Weapons Research? ”, *Philosophy in the Contemporary World*, 2007, 14 (1), p. 77.

接受。如果是可以接受的，那么在何种意义上是正当的？澳大利亚学者约翰·福奇（John Forge）认为，武器研发必须确保其结果只能是基于一项正义的事业并作为正当手段而被使用。他举了一个例子，2003 年 3 月，美国国防部部长拉姆斯菲尔德（Donald Rumsfeld）呼吁加强对小型核武器的研究，科学和工程学界应该如何对此作出回应呢？[①] 我们可以分别从绝对和平主义和相对和平主义的角度来分析武器研发的正当性问题。绝对和平主义者反对一切形式的暴力，自然也反对任何种类的武器即使是防御性武器的研发，因此武器研发在绝对和平主义者的立场上是没有什么正当性可言的。在他们看来，当武器用来杀人时，武器研发就起到了辅助杀人的作用，因而武器研发在道德上是不正确的。因为在任何情况下杀人或可能杀人在道德上都是不可接受的，都应该受到谴责。由于这种立场过于绝对，所以“武器的纯洁性”在此没有任何的讨论余地。相对和平主义者认为，在某些特殊情况下尤其是出于“紧急状态”如防御和自卫而进行武器研发是正当的。他们承认杀人本身是错误的，但是在某些特殊情况下它可以获得道德上的辩护。因此，大多数人接受在正当防卫的前提下进行武器研发。实际上，这里涉及行为本身之对错评价和行为主体之善性及责任两个不同层次的问题。约翰·福奇认为，防御的正当性及其结果并不能证明武器研发的正当性。因为武器研发和直接杀敌本身不同，它并不能被区分为防御还是进攻。根据有关国际公约，武器只有在防御或自卫的意义上被使用才能获得正当性辩护，因此我们可以推论只有基于防御性的武器研发才具有某种正当性。但是，现实中并不存在所谓天生的防御性武器，因此也就不存在防御性武器的研究。因为同样的武器在不同的军事运用中既可以被用来防御也可以被用来进攻，事实上武器设计者不可能只根据防御这一目的来研发武器。因此，设计、制造和提供武器本身并不是错的，只有在武器的实际使用上才有对错之分。例如，武器设计者研发出精确制导武器，试图通过精确制导技术对平民和军事目标进行区分，以便尽可能减少无辜平民的伤亡，同时作为“不流血战争的工具”也可以减少“我方”的伤亡。毫无疑问，武器设计者的研发动机在道德上似乎是站得住脚的，也符合战争正义中的区别原则，但是它不符合防御或自卫这

---

① See John Forge, “The Morality of Weapons Research”, *Science and Engineering Ethics*, 2004, 10 (3), p. 531.

个前提，而且在对城市目标的打击中实际上很难区分民用和军用目标，从而导致精确制导不精确的情况出现。[①] 当然，在实际战斗中，拥有先进武器是一种战斗能力，而是否利用这种武器进攻或防御则涉及战斗动机或战斗意图。但战斗能力主要是武器设计者提供的，武器设计者毫无疑问需要承担相应的责任。我们再回顾小型核武器研发问题。作为大规模杀伤性武器的小型核武器，其防御意义应该主要在于威慑敌人，但是一种武器如果不实际被投入使用，那么它就并不能起到威慑作用。当然，我们可以以日本广岛和长崎的原子弹爆炸为例来证明核武器的威慑力，但是这并不能证明它是在防御或自卫的意义上被使用的，因此其正当性受到了人们的质疑。不可否认，武器研发看上去只不过是武器设计者的一项工作，他们负责设计出能被正常使用的武器，而且这种责任也应延伸到武器的用途上。“无伤害原则”是武器设计者要遵守的一条禁令，也是一项强制性义务。但是，这种说法并不是绝对的，它允许具有正当理由的例外。武器设计者本身并不直接杀人，他们要做的是防止或阻止杀人，但他们只有出于正当理由并通过正当手段进行武器研发才是正当的。[②] 卡什尼科夫设计的 AK-47 在当时的战争状态下具有正当性，因为它符合正义战争的基本原则，既是出于正义的目的，也是作为防御和正当防卫的手段。但小型核武器的研发不符合这一条件，因而在道德上是不可接受的。因为“核武器研发可能导致一种战争的超越性：激烈的核战争之后将是一个漫长的核冬季，地球上的一切生命都存在整体灭绝的可能性”[③]。换言之，核武器研发已经超出了威慑和防御的目的，变成了直接的伤害、损伤和毁灭，在实际使用中也偏离了阻止或减少伤害等衍生性目的，因而其目的不具有正当性。[④] 正因如此，核武器和放射性武器常常被人们称为“肮脏的武器”。

由于武器的“代差”对战争结局会产生重要影响，因此敌对双方总是想

---

① See Christian Enemark, “‘Non-lethal’ Weapons and the Occupation of Iraq: Technology, Ethics and Law”, *Cambridge Review of International Affairs*, 2008, 21 (2), p. 201.

② See John Forge, “The Morality of Weapons Research”, *Science and Engineering Ethics*, 2004, 10 (3), pp. 532-541.

③ John Forge, “What Are the Moral Limits of Weapons Research? ”, *Philosophy in the Contemporary World*, 2007, 14 (1), p. 78.

④ Ibid., pp. 80-85.

方设法缩小武器的差距，武器贸易是减少“代差”的最简捷途径。换言之，处于劣势地位的一方可以向拥有先进武器装备的第三方购买武器从而直接而快速地缩小甚至超越“代差”。但武器贸易也会引发武器扩散、武器禁运、人道主义干涉、责任与和平等国际伦理问题，甚至可能引发地缘政治紧张和国际冲突等政治问题。例如，2008 年 4 月 16 日，南非警方宣布在德班港发现一艘中国货轮“安岳江号”装载大量运往津巴布韦的军火，这一消息引起了津巴布韦国内民众的恐慌和国际社会的广泛关注，人们担心穆加贝政府会在败选后镇压反对派从而引发内战。由于西方国家对津巴布韦实施武器禁运，所以非洲南部所有港口都拒绝接收这批军火。这桩看似平常的武器贸易随即引发了外交风波、武器禁运、政治暴力、抵制奥运会等一系列问题。根据国际社会针对有关中国武器贸易是“一船耻辱”和“国际耻辱”的指责和批评，有学者提出我们应该在政治伦理层面对暴力、共谋、责任和抵制之间的关系进行深入反思。从中国政府的角度而言，这只不过是中国和津巴布韦两国之间的一桩正常的、谨慎的、合法的、负责任的武器交易。然而，国际舆论却不这么认为，有的认为“中国的‘一船耻辱’已经成了全球性的抵制运动象征性的根源”，还有的认为这种抵制是草根运动反对穆加贝的“历史性的胜利”。[①] 显然，这已经不是简单的武器贸易问题了，这种全球性抵制背后隐藏着深层次的国家利益和政治伦理问题。通常而言，武器贸易只要符合国际法和国际标准就属于国与国之间的正常贸易，但是武器输出国有责任防止输出的武器被用于种族灭绝、战争罪行或落入恐怖分子手中。因此，武器禁运比武器贸易问题更复杂，它既涉及大国之间的利益博弈，也涉及对国际法和国际伦理的理解。表面上，国际社会担心中国对津巴布韦的武器贸易会导致武器扩散、引发内战和人道主义危机，实际上更担心的是中国对非洲国家不断增长的影响力。中国在津巴布韦的矿产权益、津巴布韦大选、中国奥运会召开在即等因素的综合影响导致了一宗正常的“武器生意”演变成了全球关注的抵制运动。尤其在津巴布韦遭到国际社会政治上孤立的情况下，中国作为津巴布韦“仅有的主要国际支持者”成了全球关注的焦点，武器贸易自然就成了一个敏感的政治话题。综上所述，在和平与发展的大趋势下，

① See Samuel J. Spiegel & Philippe Le Billon, “China's Weapons Trade: From Ships of Shame to the Ethics of Global Resistance”, *International Affairs*, 2009, 85 (2), pp. 324-328.

武器贸易不单是某个国家的“耻辱”，而且是整个国际社会的耻辱。[①]

“武器的纯洁性”最终体现为士兵在战斗和自卫中是否严格按道德准则来使用武器。换言之，武器的使用是否体现了正义战争理论中的战争正义，具体表现为战争行为及其结果的正当性。对武器的使用进行道德限制的直接目的是尽量减少敌对双方的伤亡，终极目的则在于敌我双方恢复和平的可能性。因为没有永远的战争，所以也没有永远的敌人。我们以“非致命”武器的使用为例来进一步阐释“武器的纯洁性”问题。根据美国国防部的界定，非致命武器是指设计和使用令敌方战斗人员或军事设施丧失战斗能力的武器，它不像传统致命武器通过爆炸、穿透和碎裂等方式从肉体上消灭敌人，而是尽量将伤亡最小化，并尽可能避免对财产和环境造成损害。[②] 非致命武器包括橡皮子弹、高压水枪、胡椒粉喷剂、强闪光灯、臭鼬弹、高压电棍等传统武器，经常在国内冲突和国际维和活动中被使用，正是因为其“非致命性”而具有了某种道德正当性。但是，在众多案例中，经常出现“非致命”武器的“致命”误用，“有些武器试图让敌人活着却常常导致致命的结果，而另一些武器打算追求致命后果却往往杀不死敌人”[③]。换言之，使用这些武器背后的意图和实际的结果往往不一致，这种“致命”与“非致命”的悖论给武器的使用带来了伦理上的挑战。不可否认，非致命武器的使用相对于致命武器的使用具有更多人道主义的因素，应该说这是一种历史进步。但是，还是会有人质疑为什么以及可能以非致命武器人道地对待敌人吗？美国学者戴维·费德勒（David P. Fidler）全面比较了非致命武器的支持者和反对者的观点。支持者认为，“非致命”本身就包含了对这类武器进行技术和道德上的区分，而且使用这种武器可以减少战场上的伤亡。而持怀疑态度的人则认为，这个术语误导了人们，因为它赋予这些武器以一种道德地位仅仅是因为技术，而不是建立在对它们被使用的原因、方法和地点进行正当性和伦理分析的基础之上的，它们有可能带来更多的伤亡。因为没有数据能证明

---

① See Samuel J. Spiegel & Philippe Le Billon，“China's Weapons Trade：From Ships of Shame to the Ethics of Global Resistance”，*International Affairs*，2009，85（2），pp. 331–333.

② See Christian Enemark，“‘Non-lethal’ Weapons and the Occupation of Iraq：Technology，Ethics and Law”，*Cambridge Review of International Affairs*，2008，21（2），p. 201.

③ Ibid.，pp. 199–200.

非致命武器比致命武器有更少的伤亡。但是，支持者和反对者都同意关于“非致命”武器的争论主要是面向未来的技术，而不是指过去应该如何使用这种武器。[①] 有关新的非致命武器的研发主要是基于生物、化学、物理等方面新技术的发展，而如何使用非致命生物武器、非致命化学武器和非致命激光武器则是国际法和国际伦理中的新问题。实际上，这些新的非致命武器的使用所面临的伦理挑战仍然是传统的正义战争理论在现代战争中的适用性问题，也就是如何看待战争行为中的区别原则和比例原则，其难点仍然是如何在战斗中将这些原则应用到非致命武器的使用上。换言之，武器无论是致命的还是非致命的，最终都由武器拥有者掌握和使用，致命武器有可能带来非致命的后果，而非致命武器也有可能带来致命的后果，这些都取决于武器的使用，因此“武器的纯洁性”最终应该根据使用武器所带来的后果来评估，而这几乎是不可能的事情，因为没有哪个国家会去做这件事情。

人的身体既是致命武器和非致命武器攻击的对象，又是最简单、最原始的武器，甚至赤手空拳就可以让敌人伤亡。只有在武器的毁灭力量被科技无限提升的时代，作为武器的身体才显得无足轻重。然而，任何拥有身体自主权的人，依旧不会放弃随时可以使用的“身体武器”。既然身体可以充当暴力的工具，暴力当然也会迷恋人的身体，人以及人的身体是武器攻击的最终目标。诚如沃夫冈·索夫斯基（Wolfgang Sofsky）所言：“武器应该攻击身体，把毁灭力量灌注在人的躯体、骨头和器官以及肌肉组织上。因为人是血肉之躯，所以成了暴力的牺牲品，但也因为他有身体，因此可以让别人变成牺牲品。这种生理上的双重身份，确立了他和暴力的关系。他可以利用身体展开行动，但也因为是血肉之躯，注定他要承受伤痛。他有能力执行暴力，但同时也受到暴力的摆布。身体既有攻击力，但也随时会遭到伤害，让人不得不采取自我保护措施，也必须针对每种攻击武器研发对应的防卫武器。因为人是会受伤的，所以他必须和其他人保持距离。他不但需要武器，而且需要一种比别人更优良的武器。同时也需要防护措施，让他免受别人的武器攻击，光是用自己的身体来保护自己是绝对不够的。为了保护自己，他必须向外扩张，因此他需要协助的工具、物品、机器、科技武器。武器之所以发

① See David P. Fidler, “The Meaning of Moscow: ‘Non-lethal’ Weapons and International Law in the Early 21st Century”, *International Review of the Red Cross*, 2005, 87 (859), pp. 529–530.

展，就是源自人数和体力的不足以及死亡的威胁。”[①] 沃夫冈·索夫斯基在此清晰地指出了武器与身体、暴力、痛苦和死亡等因素之间的内在关系。人体由血肉之躯构成，因而天生具有脆弱性，从而成了武器攻击的对象、暴力的客体和场所。于是，我们在伤害敌人的同时又不得不研制防止或抵御被敌人伤害的武器。在这种攻击——防御——再攻击——再防御不断循环的过程中，人们总是希望找到能终结这种循环的终极武器，但这种武器最终不仅可以毁灭自身，而且可以毁灭人类赖以生存的环境。武器实现暴力，但也限制暴力；武器可以杀人，但也可以自卫；武器破坏和平，但也带来和平。只有在技术、企图和行动的循环中，武器才能赢得自己的使用价值。否则，武器就只是一个物件。沃夫冈·索夫斯基进一步指出：“不过武器并不只是达到目标的工具，它的价值不能只从效果惊人的破坏力来衡量。武器也有意义，也有文化价值。它把暴力和象征性暴力合而为一，展现力量和强度，鼓舞了它的拥有者，也吓阻了对手。至于秩序权力，则在众多武器以及死亡威胁的骚动中，公开展现了牢不可破的特性。”[②] 武器是权力的保障，也是权力的工具；武器既可以消解敌人的权利，也可以维护“我们”的权利。

20世纪的战争无论对战斗人员还是对平民而言，其毁灭性都大大超过了过去，这主要是战争机械化带来的后果。战争机械化使得通过一件武器的一次操作或多次加速操作消灭空前数量的敌人的能力，以及远距离消灭空前数量的敌人的能力不断提高。在发明火炮之前，单独一人所采取的一个军事动作原则上最多能消灭一个敌人。冷兵器时代的舞剑一击、挥矛一戳、举枪一射充其量也只能使一个敌人丧失战斗力，而战争的大规模机械化却导致了伤亡人数不断增加，尤其是核战争和细菌战，其杀伤力和破坏力则可能影响无数人的生命。正如爱因斯坦所指出的：“子弹杀死人，但原子弹毁灭城市，坦克可以抵御子弹，但是没有什么能抵御摧毁人类文明的武器。”[③] 由于核武器具有巨大的破坏性，所以无论被谁作为武器使用，它都会给人类带来毁灭性的灾难，故而国际社会必须加强对核武器的限制，防止核扩散。

---

① ［德］沃夫冈·索夫斯基：《暴力十二章》，邱慈贞译，第39—40页。

② 同上书，第36页。

③ 转引自Jonathan Granoff，“Nuclear Weapon，Ethics，Morals，and Law”，*Brigham Young University Law Review*，2000（4），p. 1413。

随着新型武器的不断出现，国际社会日益重视战前的军备控制和战后遗留武器的危害问题，对武器的限制由战中扩展到了战前和战后；同时，也重视违反有关武器使用规定的国家责任和个人责任，进一步限制武器的滥用。可是在实际的战争中，又有多少人真的能坚持“武器的纯洁性”这种信条呢？尽可能地使用高科技武器打击敌人意味着这种所谓的技术文明变成了野蛮，新的大规模杀伤性武器诸如核武器、化学武器和生物武器的潜在威胁，使得杀人更具规模性和威胁性。“核生化武器是所有武器中最不人道的。设计它们的初衷便是实施恐怖的毁灭，这些武器无论在国家政府手中还是在非国家行为体手中，都能造成比任何常规武器更大规模的损坏，其滥杀滥伤作用更为显著，破坏力更为持久。”[①] 武器作为惩罚敌人的物质力量，国际法和国际道德已经无法约束其被滥用，人们似乎高度迷信“物质力量只能依靠物质力量来摧毁”。

① 防止大规模杀伤性武器扩散委员会：《恐怖武器：让世界摆脱大规模杀伤性武器》，世界知识出版社 2007 年版，第 17 页。

# 第九章

# 战俘——放下武器的敌人

对战争的亲历者而言，无非三种结局：战胜者、战败者和牺牲者。[①]战俘是一种特殊类型的战败者，无论战胜者还是战败者，交战双方都可能存在俘虏。战俘是放下武器的敌人，是把自己的自由交给了敌人的敌人。一方面，战俘因为活着而区别于牺牲者；另一方面，战俘又因为暂时失去自由和尊严而有别于战胜者。作为战败者，战俘不仅不具备与战胜者平等的人格，而且基本权利也难以得到保障。在战胜者眼中，战俘仍然是敌人或敌人身份的延续。对大多数战俘而言，放下武器仅仅意味着他们所参与的战斗基本结束，而伴随他们的苦难和噩梦才刚刚开始。战俘的生命和尊严将承受种种考验，酷刑、侮辱甚至生不如死或最终失去生命。然而，相对于最悲惨的战争现实，尤其是与已经牺牲的人相比，这些就显得微不足道了。事实上，战俘问题对国家和社会具有深刻的政治、文化和心理的影响。在某些特定时期，战俘问题是用作继续战争的必不可少的手段，是国内开展抵制反战运动的强有力工具，同时也是国家之间进行和谈的一个重要筹码。对战俘问题的争论，通常集中于战俘问题到底是一个人道主义问题还是一个政治问题。在强国看来，战俘问题是一个典型的人道主义问题，而在军事实力较弱的国家看来，战俘问题则纯粹是一个政治问题。无论出于何种理由和目的发动战争，战俘的命运都理应成

---

① 也许有人认为还有一种战和者，即敌我双方打成平手，因而既没有战胜者，也没有战败者。这种情形不是我研究的对象，而且我认为胜利始终是战争的首要目标，因此，战争总是存在战胜者和战败者。

为国家在战后优先考虑的事情，一个国家不认真对待战俘问题是不负责任的表现。

## 9.1 战胜者和战败者

夺取战争的胜利是敌对双方追求的目标，必胜的信念维系着各自的战斗精神。如果一场战争不能使人们的生活更充实、更美好、更有价值和更有力量，那还有什么别的理由可以让人们参加战争呢？显然，战胜者和战败者都希望过上一种比战争之前的生活更高尚的生活。[①] 在一场战争中，如果敌人必定胜利，“我们”注定失败，那么“我们”的士气就会瓦解。对一个丧失了信心的国家来说，其国民对敌人的仇恨很可能会转移到国内统治阶级或者它的盟友之上，战败将成为不得不接受的结局。因此，无论敌人如何强大、危险、顽固和邪恶，“我们”都不能放弃“必胜”的信念。胜利常常与“善”或“正义”紧密联系在一起，因而战争成了善与恶、正义与非正义的较量。失败总是需要各种各样的解释，而胜利本身则说明了一切。[②] 因此，敌我双方都会不惜一切代价去赢得战争的胜利。

通常而言，战胜者往往自认为或被认为代表着理性、文明和正义，代表着人民的意志和历史前进的方向，将享受战争所带来的胜利与荣耀。而战败者则被认为代表着非理性、野蛮和邪恶，是为人民所唾弃的历史进步的绊脚石，他们将要承担战争的全部或大部分责任。一旦敌人赢得了胜利，所有的矛盾和责任都将转向战败方。战胜者可以任意诋毁、丑化、侮辱甚至报复性地惩罚战败者。而战败者不仅要接受敌人的各种惩罚，而且还要遭受国内民众的指责甚至怨恨。事实上，战败者比战胜者更清楚地认识到他们将面临的恶劣处境。胜利就是战胜者暴力的胜利，战败者的世界被战胜者彻底挤压，而战胜者的世界却因此越来越大，战胜者在用暴力摧毁敌人的同时，也确证了他们的“自我”身份。

---

① 参见［德］弗里德里希·迈内克：《马基雅维里主义——“国家理由”观念及其在现代史上的地位》，时殷弘译，商务印书馆2008年版，第595页。

② 参见［美］哈罗德·D·拉斯韦尔：《世界大战中的宣传技巧》，张洁、田青译，第92页。

## 9.2　酷刑把战俘物化

战败者一旦落入敌人手中，就在敌人暴力的掌控之下。2004 年 4 月 28 日，美国哥伦比亚广播公司公开了美军在伊拉克巴格达的阿布格莱布监狱以捆绑、暴打、猥亵、放狗撕咬等手段虐待伊拉克战俘的照片，使得世界震惊，新闻媒体和各界人士纷纷谴责美军的卑劣行径，虐俘丑闻严重地损害了美国的国际形象。从已公开的材料来看，美军虐待战俘并非个别现象或少数人的行为，而是极为普遍的现象。红十字国际委员会在报告中指出，美军为了获取情报，有计划、有组织地实施了对伊拉克囚犯的酷刑。[①] 2004 年 5 月 11 日，为了报复美军虐待伊拉克战俘，“基地”组织成员在网上播放了美国人质宾夕法尼亚州的 26 岁商人尼古拉斯·伯格被斩首的视频。电视画面中人质临死前的那种极度惊恐、身体不断发抖抽搐、叫声极其凄厉悲切，非言语可以形容。几个蒙面人压住人质，其中一个一手抱着人质的头，另一手持刀，向着喉咙就是一刀……[②]一方面，美国政府指责“斩首”事件是毫无人性的残忍行为；另一方面，竟然有 76%的美国民众认为为了获取情报对恐怖分子施行酷刑是正当的。[③] 联合国方面认为这是对人道主义的野蛮践踏，对此表示了强烈谴责。阿拉伯和伊斯兰世界的多数受访者也认为这是有违伊斯兰教教义的滥杀之举。但也有不少受访者认为这是美国践踏伊斯兰尊严、滥杀穆斯林特别是在伊拉克等地肆意虐俘的报应，甚至有人认为这是美国罪有应得。“斩首”这种极端的暴力行为把人性恶的一面渲染得淋漓尽致，是对人类的理性、进步和文明的一种极具讽刺意味的质疑。

无论美国的虐俘行为还是“基地”组织的斩首行动，抑或伊拉克政府对萨达姆实施的绞刑，这些都是与现代文明相背的暴力行为，都是极其残忍的、有辱人格尊严和严重违背人道主义精神的惩罚。根据联合国大会《保护

① See Karen J. Greenberg & Joshua L. Dratel, *The Torture Papers: The Road to Abu Ghraib*, New York, Cambridge University Press, 2005.

② 参见 http://news.tom.com/hot/zhakawei/。

③ See Andrew Pilecki, Jonathan M. Muro, Phillip L. Hammack, Carley M. Clemons, “Moral Exclusion and the Justification of U.S. Counterterrorism Strategy: Bush, Obama, and the Terrorist Enemy Figure”, *Peace and Conflict: Journal of Peace Psychology*, 2014, 20 (3), p. 286.

人人不受酷刑和其他残忍、不人道或有辱人格的待遇或处罚宣言》的有关规定，虐俘、斩首和绞刑都属于酷刑。我们为什么总是会落入以赛亚·伯林（Isaiah Berlin）所说的“酷刑是人类不可避免的命运”这个魔咒呢？[1] 究竟什么是酷刑呢？《宣言》第1条明确指出：“1. ……酷刑是指政府官员或在他怂恿之下，对一个人故意施加的任何使他在肉体或精神上极度痛苦或苦难，以谋从他或第三者取得情报或供状，或对他做过的或涉嫌做过的事加以处罚，或对他或别的人施加恐吓的行为。……2. 酷刑是过分严厉的、故意施加的、残忍的、不人道或有辱人格的待遇或处罚。”[2] “酷刑”在《布莱克法律辞典》中则被界定为：“为了施与惩罚、获取口供或信息，或为了施虐的快乐，而给人的身体或心理造成剧烈痛苦。在旧的刑法里，在司法准许和监督下，与对人的调查或审查相联系，通过采取拉肢刑架、刑车或其他器械，对个人施加暴力的肉体痛苦，作为逼取供认或迫使其揭发同谋的方法。”[3] 综上所述，“酷刑”至少包括以下几个要素：（1）它是有辱人格的待遇或处罚；（2）它是不人道的待遇或处罚；（3）它是为了某种目的故意施加的待遇或处罚；（4）它造成了身体上或精神上的痛苦。从法律的角度看，酷刑无疑违背了人权、自由、正当程序等基本原则，如果仅仅从侵犯人权的角度来判断酷刑是否合法，那么它似乎已经没有太多的讨论空间了。但是，如果从政治哲学的维度来审视酷刑问题，我们就会发现它本身的复杂性和内涵的丰富性。

在政治哲学的意义上，酷刑主要涉及信仰与主权两个方面的问题。正如卡恩（Paul W. Kahn）所言，酷刑的政治意义在于获得一种仪式性的结果，而不局限于身体的伤害。换言之，酷刑的目的是让受刑者“认罪”，从而放弃其信仰或忠诚，背叛其所属的群体，“承认”施刑者的宗教或国家。受刑者如果“承认”施刑者背后的价值，那么他们就成了叛徒；如果拒绝“认罪”，那么他们就会成为信仰的殉道者。因此，酷刑是对受刑者忠诚的一种考验，当受刑者愿意为国家牺牲自己时，主权就在受刑者的牺牲中得到了体

---

① 参见［英］以赛亚·伯林：《自由及其背叛》，赵国新译，译林出版社2005年版，第152页。

② ［英］奈杰尔·S·罗德雷：《非自由人的人身权利——国际法中的囚犯待遇》，毕小青等译，第415页。

③ *Black's Law Dictionary*, Fifth Edition, West Publishing Co., pp. 1335-1336. 转引自夏勇等主编：《如何根除酷刑——中国与丹麦酷刑问题合作研究》，社会科学文献出版社2003年版，第3页。

现，他们仍然属于“我们”。而当受刑者“承认”和“认罪”时，酷刑作为考验受刑者忠诚的工具就获得了某种神圣性和有用性，也“使主权获得了真实性”①，但是受刑者却成了“他们”或“它们”，成了敌人或者帮凶。美军的虐俘行为、“基地”组织的斩首行动和对萨达姆的绞刑，都涉及主权问题，酷刑使得“主权的真实性”得到了凸显。决定他人生死的政治权力与能力是主权的终极表现形式，而酷刑则把这种主权扩展到了受刑者的生命之中。② 也正是在国家主权的意义上，“谁是我们的敌人”这一根本性的政治哲学问题在酷刑中彰显出来。如果酷刑是国家主权和敌友问题的决断，那么酷刑和战争又有什么区别呢？酷刑是战争的延续抑或是战争的一部分？或者酷刑就是战争？如果酷刑就是战争，代表着主权对敌人行使政治暴力，那么酷刑就可以被用于对外事务之上，为了国家利益，酷刑就获得了某种不证自明的正当性。因为酷刑也像战争一样，国家可以通过它来区分“谁是我们的敌人？谁是我们的朋友？”。

酷刑在朋友和敌人之间、文明人和野蛮人之间、教徒和异教徒之间划分了界限，把人和非人隔开。③ 施刑者试图通过酷刑来寻找受刑者所属的群体，这一目标一旦实现，受刑者就成了一种孤立的存在。显然，酷刑作为一种极端暴力，是一种企图毁灭受刑者并使其非人化的有意识行为。酷刑使受刑者体验或经历了人类的阴暗面，而施刑者通过酷刑也窥见了受刑者隐而不显的世界，他们对受刑者没有丝毫的同情。施刑者是这样一个群体，他们僭越了正常的价值体系，突破了战争伦理和正常价值观，唯一支撑他们的是把酷刑这种极端暴力加诸受刑者。施刑者的明确目标是获取口供或寻求信息，施刑者也试图通过这一目标的实现来辩解或减轻其暴力的残忍性。这种以获取情报为目的的酷刑暗含着这样的预设：只要获取情报这一目的是正当的，酷刑作为手段便具有某种合理性。④ 施刑者在加诸酷刑的那一刻，进入了一种“邪恶空间”或“道德真空”。为了维持这种“道德真空”，施刑者不再拥

---

① Paul W. Kahn, *Sacred Violence: Torture, Terror, and Sovereignty*, The University of Michigan Press, 2008, p. 23. 转引自叶蓁：《酷刑：美国宪法的考验》，《读书》2011 年第 4 期，第 33 页。

② 参见［美］加布丽埃勒·施瓦布：《巨大的断裂：酷刑下的政治和精神生活》，《中国图书评论》2009 年第 1 期，第 53 页。

③ 参见［德］沃夫冈·索夫斯基：《暴力十二章》，邱慈贞译，第 113 页。

④ 参见［法］弗朗索瓦·西罗尼、拉斐尔·布朗谢：《酷刑与人性的疆界》，陈斯译，《国际社会科学杂志》2003 年第 4 期，第 124—129 页。

有同情和禁止故意伤害他人等普遍人性。但是，施刑者必须保留移情，以获得对受刑者痛苦的体验。这种颠倒的移情是保持一种致命的亲密的虐待关系的唯一有效的工具。[①] 这种“颠倒的移情”类似舍勒所说的“同感”，舍勒指出：同感可以理解为设身处地地感同身受，也可以理解为我们在类似情况下所体验的情感状态的再现，还可以理解为卷入他人的情感情状所产生的情感幻觉。在正常情况下，我们看见他人遭受痛苦也会感到痛苦，这种同感就是一种对再现的自身情感体验的“移情”，是通过对他人情感表达的模仿而被直接激发出来的。[②]

酷刑作为一种极端的暴力侵害了受刑者的身体、自我和世界。在施刑者的残忍暴力中，受刑者的身体变成了暴力的客体。酷刑以一种类似试验的方式折磨着受刑者的身体，也给受刑者带来心理上的损伤乃至毁灭。酷刑首先直接指向俘虏的躯体，那种极度的疼痛和恐惧让受刑者不再觉得身体是自我力量的源泉，而是极度痛苦的来源，这种痛苦来自受刑者自己身体内部。这种直接侵害身体的酷刑在受刑者身上导致的自我毁灭和自轻自贱远胜于其他方式。在撕心裂肺的喊叫声中，身体成了自己的敌人。这个自我无法逃离的身体竟然成了酷刑的共犯，疼痛和痛苦不再是纯生理意义上的，它们也摧毁了受刑者的意志和精神，迫使他们在哀号、害怕和求饶中失去尊严。受刑者的恐惧让施暴者感受到了暴力的力量，这种力量让俘虏成为被侮辱的对象，并失去了自卫能力，而施暴者的自信和支配权也因暴力而提升。在酷刑面前，俘虏什么都不能做，除了忍受疼痛和痛苦，而施暴者则可以为所欲为。[③] 法国著名哲学家莱维纳斯（Emmanuel Lévinas）指出：“身体不仅是把我们与不可改变的物质世界联系起来的快乐或痛苦的偶然事物——它对自我的附着以其附着自身而宝贵。无人能避免这种附着，而且任何隐喻都不能把它与外部对象的在场混淆起来：这是一种结合，什么也无法改变其最终的悲剧性意味。”[④] 在这种意义上，身体和自我其实是同一的，自我的本质正

① 参见［美］加布丽埃勒·施瓦布：《巨大的断裂：酷刑下的政治和精神生活》，《中国图书评论》2009年第1期，第52页。

② 参见［德］舍勒：《道德建构中的怨恨》，罗悌伦译，见刘小枫编《舍勒选集》上册，第474页。

③ 参见［德］沃夫冈·索夫斯基：《暴力十二章》，邱慈贞译，第121—123页。

④ ［法］莱维纳斯：《对希特勒主义哲学的反思》，范民译，《西北人文科学评论》2010年，第55页。

是由这种身体的束缚所构成的，也正因这种束缚，受刑者失去了逃避自己的权利。酷刑达到甚至超过了受刑者疼痛的生理极限，使受刑者不仅面临生理上死亡的恐惧，而且濒临社会死亡和精神死亡。美军在阿布格莱布监狱通过捆绑、暴打、猥亵、放狗撕咬等酷刑，侵害了受刑者的自我，通过利用他们的恐惧侵犯了受刑者的宗教和文化的完整性。酷刑造成了一种受刑者与施刑者同构的精神伤害，使得受刑者和施刑者彼此绝对化。酷刑摧毁了受刑者，也摧毁了施刑者，为了破坏受刑者的自我，施刑者必须突破其自我。在这种无限的突破中，酷刑成了关于恐惧和征服的暴力形而上学的最具有象征意味的组成部分。在这种意义上，酷刑成了国家恐怖主义的一种形式。从阿布格莱布监狱泄露出来的系列照片表明，酷刑由隐蔽空间转向了公开场合，它羞辱了受刑者所属的世界，将受刑者非人化。施刑者将死亡威胁置入酷刑，从而具有了主宰受刑者生死的绝对权力。施刑者发现，他者可以作为这个世界的绝对主宰，这种主宰权表现为施加痛苦和制造毁灭的权力。身体的疼痛、自我的侵害、死亡的威胁使得受刑者倾向于反对生命或厌恶生命，在酷刑所带来的生不如死的状态中，受刑者被迫与施刑者成为同谋，他们成了最为“亲密的敌人”。[①]

虐俘事件和斩首事件在社会舆论和价值评判上引起了国际社会空前广泛的争议，是非善恶，各执一词。无论虐俘事件还是斩首事件，两者都属于为了达到各自目的而被实施的极端暴力行为，前者是国家和军队有计划发起的，后者则是“基地”组织有针对性的报复性反应。无论虐俘还是斩首，它们都令美国首当其冲，美国的国际形象由于虐俘事件和未能有效保护公民安全的斩首事件而受到严重损害。武力可以轻易地征服世界，但虐俘事件与斩首事件却让人类蒙羞，美国要挽救名誉和改善形象比征服艰难得多。无论美国的虐俘行为还是“基地”组织的斩首行动，抑或对萨达姆的绞刑，这些暴力行动的参与者或支持者都没有看到：暴力只能孕育暴力，仇恨将强化仇恨，暴力摧毁了敌人，同时也摧毁了自己。

美军的虐俘行为体现了酷刑的潜隐化，这种潜隐化由对战俘身体的伤害转向对其人格的羞辱。酷刑把受刑者变成了一个可以被任意操作的客体，在

---

① 参见［美］加布丽埃勒·施瓦布：《巨大的断裂：酷刑下的政治和精神生活》，《中国图书评论》2009 年第 1 期，第 50—52 页。

施暴者成为疼痛的创造者以及主宰者的过程中，受刑者被酷刑“物化”了，酷刑成了施暴者的一项工作以及证明他们身份和能力的一种技艺。[①] 无论美国的虐俘事件还是“基地”组织的斩首事件，它们都不仅涉及肉体上的酷刑，而且还涉及精神上的酷刑。肉体上的酷刑直接针对被虐者的身体和生命，而精神上的酷刑则不仅直接针对受虐者，而且针对旁观者，给旁观者一种毛骨悚然的恐惧。精神上的酷刑是肉体上的酷刑的一种延伸和继续。向公众直接披露甚至直播酷刑的信息，其目的就在于制造恐怖。精神上的酷刑由于持续时间之长久，影响面之广泛，比肉体上的酷刑更为残忍、更为潜隐化。正如贝卡利亚（Marchese di Beccaria）所说：“我们的精神往往更能抵御暴力和极端的但短暂的痛苦，却经受不住时间的消磨，忍耐不住缠绵的烦恼，因为，它可以暂时地自我收缩以抗拒暴力和短暂的痛苦。然而，这种强烈的伸缩性却不足以抗拒时间与烦恼的长期和反复的影响。”[②]

虐俘尽管是出于受权执行法律的人之手，但只要行使了暴力并造成了实际伤害，那么无论出于何种理由，哪怕是冠以“正义”之名，它就仍然是暴力和伤害，是一种制造恐怖和非人化的方法。因为法律的目的是公正地对待一切受法律所支配的人，尤其为无辜者和无助者提供保护和救济，而不是让某些人假借法律之名肆意制造伤害。[③] 总之，在战争暴力中，仇恨和报复欲以及由此产生的对敌人施以毁谤、虐待和侮辱等都成了精神奖赏。这些精神暴力在“合法地”剥夺着受虐者，而施暴者竟为此欢呼。禁止酷刑作为国际社会持续努力的目标和任务，应当由政府负责。

## 9.3　战俘的身份

有关战俘的观念、理论、公约和国际法则是随着人类的战争史逐渐发展而形成的。其中，“身份”和“权利”是战俘问题的核心，换言之，即在何种意义上参与战争的人会成为“战俘”，战俘和普通人的身份是否有区别？如果有区别，那么成为战俘后将拥有哪些不同于常人的权利？为什么拘留国

---

① 参见［德］沃夫冈·索夫斯基：《暴力十二章》，邱慈贞译，第119—120页。

② ［意］贝卡利亚：《论犯罪与刑罚》，黄风译，中国大百科全书出版社1995年版，第47—48页。

③ 参见［英］洛克：《政府论》下篇，叶启芳、瞿菊农译，第14—15页。

要保障战俘的基本权利？如果没有尽到这些义务要承担何种国家责任？等等。

在远古时期，战败者要么惨遭屠杀，要么沦为战胜者的奴隶，无所谓现代政治哲学上的战俘观念。因为在那时，"消灭敌人在任何地方都被称之为'战争权利'"[①]。按照战争法，处死俘虏是一条无人质疑的普遍公理。即使无条件投降后，战俘也有可能被处死。例如，古罗马人对待俘虏即是如此，"不论敌人的将军是在战场上被俘获的，还是他自己投降的，都要处死他以庆祝他们的胜利"[②]。当然，善待战俘被认为是战胜者的仁慈，西塞罗就曾对恺撒善待战俘而倍加赞扬，因为恺撒"根据战争法和胜利者的权利，本可以将所有俘虏处死，但他没有杀他们，而且还对他们加以保护"[③]。然而，战争权利并不能充分证明杀死战俘行为的正当性，杀俘行为是人类的一种野蛮习惯。[④] 随着人们逐渐认识到战争的残酷性以及为了避免无辜的人遭受更多的苦难，人们开始思考如何限制武力以免造成更多的死亡。思考战争的权力限度问题是人类进步的表现。"当你可以把战俘作为奴隶出卖时，杀死他就是非常荒谬的。"这句谚语一方面表明战胜者对战败者有着绝对的处置权力[⑤]，另一方面也表明战胜者开始认识到可以通过出卖俘虏作为奴隶而获利。但是，根据自然法，人拥有自然的自由，基于自然的平等，人和人之间不存在从属或受制关系，因此，没有人天生就是奴隶，除了受人类的各种制度和习惯约束之外。荷马曾指出：一个人在战争中被俘成为奴隶，他就成了"半个人"。他成为奴隶，不是因为他的"天性"，而是奴役改变了他的"天性"。[⑥] 无疑，将战俘变为奴隶是有背自然法的。正如洛克在论奴役时曾指出："因为一个人既然没有创造自己生命的能力，就不能用契约或通过同意把自己交由任何人奴役，或置身于别人的绝对的、任意的权力之下，任其夺去生命。"[⑦]

① ［荷兰］格劳秀斯：《战争与和平法》，何勤华等译，第 396 页。
② 同上书，第 400 页。
③ 同上书，第 396 页。
④ 参见上书，第 397 页。
⑤ 参见上书，第 400 页。
⑥ 转引自［美］斯东：《苏格拉底的审判》，董乐山译，三联书店 1998 年版，第 53 页。
⑦ ［英］洛克：《政府论》下篇，叶启芳、瞿菊农译，第 17 页。

现代战俘观念的发展与14、15世纪在意大利发生的战争密切相关，由于战争主要是由雇佣兵进行的，所以这类战争便演变成了有限战争。汉斯·摩根索指出："由于雇佣兵的利益主要在金钱方面，所以他们不愿战死在沙场，或者杀死太多的敌人而招致被杀的风险。而且，雇佣兵队长（交战双方军队的领袖）也不愿意牺牲他们的士兵，因为士兵构成了他们的营运资本。他们向军队投进了本钱，而且他们想让军队成为持续营业的行当。雇佣兵队长也不愿意杀死太多的敌兵，因为敌兵作为俘虏可以赚得赎金或者受雇于自己的军队，而若把他们杀死，在金钱方面便一无所得了。雇佣兵队长们对决定性的战役和歼灭战没有兴趣，因为没有战争又没有敌人，也就没有了生计。结果，这些意大利战争在很大程度上是运用熟练的策略和战术性的技巧进行的，这些策略和技巧迫使敌人放弃阵地并退却，沦为俘虏而免于伤亡。"① 正是由于雇佣兵的利益与金钱密切相关，交战双方正是认识到了这种利益，从而才有了现代意义上的战俘的部分权利观念，尤其是最为重要的生命权的保护，因为不能保全战俘的生命，所以就无法保障获得金钱的现实利益。

格劳秀斯认为，将战俘变为奴隶并不违背自然正义。"不只是放弃权利，将自己投身于奴役之中的人处于奴隶状态，而且一切在公共性质和正式的战争中被俘的人员，自从被带到敌方控制区域的那一刻起，就处于同样的境况之中。"② 值得指出的是，战俘并不是因为存在犯罪行为而使自己降格为奴隶，而是战争参与者相似的命运，使得他们在战争期间不幸地处于奴役状态。③ 处于这种状态，战俘的财产权通常是很难得到保障的，从战俘那里缴获的所有物品都成为合法的战利品，因为完全处于他人权力之下的人是没有自己的财产的。而格劳秀斯指出："由万国法引入的对于战利品的权利，都意在促使捕获者不要将战俘残酷地处死，而饶恕拯救他们倒可以期待从中获利。"④ 随着历史的发展与进步，大多数信奉基督教的国家同意遵守如下规则：战俘不得被贬为奴隶，也不得买卖，不得强迫其进行和奴隶制相关的苦役。客观地说，被征服者以自己的自由为代价来赎取自己的生命，对战胜者

① ［美］汉斯·摩根索：《国家间政治——权力斗争与和平》，徐昕等译，第404页。
②③ ［荷兰］格劳秀斯：《战争与和平法》，何勤华等译，第419页。
④ 同上书，第420页。

和战败者双方都是有利的，在某种意义上是历史进步的表现，但是我们并不能因为战俘或战败者被征服就推断奴隶制度是合理的。正如康德所指出的："在战争中绝不能找到世袭奴隶制度的根据。"[①] 近代民族—国家的出现，国家与国家之间相互约定，战俘不再被视为由某个战胜者随意支配的财产，因为战争是国与国的关系，而不是人与人的关系。战争中的个人，作为国家的保卫者，是以士兵资格才偶然成为敌人的，而不是以个人或公民资格而成为敌人的。在战争过程中，人们有权杀死对方的战斗人员，但一旦他们放下武器投降成为战俘，他们就不再是敌人或敌人的工具，他们就具有免受杀戮的权利。[②] 因此，卢梭进一步认为，奴役权是不应该存在的，因为它是非法的和荒谬的，没有任何存在的意义和必要。[③]

通过上面的分析，我们知道在人类的战争史上，战俘经历了一个被处死、成为奴隶、有部分权利的过程。那么，究竟什么是现代意义上的战俘呢？根据 1949 年 8 月 12 日颁布的《关于战俘待遇之日内瓦公约》的具体规定，战俘又称俘虏，是指在战争和武装冲突中落于敌方权力之下的合法战斗人员。具体而言，战俘是指落于敌方权力之下的下列各类人员之一种：冲突一方的武装部队人员；民兵及志愿部队人员，包括有组织的抵抗运动人员；自称效忠未经拘留国承认的政府或当局的正规武装部队人员；伴随武装部队的非武装部队人员，如军用飞机上的文职工作人员、战地记者、供应商人、劳动队工人或福利工作人员；冲突各方之商船队的船员及民航机上的工作人员而依国际法其他规定不能享受更优惠待遇者；敌人迫近时，未及组织成为正规部队但公开携带武器并尊重战争法规及惯例自动抵抗入侵的人员；占领国认为有必要加以拘禁的现属于或曾属于被占领国武装部队的人员；收容于中立国或非交战领土的依据国际法必须加以拘禁的人员。[④]

按照《关于战俘待遇之日内瓦公约》的规定，我们可以分析伊拉克前总统萨达姆作为战俘的身份和权利问题。因为萨达姆是伊拉克武装部队的总司令，是落于"敌方权力之下的"冲突一方的武装部队人员。事实上，美军也

① ［德］康德：《法的形而上学原理——权利的科学》，沈叔平译，第 185 页。

② 参见［法］卢梭：《社会契约论》，何兆武译，第 18 页。

③ 参见上书，第 20 页。

④ 参见 http://www.un.org/chinese/documents/decl－con/geneva_prisoners_part1.htm。

曾公开承认萨达姆的战俘身份，因而萨达姆理应享受战俘的一切待遇。后来，美军不再坚持萨达姆的战俘身份，而认为他是伊拉克现政权的囚犯，美国之所以在萨达姆的战俘身份上做文章，关键在于通过获得对萨达姆的看管权，试图从萨达姆嘴中获取诸如伊拉克是否拥有大规模杀伤性武器、与“基地”组织之间的联系等情报。而获得看管权的前提是必须给予萨达姆战俘身份。只有如此，占领军“看管”敌国战俘才符合《关于战俘待遇之日内瓦公约》的有关规定，才具有正当性。同时，如果美国确认了萨达姆的战俘身份，那么对萨达姆的审判就只能由美国军事法庭来进行。然而，萨达姆并未对美国犯罪，所以由美国来审判萨达姆缺乏合法性。在此种情况下，美国将萨达姆移交给伊拉克临时政府审判，这样可以达到“借刀杀人”之目的。既满足了伊拉克的要求，也符合美国的利益。萨达姆最终因“反人类罪”被伊拉克特别法庭判处绞刑。这种绞刑，在某种意义上变成了一场表演，刑场与其说是为萨达姆而设的，不如说是为公众而设的。就算萨达姆确实是恶的，可是对他的绞刑却让他失去了改恶从善的机会。最终，死刑变成了一场国家和一个公民的战争，对国家而言，消灭这个公民是必要的和有益的。[①] 萨达姆本人最终也成了他自己的“炮灰”。

## 9.4 战俘权利的有限性

就国内政治而言，少数人而不是多数人的权利是否得到保护考验着一个国家的文明程度。而在国际政治层面，敌人（尤其是已经放下武器的“敌人”）的权利是否能得到保护是衡量一个国家文明的标志。由此必须解决的一个前提性问题是：敌人是否具有某种权利？对此有两种相互对立的观点：一种观点认为敌人根本不具有人的权利。赞成所谓“敌人刑法”的人都持这种观点。另一种观点则认为敌人具有有限的权利。大多数人道主义者都持这种观点。实际上，所谓敌人的权利问题取决于战时和战后等具体的情境。在战时谈敌人的权利确实是一个非常艰难的问题，因为战争的残酷性使得士兵们来不及作出明确的道德判断就必须实施消灭敌人的行

① 参见［意］贝卡利亚：《论犯罪与刑罚》，黄风译，第45页。

动。但是，避免屠杀敌方的平民、保障无辜平民的权利，应该是无须讨论的常识。而战后对战俘权利的保护，国际法和国际公约亦有明确规定。但是，具备了常识和规定并不能保障敌人的权利，因为国际法或国际伦理准则常常遭到粗暴的践踏。

当战争状态结束，当战俘放下武器投降，他们就恢复了普通人的身份。这样，战争双方都同样受法律的公正决定的支配，战俘所应获得的权利就应不受性别、年龄、种族、民族、信仰、受教育程度、社会地位等因素的限制。而把战俘当作虐待的对象，其实就是不把战俘当“人”看。虐俘乃至使用酷刑显然是任何一个文明国家都必须禁绝的事情。对待战俘，最为重要的是公正和人道，而不是报复。人们普遍地谴责虐俘和斩首这些邪恶的暴力行为，是基于文明社会的普遍道德法则，即人们对同一群体成员的爱、对其他群体的仇恨的节制与超越。禁止虐待战俘的国际法不过是把这种道德法则予以系统化和强制化而已。

显然，虐俘者和斩首者没有认识到：“所有人都共同受到战争结局的影响；双方在战败时都要承担同样的灾难，如果是处于相反的情况下，战败者也会一样施加这些于征服者身上。”[①] 换言之，我们有必要在理论上解决为什么不能虐待俘虏而要保障战俘的权利的问题。关于这一问题，格劳秀斯在《战争与和平法》中引用了赫伦尼乌斯（Herennius）的精彩论述：

> 因为那将违背共同的正义，以肆意的残酷和严苛对那些命运掌握于我们手中的人滥施权力，将他们从当初正义所确定的高位贬低；而他们当初的敌意早已经忘却了。因为在争胜时将敌人当成令人尊敬的对手乃是勇气的特征；在征服对手时则人道地对待他们，以减轻战争造成的不幸，并且改善和平的条件和关系。但是有人可能会问，如果敌人现在得此厚待，难道当初他自己不会也行同样宽大之举吗？对此可以答复道：现在对于他所做的一切，并不是效法他以前未行之事，甚至也不是效法当初应为之事的结果。[②]

从上面引述的这段文字来看，善待战俘至少有这么几个理由：第一，和

① ［荷兰］格劳秀斯：《战争与和平法》，何勤华等译，第401页。

② 转引上书，第435页。

平是战争的目的，善待战俘有利于和平。任何偏离和平这一终极目的的行为都是不正义的。第二，虐待或处死战俘违背了共同的正义。因为文明国家之间相互约定战争期间或战后不得虐待战俘。第三，对战俘的人道主义待遇可以减轻战争造成的不幸。关于如何对待战俘的问题，洛克在论自然状态时，就人与人之间基于平等而引申出来的正义和仁爱的原则可以很好地解决虐待战俘存在的理论困境。洛克指出，人与人之间的平等是人类互爱义务的基础，他引用了英国著名神学家胡克尔（Richard Hooker）的思想来论证自己的观点，胡克尔的思想类似于我国儒家的“己所不欲，勿施于人”这一金规则，其大意如下：爱人和爱己是人类拥有的相同的自然动机使然。我怎样待人，别人也将怎样待我。因此，“如果我要求本性与我相同的人们尽量爱我，我便负有一种自然的义务对他们充分地具有相同的爱心。从我们和与我们相同的他们之间的平等关系上，自然理性引申出了若干人所共知的、指导生活的规则和教义”①。

善待战俘，给予战俘以人道待遇，就是由自然理性所引申出的“规则和教义”。人们善待战俘的理由既有最初“祸莫大于杀已降”的顾虑，也有后来交战双方默认的“元恶不可不诛，胁从不可不抚”的战争伦理。我国就有善待战俘的传统，这可追溯到商周时期。例如，周武王曾作《牧誓》，在历数纣王罪行的同时严令禁止杀害来降者和战俘。古代的战争伦理已经包含了人道主义思想，如：死在战场上的战士的尸体可以在休战和约的掩护下收回；战俘可以交换或赎回；妇女和儿童一般不得杀害等。这一时期，无论战争法还是人道法，它们均主要以习惯法的形式存在，体现着人类的朴素道德观。

战俘的人道待遇原则已经成了国际法之战俘待遇规则的一项基本原则。“在一切情况下应予以人道待遇，不得基于种族、肤色、宗教或信仰、性别、出身或财力或其他类似标准而有所歧视。”② 根据人道待遇原则，敌对冲突双方都应该对战俘予以人道对待，禁止杀戮、残害、虐待和施以酷刑，禁止歧视、侮辱和损害个人尊严。大致而言，战俘的基本权利包括生命权、人格权、财产权和自由遣返权四个方面。实际上，战俘的权利仅仅是一种有限人权。

① ［英］洛克：《政府论》下篇，叶启芳、瞿菊农译，第5—6页。

② http://www.un.org/chinese/documents/decl-con/geneva_prisoners_part1.htm.

第一，生命权是战俘一切权利的基础，是其他权利的载体。洛克认为，所有人都是平等的和独立的，因此任何人不得侵害他人的生命、健康、自由或财产等权利。洛克进一步指出，正是因为每一个人都必须保存自己，出于同样的理由，当自保不再成为问题时，他就应该尽可能地保存其他人。除非是对罪犯的惩罚，否则任何人都不应该夺去或损害另一个人的生命。[①] 对战俘而言，又何尝不是如此呢?《关于战俘待遇之日内瓦公约》对战俘的生命权进行了具体规定：不论何时何地，不得“对生命与人身施以暴力，特别如各种谋杀、残伤肢体、虐待及酷刑”[②]（第三条）；“拘留国任何不法行为或不行为可致其看管中之战俘死亡或严重危害其健康者须予禁止……尤其不得对战俘加以肢体残伤，或供任何医学或科学试验而非为有关战俘之医疗、治牙或住院诊疗所应有且为其本身利益而施行者”[③]（第十三条）；“战俘仅能拘禁于陆地上之场所而具有卫生与健康之保证者”[④]（第二十二条）；患病时应能得到及时治疗（第三十三条）[⑤]；等等。

第二，战俘的人格权应免受侮辱。在美军虐俘事件中，死亡恐吓、用铁丝缚住战俘的生殖器、放大狼狗撕咬战俘以及强迫战俘模拟性交动作等令人发指的丑恶行径，是对伊拉克战俘人格权的极大侮辱。《关于战俘待遇之日内瓦公约》规定：无论何时何地不得“损害个人尊严，特别如侮辱与降低身份的待遇”[⑥]（第三条）；战俘免致遭受暴行或恫吓及侮辱与公众好奇心的烦扰（第十三条），战俘在一切情况下应享受人身及荣誉之尊重（第十四条）；其待遇除因等级、性别以及因健康状况、年龄或执业资格等有所区别外，不得因种族、国籍、宗教信仰、政治意见或类似标准而受到歧视（第十六条）[⑦]；对战俘不得施以肉体或精神上之酷刑或任何其他胁迫方式借以自彼等获得任何情报，战俘之拒绝答复者不得加以威胁、侮辱，或使之受任何不快或不利之待遇（第十七条）[⑧]；等等。

---

① 参见［英］洛克：《政府论》下篇，叶启芳、瞿菊农译，第6—7页。

② http://www.un.org/chinese/documents/decl-con/geneva_prisoners_part1.htm.

③ http://www.un.org/chinese/documents/decl-con/geneva_prisoners_part2.htm.

④ http://www.un.org/chinese/documents/decl-con/geneva_prisoners_part3.htm.

⑤ 参见 http://www.un.org/chinese/documents/decl-con/geneva_prisoners_part3.htm。

⑥ http://www.un.org/chinese/documents/decl-con/geneva_prisoners_part1.htm.

⑦ 参见 http://www.un.org/chinese/documents/decl-con/geneva_prisoners_part2.htm。

⑧ 参见 http://www.un.org/chinese/documents/decl-con/geneva_prisoners_part3.htm。

第三，战俘的财产权是其生命权的延伸，是战俘的自由与尊严的保障。格劳秀斯指出：根据纯粹正义的规则，没收或扣押敌方所负债务额以外的物资是不合法的。“由于他人的过错而对某人的财产进行限制是一种恶劣的行为，因此不应超越法律所实际规定的范围。”[①] 洛克在论及征服时也谈到了被征服者的财产权问题，他认为，“未经本人同意，不能剥夺任何人的财产”，因为“他们的人身基于自然的权利是自由的，他们所有的财产，无论多少，是他们自己的，并由他们自己处理，而不是听凭征服者处理，否则它就不成其为财产了”[②]。根据洛克的理论，征服者对战俘的财产不享有任何权力，这就意味着交战国任何一方并不具有剥夺战俘财产权的根据。倘若拘留国的人试图侵占或剥夺战俘的财产，那么他们就又变成了侵略者，从而恢复了与战俘的敌对状态或战争状态，而这显然是不符合国际法的有关规定的。在现代社会，战俘的财产权不但包括战俘对自己私有物品的拥有和支配，而且包括战俘有通过正当、公平的劳动获得工资报酬的权利，拘留国不得侵占和剥夺。《关于战俘待遇之日内瓦公约》规定：除武器、马匹、军事装备及军事文件外，自用物品、钱财及为保护个人所发的物品归战俘个人保有（第十八条）；可以拥有一个拘留国为自己设立的账目，将钱财存入该账目并由拘留国代为管理（第十八条、第六十四条）；为方便战俘而设的商店所获利润应用在战俘身上，并可设立由战俘代表参与管理的基金（第二十八条）；在战俘营劳动应得到公平的工资（第六十二条）[③]；等等。

第四，彻底遣返才能实现战俘的自由。根据国际法的规定，交战双方可视具体情况在战争期间协商交换战俘，或在实际战事停止后予以释放、遣返，不得迟延，更不准随意加害。战俘的真正自由只有彻底被遣返才能成为现实。敌对状态期间及其以后的遣返本身就完全出于人道主义的考虑，属于人道主义行为。战俘的自由遣返是结束敌对状态的最后行动。甚至在一些特殊情况下，遣返可在战争延续期间发生。顺利遣返战俘有利于敌对双方关系的缓和，也有利于未来和平。康德曾指出：交换战俘时不能索取赎金，也

① ［荷兰］格劳秀斯：《战争与和平法》，何勤华等译，第445页。

② ［英］洛克：《政府论》下篇，叶启芳、瞿菊农译，第118页。

③ 参见 http://www.un.org/chinese/documents/decl-con/geneva_prisoners_part3.htm。

不必在人数上要求平等。[①] 这样，战俘遣返问题就不会因要获得双方的同意而受阻。战俘遣返是敌对状态结束后敌对双方的义务。《关于战俘待遇之日内瓦公约》第四部“战俘之终止”就遣返的战俘范围、条件以及费用等进行了严格规定[②]，从而为战俘的最终自由提供了法律保障。

我们要认识到，尽管国际法就战俘的生命、人格、财产以及自由等基本权利进行了严格的规定，但是在实际境遇中，战俘的权利往往表现出有限性，由于他们失去了基本的自由，所以其他权利在实际境遇中很难得到保障。这就牵涉战俘权利保障的国家责任问题。

## 9.5 战俘权利保障的国家责任

战俘权利的保障涉及战争责任问题。众所周知，战俘在受拘留期间明显处于弱势地位，往往无法左右自己的命运。因此，战俘权利的保障既取决于敌国是否愿意履行国际法的有关义务，也取决于战俘所属国之政府的努力，而前者尤为重要。换言之，拘留国一方面应履行国际法所规定的保障战俘权利的国际义务，另一方面也要承担因未能履行义务的国家责任。关于战俘权利保障的国际法义务，由于前文已经有所论述，故而在此我将主要在理论上分析美军虐俘行为所带来的国家责任问题。虽然美国前总统布什宣称虐俘只是少数人的行为，但是根据有关国际法和国际公约，无论虐待战俘是个别的行为还是有组织的行为，美国政府都必须承担相应的国家责任。

通常而言，只有国家才是国际法的主体，因此关于虐俘等不法行为的国际责任问题必须在“国家责任”的标题下来讨论（国际责任也涉及对个人和国际组织地位的考虑）。从国际法的角度而言，国家对违反国际义务的行为承担责任。“不遵守一项国际义务即构成国家的国际不法行为，引起该国的国际责任，由此对该国家和对其他国家产生某些法律后果。”[③] 关于国家责任问题，我们有必要就“原始责任”和“转承责任”进行区分，这样将能更

① 参见［德］康德：《法的形而上学原理——权利的科学》，沈叔平译，第185页。

② 参见 http://www.un.org/chinese/documents/decl-con/geneva_prisoners_part4.htm。

③ ［英］詹宁斯、瓦茨修订：《奥本海国际法》第1卷第1分册，王铁崖等译，中国大百科全书出版社1995年版，第401页。

好地说明虐俘行为的国家责任问题。所谓原始责任，是指一个国家对可直接归于它的行为承担相应的责任，这些行为既包括政府的行为，也包括官员或私人根据政府的指示而实施的行为或经政府授权的行为。所谓“转承责任”，则是由私人以及未经授权而行事的官员的某些国际侵害行为而引起的责任。前者涉及国家直接违反对它有约束力的法律义务的国家责任，而后者是在国家对被指控的损害行为只有间接失误时的国家责任。显然，从我们所了解的情况来看，虐俘事件至少承担一种转承责任。因为从美军和美国政府就虐俘事件所发表的公开声明而言，虐俘行为至少表面上看来并不是美国政府的行为或根据美国政府的指示而实施的行为或经美国政府授权的行为。如果是一种原始责任，那么事情的后果将更严重。《关于战俘待遇之日内瓦公约》第12条规定：“战俘系在敌国国家手中，而非在俘获彼等之个人或军事单位之手中。不论个人之责任如何，拘留国对战俘所受之待遇应负责任。”① 这就意味着，当违反国际法的行为发生时，与它相关的政府以及个人均要承担相应的法律后果。根据政府责任与国家的相关性，我们可以称之为国家责任。而且，严重违反国际法的行为并不能因个人责任而淡化或推卸国家责任。因此，美国必须为虐俘行为承担国家责任，这是显而易见的，而不能把这种虐俘行为仅仅归结为少数“坏苹果”所为。因为“国家对于这些人表面上执行公务但却未经这个国家的命令或授权而做的，或超越他们按照该国国内法的权限所做的，或在错误理解、错误判断或轻率执行他们的公务职责所做的国际侵害行为，也担负责任”②。如果美军参与虐待伊拉克战俘的人员是在职责范围内实施虐俘行为，或者是因执行上级官员的命令而实施虐俘行为，那么国家就必须对此行为承担责任。换言之，一方面，参与虐俘的士兵个人因此必须受到军事法庭和道德法庭的审判；另一方面，战俘拘留国也必须承担国家责任。因为战俘拘留国要对每个战俘自其在俘开始直到其战俘身份结束时刻止的命运负责。除了可能发生的个人责任如杀害或虐待战俘的士兵的责任以外，关于战俘所受待遇的最后责任在于俘获他们的交战国。例如在美军虐俘事件中，虐俘的美国军队和个人要负法律责任，美国作为国家主体，在道义上和国际法上应负国家责任。

---

① http://www.un.org/chinese/documents/decl-con/geneva_prisoners_part2.htm.

② ［英］詹宁斯、瓦茨修订：《奥本海国际法》第1卷第1分册，王铁崖等译，第424页。

明确了虐俘行为的国家责任之后，我们有必要进一步就国家责任的基础进行分析。关于国家责任的基础问题，大致有两种不同的观点：第一种观点认为，要确定一个国家违反了国际义务，首先要有故意或过失的行为，因此，国家责任是以过失为基础的；另一种观点则认为，单凭行为和结果便可以确定违反义务的行为，这种责任是严格责任或客观责任。[①] 事实上，不可能存在一种适用于所有情况的、单一的国家责任的基础，往往存在多个基础，其性质取决于特定的义务。[②] 简而言之，根据国际法的有关规定，一项行为（包括作为和不作为）是否可归因于国家，是否违背该国的国际义务，这是产生国家责任的国际不法行为必须要满足的两个基本条件。美军的虐俘行为是否引起美国的国家责任，就看该行为是否满足这两个条件。就国际法而言，国家必须对违反国际义务的行为承担国家责任，因为这是由国家作为国际人格者的地位决定的，而国家主权不能作为否认这种责任的根据。就美军的虐俘行为而言，美国政府和美军认为这是私人行为和个别行为，美国政府认为其所要承担的国家责任是以过失为基础的，而美国政府并没有直接的过失，政府只是在防止伤害发生或惩治违法者方面未表现出高度的注意。这也是美国政府不愿意承担严格责任或客观责任的借口之所在。这样可能直接影响美国需要对虐俘作出赔偿的性质和数额以及美国的国家形象。

首先，虐俘行为之所以归因于国家，是因为国家被认为是可以行动的人格体，它通过代理人来行动。由于我们无法确定虐俘行为究竟是个人行为还是有组织的系统行为，所以我们必须分别就这两种情形进行分析。倘若虐待战俘是有计划、有组织和有针对性的行为，那么毫无疑问这违反了国际人道主义法和国际人权公约，按照国际法美国应当承担国家责任。即使虐俘行为是美国个别士兵的擅自行动，美国也必须承担国家责任。因为有关的国际法和国际公约均有明确的规定。例如，《海牙第四公约》第 3 条规定：冲突一方“必须对其武装力量的组成人员的所有行为负责”。《日内瓦第三公约》第 12 条规定：“不论个人之责任如何，拘留国对战俘所受之待遇应负责任。”《国家对国际不法行为的责任条款草案》第 7 条规定：“国家机关或者经授权行使国家权力的个人或实体，若以此种资格行事，即使逾越权限或违背指

①② 参见［英］詹宁斯、瓦茨修订：《奥本海国际法》第 1 卷第 1 分册，王铁崖等译，第 406 页。

示，其行为仍应视为国际法所指的国家行为。”因此，美国不仅要对其士兵的虐俘行为担负责任，而且要对其武装力量违反命令的行为承担责任。因为士兵在军事行动中是代表国家在做出行动，国家有义务对其不法行为进行约束和控制。如果没有国家授权，士兵便不可能同敌对的国民接触或者进入敌国境内行动。因此，虐俘即使是士兵个人所为，美国也必须承担国家责任。[①]

其次，我们也要注意到，尽管战争行为可以归结为国家责任，但是战争责任也涉及每一个战争参与者，涉及参与者的道德判断。而“道德的根本在于个人，因此不能把个人应负的道德上的责任归诸国家权力”[②]。由此，我们可以这样认为，对于美军虐俘的责任不能完全归结为抽象的国家责任。要追究虐俘的具体责任，必然针对作为“责任主体”的具体人格，这也正是美国政府竭力为其行为辩解的原因。其实，无论政治家还是军人，不管其行为的善恶，他们都是责任主体。正如韦伯曾指出的：人们只要同意使用暴力手段，就必须接受由此产生的特定后果并对此负责，而不论你是谁和出于何种目的实施暴力。[③] 唯有如此，战争的参与者特别是侵略战争的“加害者”才能深刻反省自己的行为，从而得到受害者的谅解和宽容。

最后，应该就虐俘行为进行赔偿。就违法行为作出赔偿的义务是国际法的一条原则。国际不法行为的主要法律后果仍然是对所造成的精神上和物质上的损害给予赔偿。[④]《保护人人不受酷刑和其他残忍、不人道或有辱人格的待遇或处罚宣言》明确规定：“公务人员或在公务人员怂恿下施行酷刑的行为或其他残忍、不人道或有辱人格的待遇或处罚一经证实，应即按照国内法给予受害者补救或赔偿。”[⑤] 美军的虐俘行为，由于所违反义务的内容具有特别重要性，所以引起了特殊的和更为严重的国家责任。这种行为由于其严重性、残酷性和对人类生命的蔑视，国家以及代表国家行动的人就需要承担刑事责任。

---

① 参见刘恩媛：《论美国在虐俘事件中的国家责任》，《法治论丛》2004 年第 6 期，第 35 页。

② ［日］竹内好：《现代中国论》，市民文库（河内书房）版，第 31 页。转引自［日］田中正俊：《战中战后：战争体验与日本的中国研究》，罗福惠、刘大兰译，广东人民出版社 2005 年版，第 315 页。

③ 参见［德］马克斯·韦伯：《学术与政治：韦伯的两篇演说》，冯克利译，第 112 页。

④ 参见［英］詹宁斯、瓦茨修订：《奥本海国际法》第 1 卷第 1 分册，王铁崖等译，第 415 页。

⑤ ［英］奈杰尔·S·罗德雷：《非自由人的人身权利——国际法中的囚犯待遇》，毕小青等译，第 417 页。

一个国家如何对待自己的被俘人员，往往能反映出这个国家的人权状况和战争文化。法国前总统弗朗索瓦·密特朗曾当过德军的俘虏。在朝鲜战争、越南战争的战场上，美军官兵每人兜里都装有投降书。这些都体现了西方人对士兵生命的尊重，因为胜负乃兵家常事，“留得青山在，不怕没柴烧”，有目的地保存实力，养精蓄锐，再寻战机，以图东山再起，又有何不可呢？即使成为战俘，还有交换战俘的机会。只要不贪生怕死，不泄露机密，不出卖国家，不助纣为虐，即使一时成为阶下囚，也无损国家利益和民族尊严。战俘作为一种特殊的被征服群体，除了受拘留国根据国际法和公约的有关规定有义务保障他们的待遇之外，战俘的祖国应优先考虑他们的命运，“优先考虑”乃是基于战俘仍然活着这一假设。然而，不同的国家以及不同的文化对待战俘的态度是不一样的。以美国为例，它为自己国家在俘的战俘所付出的努力是有目共睹的。1983 年，美国前总统里根郑重承诺，战俘及战斗失踪人员的命运是“国家最优先考虑的事情”。美国通过各种纪念日引起社会各界对战俘及战斗失踪人员的关注。美国政府认为，只有在“最充分地说明失踪人员的情况、遣返所有可能仍然被囚的美国人以及归还一切可能找到的遗骨”[①]之后，这一问题才能得到最终解决。以上这些都说明了美国对战俘问题的重视，但是巴格达阿布格莱布的虐俘事件则是对美国政府的一个莫大讽刺。不过，客观地讲，美国政府在过去特别是在越南战争时期对战俘的释放所做的努力是值得肯定的。尼克松政府时期，尼克松曾在一次新闻发布会上保证：“本届政府将做有可能在人道基础上把战俘问题作为一个单独问题划分出来并加以适当解决的一切事情。”[②]

在我国的传统战争文化中，对待战俘存在一种悖论：一方面，倡导从“仁”的道义高度善待战俘，给予他们生存的权利；另一方面，又从“节”的标准要求自己的被俘人员“以死效忠”来维护气节。这样，实际上就是不公正地对待自己的被俘人员，要求他们“不成功，则成仁”、舍生取义。这种对待战俘的传统价值观对日本也有着深刻影响，例如，1941 年 1 月，东

① ［美］富兰克林：《战俘及战斗失踪人员神话（上）》，力文译，《现代外国哲学社会科学文摘》1994 年第 1 期，第 45 页。

② ［美］富兰克林：《战俘及战斗失踪人员神话（中）》，力文译，《现代外国哲学社会科学文摘》1994 年第 2 期，第 46 页。

条英机在《战阵训》中就有所谓“生不受虏囚之辱”的话。[1]“战俘”在我们的政治语境中是一个贬义词，即使在战场上战功赫赫，但一旦落入敌手，成为战俘，就可能成为国人歧视和唾弃的对象，例如，一些抗美援朝之后遣返回国的志愿军战俘因被认为有损国家尊严和军人形象而被打入另册。[2] 战俘所属国从国际法和人类道义的角度，应该积极申诉和营救战俘，使战俘尽快被遣返，从根本上使战俘免受虐待。战俘被遣返归国后，在政治和道义上不能轻视或排挤战俘，不能视之为另类。

除了交战国双方对战俘应该承担的责任之外，战俘自己也可以提出权利诉求。尽管征服者常常以主人自居，通过强力迫使被征服者屈服于他的条件，受制于他随意为他们建立的政府，而被征服者的艰难处境导致他们很难对征服者的权力提出异议，但是如果不给处于最不利地位的战俘以基本的保障和诉求，这种征服就是赤裸裸的暴力和强权，就毫无正义可言。而作为战争的旁观者，国际社会有义务为身处困境的战俘提供人道主义呼吁，通过国际舆论来迫使交战国双方善待战俘，为战俘提供人道主义待遇，从而有利于人类的持久和平。因为战俘问题终究是“人”的问题。

---

① 参见［日］田中正俊：《战中战后：战争体验与日本的中国研究》，罗福惠、刘大兰译，第 25 页。

② 参见赵亚山：《关于俘虏》，《黄河》2001 年第 2 期，第 175—176 页。

# 第十章

# 敌人之死

在古典意义上，死亡是伸张正义的一种重要形式，也是惩罚敌人最恰当的方式，因为人们普遍认为恶魔般的敌人只配死去。“敌人之死”，是敌人的罪有应得，是正义终于得到了最好的伸张，是所有相互关系的终结。“敌人之死”是以敌人的“非人化”为前提的，然而对敌人的“非人化”并非来源于敌人的实际品质，而是来源于一种抽象的意识形态偏见，但是这种“非人化”又非常具体，它影响人们对敌人的看法、评价以及采取敌对行动的意向。而在现代意义上，“敌人之死”作为一种无可逃避的命运，则是现代性的产物。从一种非人格的意义上而言，敌人是无所谓生死的，但是敌人作为一种人格的存在，绝不只是一个生物学事实。“敌人之死”当然不是作为生物学意义上的人的死亡，不是人的肉体生命的终结，而是敌人作为人格意义上的规定的消亡，意味着我们对敌人的彻底否定和剥夺，意味着抹杀了敌人的人性和尊严。对敌人的征服、控制、支配和统治，就是对敌人的“占有”，这是人类作为占有者所建构的特有的占有和被占有的一种关系，工业化和官僚制使得这种现代意义上的占有成为可能。敌人的物化、客体化和功能化，使得敌人的生命变成了一种物质力量，这种力量不仅可以摧毁其他物质力量，而且也可以被其他物质力量所摧毁。在“我们”的眼中，“敌人”只不过是一个可以随时消灭和必须消灭的客体。

## 10.1　消灭敌人是一种战争权利

战争意味着敌我双方大规模政治性死亡的可能性和现实性，而“敌人之死”与消灭敌人这种理所当然的战争权利有着直接的联系。[①] 进而言之，“消灭敌人”是战争中征服敌人意志最简单、最直接和最彻底的方式，因而它不仅被当作赢得战争的手段，而且常常成为战争的目的。马克思曾经指出：“世界上没有比消灭自己的敌人更实际的事情了”[②]。虽然他针对的是当时关于林木盗窃法的辩论，但是他深刻地指出了人们对待敌人的那种极端决绝、恨之欲其死的态度。汉斯·摩根索曾指出：“有史以来直到中世纪的大部分时期为止，根据法律及道德，交战各方一直被认为可以任意地杀死全部敌人而不管他们是否是武装部队的成员，抑或以他们认为适当的任何方式对待敌人。男人、女人和孩子常常被胜利者杀死或贩卖为奴而不会引起任何不利的道德反应。”[③] 摩根索在此指出了战争中消灭敌人并没有严格的界限，敌人不仅包括战斗人员，也包括非战斗人员，即使在无条件投降之后，战俘作为敌人身份的延续仍然可能被处死。例如，在古罗马时期，敌人的将军不论是被俘的还是自己投降的，都会被处死来庆祝“我方”的胜利。[④]

科耶夫在与施米特讨论敌人问题时曾指出：“真正的敌人是死敌：他可以杀人也可以被杀，他是身体也因而——如果他喜欢——是‘形式’。如果有人准备杀他（即如果有人准备以身犯险），那么，敌人就是‘无’，并且能（至少作为敌人）被击毁。然而，如果有人害怕敌人，那么他就会变得‘残忍’，因而‘力量充沛’。他就是‘主人’，而别人不过是‘奴隶’。”[⑤] 科耶夫运用黑格尔的“主奴辩证法”来论证敌对双方的非对称关系，是一种典型的你死我活的较量。“奴隶”出于对死亡的恐惧而屈从于“主人”，“主人”则把死亡作为否定的力量和毁灭的力量。死亡是武力的最高限度，当“奴隶”已经死去时，主人的武力对已经死去的敌人就失去了意义。然而，武力作为消灭敌人、决定谁是胜利者和失败者的客观力量始终在起着作用，因为唯有武力可以改变敌对双方各自的形势，从而使得胜利方成为主宰者，而失败方

① 参见［荷兰］格劳秀斯：《战争与和平法》，何勤华等译，第 396 页。

② ［德］马克思：《关于林木盗窃法的辩论》，《马克思恩格斯全集》第 1 卷，人民出版社 1995 年版，第 255 页。

③ ［美］汉斯·摩根索：《国家间政治——权力斗争与和平》，徐昕等译，第 270—271 页。

④ 参见［荷兰］格劳秀斯：《战争与和平法》，何勤华等译，第 400 页。

⑤ ［德］施米特/科耶夫：《科耶夫与施米特的书信往来》，罗卫平译，见刘小枫选编《施米特与政治的现代性》，第 74 页。

则必须听命于胜利方。因此，敌对双方都会不惜一切代价尽可能多地杀死敌人，直到敌人完全屈服或者同归于尽，消灭敌人因此具有理所当然的正当性和先验性，即使人类文明程度不断提高也没有改变这种情况。消灭敌人包括主动消灭敌人和被动消灭敌人两个方面。主动消灭敌人是自我积极地、有组织地、有目的地消灭敌人，常见于侵略和屠杀等政治暴力形式。而被动消灭敌人贯彻的是“不是杀人就是被杀”的战争逻辑，常见于抵抗和反侵略等暴力之中。

在当代社会，大多数人并没有机会亲历战争，而是通过电影、电视、小说等艺术形式来“体验”敌人之死。大多数战争片总是通过渲染暴力和鲜血的场景来表现和诠释生命的脆弱和死亡的残酷。在蒙太奇镜头中，士兵在重机枪的扫射下接二连三地倒下，平民百姓在炸弹凄厉的呼啸声中血肉横飞，战争成了人类的“绞肉机”，侵略、屠杀、抵抗、互相残杀，尸横遍野，杀戮成了毁灭人类同时又验证人类存在的一种充满快感的方式。死亡似乎已经无法确证战争的“伟大意义”，正义与非正义也随着敌人之死而消亡。人类即使发展到了现代民族—国家阶段，自由、平等、民主和文明等价值观念已经被普遍接受，然而“古代共和国的冷酷无情的‘国家理由（性）’似乎已经复活，那是一种甚至不能容忍曾经危险的敌人仅仅生存下去的‘国家理由（性）’，将彻底消灭这敌人视为自己的最高任务”①。换言之，当国家利益或国家主权高于一切的时候，“国家理性”就成了纯粹关于利益算计的技艺，它所导致的毁灭性后果大有空前严重之势。诚如前述，作为一种战争权利，消灭敌人具有不证自明的正当性，同时也意味着这种权利只有在战争中行使才有其正当性。然而，随着人类野心的膨胀和权力欲的扩张，他们并不局限于在战争中消灭敌人，而是将这种权利无限扩大到自己所属社会的内部，从而出现了敌人“在社会上死亡”的问题。

## 10.2　敌人在社会上死亡

所谓敌人“在社会上死亡”，最初是德国纳粹针对犹太人的任何重大政

① ［德］弗里德里希·迈内克：《马基雅维里主义——“国家理由”观念及其在现代史上的地位》，时殷弘译，第584页。括号内容系作者所加。

策的中心目标，后来演变成一个社会内部的压迫者对内部敌人或者异己分子实行暴力统治的一种方式。敌人“在社会上死亡”的核心内容就是要把内部敌人变成在社会关系中已经死亡的人，即割断内部敌人和人民之间的一切社会关系，甚至包括和他们亲属之间的一切关系。这些敌人被一些学者称为“活死人”（Muselmänner），特指纳粹集中营的那些饥饿、衰竭和濒死状态的囚徒，他们身体极其虚弱、精神极度萎靡不振、自我意识混乱，变成了只剩下躯壳的“行尸走肉”，他们已经完全失去了人的尊严和生命存在的价值。① 毫无疑问，“活死人”是纳粹集中营罪恶的见证，也是“平庸之恶”的体现，它体现的是政治暴力对生命权利的决断和对人的身体权利的政治控制。这些“活死人”在肉体被消灭之前，其人的特性和基本的人的权利已经被剥夺，他们不再受法律的基本保护，他们实际上已经在社会上死亡。纳粹分子认为，犹太人是邪恶的和不道德的，对社会道德和秩序起着破坏作用，因而必须被当作敌人予以消灭，最好的方式是通过集中营屠杀。② 纳粹大规模屠杀犹太人的思想根源在于排犹主义，纳粹认为犹太人对德国人的幸福构成极大的危险，因此提倡以任何必要的和可能的手段“消灭”犹太人。③ 在纳粹分子看来，犹太人具有根深蒂固的罪恶和无法分离的内在缺陷，当犹太人被认为是癌症、害虫或者野草的时候，他们是无法忏悔的，由于他们罪恶的天性，他们不得不被消灭。④ 在排犹主义指导之下，犹太人作为敌人必须死，而且必须是大规模的毁灭。希特勒在《我的奋斗》中认为，犹太人是对抗“雅利安文明”的最邪恶的力量，因此，犹太人不仅是德国的敌人，而且是人类的敌人，消灭他们不仅是一个国家的内部事务，而且是全人类的任务。⑤ 因此，使其死亡才是对犹太人最适当的惩罚。早在1920年8月13日希特勒就在《为什么我们成为排犹主义者?》的演讲中鼓吹，犹太人作为“寄生虫”，只能被处以死刑。他说：“最重的门闩、最安全

① 参见 http://en.wikipedia.org/wiki/Muselmann。同时参见陈旭东：《奥斯维辛的死亡之死与海德格尔死亡观的盲点》，《现代哲学》2012年第3期，第26—27页。

② 参见［美］丹尼尔·乔纳·戈德哈根：《希特勒的志愿行刑者》，贾宗谊译，第26、39、41页。

③ 参见上书，第7—8页。

④ 参见［英］齐格蒙·鲍曼：《现代性与大屠杀》，杨渝东、史建华译，第98页。

⑤ 参见洪邮生：《谁是屠杀犹太人的真正元凶——西方大屠杀研究述论》，《南京大学学报》1997年第1期，第147页。

的监狱，最终都会被几百万人打开。只有一个门闩打不开，那就是死。”[①]正是这种观念，使得纳粹德国认为只有大屠杀才是处置犹太人的恰当方法，如果仅仅是监禁，一旦离开监狱，他们就会重操旧业，进行恶毒的报复，因而要对犹太人进行惩罚性屠杀，甚至种族灭绝，唯有如此，才可以将犹太人连根铲除，彻底清除干净，这才是最公正、有效、持久的解决办法。

无论政治敌人、宗教敌人还是种族敌人，在对立方看来，他们在道德上必然是邪恶的，在他们身上看不到任何善的东西，因为他们不仅破坏了一个社会内部的道德准则，而且其存在本身就构成了对社会道德体系的破坏，因此这些内部敌人必须被彻底消灭，或者“在社会上死亡”。这种“在社会上死亡”对人的折磨是“一种绝对冷酷且有步骤的毁灭，毁灭人的肉体，精心摧毁人的尊严；死亡被避免，或被无限延迟！”[②] 显然，敌人“在社会上死亡”完全不同于在战斗中死亡，他们手无寸铁，完全不可以与对立方的武力抗衡，更不是令对立方尊重的对手，他们只是对立方施暴的对象，他们的身体是对立方施暴的场所。

还有一类特殊的敌人——希特勒、米洛舍维奇、萨达姆等政治强人，作为人民的敌人，也面临“在社会上死亡”的问题，只不过他们作为“敌人”之死，与前面所述的犹太人“在社会上死亡”有着本质的不同。当希特勒制造了大规模的“敌人之死”后，他作为敌人的敌人最终也可耻地死去，然而，希特勒之死绝不可能和“敌人之死”有着同等的意义，更不具有死者的荣耀，而是成千上万被他杀戮的“敌人”对他的终极审判。与希特勒不同，米洛舍维奇和萨达姆都是被其敌人“审判”的国家元首。米洛舍维奇在2001年遭前南斯拉夫逮捕并被移送海牙国际法庭，被指控犯有战争罪、反人类罪和种族屠杀罪等66项罪行，2006年3月11日猝死狱中。米洛舍维奇的敌人诅咒他是“巴尔干屠夫”，为他未能得到“正义”的审判而深感遗憾。米洛舍维奇之死，映射出阿尔巴尼亚族和塞尔维亚族两个民族的千年恩怨，是被其政治敌人控制的国家所抛弃和西方敌对国家对其憎恶的结果。萨达姆与米洛舍维奇一样，是被以美国为首的外部敌人赶下台的国家元首，他们被指控的罪名非常相似。2006年12月30日，萨达姆被伊拉克国内法庭处以

① 转引自［美］丹尼尔·乔纳·戈德哈根：《希特勒的志愿行刑者》，贾宗谊译，第245页。
② ［美］汉娜·阿伦特：《极权主义的起源》，林骧华译，第566页。

绞刑，其敌人认为他是罪有应得。而阿拉伯世界则普遍认为，萨达姆的敌人不仅羞辱了萨达姆，而且也羞辱了伊拉克，甚至羞辱了阿拉伯世界和阿拉伯人。[①] 以上案例表明，对这些政治敌人的审判最重要的影响并不在法律领域，而在政治领域。这种审判的意义在于，在多大程度上有助于驱逐危险的领导人、羞辱作恶者和旁观者以及安慰受害者。[②] 不过，历史无数次地证明，那些让敌人"在社会上死亡"的人，最终也将像他的敌人那样"在社会上死亡"。

## 10.3　牺牲优先于任何目的

死亡在战争中常常被人们赋予特定的政治和伦理意义，"让敌人去死"这种极端情绪化的话语有时甚至成了战争的目的。在这种话语的鼓动下，无论士兵还是平民，人人都可能成为战争的参与者，也可能因为战争而死。例如，第二次世界大战中平民伤亡的总数甚至超过了军人伤亡的总数，仅被德国人蓄意杀害的平民就达 1 200 万。[③] 毫无疑问，战争导致的大规模死亡是令敌对双方都深感恐惧的首要因素，死亡因此成为考验生命价值和意义的一种重要形式，然而这并不意味着战争中的死亡能促进生命意义的实现。但是，人们认为在战争中自愿为国家牺牲生命比对敌人的恐惧和仇恨更加重要，而且必须消灭或者征服敌人，尽管他们并不总是作为威胁出现在"我们"的生活中，甚至也不可能直接伤害"我们"。不过人们相信，在你死我活的战争中，牺牲自己的生命可以促进更大的善。[④] 那么，我们究竟该如何理解战争中的死亡呢？为什么有的战死者被称为"烈士"，有的又被称为"炮灰"呢？历史证明，只有胜利者才有权决定谁是烈士、谁是炮灰，这种"成者为王，败者为寇"的逻辑在内战中尤为突出。"烈士"死得光荣，将被

① 参见左高山：《从"萨达姆之死"看国际秩序与全球正义》，《中南大学学报》2007 年第 2 期，第 125—126 页。

② 参见［美］加里·巴斯：《米洛舍维奇在海牙》，朱雅文译，《国外社会科学文摘》2003 年第 9 期，第 37 页。

③ 参见［美］汉斯·摩根索：《国家间政治——权力斗争与和平》，徐昕等译，第 411—412 页。

④ See Norman Steinhart, "Group Psychology, Sacrifice, and War", *Peace Review: A Journal of Social Justice*, 2005, 17 (1), p. 9.

纪念碑符号化，而“炮灰”则死有余辜，将被岁月无情地湮没。既然所有战死者都是因为战争而死，为什么他们的死会被人们赋予不同的价值和意义呢？难道敌人的死和“我们”的死有什么本质区别吗？正如日本著名历史学家田中正俊所言：士兵失去的生命绝不是无意义的，他们的死具有更为深刻的“意义”。如果我们固执于“战争体验”的话，那么战死者的生命就具有不可替代的“意义”。[①] 显然，每一个战死者的生命都具有价值和意义，我们必须对此作出充分的肯定和回应，然而当他们的死受到“正义”这个标准的质疑时，其生命的道德价值就会在政治意识形态面前大打折扣。

牺牲作为理解战争战死者的一种积极的政治道德话语并没有随着战争中大规模机械化的杀戮而消失，相反被战争机器不断强化。[②] 这种话语既是国家对战死者的肯定，也是对战死者遗属的抚慰，更是对其战友和国民为国家而战的动员。日本学者高桥哲哉指出：“当国家动员国民参战，出现了大量战死者时，国家就开始了以为国家（为保卫国家、为国家的发展）做出了崇高的牺牲的形式，把战死者圣化作为一种神圣予以表彰和加以赞美，以此来慰藉和安抚精神上受到沉重打击的遗属。用这种‘国家的故事’起到弥补遗属对战死的亲人感到悲哀、空虚和想不开的作用；同时使国民与遗属和战死者产生共感，以达到由国民自身制造以死者为榜样、‘自己也要继承他们’的‘自我牺牲逻辑’的目的，使国家能够反复进行战争。”[③] 毫无疑问，国家为了实现战争目的，必须肯定战死者生命的崇高价值，并适时地建构一套有关牺牲的话语把死亡神圣化，通过公开纪念、修辞、影像以及神话等一系列形式创造诸如“烈士”“勇士”“英雄”“为国捐躯”“为国尽忠”“伟大的牺牲”“为了更好的未来”等有关“牺牲修辞”和文化符号以赋予牺牲者崇高的荣誉和社会地位。[④] 通过渲染参战者的伤亡可以强化“牺牲修辞”的情感吸引力和感染力，从而让人们相信保家卫国的确是一项神圣的义务。而且，这些“牺牲修辞”并不隐瞒战争的严酷性及其带来的巨大损失，伤亡和痛苦

① 参见［日］田中正俊：《战中战后：战争体验与日本的中国研究》，罗福惠、刘大兰译，第 332 页。

② See Patrick Porter, “War and the Religious Will to Sacrifice”, *Peace Review: A Journal of Social Justice*, 2005, 17 (1), p. 17.

③ ［日］高桥哲哉：《国家与牺牲》，徐曼译，社会科学文献出版社 2008 年版，第 81 页。

④ See Jane G. V. McGaughey, “The Language of Sacrifice: Masculinities in Northern Ireland and the Consequences of the Great War”, *Patterns of Prejudice*, 2012, 46 (3-4), pp. 209-301.

甚至构成了国家意义上道德和精神重生的前提条件，牺牲因此成了一种值得称颂的崇高美德。[①] 当人们理解并接受了牺牲的价值和意义，他们就会心甘情愿地为国家而死，因为他们知道自己也是这个生命共同体的一员，个人利益与国家利益息息相关。[②] 事实证明，有关“牺牲”观念的政治宣传确实会唤起和激发国民产生“天下兴亡，匹夫有责”的强烈责任意识和神圣的使命感。有学者通过对第一次世界大战中主要参战国大量士兵的个人信件和其他证据进行研究后发现，“牺牲”观念尤其会引起士兵的强烈共鸣，并激励他们忍受战争的残酷和为死去的战友报仇，这种“牺牲修辞”可以进一步强化士兵的战斗动机。[③]

“牺牲”作为政治领导人使用的道德修辞和国家进行战争动员的意识形态，需要在国家层面获得正当性辩护。正如有学者指出：这种关于“牺牲的意识形态”是对一系列繁琐论证“为崇高事业而放弃生命”具有正当性的价值、概念和主题等的简略表达。这种修辞肯定和美化了致命战争中的参战行为，战争中的死亡被等同于一项神圣的事业。它把正在得到保卫的体制、国家、君权、文明以及全球秩序神圣化，并使用诸如“祖国”“国王与国家”“文明”“为世界民主而战”等话语。[④] 由于人们经常会质疑为某场战争付出代价、作出牺牲的必要性，因此“牺牲的意识形态”作为有关牺牲的理念、精神、原则和行为的话语体系，也必须论证牺牲的价值和必要性。一些国家的政治领导人为了让其国民相信参战是值得的，他们就不仅要论证战争的正义性和必要性，而且要让人们相信牺牲的崇高性。例如，美国总统奥巴马在有关打击“基地”组织和塔利班的公开演讲中指出，“牺牲”就是为享有自由而付出的代价，美国人应该继续这种传统。他对美国海军陆战队的成员说：“战争的结果是可怕的，牺牲是不可预料的。你们深深地理解那些牺牲行为，正是因为有人牺牲我们才活着，我们要将所有的荣誉都

① See Patrick Porter, “War and the Religious Will to Sacrifice”, *Peace Review: A Journal of Social Justice*, 2005, 17 (1), pp. 17-22.

② See Charles B. Rangel, “Shared Sacrifice: A Vital Part of the War on Terrorism”, *Mediterranean Quarterly*, 2003, 14 (3), p. 8.

③ See Alexander Watson & Patrick Porter, “Bereaved and Aggrieved: Combat Motivation and the Ideology of Sacrifice in the First World War”, *Historical Research*, 2010, 83 (219), pp. 146-147.

④ Ibid., pp. 147-148.

赋予他们。”[①] 奥巴马不仅指出了“牺牲”观念是美国政治传统的重要组成部分，而且强调为国内自由和安全而付出的代价是伟大的，他甚至利用“牺牲”的修辞呼吁人们支持其有关反恐战争的经济和国家安全政策。事实上，牺牲观念不仅深深地植根于美国的政治文化之中，而且通过阵亡战士纪念日、国庆日和感恩节等重要节日以及阿灵顿国家公墓和众多的美国战争纪念碑等形式，牺牲精神被进一步制度化和仪式化，牺牲进而获得了国家层面的象征意义。当然，也有学者对这种牺牲修辞或意识形态持批判态度。例如，乔治·摩斯（George Mosse）认为，战后纪念活动只不过是一部分人对战死者的狂热崇拜，它试图代替战争的现实性，加剧了参战国对军国主义的热爱，同时也为欧洲社会的准军事化和法西斯政治提供了思想准备。因此，它体现了牺牲在政治上的邪恶功能，带有虚伪性。[②] 他对牺牲的这种批判提醒我们要警惕国家在意识形态层面对牺牲的盲目崇拜，甚至错误地把牺牲当成目的。

在生命平等和道德平等的意义上，敌对双方的死亡都可以被称为牺牲，尽管这种死亡是一种政治性死亡，而非自然意义上的死亡，但是这种死亡带有共同的“牺牲”逻辑和修辞。马克斯·舍勒认为：“肯定有一种自由奉献自身生命之财富、生命力之美好的自然充溢的牺牲。每一生物都具有与其他生物一同体验经历的能力；通过这一能力，我们有别于一切‘死物’；在这一对照中，我们感到自己与其他生命体一致，利害攸关；面对这些生命体时出现的强烈牺牲愿望，绝不是可从本原自利欲望引导出的单纯的生命获取。这种牺牲渴望原本就是生命的一部分，并先于一切特殊‘目标’和‘目的’。我们事先并不知道为何故、为何事、为何人，但我们心中渴望作出牺牲！”[③] 按照舍勒的观点，牺牲先于任何目的，牺牲是一种更高价值意义上的、寓于更高价值之中的生命形式。然而，正如并非所有牺牲者都能获得“烈士”这一抚慰性荣誉称号一样，并非所有的牺牲都是有价值的，这是因为牺牲被不

---

① Trevor McCrisken, “Justifying Sacrifice: Barack Obama and the Selling and Ending of the War in Afghanistan”, *International Affairs*, 2012, 88 (5), p. 993.

② See G. L. Mosse, *Fallen Soldiers: Reshaping the Memory of the World Wars*, New York and Oxford, 1990, p. 7; Alexander Watson, “Patrick Porter, Bereaved and Aggrieved: Combat Motivation and the Ideology of Sacrifice in the First World War”, *Historical Research*, 2010, 83 (219), p. 147.

③ ［德］舍勒：《道德建构中的怨恨》，罗悌伦译，见刘小枫编《舍勒选集》上册，447页。

同的利益集团赋予了不同的政治和道德意涵，只有符合利益集团的价值标准和价值目标的死亡才能被称为牺牲。这样，“敌人”也是为他们的国家而死，也是为他们的国家而“牺牲”，牺牲因为符合集团利益或者国家利益而具有了政治意义。

“国家要求国民做出‘牺牲’。国家把死于战争等情况下的国民颂扬为‘这是为祖国’做出的‘崇高的牺牲’，并要求其他国民前仆后继，‘为了祖国’做出‘自我牺牲’。在国民中不仅出现自愿‘为祖国’‘牺牲’的人，而且‘国民’本身也会把自己组织在‘牺牲’的观念和感情周围。”① 如果我们不用正义与否来衡量一场战争，那么所有为战争而死的人都是“为国捐躯”。然而，唯有能为其国民提供超越个体生命有限性的国家才能要求其国民做出牺牲，正是在这种意义上，牺牲成了主权国家力量的重要来源之一。虽然国家是一个“想象的共同体”，但国家主权不是空中楼阁，国民的牺牲应有利于主权的完整、国家的构建和国民的福祉，这样的牺牲才有意义。而且，当国民“自愿为国牺牲”时，在很大程度上，这种牺牲带有典型的“想象性”，国民通过对敌人的想象，认为敌人是对国家主权的一种现实威胁，因而自愿牺牲生命、财产和安全来捍卫国家意识形态所宣传的政治理想，甚至不惜让双手沾满敌人的鲜血，但这种想象中的敌对行为是非常危险的，其最终结果很有可能就是为国牺牲。② 然而，一旦价值判断介入，那么那些由于侵略而死的敌人的牺牲，在“我们”看来就毫无正当性可言。

不可否认，“牺牲”对国家的自由和安全具有重要的价值，但是我们要避免落入所谓的“牺牲陷阱”（sacrifice trap）。人们如果过分地相信政治领导人的“牺牲修辞”而狂热地参与一场错误的战争，就会落入“牺牲陷阱”，结果发现这种牺牲不仅是不必要的，甚至会给国家带来灾难性的后果③，而且发现“牺牲修辞”不过是国家提供的一种自欺欺人的安慰。例如，美国政府为纪念越南战争的牺牲者建立了纪念墙，但大多数美国人后来否认了越南战争的正义性和必要性。日本靖国神社供奉着多名甲级战犯的牌位，日本政

---

① ［日］高桥哲哉：《国家与牺牲》，徐曼译，“前言”第1页。

② 参见叶菁：《酷刑：美国宪法的考验》，《读书》2011年第4期，第36页。

③ See Trevor McCrisken, “Justifying Sacrifice: Barack Obama and the Selling and Ending of the War in Afghanistan”, *International Affairs*, 2012, 88 (5), pp. 1004-1007.

要经常性的参拜行为常常受到亚洲各国尤其是中国和韩国的谴责。中国国民党领导的军队英勇抗日，战死沙场，他们也是为国牺牲。还有很多国民党将士战死在国共内战的战场上，他们的死是民族的悲剧。无论加害者还是受害者，当他们成了战死者，他们其实都是战争的受害者，都是国家“牺牲修辞”和意识形态的牺牲品。虽然他们同样都是因战争而死，都是为国家捐躯，但是他们的死都能被称为“牺牲”吗？如果我们考虑恐怖主义这种极端情形，当恐怖分子为了实现他们所谓的崇高目标把“牺牲”当作武器而导致无辜平民的伤亡时，他们不是也落入了“牺牲陷阱”吗？他们的这种牺牲还有意义吗？因此，我们既不要过分地夸大牺牲作为意识形态的作用，也不要低估其本身的道德意义，这样才可能避免落入“牺牲陷阱”。当然，如果我们撇开意识形态的“牺牲修辞”，那么敌人之死对“我们”而言也是一种损失。如果“我们”能够站在“类”的立场来看，那么敌人的损失同样属于“我们”。诚然，“战争要求牺牲，然而即便是把战争作为前提，那么牺牲也只能是作为其结果而带来的战争的必然罪恶，这不应该是在一开始就期望的”[1]。如果我们抛却政治正确的评判标准，那么，那些为国捐躯的战死者其实都是政客和战争狂人的暴力工具，战胜方和战败方无一例外。

① ［日］田中正俊：《战中战后：战争体验与日本的中国研究》，罗福惠、刘大兰译，第13页。

# 第十一章

# 化敌为友

“**任何**解放都是使人的世界即各种关系**回归于人自身**。”① 同样，把敌人从你死我活的冲突中解放出来其实也是在解放“我们”自己。然而，只要敌我双方还没有放下武器或者说还没有媾和，敌对性就将继续存在。如果说敌我冲突是政治哲学无法摆脱的问题，那么敌我和解则是法哲学必须面对的主题，因为敌我最终不得不以相互理解的方式完结司法程式。当然，“诉讼只不过是一支负责把敌人押解到牢狱里去的可靠的护送队，它只是执刑的准备。……敌人可能怎样利用法的领域，而人们只要同敌人发生冲突就必须进入这个作为不可避免的祸害的领域，并且力图采取最审慎的反机动先于敌人到达这个领域”②。然而，对敌人惩罚的无限制性所带来的震撼在很大程度上诠释了普遍意义上的伦理问题与政治问题对法律问题的掩盖。这种掩盖对敌人所涉及的伦理、政治和法律问题都是一种损害，因为法律问题关系到国家对敌人行使暴力的合法性及限度。如果战争的最终目的不是和平而是灭绝敌人的话，那么人类将面临毁灭。“只有在大家庭似的国际社会之内，单个国家自身才可能长期兴旺；因此，它自己的权势政治必须基于一种认识，那就是即使敌国，也拥有一种必不可少的生存权利，真正得到恰当理解的利益既将各国分割开来，也将它们合在一起。”③ 正是基于这种理解，敌人也和

---

① ［德］马克思：《论犹太人问题》，《马克思恩格斯文集》第1卷，人民出版社2009年版，第46页。

② ［德］马克思：《关于林木盗窃法的辩论》，《马克思恩格斯全集》第1卷，第286页。

③ ［德］弗里德里希·迈内克：《马基雅维里主义——“国家理由”观念及其在现代史上的地位》，时殷弘译，第593页。

"我们"一样拥有生存的权利，化敌为友才具有意义。化敌为友是一个复杂的过程，要经历"敌人"——"非敌人"——"朋友"的过程。按照现实主义的观点，没有永远的朋友也没有永远的敌人，敌友关系经常会发生变化。而根据建构主义的观点，化敌为友取决于敌对双方共有的观念。在现实政治中，化敌为友不仅是一个美好的观念或目标，而且是一种必要的政治努力。化敌为友就是将绝对的敌对性转变为相对的敌对性，将绝对的敌人转变为相对的敌人，将对敌人惩罚的无限性转变为有限性。放弃将敌人罪犯化，就是将敌对关系相对化，从而否认绝对的敌对关系。[①] 简而言之，化敌为友就是把敌人当"人"看，而不是把敌人非人化，并且最终要宽恕敌人。

## 11.1　化敌为友及其可能性

化敌为友的现实性与人们的世界观有关。持现实主义世界观的人认为，我们身处于一个充满敌意和危险的世界，因而需要时刻准备防御或攻击敌人，甚至认为先发制人是对敌人最好的防御。而持理想主义世界观的人并不否认世界存在冲突和矛盾，但他们认为这些冲突和矛盾可以通过外交谈判和政治协商来解决。无论人们持何种世界观，化敌为友都需要人们改变传统的非此即彼、非友即敌的对立观念，实现从冲突的世界观向和谐的世界观的转变。由于人类具有某些共同利益，所以建构一个和谐世界是有可能的，这就需要我们调整或改变对外部敌人的看法。同样，建设和谐社会也需要我们改变对待内部敌人的态度。因为敌友的区分并不意味着国家与国家、民族与民族、群体与群体永远为敌或者永远为友，也不意味着发生实际的暴力冲突或战争。例如，1973 年 2 月，毛泽东对基辛格说：美国和中国曾经是敌人，现在算是朋友。基辛格认为毛泽东所说的友谊是"一种非常实用、不带感情色彩的看法"[②]，他进而认为毛泽东仍然保留了一部分"制夷"的传统，他把美国当"朋友"就是希望两国不要对抗。从基辛格的判断来看，他对中国"传统"的理解是非常中肯的，此处的"友谊"实际上是一种战略合作。因

① 参见［德］卡尔·施米特：《游击队理论——"政治的概念"附识》，《政治的概念》，刘宗坤等译，第 433 页。

② ［美］亨利·基辛格：《论中国》，胡利平等译，中信出版社 2012 年版，第 239 页。

此，在化敌为友的过程中，“我们”需要权衡“我们”与敌人、现在与过去、本土与全球之间的复杂关系。

化敌为友的可能性存在于自我之中。化敌为友涉及对“我们”的理解，包括对过去的“我们”、现在的“我们”和将来的“我们”的理解。其中，对将来的“我们”的理解至关重要。同时，化敌为友与敌人有着直接联系。换言之，化敌为友的实现，除了“我们”具有化敌为友的愿望和努力之外，还取决于敌人是否具有“化敌为友”的愿望和行动。例如，冷战结束后，俄美双方不再视彼此为不共戴天的敌人，双边关系得到了缓和与重塑。冷战期间，苏美关系以对抗为主，主要体现为社会制度和意识形态领域的激烈冲突。20 世纪 80 年代后半期，戈尔巴乔夫在外交“新思维”中提出人类利益高于一切，争取两国关系非意识形态化，双边关系由对抗走向全面缓和。1992 年 2 月 1 日，叶利钦和布什在俄美首脑首次会晤的正式声明中指出，俄美两国“不把彼此视为潜在的敌人”，而是建立“友谊和伙伴关系”。综上所述，我们认为，化敌为友的可能性至少包括敌我双方“化敌为友”的意愿、能力和行动。人们仅仅具有“化敌为友”的愿望，化敌为友还只是停留在观念阶段。只有具备了“化敌为友”的能力，化敌为友才是可能的。因为“所有可能的事物的终极基础是能力。有了能力任何事物都是可能的；没有能力，也就没有什么是可能的了”[①]。

更为重要的是，人们必须付诸行动，化敌为友才是现实的。“在每个行动中，行动者首先追求的是他自身形象的揭示，无论他的行动出于自然必然性还是出于自由意志。这样，每个行动者从他的作为中收获了欢乐；因为一切存在的东西都渴望自身的存在，又因为在行动中，行动者的存在得到了巩固，所以欢乐必定随之而来……从而，除非［通过行动］使潜在的自我得以彰显，否则无所作为。”[②] 在本体论层次上，化敌为友意味着“我们”和“敌人”彼此开放。这种开放是相互的，意味着相互敌对的国家不再寻求通过武力来解决冲突，而是倾向于通过对话和谈判来解决纷争。与“敌人”对话意味着彼此的敌意和仇恨正在消除，意味着双方都准备接受和了解一个即将逝去的“敌人”的语言中所呈现的他者世界。“在开放自己的过程中，会有那

① ［美］弗兰肯：《人类动机》，郭本禹等译，第 375 页。
② ［美］汉娜·阿伦特：《人的境况》，王寅丽译，上海人民出版社 2009 年版，第 137 页。

种古老的恐惧和本体论上的危险，即他者和他的世界会侵入和刺入自己，他者的种子会在自己体内生长，成为新的存在、新的世界。我们同样会有这种恐惧，即由于开放自己，我们自己的世界会完全被排除，因为它是假的和恶的，而他者的世界会取而代之，因为它是真的和善的。”[①] 如果“我们”不能化敌为友，那么敌人作为绝对的他者将永远被排除在“我们”的世界之外。如果“我们”不彻底放弃“没有了敌人，我们怎么办?”这样的疑问，那么期待出现“永久和平”的世界将仅仅是一种乌托邦的想象。由于现实政治的复杂性，“化敌为友”往往带有典型的乌托邦性质和理想主义的色彩。

## 11.2 没有永远的敌人

国家之间没有永远的盟友，也没有永远的敌人，只有永远的利益。[②] 这是19世纪英国首相帕默斯顿勋爵（Lord Palmerston）的名言，体现出一种为实现短期目标而结盟的古典“联盟观”，也是古典现实主义敌友观的经典命题。帕默斯顿认为，把某个国家当成永远的“盟友”或“敌人”是一种狭隘的外交政策。因此，他认为英国没有永远的盟友，也没有永远的敌人，唯有国家利益才是永恒的，而且我们有责任服从和实现国家利益。那么，根据什么标准来判断朋友或敌人呢? 帕默斯顿指出：当其他国家也追求和“我们”相同的目标并进行同样的实践时，它们就是“我们”的朋友；当它们持有不同的观点并阻挠“我们”实现这些目标时，“我们”有责任体谅它们，并促使它们实现同样的目标，而不要强加于人，更不要轻率地发动战争，因为它们并非一定是“我们”的敌人。他认为，只要不严重涉及英国利益，英国就要遵守均势原则，“防止任何一个国家力量过强并威胁其邻国的安全”[③]。显然，帕默斯顿的外交政策是一种典型的“观望者”战略，以一种消极的外交手段来维持欧洲的均势，这种均势只是寄希望于各方的自我克制，

① ［德］海因里希·贝克、吉塞拉·希密尔贝尔主编：《文明：从“冲突”走向和平》，吴向宏译，第286页。

② See David Brown, “Palmerston and Anglo-French Relations, 1846－1865”, *Diplomacy and Statecraft*, 2006, 17 (4), p. 686.

③ *Hansard's Parliamentary Debate*, HC, 1 March 1848, Vol. 97, c. 122. 转引自刘成：《论帕默斯顿的炮舰外交》，《英国研究》2012年辑刊，第31页。

是难以持久的。因为各国在追求国家利益时，难免会产生利益冲突，从而导致均势失衡。由于英国不再坚持“天然盟友”的外交原则，而是采用灵活的敌友位置互换原则随时改变联盟关系，因此获得了“背信弃义的英国人”的绰号。[①] 在英国当代职业外交官罗伯特·库珀（Robert Cooper）看来，根据帕默斯顿命题，要实现“国家之间的信任”几乎是不可能的，但其现实主义的敌友观在充满利益算计和各种危险的现代世界仍然是行之有效的公理。他进一步认为，一个国家的政策不仅涉及国家利益，更取决于国家的身份，因为利益的界定是由国家及其人民的身份决定的。[②] 温特认为，“身份是利益的基础”，身份会对国家的外交政策产生重要影响，处于不同压力之下的国家会将敌人、对手和朋友等角色内化于它们的身份和利益之中。[③] 现实主义国际政治理论者认为，国家像人一样，具有生存本能，安全是国家追求的首要目标。摩根索按照国家生存的攸关程度将国家利益分为领土完整、国家主权和文化完整，他认为生存是国家的核心利益。[④] 一个国家只有和别的国家结成同盟才能生存，共同的战略利益是保证国家之间进行合作的关键。但是，因为国家利益始终处于优先地位以及信息不对称，它们往往担心被声称是盟友的其他国家所欺骗和利用，因此它们常常貌合神离，所缔结的联盟容易破裂，随时都可能成为彼此对抗的敌人。根据历史经验，帕默斯顿命题表明，无论在国内政治中还是在国际政治中，政治共识和政治妥协既是必要的，也是可能的。但是，这些政治共识不能仅仅是一些临时性的、权宜性的政治妥协，而应该是一种持久的和根本性的共识，这样才能避免成为永远的敌人。

基辛格作为现实主义的代表人物之一，其外交思想带有典型的“国家利益至上”的现实主义痕迹。在《论中国》一书中，他描述了中越两国为何由朋友变成了敌人：“1975 年 4 月西贡陷落后，中越两国不必再假装共产主义

① 参见［英］贝诺·特士科：《威斯特伐利亚国家体系之理论化：国际关系从绝对主义向资本主义的转向》，李清敏、孙兴杰译，《史学集刊》2014 年第 3 期，第 35 页。

② 参见［英］罗伯特·库珀：《帝国自由主义》，许勇译，《国外社会科学文摘》2005 年第 11 期，第 56 页。

③ 参见［美］亚历山大·温特：《国际政治的社会理论》，秦亚青译，第 313 页。

④ See Hans Morgenthau, “Another ‘Great Debate’: The National Interest of the United States”, *American Political Science Review*, 1952, 46 (4), pp. 961-988.

国家团结一致对付‘美帝国主义’的威胁，于是很快成为公开的对头。全印度支那失陷后 6 个月内，15 万越南人被赶出柬埔寨。同期，大约同等数量的华裔越南人被迫逃离越南。1976 年 2 月，中国停止对越援助，一年后又切断了尚未完成的援助方案所需的一切物资供应。与此同时，越南转投苏联。越共政治局在 1978 年 6 月的一次会议上，把中国定为越南的‘首要敌人’。”[①] 我们据此可以了解到越南将中国列为首要敌人的主要原因在于意识形态的分歧、柬埔寨问题、停止援助、越南投靠苏联四个方面。实际上，越共在四届四中全会上，不仅把中国和柬埔寨当成直接的敌人和首要的敌人，而且也明确提出美国是越南基本的和长远的敌人。1949—1975 年，中越两国是“同志加兄弟”的朋友关系，为了支持越南抗法、抗美，中国给越南提供了价值 200 亿美元的援助，中越两国都认同这种“兄弟”情谊。然而，越南于 1975 年统一后，既希望中国无偿支援，又担心中国干涉其内部事务，于是开始疯狂反华、排华、侵华，在意识形态上把中国树立为敌人。1979 年 2 月 27 日，中国开始了教训“忘恩负义”的越南人的“自卫反击战”，中越两国由朋友变成了敌人。中越冲突反映了两国地缘政治观的差异，导致两国反目成仇的直接原因是越南与柬埔寨的冲突，因为柬埔寨是中国的亲密盟友。[②] 在相互建构敌人意象的过程中，中越两国都认为对方背信弃义，中国认为越南投靠苏联是忘恩负义，而越南则认为中国改善与美国的关系是对中越关系的背叛。可见，这种“背信弃义”与苏、美两国有着微妙的关系。中越两国成为敌人之后，在 1977—1978 年，越南曾试图吸引其头号敌人“美帝国主义”介入中越争端。由于美国对越南的敌意，美越关系正常化谈判失败，因为越南与苏联结盟、对偷渡人员的处理及侵占柬埔寨等，美国对越南的敌意与日俱增。[③] 在中越敌友关系的转变中，美国领导人对中越关系可能存在误判。1950—1971 年，美国的决策者认为中越两国是永远的盟友，为了遏制“世界共产主义”在越南的发展，美国要在军事上教训越南。而在

---

① ［美］亨利·基辛格：《论中国》，胡利平等译，第 342 页。

② 参加［美］加雷斯·波特：《中国和越南在东南亚的冲突》，捷登译，《南洋资料译丛》1979 年第 1 期，第 24—25 页。

③ 参见［澳］卡莱尔·A·塞耶：《越南陷入困境》，王英译，《南洋资料译丛》1979 年第 1 期，第 1 页；［美］Brantly Womack：《美国与中越关系》，陈海峰译，《东南亚纵横》2008 年第 12 期，第 4 页。

1979—1990 年，他们又认为中越对抗将是持久的，它们将成为永远的敌人。直到 2000 年，美国的决策者才全面认识到中越关系的复杂性。[①] 今天，美国和越南这对曾经的死敌似乎又成了朋友，美国借中越战争后越南对中国的仇恨介入中越南海争端，试图在南海问题上制约中国。无论美苏、美中、美越关系还是中苏和中越关系等的变化，它们都证明了帕默斯顿命题的合理性，也反映了国际关系的错综复杂性，与此同时，美苏关系以及它们与越南的关系也影响着当时中越关系的变化。正是越南将中、美两国都确定为敌人，中、美两国反而因此增加了几分“友谊”，当然这种改变都是基于双方现实主义的国家利益而考量的，目的在于平衡和牵制苏联对越南的支持。1991 年 11 月，越共中央总书记杜梅、部长会议主席武文杰正式访华，双方发表联合公报宣布中越关系实现正常化，中越关系逐步朝着“好邻居、好伙伴、好朋友、好同志”的目标推进，但这时两国既不是朋友关系也不是敌人关系，而是竞争关系。从中越两国 60 多年的交往历史来看，经历了从“朋友”到“敌人”再到“竞争对手”的变化，证明了国家之间既没有永远的朋友，也没有永远的敌人。

在国际敌对关系的研究中，大多数学者关注的是国家之间直接的敌友关系，鲜少有人探讨国家之间间接的敌友关系及其对直接敌友关系的影响。换言之，化敌为友的问题通常只涉及两个相互敌对的国家或一国内部的敌对群体之间的敌友关系的转换问题。但在具体的国际关系中，还有更为复杂的敌友关系问题。敌人的敌人必定是“我”的敌人吗？敌人的朋友是否可能成为“我”的朋友呢？按照现实主义的范式和逻辑，国家因反对共同的敌人而结盟，所以拥有共同敌人的国家相互之间不应该发生战争，同理，这些国家也不应该与盟友的敌人或者敌人的盟友结盟。然而，在过去的国际关系史中，这种观点受到了现实的挑战：那些拥有共同敌人或者共同盟友的国家可能不对称地同时既是盟友又是敌人。有两个国际关系的经典案例可以说明上述观点。

**案例 1**：叙利亚和约旦这两个国家在 20 世纪中后期都与以色列发生过战争，也有过相同的盟国，但在 1970 年约旦的“黑色九月”事件

① 参见［美］Brantly Womack：《美国与中越关系》，陈海峰译，《东南亚纵横》2008 年第 12 期，第 3 页。

中，叙利亚曾以帮助巴勒斯坦激进组织为名入侵约旦北部地区，而当时这两个国家的共同敌人以色列也曾威胁要发兵援助约旦。

**案例 2**：1912 年，保加利亚同塞尔维亚和希腊组成同盟，对奥斯曼土耳其发起了第一次巴尔干战争，并取得了胜利。但它们因战利品的分配而产生了分歧，导致同盟分裂。在战后协议签订一个月后，最大的赢家保加利亚又对塞尔维亚和希腊发起了第二次巴尔干战争，在这次战争中，原来的共同敌人——奥斯曼土耳其竟然成为塞尔维亚和希腊的盟友，共同对抗保加利亚。

上述两个案例表明：盟友之间也可能打仗，拥有共同的敌人虽然是结成盟友的关键因素之一，但并不足以阻止盟友之间发生战争。因为当一个国家与联盟外的其他国家发生冲突时，其盟友可能出于机会主义的心理趁火打劫。这些案例让人们质疑“共同的敌人让竞争者合作”这样的说法。[①]

## 11.3 宽恕敌人

“爱你们的敌人”是神学或传教学意义上带有超自然性的问题，“宽恕敌人”最初也是一个神学伦理学问题，犹太教、基督教、伊斯兰教的教义都宣扬和倡导宽恕精神。它们认为，在神与人的关系中，神会宽恕每一个人的罪过，因此，在人与人的关系中，人也应该像神一样宽恕他人。如果加害者能够主动悔罪并改过自新，那么受害者就更应该宽恕他们。在神学意义上，“宽恕敌人”的论证与“爱敌人”的论证是相似的，都是带有强制性的绝对诫命。然而，在大多数情况下，“宽恕敌人”是出于民族或国家利益的政治考虑而需要解决的现实性很强的政治伦理问题。在政治实践中，“宽恕敌人”并不意味着“爱你们的敌人”，而“爱你们的敌人”则预设了“宽恕敌人”这一前提，但并不意味着“宽恕敌人”的实现。“宽恕敌人”需要解决以下基本问题：如何理解宽恕和政治宽恕？这是一个常识性的概念问题，但它关系到随后问题的解决。谁宽恕敌人？这是有关宽恕主体的问题，即哪些人或

① See Zeev Maoz, Lesley G. Terris, Ranan D. Kuperman, Ilan Talmud, “What Is the Enemy of My Enemy? Causes and Consequences of Imbalanced International Relations, 1816-2001”, *The Journal of Politics*, 2007, 69 (1), p. 100.

组织有资格代表受害者对敌人进行宽恕？对谁宽恕？这似乎是一个不言自明的问题，但是国际、国内冲突的复杂性使得宽恕的对象或客体也具有某种不确定性，究竟宽恕作为加害者的个体、群体还是宽恕国家，这需要通过具体的案例进行分析才能确定。应该宽恕敌人吗？这是一个规范性问题，它同时涉及宽恕敌人的理由以及如何宽恕敌人等问题。“宽恕敌人的前景或后果是什么?”是一个典型的实用主义问题，也是宽恕敌人面临的最现实的问题，它需要对宽恕敌人的前景进行预期，同时也要对宽恕敌人的后果进行评估。[①]

### 11.3.1 宽恕与政治宽恕

宽恕是在加害者给受害者造成了持续的身心伤害之后，受害者缓解或放弃对加害者的愤怒、愤恨和报复并恢复对加害者的善意的心理过程。通常而言，宽恕是发生在人与人之间由个体自主选择而非外力强加的结果。同时，宽恕并不以加害者是否悔罪为必要条件，因为有些伤害并非出于加害者的主观故意，有些加害者也许已经不存在了。因此，受害者对加害者的宽恕取决于主客观因素诸如受伤害的程度、人际关系状况、宽恕者的心理素质以及时间等的影响。宽恕的结果会使双方的心理和人际关系发生某种新的变化。[②]也有学者认为，宽恕涉及宽恕者的情感以及行动问题。就情感方面而言，宽恕者逐步实现由消极情感向中性情感再向积极情感的转化，其内心逐步由愤怒趋于平静和安宁。在行为方面，宽恕者不再对加害者谴责和做出报复性的行动，还可能表现出对加害者的善意并与其共同参与某些活动。以上分析主要是针对个体宽恕而言的。当我们由个体宽恕转向集体宽恕时，这些有关个体宽恕的性质是否继续保留还是会发生某些变化？在个体宽恕中起作用的情感是否在集体宽恕中继续发挥作用?[③]

通常，宽恕敌人是在政治暴力发生之后，政府或政治领导人代表受害者通过正式途径公开表达对加害者的宽恕，是一个国家对另一个国家或者国内

① See Glen Pettigrove & Nigel Parsons, “Palestinian Political Forgiveness: Agency, Permissibility, and Prospects”, *Social Theory and Practice*, 2010, 36 (4), p. 662.

② See Joanna North, “Wrongdoing and Forgiveness”, *Philosophy*, 1987, 62 (242), pp. 499–508.

③ See Glen Pettigrove & Nigel Parsons, “Palestinian Political Forgiveness: Agency, Permissibility, and Prospects”, *Social Theory and Practice*, 2010, 36 (4), p. 663.

某一群体对另一群体的宽恕，这是一种典型的政治宽恕。政治宽恕涉及宽恕者在政治暴力之后如何理解过去、自我、他者以及世界之间的关系问题。受害者通过对加害者的“理解”和他们之间关系换位最终实现宽恕。[①] 情感因素是人们理解政治宽恕的核心问题。有学者认为，情感与政治宽恕没有太多的直接关系，其理由有三个方面：第一，就认识论而言，由于我们并不了解个体内心深处最隐秘的东西，所以政治宽恕并不表达个体的情感变化状态，而是一种自我的言语表达行为。宽恕者通过公开承诺放弃报复并试图恢复与加害者的关系。[②] 第二，就实际效果而言，与其浪费时间去识别其他代理者的情感，不如通过政治直接发现问题。个人主义者认为，只有受害者个体才有权宽恕，可是一旦他们被害，就没有机会宽恕了，而杀人者是不可宽恕的。因此，政府不能代表受害者宽恕，除非它自身是受害者。[③] 第三，就意识形态而言，一个企图左右公民情感并影响其道德品格发展的国家是潜在的专制国家。[④] 也有学者并不赞成上述观点，他们认为尽管彼得·迪吉赛（Peter Digeser）从认识论和意识形态视角对政治宽恕的分析有其道理，但是上述理由不足以将情感完全排除在政治宽恕之外，虽然我们不可能了解个人内心深处最隐秘的情感，更不可能了解所有人的情感，但情感始终是政治关切的重要因素之一。例如，巴勒斯坦人对以色列的宽恕，如果忽略了情感因素在政治宽恕中的作用，这种宽恕将很难进行。人们常常认为政治代理人代表受害者作出的宽恕是不带情感的，因为这种宽恕是一种集体宽恕，他们认为群体或集体不可能拥有像个体一样的情感。那么，情感是否可以区分为个体情感和集体情感，或者说是否存在集体情感呢？巴勒斯坦通过官方假日和纪念日诸如土地日、灾难日、独立日、圣城日等来唤起或强化巴勒斯坦人的情感，提醒他们不要忘记以色列带来的苦难，同时也唤起他们对以色列人的仇恨，“同仇敌忾”显然是一种集体情感。这种巴勒斯坦人共有的情感现象是

---

① See Micheál D. Roe, “Intergroup Forgiveness in Settings of Political Violence: Complexities, Ambiguities, and Potentialities”, *Peace and Conflict: Journal of Peace Psychology*, 2007, 13 (1), pp. 3-4.

② See Peter Digeser, *Political Forgiveness*, Ithaca, New York, Cornell University Press, 2001, pp. 4, 29-30.

③ Ibid., pp. 4, 87, 116-121.

④ Ibid., pp. 17-18.

建立在对以色列的共同仇恨之上的。如果我们不消除仇恨这种情感，又谈何政治宽恕呢？因此，政治宽恕也像个体宽恕那样，不仅涉及情感，而且也涉及宽恕者如何行动。[①] 换言之，如果宽恕涉及情感变化，那么只有人而不是政府才能成为宽恕的主体，因为政府没有情感。但是，政府所代表的是一种象征意义上的集体情感。

在伦理意义上，宽恕常常被视为一种美德，被当作化解仇恨或怨恨的手段，因此，宽恕敌人就是受害者及其代表对加害者的一种道德宽恕。宽恕敌人涉及对想象的敌人的宽恕和对具体的敌人的宽恕两个方面的问题。当我们把对手想象为敌人，敌我之间并未发生实际冲突的时候，“宽恕敌人”本身就成了一个问题。尽管此时的“敌人”只是自我建构的一种意象，但是它却是真实的存在，可是只要没有发生实际冲突，就无法确定谁是加害者谁是受害者，当然心理上的伤害也许在意识形态宣传下已经发生，但这不是敌人造成的直接伤害。因此，只有当敌我之间发生暴力冲突并出现了严重的伤害或损害的结果之后，“宽恕敌人”才成为一个有意义的问题。当敌人是受害者时，我们作为加害者对敌人的宽恕就是一种彻头彻尾的“伪善”；当我们是受害者时，我们对敌人的宽恕有时只是一种无可奈何的选择；当敌我双方势均力敌、互有损伤时，相互宽恕对实现和解就具有实质性的意义。当“我们”宽恕敌人时，如果敌人并不在乎这种宽恕，仍然把“我们”当作敌人，那么敌意、仇恨和报复欲将存在于这种持续的敌对关系之中。尽管“我们”已经宽恕了敌人，这种宽恕成了过去式，但是仍然无法合理评估宽恕敌人的后果。如果敌人接受这种宽恕，并有化敌为友的意愿和行动，和平的曙光就可能出现。无论怎样，宽恕敌人都是应该肯定的积极行为，尽管它以报复冲动为前提并带有报复冲动。[②] 需要指出的是，宽恕敌人并不等于爱敌人，也不等于不恨敌人，在敌我争斗之后，“我们”实际上对敌人仍然存在怨恨或者仇恨，甚至也存在报复冲动。宽恕敌人常常是单向度的，宽恕是宽恕者作出的宽恕。如果因为一个错误的理由而宽恕敌人，宽恕者一定会深感懊悔和遗憾，但他还能收回自己的宽恕吗？换言之，宽恕一旦给予了敌人就成了永

① See Glen Pettigrove & Nigel Parsons, “Relegitimizing Political Forgiveness: Agency, Permissibility, and Prospects”, *Social Theory and Practice*, 2010, 36 (4), pp. 666-669.

② 参见［德］舍勒：《道德建构中的怨恨》，罗悌伦译，见刘小枫编《舍勒选集》上册，第467页。

久的宽恕吗?

### 11.3.2 谁宽恕敌人?

由“谁”来宽恕敌人，说的是宽恕主体的资格或身份问题。就人类的暴力冲突史而言，宽恕的主体通常是冲突双方处于较为弱势地位的受害者，因而这种宽恕是受害者对加害者的宽恕，但不一定是弱者对强者的宽恕，或者是失败者对胜利者的宽恕。因为在某些特殊情形中，胜利者恰恰是受害者，这时宽恕敌人的主体就是胜利者而非失败者。例如，中国是抗日战争的胜利者，但也是战争的受害者，如果要“宽恕”敌人，那么宽恕的主体就是中国，而日本只是宽恕的对象，我们要宽恕的是日本对中国人民犯下的滔天罪行。第二次世界大战之后，虽然德国是战败者，但它也是加害者，尤其是奥斯维辛犹太人大屠杀的制造者，而盟国既是胜利者也是受害者。因此，宽恕的主体应该是受到敌人侵犯的受害者。① 由于敌人可以区分为外部敌人和内部敌人，因此，宽恕敌人的主体也可以且有必要作出相应的区分。

具体而言，宽恕外部敌人的主体应该是受害国及其人民。毫无疑问，宽恕外部敌人的主体只能是集体而非某一个体，这种宽恕体现为一种集体理性，甚至上升到国家理性和民族情感，而不是出于个体理性或个人情感。例如，“中国宽恕日本”或“日本请求中国宽恕”可以表述为“我们宽恕你们”或“我们请求你们宽恕”，其中的“我们”和“你们”是一个复数代词，涉及“谁宽恕谁”和“谁请求谁宽恕”的问题。因此，宽恕外部敌人意味着一个国家对另一个国家的宽恕，是受害国对加害国的宽恕，受害国是宽恕的主体。当然，宽恕敌人总是由政府或者政府首脑代表国家和人民作出的正式表达。但是，在某些特殊情况下，当有两个以上的不同政治主体宣称其代表国家或民族时，宽恕敌人就会因为宽恕主体资格的复杂性而成为异常困难的问

---

① 如果敌人作为加害者在与受害者的冲突中最终失败了，作为加害者的敌人——受害者最终获得了胜利，是否也存在加害者对敌人的宽恕问题呢？例如，虽然日本是加害者，但广岛和长崎受到了美国原子弹的轰炸，这两个城市的人民成了核爆炸的受害者，他们是否也纠结于宽恕美国这个敌人的问题呢？如果某些受害者最终成了加害者，而某些加害者最终又成了受害者，那么又该如何确定谁是宽恕的主体呢？在一些特殊情形中，某些主体既是加害者也是受害者，某些客体既是受害者也是加害者，是否也存在宽恕敌人的问题呢？我想，在人类历史上，这些情形都曾存在，也正是因为敌我冲突的复杂性和残酷性，“宽恕敌人”这一问题在今天才尤其具有紧迫性和重要性。

题。当然，这种宽恕主体的资格会随着时间而发生某种改变。例如，中国对日本的宽恕就面临这一问题，历史上既有国民党代表的中国政府和人民对日本的宽恕问题，也有共产党代表的新中国和人民对日本的宽恕问题。当然，就今天的国际法而言，宽恕日本的主体在法理上已经不成问题，但不可否认，在历史上的确存在过谁是宽恕的主体这一问题。

相较于宽恕外部敌人，对内部敌人的宽恕更为复杂，其宽恕主体的资格认定也更加困难，但通常这个主体应该是作为受害者的某一团体及其成员。宽恕内部敌人之复杂，与敌我关系以及敌我力量的变化有着直接的关系。例如，某些内战很难判断谁是加害者、谁是受害者，因为它遵循的是“成王败寇”的古老逻辑，只有胜利者才有权决定“谁宽恕谁”的问题。发生在一个国家内部的种族屠杀、民族冲突等，也很难判断谁是宽恕的主体、谁是宽恕的对象，它们很有可能存在一个相互宽恕的问题。此外，对内奸、通敌者的宽恕问题以及曾经的“人民公敌”对将其认定为敌人并进行迫害的群体的宽恕问题，其宽恕主体的认定就更加复杂了。尽管宽恕内部敌人确实会面临诸多复杂难解的问题，但是宽恕内部敌人比宽恕外部敌人更具有紧迫性。

然而，究竟“谁”有资格代表受害者宽恕加害者？如果只有受到实际伤害的个体受害者才能成为宽恕的主体，那么不是受害者的政府能实施宽恕吗？如果政府的主要责任是维护正义，那么它应该去惩罚而不是宽恕加害者。还有人认为，政府最多可以在法律意义上宣布赦免加害者，而不能在道德上宣布宽恕加害者。那么，是谁赋予了政府或政治领导人宽恕敌人的权力或权利？当政府首脑代表国家宽恕自己的敌人时，他征得了全体受害者的同意吗？如果宽恕的主体具体到个体，那么宽恕的主体一定是受害者吗？如果受害者已经死亡，他还能行使宽恕的权力或权利吗？是否有第三方可以代表受害者来行使宽恕的权力或权利呢？在德里达看来，宽恕通常只有在加害者和受害者一对一或面对面时才能够被要求或者被允许，受害者是唯一能够听到宽恕请求、同意或拒绝这种请求的主体。当宽恕的主体是团体、教会、机构、集体等时，这种集体宽恕就剥夺了实际受害者整体、他们的代表或后人或幸存者所要求的宽恕的意义或本真性。[1] 从时间上讲，只有在伤害行为发

① 参见［法］雅克·德里达：《宽恕：不可宽恕和不受时效约束》，杜小真译，《江苏社会科学》2002年第1期，第3页。

生之后，受害者才有可能向加害者实施宽恕。当受害者已经死亡，他又如何宽恕加害者呢？就人类宽恕的意义而言，已经失去生命的受害者对加害者是无所谓宽恕了。如果敌人也已经死去，宽恕者又宽恕谁呢？这种宽恕还有意义吗？显然，宽恕与时间有着某种相关性，宽恕与过去、现在和未来密切相关，宽恕敌人是受害者及其代理人对敌人过去罪行的宽恕，是受害者现在作出的对自己和过去的敌人共有未来的一个承诺。因此，宽恕的主体如果限定为受害者的话，这个主体本身就会存在问题。在政治神学的意义上，或许只有上帝才能宽恕加害者的罪行，上帝才是宽恕敌人的终极主体，这种宽恕就带有某种超越性、纯粹性和诫命性，从而成为无限宽恕或绝对宽恕的政治神学根源。

### 11.3.3　宽恕外部敌人

在明确了宽恕的主体之后，我们有必要确定“谁”是宽恕的客体或对象。在古典政治哲学中，敌人最初特指外部敌人，因此宽恕敌人就是指对外部敌人的宽恕，宽恕的客体应该是作为敌人的另一个国家。在现代意义上，宽恕的客体是否出现了某种变化呢？宽恕的客体仍然是作为加害者的国家吗？或者扩展到了战犯、士兵、全体人民抑或其他？我们有必要对这些客体或对象进行进一步的区分吗？如果有必要，这种区分的意义何在？这些问题涉及战争的国家责任和个人责任问题，我们认为对加害者进行责任划分，有助于对敌人的宽恕和国家之间的和解。

我们还是以中国对日本的宽恕为例来说明这一问题，先不谈日本是否值得宽恕的问题。1945年8月15日，日本宣布无条件投降，蒋介石随后对全国人民发表广播讲话，他说：“我说到这里，又想到基督宝训上说的‘待人如己’与‘要爱敌人’两句话，实在令我发生无限的感想。我中国同胞们须知‘不念旧恶’及‘与人为善’为我民族传统至高至贵的德性。我们一贯声言，只以日本黩武的军阀为敌，不以日本的人民为敌。今天敌军已被我们盟邦共同打倒了，我们当然要严密责成他忠实执行所有的投降条款，但是我们并不要企图报复，更不可对敌国无辜人民加以侮辱，我们只有对他们为他们纳粹军阀所愚弄所驱迫而表示怜悯，使他们能自拔于错误与罪恶。要知道如果以暴行答复敌人从前的暴行，以侮辱来答复他们从前错误的优越感，则冤冤相报，永无终止，绝不是我们仁义之师的目的，这是我们每一个军民同胞今天所应该特别注意的。”[①] 蒋介石的讲话虽然并没有明确提出“宽恕敌人”这一问题，但是包含了“宽恕敌人”的基本思想：第一，“不念旧恶”和“与人为善”是中华民族的传统美德。这些为宽恕日本提供了道义基础和前提。第二，战争责任在少数日本军阀，而不在日本人民。尽管日本侵略中国的战争是全体日本民众集体支持的结果，但是蒋介石为日本军国主义和日本国民的战争责任区分定下了基调，这种区分为宽恕敌人提供了现实可能性。但是，这种区分将日本军国主义者与日本民众予以绝对分割，存在认识上的严重误区，即日本民众是“无辜的”、是“军阀所愚弄”的战争受害者，从而忽略了日本民众也是战争加害者的事实。[②] 这导致了后来日本民众没有对这场侵略战争进行真正意义上的反省和谢罪，他们根本没有“自拔于错误和罪恶”。第三，敌人投降了，我们不要报复。在儒家的宽恕传统中，只要敌人死了或者投降了，他们的罪恶也随之终止，即所谓“人死罪消”，而且儒家崇奉“以德报怨”，不主张冤冤相报。然而，宽恕是建立在报复感的基础之上的，舍勒甚至认为没有一点报复感的受害者是无法宽恕加害者的。[③] 换言之，宽恕敌人是以对敌人的仇恨和报复冲动为基础的，我们宽恕敌人只是表明饶恕敌人的罪恶，只要敌人不再作恶，不再成为加害者，我们就主动放弃报复和仇恨，这种宽恕既是一种表明我们热爱和追求和平的政治姿态，也是一种表明我们大度和宽容的道德姿态。第四，不要侮辱敌国人民，而应怜悯他们，让其悔过。蒋介石的讲话反映了中华民族具有以德报怨的传统美德，但是这种宽恕也与蒋介石防共反共的战略考虑和美国根除日本在华影响等既定政策有关。[④] 正是因为中国的宽恕，数以百万计的日本侨民才能在一年之内平安返抵日本。蒋介石作为当时中国的领袖，其讲话自然代表了国家，但是他代表国家对日本这个敌人的“宽恕”是非正式的，更不是基于日

① 转引自张篷舟主编：《近五十年中国与日本（1932—1982）》第 5 卷，四川人民出版社 1992 年版，第 341—342 页。参见胡连成：《关于战争责任的极少数与绝大多数问题》，《大连近代史研究》第 11 卷，第 128—129 页；袁成毅：《战后蒋介石对日“以德报怨”政策的几个问题》，《抗日战争研究》2006 年第 1 期，第 211—212 页。

② 参见袁成毅：《回归理性的必然诉求——再论中国要求日本作正式书面“道歉”问题》，《浙江社会科学》2004 年第 6 期，第 172—173 页。

③ 参见［德］舍勒：《道德建构中的怨恨》，罗悌伦译，见刘小枫编《舍勒选集》上册，第 467 页。

④ 参见袁成毅：《战后蒋介石对日“以德报怨”政策的几个问题》，《抗日战争研究》2006 年第 1 期，第 211—212 页。

本作为战败国和加害者的谢罪或宽恕请求而作出的，因此这种宽恕是单向度的。当然，从政治神学的意义上，这种宽恕是无条件的。然而，由于日本的侵略给中国民众带来了深重苦难，要求全国民众短期内在情感上完全宽恕这个凶残的敌人并不容易，“爱你们的敌人”则更是不可能的事情。

根据蒋介石的讲话，中国的敌人是“日本黩武的军阀”而非“日本的人民”。因此，如果我们要宽恕日本，那么宽恕的对象自然是“日本黩武的军阀”。当然，蒋介石并没有代表中国政府和人民宣称宽恕这些敌人——“日本黩武的军阀”。事实上，这些凶残的敌人是无法宽恕的，必须对他们予以严厉的惩罚。根据有关研究，日本人民虽然不是直接的加害者，但是他们从属于“日本黩武的军阀”这个加害者群体，而且有关史料表明他们是支持这个群体侵略和加害中国的，难道他们不要承担相应的责任或者可以逃避作为加害者的责任吗？

### 11.3.4　宽恕内部敌人

宽恕内部敌人和宽恕外部敌人有根本的区别吗？如果有的话，这种区别又是什么呢？诚如上文所述，宽恕外部敌人主要涉及受害者对加害者的宽恕问题，但宽恕内部敌人则不限于这种单向度的宽恕，也就是说对内部敌人的宽恕不是简单的受害者对加害者的宽恕，它还涉及敌对双方互为加害者或受害者的问题，这种复杂性意味着宽恕不可能只是单向度的，而是一种双向度的宽恕。在古典政治哲学中，人们通常认为内部敌人只是因为兄弟之间暂时的失和或内讧而形成的敌对关系，他们迟早要重归于好，并重构共同的集体记忆。宽恕内部敌人的复杂性在于敌对双方彼此可能既是加害者也是受害者的心态和认同。换言之，敌人作为加害者在某些冲突中也是暴力的受害者，而敌人作为受害者出于报复也可能成为加害者。因此，关于内部敌人的宽恕不仅涉及受害者对加害者的宽恕，也涉及互为加害者或受害者的敌对双方的相互宽恕问题。

南非的种族和解是宽恕内部敌人的一个经典案例，它体现了敌对双方的相互宽恕与和解。在1994年之前，阿非利卡人与非洲族裔的敌对冲突是南非社会的主要矛盾，南非实施的种族隔离制度剥夺了占人口绝大多数的非洲族裔的公民权，甚至还准备实施包括发展生化武器、毒杀黑人解放事业领导人和让黑人女性逐渐丧失生育能力等一系列种族灭绝计划。阿非利卡民族作为欧洲大陆移民的后代，在冲突中逐渐形成了基于肤色和利益的认同。在南非实施的种族隔离制度中，阿非利卡人是加害者，非洲族裔是受害者。简而言之，南非的内部敌人宽恕问题应该主要是非洲族裔对阿非利卡人的宽恕，但南非严重侵犯人权的案件不仅涉及阿非利卡政权及其成员，也涉及非国大、其他非洲族裔解放组织及其成员[①]，因此，南非对“内部敌人”的宽恕就涉及彼此互为敌人的冲突双方的相互宽恕问题。关于南非的民族和解，“真相与和解委员会”（Truth and Reconciliation Commission，简称 TRC）成员彼得·斯托里（Peter Storey）认为：“南非是唯一一个通过世俗立法促使圣经般和解的国家。”[②] 那么，它是如何实现这种和解的呢？1993 年 12 月，南非通过了临时宪法，试图在过去与未来之间架起一座历史性桥梁，超越仇恨、恐惧、罪恶和复仇，实现南非人民彼此和解，重建南非社会。为了实现这一目标，南非成立了“真相与和解委员会”，其使命在于帮助全体南非人民了解“真相”并实现“和解”。[③] 该委员会的独到之处在于，它以听证会而非审判的形式平等对待所有受害者和责任人，淡化各自的种族和民族属性。阿非利卡政权、非洲族裔解放组织和非国大及其相关成员都需要接受相同的听证、审理和赦免程序，全部过程对公众开放。受害者直接面对加害者陈述自身遭遇、获得公众承认和支持，听到相关责任人的认罪，从而恢复受害者的尊严。而所有加害者直接面对受害者或其家人，陈述犯罪事实、争取谅解、获得赦免、重归社会。公众通过受害者和加害者的陈述，反思历史教训，重构南非人的集体记忆。[④] 受害者、加害者和公众通过听证会还原真

① 参见庄晨燕：《南非民族和解的经验与挑战》，《世界民族》2013 年第 6 期，第 14—15 页。

② ［南非］彼得·斯托里：《曼德拉背后的真相与和解委员会》，《东方早报》2013 年 12 月 8 日。

③ See Steven D. Roper & Lilian A. Barria，“Why Do States Commission the Truth? Political Considerations in the Establishment of African Truth and Reconciliation Commissions”，*Human Rights Review*，2009，10（3），pp. 373-376；Melanie Walker & Elaine Unterhalter，“Knowledge，Narrative and National Reconciliation：Storied Reflections on the South African Truth and Reconciliation Commission”，*Discourse：Studies in the Cultural Politics of Education*，2004，25（2），pp. 279-297. 20 世纪 90 年代，绝大多数实行特赦或赦免（amnesty）的国家诸如萨尔瓦多（1991）、海地（1994）、南非（1995）、危地马拉（1996）等都成立了“真相与和解委员会”，应该说为实现和解起到了应有的作用。See Joris van Wijk，“Amnesty for War Crimes in Angola：Principled for a Day?”，*International Criminal Law Review*，2012，12（4），p. 745.

④ 参见庄晨燕：《南非民族和解的经验与挑战》，《世界民族》2013 年第 6 期，第 17—18 页。

相、实现和解的做法，为医治一个国家的历史伤痛提供了一条可借鉴的新的途径。然而，“对于受害者和幸存者来说，国家在赦免那些凶残罪行的责任者的同时，也就剥夺了苦难者惩罚罪恶者而寻求正义的机会”[①]。在这种情况下，国家应该对受害者予以补偿，这种补偿既包括经济上的补偿，也包括精神上的补偿。南非大主教图图（Desmond Tutu）说：“如果我们将别人当成不完整的人来对待，实际上也降低和亵渎了我们自己的人性。从这点出发，将已经支离破碎的社会重新协调起来，应该成为我们努力的方向。所以，我们宽恕别人，欢迎他们回到我们共同的人类大家庭中来的做法并不是利他性的，它是启发自我利益的最高方式。我们肯定了他人的人性，也就肯定了我们自己的人性，从而有助于修复共同体。”[②] 图图号召人们从人性这一根本问题入手来修复和重建南非的集体认同，因此彼此宽恕并非利他而是互利的方式。种族隔离制度让南非人民形成了畸形的国家认同和自我认同，而“真相与和解委员会”的工作是试图纠正这种认同，重塑一种有关南非的全新的、完整的、健康的认同。[③]

宽恕内部敌人还有一种形式，即特赦或赦免（amnesty），尤其指对战犯等极端作恶者的赦免。特赦或赦免通常是指一个国家在政治暴力或种族暴力之后为了实现“更大的善”而设计的一种必要的制度。换言之，特赦或赦免可以被理解为国家运用统治权免除作恶者的刑事或民事责任从而体现国家的宽容或仁慈的一种制度。就词源而言，特赦或赦免本意即“遗忘”，法国哲学家利科（Paul Ricoeur）将其理解为一种“命令式遗忘”和对正义的否定。这种强制遗忘或宽恕是统治权的重要体现。[④] 特赦或赦免制度自古有之，是彰显帝王恩德和仁政的统治手段，“赦”“宥”“赦宥”本身就含有宽恕之义。“雷者，天之威。雨者，天之泽。威中有泽，刑狱之有赦宥也。有过者赦而

---

① ［英］安德鲁·瑞格比：《暴力之后的正义与和解》，刘成译，第 142 页。

② 转引上书，第 143—144 页。

③ See Melanie Walker & Elaine Unterhalter, “Knowledge, Narrative and National Reconciliation: Storied Reflections on the South African Truth and Reconciliation Commission”, *Discourse: Studies in the Cultural Politics of Education*, 2004, 25 (2), pp. 287-288.

④ See Kieran McEvoy & Louise Mallinder, “Amnesties in Transition: Punishment, Restoration, and the Governance of Mercy”, *Journal of Law and Society*, 39 (3), 2012, pp. 411, 413.

不问，有罪者宥而从轻，此君子所以推广天地之仁心也。”[①] 在古人看来，“赦宥”是对有罪过的人的一种宽恕，是君子推广“天地之仁心”的手段。许多现代国家的宪法都含有“特赦”条款，我国也不例外。现代特赦制度只是免除刑罚，并不免除罪行，是国家对特定犯罪人免除其刑罚的制度。[②] 是否实行特赦、对哪些特定犯罪人实行特赦以及何时实行特赦，都由国家决定，因此，特赦是一种国家行为。例如，新中国对战犯的特赦就是宽恕内部敌人的一种重要方式，也是统治权的一种重要体现。1959—1975 年，我国共实行了 7 次特赦，除第一次特赦包括反革命罪犯和普通刑事罪犯外，其余 6 次特赦对象为蒋介石集团、伪满洲国和伪蒙疆自治政府的战争罪犯。1959 年 8 月 24 日，毛泽东在建国 10 周年之际，向全国人民代表大会建议是否可以赦免一批确已“改恶从善”的战犯，特赦的标准是战犯“确实已经改恶从善”。1959 年 9 月 17 日，《中共中央关于特赦罪犯的指示》提出了两个具体标准：一是在服刑改造期间认罪服法，确有良好的实际表现；二是表示拥护中国共产党的领导，拥护社会主义。毛泽东认为，特赦不是大赦，而是古时所谓的“曲赦”，即局部赦免。[③] 为什么要搞特赦呢？目的就是“影响台湾”，“争取和平解放台湾”，“有利于我国人民民主专政的巩固，有利于祖国的完全统一，有利于社会主义建设事业”[④]。由此可见，特赦战犯是一种典型的政治宽恕，其政治目的非常明显。关押在功德林一号的战犯在给毛泽东的信中写道：“党不仅宽恕了我们的罪行，而且把我们的灵魂从罪恶的深渊里拯救出来，使我们得有今天的新生。党之于我们，真是恩同再造。”[⑤] 著名特务头子沈醉曾撰写《西江月》表达自己对特赦的感受：“论罪原该不赦，尽皆罪恶滔天，人民宽大史无前，伟大崇高表现。”[⑥] 综上所述，在当时国际国内特殊的政治环境下，特赦战犯不仅有利于孤立和瓦解境内外的敌人，而

① 《古今图书集成》第 780 册，第 47 页。

② 参见阴建峰：《现代特赦制度新探》，《中共中央党校学报》2006 年第 2 期，第 91 页。

③ 参见毛泽东：《关于特赦战犯的提议（一九五九年八月二十四日）》，《党的文献》1995 年第 2 期，第 28 页。

④ 周恩来：《一切设想都要有利于社会主义建设事业（一九五六年七月二十一日）》，《党的文献》1995 年第 2 期，第 28 页。

⑤ 转引自顾育豹：《共和国的特赦》，《炎黄纵横》2009 年第 6 期，第 15 页。

⑥ 转引自周吉平：《1960 年，特赦战犯》，《读书文摘》2012 年第 3 期，第 12 页。

且有助于打消一部分人对我国统一战线的疑虑，从而有利于国家政权的巩固和社会主义事业的建设。而且，可以让战犯悔过自新，对政府和人民的宽恕心怀感恩，从而弃恶从善。更为重要的是，特赦体现了国家尊重和保障“敌人”的人权的精神以及对“敌人”的宽容精神。

无论南非的种族和解还是我国对战犯的特赦，它们都涉及对“敌人”罪行的赦免问题。当然，特赦或赦免不等同于宽恕，因为赦免主要是政治或司法意义上的国家行为。荷兰学者乔里斯·凡·韦克（Joris van Wijk）指出，赦免应该包括以下四个方面的内容：第一，赦免应该被规定或限制在实现某些确定的目标，尤其是能保障和平或者启动并促进和解的那些目标。第二，赦免应该伴随有其他负责任的措施诸如设立真相委员会、调查团体或除垢组织（lustration）等。第三，赦免不应该是自我宣扬（self-proclaimed），而是即将卸任的政权和将要上台的政权谈判的结果，或者是通过国际组织如联合国等调停后达成的一种和平交易。第四，赦免只能被应用到武装力量或武装团体中资历相对较浅的成员或者国际罪行中犯罪责任相对较少的人身上。[①]换言之，赦免是通过设立专门机构或组织，多方谈判或调停的结果，其目的是保障和平或实现和解，而且赦免的对象应该是罪行相对较轻的作恶者。根据这个标准，那些犯有严重罪行的加害者根据国际法是不能被无条件赦免的，尤其是那些犯有种族灭绝罪、战争犯罪、反人类罪和大规模侵犯人权罪的作恶者，他们永远都不应该被赦免。[②] 他们应该得到应有的惩罚，而且是罪有应得。当然，宽恕和赦免毕竟是两个不同的问题，宽恕主要是在道德意义上而言的，它意味着受害者对加害者所犯罪行的“道德赦免”，也就是说受害者可以在道德上赦免作恶者的罪行，但是法律意义上的赦免又是另外一回事。现在，我们有必要再回到上文所述的宽恕敌人的主体资格问题，究竟谁拥有赦免权？在大多数国家，那些极端犯罪的受害者总是要承受各种压

① See United Nations, *The Rule of Law and Transitional Justice in Conflict and Post-Conflict Societies; Report of the Secretary General*, United Nations Report No. S2004/616, Geneva, 2004, p. 11; Joris van Wijk, "Amnesty for War Crimes in Angola: Principled for a Day?", *International Criminal Law Review*, 2012, 12 (4), p. 745.

② See Joris van Wijk, "Amnesty for War Crimes in Angola: Principled for a Day? ", *International Criminal Law Review*, 2012, 12 (4), p. 746.

力，被要求摒弃对加害者进行惩罚的想法。[①] 这实际上就人为地剥夺了受害者对加害者的赦免权，尽管原因非常复杂。康德认为，赦免权是统治者拥有的一切权利中“最微妙的权利”，统治者只有针对某种有损其统治的叛逆罪才应该行使赦免权，而且这种赦免不会危及人民的安全才是正当的。[②] 换言之，只有当统治者本人是受害者时，他才拥有赦免权，否则就不应该拥有赦免权。严格按照康德的理论，如果统治者不是直接的受害者，他就不应该拥有对加害者的赦免权。因为惩罚作为一个绝对命令不可能给赦免留下任何空间，所以惩罚权和赦免权之间必然存在冲突。显然，康德是在绝对意义上来谈赦免权的，这种赦免权是一种受害者所拥有的道德权利。如果将法律理解为统治者的意志，那么任何犯罪都是对统治者的攻击。因此，刑罚就是由统治者按与战争相似的程序对其敌人的惩罚，是战争权利的延续，它标志着统治者的胜利和敌人的失败。因此，以国家的名义对“敌人”进行有条件的赦免是统治者的意志、权力和力量的展示。[③]

或许大多数人认为宽恕敌人意味着对罪恶的纵容，因为“敌人”毕竟是不同于我们的“邪恶客体”。因此，宽恕敌人确实需要足够的理由。诚然，面对敌人的极端罪恶，“人们不能宽恕他们无法惩罚的行为，也无法惩罚那些业已证明是不可宽恕的行为”[④]，只有爱才有力量宽恕，才能将宽恕者和被宽恕者都从行动的后果中解脱出来。宽恕敌人不是向对手显示自己的优越，更不在于羞辱敌人，而是要用尊严和冷静来震慑对手。“如果陌生人接受并坚信陌生对于人性更多的是给予而不是伤害，那么在未来世界，宽恕将使我们不再犯罪、凌辱和斗争。”[⑤] 当然，我们宽恕的是“人”及其罪行，而不是行为本身。因此，我们可以在道德上宽恕敌人及其罪行，但是我们同样可以在司法上惩罚其恶行，而且这种惩罚是必要的，因此宽恕和惩罚二者并

---

① See Kieran McEvoy & Louise Mallinder，“Amnesties in Transition：Punishment，Restoration，and the Governance of Mercy”，*Journal of Law and Society*，2012，39（3），p. 411.

② 参见［德］康德：《法的形而上学原理——权利的科学》，沈叔平译，第171—172页。

③ 参见苏力：《福柯的刑罚史研究及对法学的贡献》，《比较法研究》1993年第2期，第177页。

④ ［美］汉娜·阿伦特：《人的境况》，王寅丽译，第188页。

⑤ Donald W. Shriver，JR.，*An Ethic for Enemies：Forgiveness in Politics*，Oxford University Press，1995，p. 233.

不矛盾。[1] 更为重要的是，宽恕应当是长期的，甚至是无止境的[2]，因为没有宽恕就没有未来。

## 11.4　敌人的罪恶与谢罪

宽恕敌人涉及加害者、受害者和社会三方的关系，其中加害者和受害者的互动关系是关键因素。在现实政治意义上，受害者可以根据加害者的宽恕请求、道歉和谢罪等因素来决定是否宽恕敌人。如果受害者决定宽恕敌人，这种宽恕就是一种有条件宽恕。至于受害者绝不宽恕和加害者绝不请求宽恕这两个问题，因为过于极端和绝对，故而没有太多讨论空间，不属于我们要研究的问题。敌人谢罪属于受害者有条件宽恕的一个前提，至少包括请求宽恕、政治道歉和主动谢罪三个方面的问题，而对受害者的损害赔偿由于过于具体，在此不作政治哲学分析。

### 11.4.1　敌人的罪恶

对敌人的宽恕，取决于敌我双方如何理解和对待加害者所犯的罪恶以及由此给受害者带来的苦难。由于没有一种伦理文化可以脱离与恶或罪恶的关系，所以我们不能只研究道德而不探讨过错或罪恶问题。[3] 而且，如果没有加害者对受害者犯下的罪恶，那么就无所谓宽恕。因此，在某种程度上，加害者的罪恶甚至构成了受害者宽恕的必要前提。

无论我们怎样看待敌人的罪恶，它总是存在于人类世界，罪恶具有“属人性”，在这种意义上，敌人的罪恶其实就是人类的罪恶。关于罪恶问题的认识有两种完全不同的径路：其一是通过揭示存在于人们的理解力中的罪恶的幻象来理解和认识罪恶；其二是去发现和揭示那些被认为是罪恶的行为的起因或根源来避免罪恶。这两种路径通常都会涉及工具性罪恶和观念型罪恶的研究。工具性罪恶总是和个人相关，而观念型罪恶则常常牵涉组织或集

---

① See Chris Kaposy, “‘Analytic’ Reading, ‘Continental’ Text: The Case of Derrida's ‘On Forgiveness’”, *International Journal of Philosophical Studies*, 2005, 13 (2), p. 205.

② 参见［法］朱莉亚·克里斯蒂瓦：《汉娜·阿伦特》，刘成富等译，第227—229页。

③ 参见张宁：《宽恕及跨文化哲学实践——德里达访谈》，《二十一世纪》2000年第2期，第112—119页。

体，而与个人无直接关系。当观念型罪恶得到组织或集体的支持时，它所导致的后果比工具性罪恶所带来的后果要严重得多，而且这种罪恶往往会被意识形态正当化。当观念型罪恶可以进一步促进一个组织的团结时，团结的后果则又助长了更为严重的罪恶。由此，我们不得不提出另外一个问题：罪恶能够服务于“善”或者“善的”目标吗？当有人说适度的暴力有助于社会进步的时候，这难道是要证明“罪恶是历史进步的杠杆”吗？也许恶行偶尔能够促进善的目标的实现，但是目的善并不能证明手段的正当性。即使罪恶偶尔能带来好的结果，罪恶仍然是罪恶。

关于罪恶的现实往往被关于罪恶的幻象所塑造和改变，因此，我们有必要通过理解罪恶幻象触及罪恶的本质，因为我们大多数人并不能像受害者那样去经历恶行，成为恶行的客体。在现实生活中，罪恶并不必然为作恶者所认知，因为某些作恶者并不将其恶行认为是罪恶。但是，罪恶总是存在于旁观者尤其是受害者的眼中。我们甚至可以认为如果没有受害者，罪恶也就“不存在”了。从受害者的视角来分析罪恶，意味着受苦受难是罪恶的重要特征，在这种意义上，关于罪恶的问题就演变成一个纯粹关于受害者的问题。通常而言，受害者和作恶者对罪恶的理解存在一个“量度差”。作恶者对恶行的认识比受害者要轻微得多。受害者倾向于从绝对分明的善恶对立来看待恶行，而作恶者则会模棱两可，甚至认为他们的行为并不像他人（尤其是受害者）所宣称的那样恶劣。也就是说，恶行的严重性对受害者而言总是要比对作恶者而言大得多。当试图了解恶行时，受害者常常会自我质问：“为什么这样可怕的事情会发生在我的身上？”这种“可怕的”感受显然是受害者的情感体验和表达，而作恶者对其恶行的情绪反应可能要比受害者小得多，他们甚至会认为其恶行不过是微不足道的小事而已。而且，如果我们仅仅站在受害者的角度去理解罪恶，那么我们就无法保证理解罪恶问题的全部。受害者和作恶者对什么是作恶者的动机和意图的判断，常常相去甚远。为了充分认识和理解作恶者，我们有必要认识到受害者视角的局限性并突破它的束缚。当然，我们也不能将罪恶或者恶行的考察范围局限在那些作恶者自己承认是恶的行为上。因为大多数作恶者要么拒不承认自己的恶行，要么作恶而不自知，要么明知为恶而故意掩饰从而造成“伪善”。显然，受害者和作恶者两个角色之间有着某种内在的联系。但是，我们也要认识到，并非所有的罪恶都有直接的受害者，当某些罪恶没有直接受害者的时候，这类罪恶往往会被人们忽略，会融入我们的日常生活，会被我们所有在场者接受。而罪恶的长期存在将会冲击人们的基本信念和价值观，甚至破坏维系整个社会稳定的德性根基。具有讽刺意味的是：许多作恶者将自己看作受害者。在他们的陈述和记忆中，甚至可能在他们最真实的内心感受中，许多作恶者认为自己因受到了不公正对待而值得同情、支持，人们应该格外容忍他们所犯的任何错误。

当作恶者认为受害者是必须受到惩处的作恶者时，他们对受害者的暴力伤害将上升到无以复加的地步。例如，参与大屠杀的德国人就认为犹太人是作恶者，他们认为：对这些世界历史上最大的作恶者来说，死有余辜，必须让他们尝尝他们给人家造成的种种苦难，必须让他们为他们做出的许多坏事付出代价。犹太人世世代代过着寄生虫的生活，他们掠夺、剥削他人，所以必须让他们从事艰苦的、累死人的劳动；他们一直利用其巨大的秘密力量使许多民族和社会阶级屈从于他们，所以必须打掉他们的威风，使他们匍匐在德国人的面前；他们通过耍阴谋诡计，使许多人遭受苦难，所以必须让他们付出代价，受点皮肉之苦。在犹太人聚居区和集中营，在押赴刑场的途中，甚至在集体坟墓的边缘，德国人毒打、折磨和侮辱犹太人，由此为德国遭受的不幸而进行报复。德国人的残忍仍然是难以理解的，不过，他们的排犹主义思想有助于说明他们的行动。[①] 罪恶很少在作恶者的自我想象中被发现，而通常可以在他人的判断中被找到。罪恶其实存在于所有在场者的视野之中，这就包括了作恶者、受害者和旁观者的视野。某些作恶者作恶时并不认为自己的行为是恶行，而受害者却认为自己深深地受到了伤害，这时旁观者该如何判断呢？旁观者真的能够客观中立地对“罪恶”作出恰如其分的判断吗？作为旁观者，我们或许会为自己对无力阻止罪恶的产生而寻求种种借口，甚至会为罪恶没有降临到我们头上而暗暗庆幸。然而，我们不要忘记，当我们作为旁观者面对罪恶而不作为的时候，这就意味着我们在道德上的冷漠或者默许，我们将无法逃避作为在场者的责任。

1985 年 5 月 5 日，美国前总统里根在德国的比特堡军事基地参加了纪念

---

① 参见［美］丹尼尔·乔纳·戈德哈根：《希特勒的志愿行刑者》，贾宗谊译，第 226 页。

包括党卫军士兵在内的德国士兵以及大屠杀的受害者的仪式。这次纪念活动引起了轩然大波，让社会各界愤怒不已，甚至德国的民族主义者也认为德国所背负的道德债务都是德国的敌人强加的。表面看来，里根总统作为一个旁观者，对作恶者和受害者的纪念蕴含了一种道德平等，都是对逝去生命的尊重，然而这种平等混淆了作恶者和受害者的区别，尤其勾销了作恶者对受害者所犯下的罪行。这次事件引起了历史学家们的广泛讨论。一些学者认为，“应将德国人从犯罪者重塑为受害者，无论士兵还是平民，都是与大屠杀受害者一样的受害者”[①]。针对这种观点，另外一些学者包括哈贝马斯则批评他们有意为纳粹辩护，要求关注德国人蒙受的苦难和牺牲，实际上是想减轻德国为纳粹暴行承担的道德责任。在德国人的苦难和犹太人的苦难之间画上抽象的道德等号，其结果是淡化了德国人对大屠杀的记忆。

在受害者与作恶者的角色冲突中，受害者很难原谅作恶者，甚至“永志不忘”。而作恶者则希望“过去的就让它过去吧”。对作恶者进行批判和惩罚是必要的，我们有必要谴责作恶者对受害者的伤害和对社会造成的损害。而对受害者的同情和理解也是必要的，因为我们的同情会给他们带来慰藉。但是，由谁来判断罪恶呢？伦理学在处理善恶问题时，不可能像数学一样精准。因此，我们对罪恶的判断都是根据自己内心的道德法则、社会的习俗传统以及公开的法律而进行的。当罪恶发生的时候，所有人都是在场者，没有人可以成为旁观者。因为在一个镜像时代，罪恶出现在镜像中，我们都是在场者，罪恶就在我们每个人的身边，即使你在法律上没有罪，也难以免除道德上的恶。“在违反人性的行为发生时，作为一个旁观者，也被认为犯下了某种形式的政治、道义和抽象的罪行。”[②] 例如，南非的种族隔离制度的获益者，尽管不一定是加害者，但是如果他们作为旁观者并不关心这种制度对人权侵害的真相，那么他们其实与作恶者并无差别。

面对罪恶时，我们是否可以躲避或者逃避？如果我们容忍罪恶，我们只是作为旁观者，当有一天我们也是罪恶的受害者的时候，我们就会成为旁观者旁观的客体。当我们一味地坚守自己旁观者的角色的时候，我们也会在不

---

① ［英］卡尔·费格里奥：《从心理分析角度看作为心理社会飞地的集体记忆——兼论犹太人、德意志民族认同及德国心理分裂问题》，张大川译，《国际社会科学杂志》2012 年第 4 期，第 96 页。

② ［英］安德鲁·瑞格比：《暴力之后的正义与和解》，刘成译，第 136—137 页。

知不觉中成为罪恶的帮凶。旁观者应该也是反思者和审视者，这种反思应该指向“我们”，而不是审判“他们”，更不是“我们”以受难者和胜利者的名义审判“他们”。如果仅仅停留在“审判”上，我们就无法超越过去和历史，我们就可能陷入“罪恶”的怪圈。如果人们可以换位思考，受害者换位成作恶者，作恶者换位成受害者，他们也许会认识到和解的重要性。作恶者的忏悔和道歉，只是和解进程的一个方面。若受害者看到作恶者逍遥法外，他们是无法原谅作恶者的。因此，必须确定作恶者的罪责，确定他们必须承担的责任。为了让受害者开始设想与作恶者共有一种新的生活，他们必须在某种程度上怀有希望——受害者和作恶者能够拥有人性感化的未来。

### 11.4.2 敌人的宽恕请求

加害者向受害者提出宽恕请求是“谢罪”的第一步，也是获得受害者宽恕的必要条件。换言之，如果加害者从来没有向受害者请求宽恕，受害者凭什么宽恕不请求宽恕的加害者呢？在时间上，宽恕请求具有回溯性，这段历史是加害者和受害者共有的。对加害者而言，宽恕请求具有某种前瞻性，它试图寻求解脱，但并不意味着受害者与加害者共享未来。德里达在讨论宽恕问题时提到了法国犹太裔学者杨凯列维奇（Jankelivitchi）的两条宽恕公理，尽管他对这两条公理持质疑态度，但他显然受到了它们的影响。

> **公理 1**：宽恕只有在被要求时、明确或暗含地被要求时才可能给予，或至少才能考虑同意宽恕和实行宽恕的可能。[①]

我们可以将这条公理改造为：**只有在敌人提出宽恕请求时，宽恕敌人才有可能**。人们常常认为，加害者是没有资格要求宽恕的，只有受害者才有权决定是否宽恕加害者。“作恶者无权要求从他们虐待的人身上得到宽恕。从摈弃报复的意义上说，宽恕是牺牲者和幸存者的特权，如果行使这种权利，他们就可能摆脱过去，使自己成为更完善的人。”[②] 如果加害者不认错、不

① ［法］雅克·德里达：《宽恕：不可宽恕和不受时效约束》，杜小真译，《江苏社会科学》2002年第1期，第3—4页。

② ［英］安德鲁·瑞格比：《暴力之后的正义与和解》，刘成译，第203页。

悔罪、不请求宽恕，那么他是不能得到受害者的宽恕的。因此，加害者向受害者提出宽恕请求，是受害者宽恕加害者的理由。德里达对此持有异议，他提出的问题是："宽恕以它的宽恕的意义，是否只是在被要求时才是可能的?"他认为加害者的宽恕请求和受害者对加害者的宽恕具有相互性和非对称性，但二者是分离的，并不针对任何实质性的宽恕。[①] 换言之，是否同意宽恕取决于受害者，而是否提出宽恕请求则取决于加害者，二者并非对称或对等的关系，可以互不相干。我认为，虽然加害者是否提出宽恕请求是加害者的事情，受害者是否同意加害者的宽恕请求是受害者的事情，但是加害者的宽恕请求与受害者同意宽恕以及最终给予宽恕之间的内在关联性是不可分离的。敌人主动请求宽恕和因受害者或其他压力而请求宽恕的性质是完全不同的，前者是加害者主动的、积极的行为，而后者则是被动的、消极的行为，这些因素都会影响到宽恕本身。

德里达认为，纯粹的宽恕不能也不应该是常态性的，而是必须保持某种例外，也就是要保持与人们通常所理解的政治或司法秩序的异质性。按照德里达的观点，杨凯列维奇所说的宽恕不是真正意义上的宽恕。显然，德里达是在宗教末世论（eschatology）意义上理解宽恕的，它具有非政治的特性并且是超越政治的。德里达的理由是：第一，纯粹的宽恕是非工具性的。宽恕就是为了宽恕他者，宽恕本身就是目的。而政治宽恕总是服务于诸如国家和解等特定目的的，它成了一种实现政治目的的手段。第二，纯粹的宽恕是无条件的。当宽恕成为交换经济学的一部分时，它就失去了"礼物"特性和变革的力量。第三，纯粹的宽恕必定涉及宽恕者和被宽恕者之间不可调和的关系。而当第三方介入提出赦免、和解、赔偿等问题时，这种关系就被突破了，宽恕也就不再具有严格意义上的纯粹性，而是带有了典型的政治意识形态性。[②] 正如克里斯蒂·罗茨（Christian Lotz）指出，由于德里达的宽恕概念以道德的无条件性以及行为和决定本身的事件性为基础，因而他所指的宽恕行为是

---

① 参见［法］雅克·德里达：《宽恕：不可宽恕和不受时效约束》，杜小真译，《江苏社会科学》2002年第1期，第3—4页。

② See Jacques Derrida, "On Forgiveness", *On Cosmopolitanism and Forgiveness*, London and New York, Routledge, 2001, pp. 31－31, 39, 42; Andrew Schaap, "The Proto-politics of Reconciliation: Lefort and the Aporia of Forgiveness in Arendt and Derrida", *Australian Journal of Political Science*, 2006, 41 (4), p. 626.

一种避开了工具理性的事件。而这将导致两个自相矛盾的结果："其一，当我们宣称宽恕是我们经验生活中的一种可能性时，我们就陷入了一个经济交换的世界。据此，宽恕似乎是不可能的，因为它不可能不去期待、不去计划、不去预测什么。其二，如果纯粹的宽恕被设想为一个事件的确为真的话，那么它就是可能的。"[①] 而德里达所谓的"纯粹的"宽恕既包括了宽恕的不可能性，也包括了宽恕的必要性，只有宽恕了不可宽恕的，宽恕才会真实地发生，这种"不可能的可能性"本身就是一个悖论。德里达否认了宽恕的常态性，而这种常态性是有关宽恕概念的性质问题，同时他也认为宽恕不应该是常态的或常态化的，而这是关于宽恕的概念应该如何理解的问题。这两个不同的问题体现了德里达宽恕思想的矛盾性。[②] 德里达过分地强调了宽恕的纯粹性、绝对性和无条件性，从而阻碍了宽恕的现实可能性。

我们所谈的宽恕敌人，需要讨论的是其作为世俗宽恕的现实可能性，而非超世俗意义上的宗教宽恕问题。宗教意义上的宽恕是不需要加害者提出宽恕请求的，是上帝代替受害者作出的无条件宽恕，它不考虑受害者是否接受加害者的宽恕请求和同意宽恕的问题，它不需要受害者的回应，尽管上帝也没有作出任何回应。但是，政治宽恕只有在加害者提出宽恕请求、受害者作出回应时才有其现实的政治伦理意义。阿伦特甚至认为，宽恕本身就具有内在的政治特性，其理由有三个方面：第一，宽恕以多元化、平等而非有区别的他者的在场为先决条件。阿伦特认为宽恕是与统治权和自我克制的价值相比较而存在的。因为在政治活动中，我们发现自己陷入了一种非主权自由（non-sovereign freedom）的困境，而宽恕恰恰能够为这种困境提供不同于司法道德和统治制度的解决方式。也就是说，宽恕不一定非得通过司法或政府介入才能实现。第二，在其最初意义上，宽恕具有政治行动的特性。当通过行动来体现自由时，宽恕并非只是重演（re-act），而是被行动所激发的新的、不可预料的行动。第三，宽恕具有行动的启示性质。既然某人已经做了

---

① Christian Lotz, "The Events of Morality and Forgiveness: From Kant to Derrida", *Research in Phenomenology*, 2006, 36 (1), pp. 267-268.

② See Chris Kaposy, "'Analytic' Reading, 'Continental' Text: The Case of Derrida's 'On Forgiveness'", *International Journal of Philosophical Studies*, 2005, 13 (2), pp. 203-204.

业已发生的事情，那么它总是要被宽恕的。[①] 阿伦特强调，宽恕与政治一样，是通过“行动”来实现的，也肯定了宽恕的政治特性，从而使得宽恕具有现实性或世俗性。在这种意义上而言，杨凯列维奇的这条宽恕公理更符合人们的常识，也更接近阿伦特的观点，但其难点在于如何判断加害者是否认错、悔罪并真心请求宽恕。例如，战后德国几位总理代表德国向受害者提出宽恕请求并谢罪，承认屠杀犹太人的罪恶，最终获得了受害者的宽恕。与此相反，日本则一直试图掩盖侵略历史、否定战争罪行，至今未向中国和亚洲各国受害者提出宽恕请求，因而也得不到受害国的宽恕。

> **公理2**：当罪恶过于严重，当它超过了罪恶的极端的或人类的界限，当它变得惨绝人寰，那就不再谈得上宽恕，如果可以，我能说：宽恕应该留在人中间，由人来衡量。[②]

这条公理同样可以改造为：**当敌人的罪恶超过了人类的极限，对敌人的宽恕就不可能了**。当敌人所犯下的罪恶成了“绝对之恶”，变得无法宽恕时，那么敌人的宽恕请求就是一种无效请求，它所得到的回应是受害者的拒绝或绝不宽恕。换言之，如果这种罪恶只有上帝才能宽恕，那么受害者是绝不会在情感上接受这种宽恕请求的，更不要谈宽恕敌人了。进而言之，只有加害者的罪恶是可原谅和可宽恕的，他所提出的宽恕请求才是有效的请求。同时，加害者的宽恕请求必须由某一机构或代表在公开场合向受害者作出庄严的、正式的表示，虽然受害者很难客观判断加害者宽恕请求的真伪性，但其表达必须符合公众的认知范围。在德里达看来，正是罪恶的这种不可宽恕性，宽恕才具有意义，因此，宽恕恰恰是对不可宽恕的宽恕，因为可宽恕的宽恕并不是真正的宽恕。他指出：“宽恕应该被无条件地给予，即无偿地给予，无须任何条件，无须期待任何交换，无须等着别人的回馈。”[③] 德里达关于宽恕的这种似是而非的悖论，一旦涉及具体的宽恕主体就遇到了无法解

① See Hannah Arendt, *The Human Condition*, Chicago and London, University of Chicago Press, 1998, pp. 235-241; Andrew Schaap, “The Proto-politics of Reconciliation: Lefort and the Aporia of Forgiveness in Arendt and Derrida”, *Australian Journal of Political Science*, 2006, 41 (4), p. 627.

② ［法］雅克·德里达：《宽恕：不可宽恕和不受时效约束》，杜小真译，《江苏社会科学》2002年第1期，第4页。

③ 张宁：《宽恕及跨文化哲学实践——德里达访谈》，《二十一世纪》2000年第2期，第114页。

决的困难，这个困难也正是他自己所提出的，宽恕是加害者和受害者双方之间的事，与第三方无关。可是，当加害者以国家、团体名义犯下集体性的罪行，由国家首脑或团体领袖提出宽恕请求是否能代表实际的加害者呢？同样，当苦难是由国家、民族或其他团体而承受的，国家首脑或团体领袖是否可以代表实际的受害者接受敌人的宽恕请求呢？如果这些问题都得不到彻底解决，又怎么谈对敌人的无条件宽恕呢？

### 11.4.3 敌人的政治道歉

政治道歉作为现代社会的一种特殊政治现象，是加害者为实现某种政治目的向受害者公开承认错误和责任、表达歉意的话语行为。换言之，政治道歉作为一种正式的话语表达，在具体的道歉行为中赋予了特定的政治与道德意涵，体现为某种话语权的斗争。进而言之，政治道歉不仅是加害者和受害者关于政治道歉语词的意义之争，更是关于道歉话语的道德意义之争和政治权力之争。通常，政治道歉由政治领袖代表国家或政治团体在公开场合予以正式表达。因为“领袖或权威人士例如总统在一种范围更广的道德框架之内，通过一些有针对性的辞令来体现公众对某些观念和范畴的理解”[①]。众所周知，加害者在正常情况下会因为给受害者带来了伤害而产生负罪感，可是当加害者是国家、民族或团体时，它们不可能像个体一样具有负罪感，只有其成员才可能具有某种罪恶感。正如大多数宗教所认为的，加害者通过忏悔和道歉是可以摆脱这种罪恶感的。在基督教的传统中，道歉和忏悔不仅与宽恕密切相关，而且也影响着开启加害者和受害者之间新的关系。加害者只有通过公开的、正式的道歉，才可能获得受害者和主流社会的宽恕和谅解。因此，政治道歉作为一种官方的道歉包括了道德矫正和实际补偿两个要素，它具有特殊的政治道德功能：政治道歉确认了受害者的道德主体地位；它有利于人们对社会规范进行公开的重新审查和慎重考虑，为审视国家与社会关系提供了新的视角；它也有利于人们对历史的批判性的重新诠释并逐渐放下致歉者的历史包袱。总之，政治道歉作为一种重要的道德

① Andrew Pilecki，Jonathan M. Muro，Phillip L. Hammack，Carley M. Clemons，“Moral Exclusion and the Justification of U. S. Counterterrorism Strategy：Bush，Obama，and the Terrorist Enemy Figure”，*Peace and Conflict：Journal of Peace Psychology*，2014，20（3），p. 286.

一政治策略可以促进社会和解，并为加害者和受害者重新开始新的关系提供一个道德空间。[①]

政治道歉是敌人正式谢罪的第二阶段，通常在战争或暴力冲突结束之后进行。从加害者的角度而言，政治道歉可以分为主动道歉和被动道歉两种类型。加害者主动道歉，既可能出于真诚的忏悔和谢罪，也可能出于某种功利的目的，无论怎样，加害者的主动道歉更容易为受害者接受。加害者通过主动道歉确立其作为话语主体的政治身份，从而为其合法地进入受害者的政治叙事提供了可能。例如，德国因大屠杀向犹太人道歉、南非因种族隔离制度向国民道歉，二者都属于加害者主动道歉，由于其道歉话语不存在理解分歧，因而能为主流社会绝大多数人所接受。加害者被动道歉常常是迫于国内外压力而作出的道歉，经常有意识地选择模糊多义的词汇来回避历史罪行和推卸国家责任。例如，日本政府使用“进入”而非“侵略”这一话语模糊其侵略罪行，用“反省”“遗憾”等词掩饰其道歉的诚意，因为日语中的“反省”“遗憾”并不包含认错或道歉的意思，只有“御诧”和“谢罪”才正式表示道歉。[②] 这种不是出于真诚忏悔、承认责任并积极面向未来的道歉，被称为“伪道歉”（pseudo-apology）或“无效道歉”（non-apology）。[③] 一般而言，道歉作为一种忏悔，要包括陈述真相、受害者认可和加害者责任三个方面的内容。[④] 而日本这种含糊的话语策略并没有明确承认加害者的责任并表达忏悔，这种道歉不仅达不到和解的效果，而且是一种严重的挑衅。加害者

---

① See Ernesto Verdeja，“Official Apologies in the Aftermath of Political Violence”，*Metaphilosophy*，2010，41（4），p. 577.

② 参见何慈毅：《日本政府与民众对侵华战争道歉的认识》，《南京大学学报》2003 年第 5 期，第 48 页。

③ 阿伦·拉扎尔（Aaron Lazare）认为，“伪道歉”具有八个特征：（1）对犯罪行为表示一种含混而不充分的承认。（2）使用消极的表达。（3）提供一种貌似真实的犯罪条件。（4）质疑受害者是否受到了伤害或损害。（5）最小化犯罪行为。（6）使用不痛不痒的道歉语言如“对不起”。（7）向错误的当事人道歉。（8）代表错误的作恶者道歉。See Aaron Lazare，*On Apology*，NewYork，Oxford University Press，2004. 罗伯特·艾辛格（Robert M. Eisinger）用“无效道歉”代替“伪道歉”，防止给实际道歉贴上标签。他认为，不承认冒犯或罪行是无效道歉最普遍的形式，使用消极的表达则是无效道歉最常见的修辞，“错不在我”是最常见的表达。这种表达回避了到底错在哪里、谁的责任以及未来怎么办等问题。他认为有条件道歉也是一种常见的无效道歉。See Robert M. Eisinger，“The Political Non-Apology”，*Society*，2011，48（2），pp. 137-138.

④ See Ernesto Verdeja，“Official Apologies in the Aftermath of Political Violence”，*Metaphilosophy*，2010，41（4），p. 565.

的自尊和文化态度是影响其主动道歉的主要原因。从个体而言，如果加害者因受害者或者社会压力而被迫公开道歉，那么这不仅限制了道歉者的不表意自由，而且令其感到屈辱，有损其人格尊严。① 如果加害者是国家、民族或其他团体，那么道歉必须先承认其历史罪恶和责任，这种承认显然是对加害者自我形象和自我认同的否定，因此，加害者出于自尊或“面子”大多不会主动道歉，甚至还出现“赔偿可以，但绝不道歉”的情况。就文化传统而言，大多数社会将道歉者视为懦夫，在日本的文化中尤其如此。

从受害者的角度而言，政治道歉可以让其愤恨得以发泄，从而在某种程度上满足或化解其报复欲，弥补其精神创伤。更为重要的是，要求加害者作出正式道歉意味着受害者享有与加害者平等的话语权，通过控制和明确道歉话语的意义来控制受害者自己的过去、现在和未来。② “有仇不报非君子”，表明受害者总是具有原始的复仇欲望，只有对加害者进行报复，受害者的愤恨才可能得到化解或消除。然而，正如著名法学家庞德（Roscoe Pound）所指出的，要对一个受害者的情绪、荣誉和尊严进行估价是不可能的事情。③ 因此，即使给受害者以金钱或物质上的赔偿也不能弥补其精神上的创伤。因为受害者的痛苦具有不可弥补性，加害者无论道歉还是赔偿都无法让受害者“恢复原状”。我们讨论“宽恕敌人”的意义在于，受害者为什么以及如何超越“以眼还眼，以牙还牙”这种原始的复仇式正义。实际上，即使对作为加害者的敌人进行暴力惩罚，受害者对敌人的愤恨也并不会因此马上消亡，有时甚至会更加强烈。但是，如果加害者主动道歉，则往往可以缓解受害者的“愤恨”。即使是被迫的、违心的并不真诚的道歉，也能发泄受害者的愤恨。政治道歉的积极功能在于承认并恢复受害者的尊严。④ 政治道歉是加害者承认受害者的权利、向其表达尊敬的一种仪式。加害者拒绝政治道歉则意味着加害者在继续贬损受害者的道德价值。因此，中国要求日本作出正式的书面

① 参见张红：《不表意自由与人格权保护——以赔礼道歉民事责任为中心》，《中国社会科学》2013年第7期，第117页。

② See Ernesto Verdeja, “Official Apologies in the Aftermath of Political Violence”, *Metaphilosophy*, 2010, 41 (4), p.568.

③ 参见［美］罗斯科·庞德：《通过法律的社会控制》，沈宗灵译，商务印书馆1984年版，第32页。

④ See Aaron Lazare, *On Apology*, NewYork, Oxford University Press, 2004, p.75.

道歉，就是要求作为加害者的日本对其历史罪行作出深刻反省，明确承认其所侵犯的生命价值和尊严是很重要的，它有助于恢复受害者的自我价值感。对受害者而言，只有在日后强大到足够控制加害者的程度，才有可能由要求加害者道歉转向强制加害者道歉，但是这种强制道歉无法在法律的框架之内执行，除非受害者有足够力量变成加害者，过去的加害者迫于严重的威胁或实际的暴力而与受害者妥协。针对加害者绝不主动道歉的情况，受害者常用的方式就是发表声明谴责加害者，当然这只是受害者单方面表示的“受害者话语”。在现实的国际政治中，宽恕敌人与国家实力有关，这种实力既包括物质上的，也包括文化上的，没有实力支撑的宽恕不仅不会被认为是一种美德，反而有可能被视为一种软弱，加害者很有可能不会对这种宽恕作出积极的回应。例如，日本政府不仅没有对中国的宽恕作出积极的回应，与此相反，日本政府官员还多次进入靖国神社参拜第二次世界大战时的甲级战犯，伤害中国乃至亚洲人民的感情，而且还指责中国政府利用历史问题向他们施压。

从社会层面而言，国际社会和国内社会都对加害者的政治道歉抱有很高的期待，真诚的道歉可以重塑国家与社会之间的关系，可以引起大家重新审视社会的基本规范与价值。[①] 通过道歉，加害者被看作负责任的、值得宽恕的，而受害者接受道歉就意味着原谅加害者的过错，甚至宽恕其罪行。例如，2008 年 2 月 3 日，陆克文以政府和议会的名义向原住居民尤其是“被偷的一代”道歉：“对于被偷的一代，我要说，作为澳大利亚总理，我要说声对不起；代表澳大利亚政府，我要说声对不起；代表澳大利亚议会，我要说声对不起。”[②] 陆克文的政治道歉得到了澳大利亚主流社会绝大多数人的支持，他们认为这种道歉不仅具有象征意义，而且具有重要的历史意义，以国家名义作出的重要声明有利于澳大利亚的种族和解。这种和解的前提是人们如何正确地看待澳大利亚的殖民统治、对原住民的压迫以及国家暴力的正当性问题，因为和解并不建立在遗忘过去的基础上，而是承认对原住民的非

① See Ernesto Verdeja, “Official Apologies in the Aftermath of Political Violence”, *Metaphilosophy*, 2010, 41 (4), p. 569.

② “Text of PM Rudd's ‘Sorry’ Address”, *The Age*, February 13, 2008. 转引自汪诗明：《澳大利亚政府的政治道歉与种族和解进程》，《华东师范大学学报》2011 年第 4 期，第 21 页。

正义行为。[1] 然而，也有人认为政治道歉会给加害者和受害者带来某种负面的后果。澳大利亚前总理霍华德（John Winston Howard）认为道歉是对过去历史的抹黑，会让加害者处于道德上不利的地位，因此他拒绝以政府或议会的名义向澳大利亚原住居民尤其是“被偷的一代”道歉。[2] 不可否认，政治道歉总是令人尴尬和痛苦的行为，因为受害者常常指责加害者道歉不够真诚，而接受道歉的受害者也会处于被动的地位。英国广播公司（BBC）在专题节目《迷失的历史：中国与日本》中就中日两国如何对待战争时期（1931—1945年）的态度进行了调查，结果发现两国在对战时历史的关注和细节上存在巨大的差异。例如，日本教科书只有寥寥数页介绍了那场战争，对战争暴行也是轻描淡写，接受采访的日本官员和教科书编写者甚至质疑日本对中国和韩国发动的军事行动能否被称为“侵略”，以及是否存在南京“大屠杀”。但中国却用了大量的篇幅介绍这段痛苦的国家经历，爱国主义教育贯穿始终。由于这种差异，中日两国的年轻一代对这段历史自然会产生截然不同的理解。“在两国冲突中，国民往往会指责领导人没有采取足够措施来避免现有的紧张关系。但是，冲突往往反映的是社会话语的连贯性。要理解暴力冲突现象，不能仅靠分析领导层，还必须发掘造成冲突并使之合理的社会话语的连贯性。从学者到记者的许多个体乃至普通大众，都通过有意或无意的行为，对冲突而非和平的产生发挥了一定作用。例如，日本和中国的媒体通过将对方国家妖魔化，在国民观点的形成过程中发挥了重要作用。为了阻止冲突，不仅仅是领导人，两国人民也应在不同层面共同努力。”[3] 日本学者冈部达味教授认为，中国不断要求日本道歉，不仅矮化了中国宽容大度的形象，而且会影响中日友好关系的发展。[4] 可是，中国人却不这么认为。例如，2000年10月，朱镕基总理与日本民众对话，当主持人问及中国

---

① See Andrew Schaap, “The Proto-politics of Reconciliation: Lefort and the Aporia of Forgiveness in Arendt and Derrida”, *Australian Journal of Political Science*, 2006, 41 (4), pp. 622, 625.

② 参见汪诗明：《澳大利亚政府的政治道歉与种族和解进程》，《华东师范大学学报》2011年第4期，第23页。

③ 汪铮：《“迷失的历史”：历史教育与中日关系》，日本《外交学者》杂志网站3月11日。转引自《参考消息》2014年3月13日。

④ 参见何慈毅：《日本政府与民众对侵华战争道歉的认识》，《南京大学学报》2003年第5期，第45—46页。

何时才能结束总是要求日本道歉这一问题时，朱镕基严肃地指出：日本从来没有正式向中国人民道歉，村山首相只是笼统地向亚洲人民表示过歉意，道歉不道歉是日本自己的事情，但是我们希望日本考虑这个问题。[①] 诚然，“道歉不道歉”是加害者的态度问题，而是否接受道歉则是受害者的宽容问题。受害者以及社会可以根据加害者政治道歉的话语表达和实际行动将其归为充分道歉、无效道歉和拒不道歉中的一类。[②]

关于敌人的政治道歉问题，受害者常常持一种回溯性的心态，重点在于发泄愤恨。加害者则承认其历史罪行和责任、表示真诚忏悔，求得受害者的谅解，具有回溯性，同时通过道歉与受害者和解，面向未来作出一种承诺，因而也具有前瞻性。[③] 整个社会对加害者的政治道歉主要持一种前瞻态度，听其言，观其行，共同捍卫正义、维护持久和平。

### 11.4.4 敌人的正式谢罪

谢罪是加害者可以自主控制的并影响受害者作出宽恕的重要因素。其结果有助于受害者对加害者的行为作出积极的归因并主动宽恕其加害行为。就现实的政治宽恕而言，宽恕敌人与敌人的赎罪意识和谢罪行动结合起来才有意义。如果敌人并没有赎罪意识和实际的谢罪行动，那么受害者单方面的宽恕就只能助长敌人的罪恶，甚至宽恕会变成一种罪恶。作恶者的赎罪意识无法客观评价，但其谢罪行动则是实实在在的行为表现。通常，人们认为谢罪是更深层次的道歉，也是加害者真诚悔罪的实际表现。与上述关于政治道歉相类似，谢罪也可以分为加害者主动谢罪与迫于压力而被动谢罪两种形式。加害者主动忏悔、悔罪，请求受害者宽恕，为受害者宽恕加害者提供了一种可能性。加害者的这种宽恕请求实际上是争取受害者给他一个悔罪的机会。

---

① 参见《东京专电：朱镕基总理与日本民众对话》，见 http//www. people. com. cn/GB/channel1/10/20001015/272625. html。

② 罗伯特·艾辛格认为：充分道歉包括加害者承认罪行、承担责任、提供补偿并保证永不再犯等内容；无效道歉则包括使用消极的或有条件的措辞、自甘受害（self-victimizing）和罪行最小化；拒不道歉包括不承认作恶并认为自己是无罪的和并不否认指控但拒不道歉。See Robert M. Eisinger，“The Political Non-Apology”，*Society*，2011，48（2），p. 138.

③ See Ernesto Verdeja，“Official Apologies in the Aftermath of Political Violence”，*Metaphilosophy*，2010，41（4），p. 567.

如果加害者没有真正悔过，又谈何宽恕呢？但是，如果没有加害者对受害者的侵犯、错误、过失和犯罪等加害行为，又谈何宽恕呢？那么，在这种意义上，加害者对受害者所实施的加害行为倒成了受害者宽恕加害者的一个必要条件，当然不是充分条件。

敌人的道歉或谢罪应该是一种主动的、积极的、集体的反省。虽然敌人的真诚谢罪并不能抹去他们过去犯下的罪恶，也不能减轻受害者曾经的痛苦。即使加害者死不认罪，历史事实也不会因此改变。忏悔是个体性的、内省性的，故而加害者的忏悔是无法评判的，只有当加害者主动向受害者就过去的罪恶表示公开的谢罪时，受害者和公众才可根据其实际行动来判断谢罪的真诚程度，决定是否接受这种谢罪。

在 20 世纪中后期，出现过多次由集团、政党、国家首脑、民族—国家向受害者和公众谢罪的场面。例如，战后德国领导人均明确承认战争罪责，一再反省谢罪。1951 年，阿登纳（Konrad Adenauer）公开声明德国愿意为纳粹德国“犯下的难以形容的罪行”全面承担责任。1970 年，德国总理勃兰特（Willy Brandt）在华沙犹太人殉难纪念碑下跪的身影，成为德国向全世界谢罪的公共记忆。除了这些具有象征意义的公开谢罪，德国还有实际的谢罪行动。例如，将纳粹罪犯绳之以法，坚决取缔新纳粹组织，打击新纳粹活动。教育青年一代面对历史真相，以史为鉴。德国政府还向纳粹罪行的受害者进行赔偿。德国的谢罪行动最终获得了欧洲各国谅解并赢得了国际社会的认可。与此相反，日本不仅没有对历史罪行彻底反省和谢罪，而且部分日本政客还为侵略历史翻案，美化侵略罪行，不顾亚洲各国的反对多次参拜靖国神社甲级战犯。从日本政府的悔罪现状而言，作为受害者的中国政府应该积极反省过去单方面的“以德报怨”式的宽恕存在的问题。日本作为加害者的道歉、谢罪等文字游戏，不是真正意义上的悔罪。日军在南京大屠杀中所犯下的滔天罪恶已经超过了罪恶的极限，这在根本上是无法宽恕的。早在 1990 年日本社会党就曾提出在国会通过一项对侵略战争进行反省和谢罪的决议。国会决议是日本国家意志的集中表现，对日本政治家虽不具备法律上的约束力，但具有政治上和道义上的约束力。1995 年 8 月 15 日，日本前首相村山富市在战后 50 周年的谈话中表示：“我国在不久的过去一段时期里，因国策错误而走上战争道路，使国民陷入了存亡的危机，殖民统治和侵略给许多国家，特别是亚洲各国人民带来巨大的损害和痛苦”①，“在此，表示深刻的反省和由衷的歉意”②。1995 年 6 月 9 日，日本国会众议院通过的《以史为训重表和平决心的决议》仍然刻意回避“道歉”“谢罪”等词语来逃脱其应为侵略战争而承担的国家责任，而仅仅笼统地讲“念及世界近代史上有许多殖民地统治和侵略性行为，认识到我国过去所做的这种行为和给其他国家，特别是亚洲各国造成的痛苦，表示深刻的反省”③。显然，该《决议》并未体现日本对侵略战争进行真正的深刻反省。虽然德国领导人的高调忏悔并不意味着他们的道德就一定高于那些毫无悔意的加害者，因为高调忏悔很可能是历史条件和政治现实的产物，但在加害者毫无悔改之意的情况下，受害者的宽恕就可能带来消极的影响，因为它将导致受害者和加害者之间关系的失衡。

①②③ 转引自刘江永：《日本美化侵略历史的动向及其根源》，《现代国际关系》1996 年第 9 期，第 2 页。

# 结语

# “没有敌人的世界”

著名哲学家、政治活动家罗素在1948年曾经非常悲观地“预测”：“本世纪交替之前，要么人类的生活在地球上不复存在，要么地球的人口灾难性地沉沦并重蹈野蛮状态，要么人类臣服于一个独一无二的、垄断所有决定性武器的政府。”[①] 针对两次世界大战给人类带来的巨大灾难和深重苦难，罗素对人类的前途作出这种悲观主义的判断是完全可以理解的。罗素此处所说的第一种情形指的是彼此互为敌人的人类世界的彻底毁灭，人类彻底毁灭的世界当然是一个“没有敌人的世界”，既然人类都不存在了，再讨论所谓“没有敌人的世界”就成了一个毫无意义的问题。当然，无论从个体理性、国家理性还是从人类理性而言，人类都应该尽可能地避免相互之间的彻底毁灭。第二种情形则指的是人类继续行进在相互冲突和相互毁灭的过程之中，也就是说这仍然是一个充满敌人的世界。而第三种情形则指出现了一个消灭了所有敌人、占领并统治了敌人国家的超级霸权。而当一个超级霸权只是因为拥有并垄断独一无二的“决定性武器”，从而让人类感到恐惧而成为一个“没有敌人的世界”时，这个世界会是一个拥有持久和平的世界吗？令人庆幸的是：人类并没有在这三种前途中作出选择。然而，尽管人类并没有出现罗素所担心的那种状态，但是当敌人作为“我们”的威胁仍然存在，当所谓“文明人”和“野蛮人”之间的战争还在继续，谁能保证未来的世界会怎样

① 转引自［法］雷蒙·阿隆：《和平与战争：国际关系理论》，朱孔彦译，中央编译出版社2013年版，第585页。

呢？除了上述毁灭的世界、征服的世界和冲突的世界，人类是否还有第四种选择呢？是否可能存在一个不是因为征服和毁灭而出现的“没有敌人的世界”呢？我们姑且将其称为与敌人和解的世界。

与敌人和解是一个政治的、外交的和经济的问题，它与是否宽恕敌人无关，甚至与伦理无关。换言之，出于实际利益的考量，即使受害者不宽恕敌人，它也有可能与敌人和解。因为在大多数情况下，政治和经济利益会优先于伦理道德的考量。因此，与敌人和解并不是以对敌人的宽恕为前提的，而是以实际利益为前提的。这种和解如果只是敌我双方的权宜之计，那么它们随时都有可能恢复到原初的敌对状态，即使两个曾经为敌的国家摒弃前嫌结成盟友，它们也可能因为各自的国家利益而再次成为敌人。因此，要实现敌我双方真正的和解，只依靠政治权力和政治策略是远远不够的，还需要借助人类的道德资源与政治智慧。与敌人和解意味着“我们”要消除敌意、超越仇恨，尤其是要摒弃暴力，其核心问题是如何与曾经的敌人一起创建人类的未来，而这是一个极其艰难和痛苦的过程。无论如何，关于和解的立法和政治声明不能代替和解本身，因为外部的人无权要求或强求受害者宽恕曾经伤害他们的敌人，国家或政府应该做的事情是如何理解和对待受害者的伤痛，并尽可能地让他们从苦难中走出来。为了实现这个目标，国家应该让受害者在安全的空间中了解真相，释放他们的痛苦和愤怒，并认真考虑他们提出的问题。唯有如此，他们才能开始与曾经的敌人的对话，并最终宽恕敌人，真正实现和解。[①] 和解一旦实现，曾经的敌人就应该共同构建并分享未来世界，我们彼此充分尊重各自文化的独特性和多样性。不再存在敌人的世界，也将不再存在“我们”与“他们”、“受害者”与“加害者”的相互对立。一个没有敌人的世界，施米特意义上的政治就失去了存在的意义，就需要由施米特意义上的敌友区分的世界走向德里达意义上的“友爱的”政治世界。

① 参见［英］安德鲁·瑞格比：《暴力之后的正义与和解》，刘成译，第148页。

# 参考文献

## 一、中文著作类

［英］阿诺德·汤因比．历史研究［M］．刘北成，郭小凌，译．上海：上海人民出版社，2005.

［美］埃里克·霍弗．狂热分子：码头工人哲学家的沉思录［M］．梁永安译．桂林：广西师范大学出版社，2008.

［美］爱德华·W·萨义德．东方学［M］．王宇根译．北京：三联书店，2007.

［以］Ben Shalit．战斗与冲突心理学［M］．王京生等译．北京：中国轻工业出版社，2005.

［英］柏克．法国革命论［M］．何兆武等译．北京：商务印书馆，1998.

［古希腊］柏拉图．理想国［M］．郭斌和等译．北京：商务印书馆，1986.

［法］保罗·利科．历史与真理［M］．姜志辉译．上海：上海译文出版社，2004.

［加］卜正民，施恩德，编．民族的构建：亚洲精英及其民族身份认同［M］．陈城等译．长春：吉林出版集团有限公司，2008.

［美］查尔斯·蒂利．身份、边界与社会联系［M］．谢岳译．上海：上海人民出版社，2008.

［美］查尔斯·霍顿·库利．人类本性与社会秩序［M］．包凡一，王源，译．北京：华夏出版社，1999.

［加］查尔斯·泰勒．自我的根源：现代认同的形成［M］．韩震等译．

南京：译林出版社，2002.

［英］达尔文. 人类的由来［M］. 上下册. 潘光旦，胡寿文，译. 北京：商务印书馆，1983.

［美］大卫·利文斯顿·史密斯. 非人：为何我们会贬低、奴役、伤害他人［M］. 冯伟译. 重庆：重庆出版集团、重庆出版社，2012.

［美］丹尼尔·乔纳·戈德哈根. 希特勒的志愿行刑者［M］. 贾宗谊译. 北京：新华出版社，1998.

［法］德里达. 无赖［M］. 汪堂家，李之喆，译. 上海：上海译文出版社，2011.

［南非］德斯蒙德·图图. 没有宽恕就没有未来［M］. 江红译. 上海：上海文艺出版社，2002.

［法］多米尼克·莫伊西. 情感地缘政治学：恐惧、羞辱与希望的文化如何重塑我们的世界［M］. 姚芸竹译. 北京：新华出版社，2010.

［美］弗兰肯. 人类动机［M］. 郭本禹等译. 西安：陕西师范大学出版社，2005.

［美］弗洛姆. 恶的本性［M］. 薛冬译. 北京：中国妇女出版社，1989.

［美］弗洛姆. 人类的破坏性剖析［M］. 孟禅森译. 北京：中央民族大学出版社，2000.

［日］高桥哲哉. 国家与牺牲［M］. 徐曼译. 北京：社会科学文献出版社，2008.

［日］高桥哲哉. 战后责任论［M］. 徐曼译. 北京：社会科学文献出版社，2008.

［荷兰］格劳秀斯. 战争与和平法［M］. 何勤华等译. 上海：上海人民出版社，2005.

［美］哈罗德·D·拉斯韦尔. 世界大战中的宣传技巧［M］. 张洁，田青，译. 北京：中国人民大学出版社，2003.

［美］哈罗德·D·拉斯韦尔. 政治学——谁得到什么？何时和如何得到？［M］. 杨昌裕译. 北京：商务印书馆，1992.

［美］汉娜·阿伦特. 极权主义的起源［M］. 林骧华译. 上海：上海三联书店，2008.

［美］汉娜·阿伦特. 人的境况［M］. 王寅丽译. 上海：上海人民出版社，2009.

［美］汉斯·摩根索. 国家间政治：权力斗争与和平［M］. 徐昕等译. 北京：北京大学出版社，2006.

［德］黑格尔. 法哲学原理［M］. 范扬等译. 北京：商务印书馆，1961.

［德］黑格尔. 精神现象学［M］. 上下卷. 贺麟等译. 北京：商务印书馆，1983.

［英］霍布斯. 利维坦［M］. 黎思复，黎廷弼，译. 北京：商务印书馆，1985.

［英］霍布斯. 论公民［M］. 应星，冯克利，译. 贵阳：贵州人民出版社，2003.

［德］卡尔·施米特. 政治的概念［M］. 刘宗坤译. 上海：上海人民出版社，2003.

［德］卡尔·雅斯贝斯. 时代的精神状况［M］. 王德峰译. 上海：上海译文出版社，2003.

［德］康德. 法的形而上学原理——权利的科学［M］. 沈叔平译. 北京：商务印书馆，1991.

［德］康德. 历史理性批判文集［M］. 何兆武译. 北京：商务印书馆，1991.

［德］康德. 实践理性批判［M］. 韩水法译. 北京：商务印书馆，1999.

［美］科塞. 社会冲突的功能［M］. 孙立平等译. 北京：华夏出版社，1989.

［德］克劳塞维茨. 战争论［M］. 第1卷. 中国人民解放军军事科学院译. 北京：商务印书馆，1978.

［印度］克里希那穆提. 恐惧的由来［M］. 凯锋译. 上海：学林出版社，2007.

［法］库朗热. 古代城邦——古希腊罗马祭祀、权利和政制研究［M］. 谭立铸等译. 上海：华东师范大学出版社，2006.

［俄］B. A. 利西奇金，Л. A. 谢列平. 第三次世界大战——信息心理战［M］. 徐昌翰等译. 北京：社会科学文献出版社，2003.

［美］列奥·施特劳斯，约瑟夫·克罗波西. 政治哲学史［M］. 上下

卷. 李天然等译. 石家庄：河北人民出版社，1993.

［美］列奥·施特劳斯. 关于马基雅维里的思考［M］. 申彤译. 南京：译林出版社，2003.

［美］列奥·施特劳斯. 霍布斯的政治哲学［M］. 申彤译. 南京：译林出版社，2001.

［法］卢梭. 论人类不平等的起源和基础［M］. 李常山译. 北京：商务印书馆，1962.

［法］卢梭. 社会契约论［M］. 何兆武译. 北京：商务印书馆，1980.

［美］鲁思·本尼迪克特. 菊与刀——日本文化诸模式［M］. 增订版. 吕万和等译. 北京：商务印书馆，2012.

［美］罗伯特·赖特. 非零年代：人类命运的逻辑［M］. 李淑珺译. 上海：上海人民出版社，2003.

［英］洛克. 政府论［M］. 下篇. 叶启芳，瞿菊农，译. 北京：商务印书馆，1964.

［美］M. W. 布伦戴尔. 扶友损敌：索福克勒斯与古希腊伦理［M］. 包利民等译. 北京：三联书店，2009.

［美］马丁·N·麦格. 族群社会学［M］. 祖力亚提·司马义译. 北京：华夏出版社，2007.

［德］马克思，恩格斯. 马克思恩格斯选集［M］. 1～4卷. 北京：人民出版社，2012.

［美］马莎·L·科塔姆，贝思·迪茨-尤勒，埃琳娜·马斯特斯，托马斯·普雷斯顿. 政治心理学［M］. 胡勇，陈刚，译. 北京：中国人民大学出版社，2013.

［德］迈尔. 古今之争的核心问题——施米特的学说和施特劳斯的论题［M］. 林国基等译. 北京：华夏出版社，2004.

［美］迈克尔·E·麦卡洛. 超越复仇［M］. 陈燕，阮航，译. 北京：中国人民大学出版社，2013.

［法］蒙田. 论罗马、死亡、爱［M］. 马振骋译. 上海：上海书店出版社，2007.

［德］明克勒. 帝国统治世界的逻辑：从古罗马到美国［M］. 阎振江，

孟翰，译. 北京：中央编译出版社，2008.

［意］尼科洛·马基雅维里. 君主论［M］. 潘汉典译. 北京：商务印书馆，1985.

［美］诺姆·乔姆斯基. 反思肯尼迪王朝——肯尼迪、越南战争和美国的政治文化［M］. 童新耕译. 上海：上海译文出版社，2006.

［英］齐格蒙·鲍曼. 现代性与大屠杀［M］. 杨渝东，史建华，译. 南京：江苏译林出版社，2002.

［美］乔治·H·米德. 心灵、自我与社会［M］. 赵月瑟译. 上海：上海译文出版社，1992.

［美］塞缪尔·亨廷顿. 文明的冲突与世界秩序的重建［M］. 周琪等译. 北京：新华出版社，2002.

［美］塞缪尔·亨廷顿. 我们是谁？——美国国家特性面临的挑战［M］. 程克雄译. 北京：新华出版社，2005.

［德］沃夫冈·索夫斯基. 暴力十二章［M］. 邱慈贞译. 台北：玉山社出版事业股份有限公司，2006.

［日］五百旗头真，编著. 日美关系史［M］. 周永生译. 北京：世界知识出版社，2012.

［瑞士］雅各布·布克哈特. 历史讲稿［M］. 刘北成，刘研，译. 北京：三联书店，2009.

［德］雅科布斯. 行为 责任 刑法［M］. 冯军译. 北京：中国政法大学出版社，1997.

［俄］亚·弗·卢金. 俄国熊看中国龙——17—20世纪中国在俄罗斯的形象［M］. 刘卓星等译. 重庆：重庆出版社，2007.

［古希腊］亚里士多德. 政治学［M］. 吴寿彭译. 北京：商务印书馆，1965.

［美］亚历山大·温特. 国际政治的社会理论［M］. 秦亚青译. 上海：上海人民出版社，2000.

［美］伊多·奥伦. 美国和美国的敌人［M］. 唐小松，王义桅，译. 上海：上海人民出版社，2004.

［荷］伊恩·布鲁玛，［以］阿维赛·玛格里特. 西方主义：敌人眼中的

西方［M］．张鹏译．北京：金城出版社，2010．

［德］尤尔根·哈贝马斯．包容他者［M］．曹卫东译．上海：上海人民出版社，2002．

［美］约翰·罗尔斯．万民法［M］．张晓辉等译．长春：吉林人民出版社，2001．

［美］约翰·罗尔斯．正义论［M］．何怀宏等译．北京：中国社会科学出版社，1988．

［美］詹姆斯·B·雅各布，吉姆伯利·波特．仇恨犯罪：刑法与身份政治［M］．王秀梅译．北京：北京大学出版社，2010．

傅斯年．中国古代思想与学术十论［M］．桂林：广西师范大学出版社，2006．

金宜久，主编．伊斯兰教史［M］．南京：江苏人民出版社，2006．

李建华．趋善避恶论——道德价值的逆向研究［M］．北京：北京大学出版社，2013．

刘小枫．现代性社会理论绪论［M］．上海：上海三联书店，1998．

刘小枫，选编．施米特与政治的现代性［M］．魏朝勇等译．上海：华东师范大学出版社，2007．

王岳川．后殖民与新历史主义文论［M］．济南：山东教育出版社，1999．

俞可平．全球化与政治发展［M］．北京：社会科学文献出版社，2005．

张静，主编．身份认同研究：观念、态度、理据［M］．上海：上海人民出版社，2006．

毛泽东．毛泽东著作选读［M］．下册．北京：人民出版社，1986．

毛泽东．毛泽东选集［M］．1～4卷．北京：人民出版社，1991．

赵汀阳．坏世界研究——作为第一哲学的政治哲学［M］．北京：中国人民大学出版社，2009．

赵汀阳．每个人的政治［M］．北京：社会科学文献出版社，2010．

赵汀阳．天下体系：世界制度哲学导论［M］．北京：中国人民大学出版社，2011．

周宁．天朝遥远——西方的中国形象研究［M］．上下卷．北京：北京大学出版社，2006．

左高山．战争镜像与伦理话语［M］．长沙：湖南大学出版社，2008.

左高山．政治暴力批判［M］．北京：中国人民大学出版社，2010.

古兰经［M］．马坚译．北京：中国社会科学出版社，2003.

新旧约全书［M］．南京：中国基督教协会、中国基督教三自爱国运动委员会印，1988.

**二、中文论文类**

［英］贝诺·特士科．威斯特伐利亚国家体系之理论化：国际关系从绝对主义向资本主义的转向［J］．李清敏，孙兴杰，译．史学集刊，2014（3）：17—38.

［法］弗朗索瓦·西罗尼，拉斐尔·布朗谢．酷刑与人性的疆界［J］．陈斯译．国际社会科学杂志，2003（4）：121—130.

［美］简·德斯蒙德．东方主义与西方主义对跨国性美国研究的影响［J］．王红欣译．美国研究，2010（1）：81—92.

［英］卡尔·费格里奥．从心理分析角度看作为心理社会飞地的集体记忆——兼论犹太人、德意志民族认同及德国心理分裂问题［J］．张大川译．国际社会科学杂志，2012（4）：92—111.

［瑞士］库尔特·R·斯皮尔曼，卡蒂·斯皮尔曼．论敌人形象与冲突升级［J］．仕琦译．国际社会科学杂志，1992（1）：57—77.

［俄］鲁边·G·阿普列相．武力的伦理：抵御攻击与暴力［J］．陈源译．第欧根尼，2010（2）：123—142.

［法］玛瑞莉·戴尔玛斯·玛尔蒂．暴力与屠杀：刑法上的“敌人”还是刑法上的“不人道”［J］．余覆雪译．法学家，2010（4）：97—104.

［英］特里·伊格尔顿．耶稣：一个期待完美世界的革命者［J］．张良丛译．马克思主义美学研究，2009（1）：78—94.

［美］魏斐德．汉奸！——战时上海的通敌与锄奸［J］．吴晓明译．史林，2003（4）：1—22.

［德］雅科布斯．市民刑法与敌人刑法［J］．徐育安译．//许玉秀，主编．刑事法之基础与界限．台北：学林文化事业有限公司，2003：15—39.

［法］雅克·德里达．宽恕：不可宽恕和不受时效约束［J］．杜小真译．江苏社会科学，2002（1）：1—12.

让·艾伯特. 国际人道法关于武器的规则及其发展［J］. 王祥山译. 西安政治学院学报，2004（4）：62—65.

罗志田. 夷夏之辨的开放与封闭［J］. 中国文化，1996（14）：213—224.

蔡道通. 建国初期的“敌人刑法”及其超越——兼评雅科布斯的“敌人刑法”［J］. 刑事法评论，2011，28（1）：251—270.

张曙光，周建明，编译. 中美和解进程中的台湾问题——一组尼克松外交文件（一）［J］. 冷战国际史研究，2007（1）：302—362.

陈霓，孙德刚，编译. 中美和解进程中的台湾问题——一组尼克松外交文件（二）［J］. 冷战国际史研究，2008（1）：362—421.

陈珊珊. “敌人刑法”思潮影响下的刑事诉讼法修改——新《刑事诉讼法》修法理念的解读与深思［J］. 东方法学，2012（4）：124—133.

陈致. 夷夏新辨［J］. 中国史研究，2004（1）：3—22.

方华. “无赖国家”及美国对其政策综述［J］. 国际资料信息，2004（9）：19—26.

冯军. 死刑、犯罪人与敌人［J］. 中外法学，2005（5）：608—615.

高铭暄，赵秉志，阴建峰. 新中国成立60周年之际实行特赦的时代价值与构想［J］. 法学，2009（5）：3—14.

郭双林. 近代西方地理学东渐与传统夷夏观念的变异［J］. 中州学刊，2001（2）：136—141.

何庆仁. 对话敌人刑法［J］. 河北法学，2008（7）：94—98.

黄洋. 古代希腊罗马文明的“东方”想像［J］. 历史研究，2006（1）：114—123.

黄忠. 认真对待“赔礼道歉”［J］. 法律科学，2008（5）：73—80.

惠雁冰. “样板戏”：高度隐喻的政治文化符号体系——以《沙家浜》为例［J］. 文艺理论与批评，2006（3）：41—47.

加布丽埃勒·施瓦布. 巨大的断裂：酷刑下的政治和精神生活［J］. 中国图书评论，2009：50—54.

贾小叶. 1840—1900年间国人“夷夏之辨”观念的演变［J］. 史学月刊，2007（10）：45—65.

金秀芳. “理想化”与“妖魔化”——西方人眼中的中国形象［J］. 德

国研究，2002（1）：53—58.

敬菁华．浅析“外族敌人”形象在俄罗斯文化中形成的心理机制［J］．西伯利亚研究，2010（3）：53—56.

李零．汉奸发生学［J］．读书，1995（10）：87—93.

李若建．从赎罪到替罪：“四类分子”阶层初探［J］．开放时代，2006（5）：113—130.

刘崇中．中国学术话语中的西方主义［J］．国外文学，1999（2）：18—25.

刘江永．日本美化侵略历史的动向及其根源［J］．现代国际关系，1996（9）：2—8.

刘仁文．敌人刑法：一个初步的清理［J］．法律科学，2007（6）：54—59.

刘文瑾．不可能的宽恕与有限的“宽恕”［J］．读书，2014（10）：31—40.

刘彦文．“大跃进”期间引洮工地上的“五类分子”［J］．开放时代，2013（4）：49—65.

刘永涛．话语作为（不）安全实践：语言、理论和“邪恶轴心”［J］．世界经济与政治，2008（5）：19—25.

曲丽萍．“模糊”策略与“一体”原则——新中国战争片“敌人”形象塑造［J］．当代电影，2013（8）：80—87.

尚杰．灵魂不灭暨哲学—宗教的同源性——读德里达的《赐死》［J］．世界哲学，2013（2）：49—57.

尚杰．朋友与敌人：两种不同的宽恕传统［J］．江苏行政学院学报，2004（1）：28—34.

唐文明．宽恕的困难［J］．伦理学与公共事务，2007（1）：149—162.

万俊人．论道德目的论与伦理道义论［J］．学术月刊，2003（1）：75—84.

万毅．“敌人刑事诉讼法”？——《刑事诉讼法修正案》“一国两制”立法模式质评［J］．华东政法大学学报，2012（5）：78—85.

汪朝光．抗战时期伪政权高级官员情况的统计与分析［J］．抗日战争研究，1999（1）：68—87.

汪诗明. 澳大利亚政府的政治道歉与种族和解进程 [J]. 华东师范大学学报，2011 (4)：21—29.

王侃，杨树标. 论 1939—1945 年国民政府军将领投敌之原因 [J]. 党史研究与教学，2000 (5)：43—52.

王立新. 在龙的映衬下：对中国的想象与美国国家身份的建构 [J]. 中国社会科学，2008 (3)：156—173.

王宁. “东方主义”与“西方主义”：对话还是对峙? [J]. 东方丛刊，1995 (3)：128—139.

王香平. 新中国特赦的决策过程及其经验启示 [J]. 党的文献，2009 (5)：51—59.

王莹. 法治国的洁癖——对话 Jakobs 的“敌人刑法”理论 [J]. 中外法学，2011 (1)：126—142.

王卓宇. 从近现代英美两国“化敌为友”的身份转变看国家之间认同的形成 [J]. 国际关系学院学报，2011 (4)：22—29.

夏亚峰. 革命与缓和：中美和解进程中的中国对朝政策 [J]. 冷战国际史研究，2013 (2)：21—59.

肖文杰. 论“夷夏”文化模式 [J]. 华中师范大学学报（哲学社会科学版)，1990 (6)：48—56.

谢琼. 解构宽恕：语义学与现实性的区分 [J]. 文艺争鸣，2010 (1)：145—150.

杨剑. 领袖心理、公众情绪和敌意的社会习得——李登辉现象的挫折攻击理论分析 [J]. 台湾研究集刊，2004 (4)：48—56.

杨宜音. 关系化还是类别化：中国人“我们”概念形成的社会心理机制探讨 [J]. 中国社会科学，2008 (4)：148—159.

杨云飞. 康德论出于义务而行动的道德价值 [J]. 哲学研究，2013 (7)：95—102.

叶蕤. 酷刑：美国宪法的考验 [J]. 读书，2011 (4)：32—39.

袁成毅. 回归理性的必然诉求——再论中国要求日本作正式书面“道歉”问题 [J]. 浙江社会科学，2004 (6)：170—175.

袁成毅. 战后蒋介石对日“以德报怨”政策的几个问题 [J]. 抗日战争

研究，2006（1）：210—231.

岳钦韬．抗战时期通敌行为动机——以浙江省为例［J］．史学集刊，2012（1）：113—120.

张爱宁．武器发展和使用对人权的影响及其国际法规制的必要性［J］．人权，2009（6）：21—25.

张传有．作为情感的爱与作为义务的爱［J］．哲学研究，2012（5）：106—112.

张红．不表意自由与人格权保护——以赔礼道歉民事责任为中心［J］．中国社会科学，2013（7）：109—127.

张建华．冷战背景下苏联对外政治中的“敌人形象”［J］．史学月刊，2010（7）：66—76.

张建华．政治动员背景下苏联国内政治中的“敌人形象”［J］．史学月刊，2011（4）：83—93.

张宽．欧美人眼中的“非我族类”——从“东方主义”到“西方主义”［J］．读书，1993（9）：3—9.

张宁．德里达的“宽恕”思想［J］．南京大学学报，2001（5）：15—24.

张宁．宽恕及跨文化哲学实践——德里达访谈［J］．二十一世纪，2000（2）：112—119.

张旭鹏．想像他者：西方文化视野中的非西方［J］．史学理论研究，2005（3）：81—92.

赵国军．对美国政治学的一种“知识考古学”反思——读《美国和美国的敌人》［J］．美国研究，2007（1）：145—153.

赵汀阳．精神政治的四大发明［J］．社会科学论坛，2008（7上）：130—141.

钟焓．民族史研究中的“他者”视角——跨语际交流、历史记忆与华夷秩序语境下的回回形象［J］．历史研究，2008（1）：43—66.

周宁．文明之野蛮：东方主义信条中的中国形象［J］．人文杂志，2005（6）：86—96.

周宁．隐藏了欲望与恐怖的梦乡：二十世纪西方的中国形象［J］．华文文学，2008（3）：81—87.

左高山. 论敌人［J］. 伦理学与公共事务，2007（1）：163—179.

三、外文文献

Greenberg，Karen J. & Joshua L. Dratel. The Torture Papers：The Road to Abu Ghraib［M］. New York：Cambridge University Press，2005.

Lazare，Aaron. On Apology［M］. New York：Oxford University Press，2004.

Qin，Simei. From Allies to Enemies：Visions of Modernity，Identity，and U. S. -China Diplomacy，1945－1960［M］. Harvard University Press，2007.

Schlar，Judith. Political Thought and Political Thinker［M］. Chicago：The University of Chicago Press，1998.

Shriver，Donald W. An Ethic for Enemies：Forgiveness in Politics［M］. Oxford University Press，1995.

Kamm，F. M. Ethics for Enemies：Terror，Torture，and War［M］. Oxford：Oxford University Press，2013.

Ahn，Ilsup. The Genealogy of Debt and The Phenomenology of Forgiveness：Nietzsche，Marion，and Derrida on The Meaning of The Peculiar Phenomenon［J］. The Heythrop Journal，2010，51（3）：454－470.

Allen，Barry. Evil and Enmity［J］. Common Knowledge，2004，10（2）：185－197.

Almond，Ian. Nietzsche's Peace with Islam：My Enemy's Enemy Is My Friend［J］. German Life and Letters，2003，56（1）：43－55.

Antonsich，Marco. On Territory，the Nation-State and The Crisis of The Hyphen［J］. Progress in Human Geography，2009，33（6）：89－806.

Bastian，Brock & Nick Haslam. Excluded from Humanity：The Dehumanizing Effects of Social Ostracism［J］. Journal of Experimental Social Psychology，2010，46（1）：107－113.

Bastian，Brock & Nick Haslam. Experiencing Dehumanization：Cognitive and Emotional Effects of Everyday Dehumanization［J］. Basic and Applied Social Psychology，2011，33（4）：295－303.

Bretherton，Luke. "Love Your Enemies"：Usury，Citizenship and the

Friend-Enemy Distinction [J]. Modern Theology，2012，27 (3)：366-394.

Brown，David. Palmerston and Anglo-French Relations，1846-1865 [J]. Diplomacy and Statecraft，2006，17 (4)：675-692.

Capozza，Dora，Elena Trifiletti，Loris Vezzali，Luca Andrighetto. Americans Are Barbarians or Allies? Images of Americans in The Italian Social Context [J]. Basic and Applied Social Psychology，2009，31 (1)：60-68.

Deaner，Robert O. Further Questions about Dehumanization [J]. Journal of Social，Evolutionary，and Cultural Psychology，2012，6 (4)：515-517.

Eisinger，Robert M. The Political Non-Apology [J]. Society，2011，48 (2)：136-141.

Enemark，Christian. "Non-lethal" Weapons and The Occupation of Iraq：Technology，Ethics and Law [J]. Cambridge Review of International Affairs，2008，21 (2)：199-215.

Etherington，Norman. Barbarians Ancient and Modern [J]. The American Historical Review，2011，116 (1)：31-57.

Fidler，David P. The Meaning of Moscow："Non-lethal" Weapons and International Law in The Early 21st Century [J]. International Review of the Red Cross，2005，87 (859)：525-552.

Fiskesjö，Magnus. The Animal Other：China's Barbarians and Their Renaming in The Twentieth Century [J]. Social Text，2012，29 (4)：57-79.

Forge，John. Proportionality，Just War Theory and Weapons Innovation [J]. Science and Engineering Ethics，2009，15 (1)：25-38.

Forge，John. The Morality of Weapons Research [J]. Science and Engineering Ethics，2004，10 (3)：531-542.

Forge，John. What Are the Moral Limits of Weapons Research? [J]. Philosophy in the Contemporary World，2007，14 (1)：77-87.

Gaoshan，Zuo. Just War and Justice of War：Reflections on Ethics of War [J]. Frontiers of Philosophy in China，2007，2 (2)：280-290.

Gerstenfeld，Manfred. De-legitimization Currents in Europe [J]. Israel Affairs，2012，18 (3)：389–402.

Goffart，Walter. Rome，Constantinople，and The Barbarians [J]. The American Historical Review，1981，86 (2)：275–306.

Gorenburg，Dmitry. Is Russia a Nation-State? [J]. Russian Politics and Law，2009，47 (2)：3–7.

Granoff，Jonathan. Nuclear Weapon，Ethics，Morals，and Law [J]. Brigham Young University Law Review，2000 (4)：1413–1442.

Haslam，Nick. Dehumanization：An Integrative Review [J]. Personality and Social Psychology Review，2006，10 (3)：252–264.

Herrmann，Richard K. & Michael P. Fischerkeller. Beyond the Enemy Image and Spiral Model：Cognitive-strategic Research after The Cold War [J]. International Organization，1995，49 (3)：415–450.

Hwang，Dongyoiin. Wartime Collaboration in Question：An Examination of The Postwar Trials of The Chinese Collaborators [J]. Inter-Asia Cultural Studies，2005，6 (1)：75–97.

Jacques，T. Carlos. From Savages and Barbarians to Primitives：Africa，Social Typologies，and History in Eighteenth-Century French Philosophy [J]. History and Theory，1997，36 (2)：190–215.

Johnston，Laurie. "Love Your Enemies" —Even in the Age of Terrorism? [J]. Political Theology，2005，6 (1)：87–106.

Jones，Heather. The Final Logic of Sacrifice? Violence in German Prisoner of War Labor Companies in 1918 [J]. Historian，2006，68 (4)：770–792.

Kaposy，Chris. "Analytic" Reading，"Continental" Text：The Case of Derrida's "On Forgiveness" [J]. International Journal of Philosophical Studies，2005，13 (2)：203–226.

Kelman，Herbert C. Violence without Moral Restraint：Reflections on the Dehumanization of Victims and Victimizers [J]. Journal of Social Issues，1973，29 (4)：25–61.

Kung, Lap Yan. Love Your Enemies: A Theology for Aliens in Their Native Land: The Chin in Myanmar [J]. Studies in World Christianity, 2009, 15 (1): 81-99.

Lebe, Udi. "Beyond the Pantheon": Bereavement, Memory, and the Strategy of De-Legitimization Against Herut [J]. Israel Studies, 2005, 10 (3): 104-126.

Loeffel, Robert. Treasonous Conduct: Assessing the Wartime Activities, Post-War Trials and Tribulations of Australian Collaborators in the Second World War [J]. Australian Journal of Politics and History, 2009, 55 (1): 17-31.

Lotz, Christian. The Events of Morality and Forgiveness: From Kant to Derrida [J]. Research in Phenomenology, 2006, 36 (1): 255-273.

Maoz, Zeev, Lesley G. Terris, Ranan D. Kuperman, Ilan Talmud. What Is the Enemy of My Enemy? Causes and Consequences of Imbalanced International Relations, 1816-2001 [J]. The Journal of Politics, 2007, 69 (1): 100-115.

McCall, Tom. Society— "A Gang of Murderers": Freud on Hostility and War [J]. Common Knowledge, 2006, 12 (2): 261-278.

McCrisken, Trevor. Justifying Sacrifice: Barack Obama and the Selling and Ending of the War in Afghanistan [J]. International Affairs, 2012, 88 (5): 993-1007.

McEvoy, Kieran & Louise Mallinder. Amnesties in Transition: Punishment, Restoration, and the Governance of Mercy [J]. Journal of Law and Society, 2012, 39 (3): 410-440.

McGaughey, Jane G. V. The Language of Sacrifice: Masculinities in Northern Ireland and the Consequences of the Great War [J]. Patterns of Prejudice, 2012, 46 (3-4): 299-317.

Mihai, Mihaela. When the State Says "Sorry": State Apologies as Exemplary Political Judgments [J]. The Journal of Political Philosophy, 2013, 21 (2): 200-220.

Moisio，Sami. From Enmity to Rivalry? Notes on National Identity Politics in Competition States [J]. Scottish Geographical Journal，2008，124 (1)：78-95.

Montagnon，Rosemary Gordon. "Do Be My Enemy for Friendship's Sake" [J]. Journal of Analytical Psychology，2005，50 (1)：27-34.

Moon，Yumi. Immoral Rights：Korean Populist Collaborators and the Japanese Colonization of Korea，1904-1910 [J]. The American Historical Review，2013，118 (1)：20-44.

Ngai，Mae M. "A Slight Knowledge of the Barbarian Language"：Chinese Interpreters in Late-Nineteenth and Early-Twentieth-Century America [J]. Journal of American Ethnic History，2011，30 (2)：5-32.

North，Joanna. Wrongdoing and Forgiveness [J]. Philosophy，1987，62 (242)：499-508.

Opoto，Susan，Janet Gerson，Sarah Woodside. From Moral Exclusion to Moral Inclusion：Theory for Teaching Peace [J]. Theory into Practice，2005，44 (4)：303-318.

Opotow，Susan. "Not so Much as Place to Lay Our Head…"：Moral Inclusion and Exclusion in the American Civil War Reconstruction [J]. Social Justice Research，2008，21 (1)：26-49.

Opotow，Susan. Moral Exclusion and Injustice：An Introduction [J]. Journal of Social Issues，1990 46 (1)：1-20.

Opotow，Susan. Moral Exclusion and Torture：The Ticking Bomb Scenario and the Slippery Ethical Slope [J]. Peace and Conflict：Journal of Peace Psychology，2007，13 (4)：457-461.

Passini，Stefano. Moral Reasoning in a Multicultural Society：Moral Inclusion and Moral Exclusion [J]. Journal for the Theory of Social Behavior，2010，40 (4)：435-451.

Pettigrove，Glen & Nigel Parsons. Palestinian Political Forgiveness：Agency，Permissibility，and Prospects [J]. Social Theory and Practice，2010，36 (4)：661-688.

Pilecki, Andrew, Jonathan M. Muro, Phillip L. Hammack, Carley M. Clemons. Moral Exclusion and the Justification of U. S. Counterterrorism Strategy: Bush, Obama, and the Terrorist Enemy Figure [J]. Peace and Conflict: Journal of Peace Psychology, 2014, 20 (3): 285–299.

Pope, Stephen J. Neither Enemy nor Friend: Nature as Creation in the Theology of Saint Thomas Aquinas [J]. Zygon, 1997, 32 (2): 219–230.

Porter, Patrick. War and the Religious Will to Sacrifice [J]. Peace Review: A Journal of Social Justice, 2005, 17 (1): 17–24.

Rangel, Charles B. Shared Sacrifice: A Vital Part of the War on Terrorism [J]. Mediterranean Quarterly, 2003, 14 (3): 6–11.

Rasch, William. Lines in The Sand: Enmity as a Structuring Principle [J]. The South Atlantic Quarterly, 2005, 104 (2): 253–262.

Reiding, Jurrie. Peter Debye: Nazi Collaborator or Secret Opponent? [J]. Ambix, 2010, 57 (3): 275–300.

Roe, Mícheál D. Intergroup Forgiveness in Settings of Political Violence: Complexities, Ambiguities, and Potentialities [J]. Peace and Conflict: Journal of Peace Psychology, 2007, 13 (1): 3–9.

Schaap, Andrew. The Proto-politics of Reconciliation: Lefort and the Aporia of Forgiveness in Arendt and Derrida [J]. Australian Journal of Political Science, 2006, 41 (4): 615–630.

Schein, Edgar H., Winfred F. Hill, Harold L. Williams, Ardie Lubin. Distinguishing Characteristics of Collaborators and Resisters among American Prisoners of War [J]. The Journal of Abnormal and Social Psychology, 1957, 55 (2): 197–201.

Schlesinger, Philip. Collective Identities, Friends, Enemies [J]. Innovation, 1999, 12 (4): 461–469.

Shlapentokh, Vladimir. The Hatred of Others: The Kremlin's Powerful but Risky Weapon [J]. World Affairs, 2007, 169 (3): 134–142.

Shoon Kathleen Murray & Jonathan A. Cowden. The Role of "Enemy Images" and Ideology in Elite Belief Systems [J]. International Studies

Quarterly, 1999, 43 (3): 455-481.

Silverstein, Brett & Robert H. Holt. Research on Enemy Images: Present Status and Future Prospects [J]. Journal of Social Issues, 1989, 45 (2): 159-175.

Slim, Hugo. Why Protect Civilians? Innocence, Immunity and Enmity in War [J]. International Affairs, 2003, 79 (3): 481-501.

Spiegel, Samuel J. & Philippe Le Billon. China's Weapons Trade: From Ships of Shame to The Ethics of Global Resistance [J]. International Affairs, 2009, 85 (2): 323-346.

Steinhart, Norman. Group Psychology, Sacrifice, and War [J]. Peace Review: A Journal of Social Justice, 2005, 17 (1): 9-16.

Tileagă, Cristian. Ideologies of Moral Exclusion: A Critical Discursive Reframing of Depersonalization, Delegitimization and Dehumanization [J]. British Journal of Social Psychology, 2007, 46 (4): 717-737.

Verdeja, Ernesto. Official Apologies in the Aftermath of Political Violence [J]. Metaphilosophy, 2010, 41 (4): 563-581.

Watson, Alexander & Patrick Porter. Bereaved and Aggrieved: Combat Motivation and the Ideology of Sacrifice in the First World War [J]. Historical Research, 2010, 83 (219): 146-164.

Weisband, Edward. On the Aporetic Borderlines of Forgiveness: Bereavement as a Political Form [J]. Alternatives: Global, Local, Political, 2009, 34 (4): 359-381.

Wijk, Joris van. Amnesty for War Crimes in Angola: Principled for a Day? [J]. International Criminal Law Review, 2012, 12 (4): 743-761.

Williams, Michael C. Words, Images, Enemies: Securitization and International Politics [J]. International Studies Quarterly, 2003, 47 (4): 511-531.

# 基本术语索引

（以汉语拼音字母顺序排列）

## A



## B

**C**



**D**

**F**

**K**



**L**

**M**

## Q



## R

## S

**T**

**W**

## X

**Y**

**Z**

# 人名索引

（以汉语拼音字母顺序排列，不包括注释）

## A



## B

G



H



J



K

**L**



**M**

## N



## P



## Q

## R



## S



## T



## W

**X**



**Y**

# 后 记

2005年清华大学博士毕业时，我曾想再投名师学习政治学或政治哲学，我的导师万俊人教授对我说："你应该师从俞可平老师!"2006年夏天，我带着惊喜来到中央编译局师从俞可平教授。在俞老师的指导下，我花了整整一年的时间大致阅读了《马克思恩格斯全集》中有关暴力与革命的论述，希望通过对经典文献的研读深入了解政治暴力的本质。在阅读过程中，我发现马克思和恩格斯经常使用"敌人"这一术语，而且频率颇高。我萌生了从政治哲学的视角系统考察"敌人"问题并尝试建构一种"敌人"理论的想法，这种想法得到了俞老师的首肯。

我研究敌人问题还有来自家庭方面的原因。我的祖辈历经抗战和内战，最终"我们"彼此互为敌人。在很长一段时间，"敌人"如梦魇一般让我和家人深感自卑和痛苦。当我们在几十年的隔绝之后见面时，"敌人"并非如我们宣传的那般野蛮和邪恶，但也没有"相逢一笑泯恩仇"的快意，唯有万分的庆幸和无限的遗憾。为什么有着同样的血脉，我们却成为誓不两立的敌人呢？……

我原以为过去对"敌人"问题多少有所了解，只要深入研读文献，仔细思考，应该能够及时完成博士后出站报告。但是，随着对文献的深入了解，我发现当初的想法非常肤浅。关于"敌人"问题，大多数思想家都只有零散的观点，并无系统的论述。如何从一个范畴衍生甚至建构出一套系统的政治哲学理论，对我而言确实是一种巨大的挑战。我常常有骑虎难下的尴尬，但已经无回头之路，只好硬着头皮继续努力前行。2009年6月，我完成了书稿的主体部分，大约 12 万字，顺利进行了政治学博士后的出站答辩，得到了答辩委员会专家的一致好评。但是，随后书稿一放就是五年，在此期间我并未将其打入“冷宫”，恰恰相反，我常常思考与它有关的种种问题，总幻想能让它更加“丰满”，而不仅仅是几年前那份“瘦骨嶙峋”的研究报告。我对这部书稿始终心怀期待，不仅因为它是我关于“政治暴力”研究计划的一部分，而且也是我一直想了却的一桩心愿——撰写一部独一无二的著作。虽然我一直未能实质性地推进书稿的写作，但总希望有时间和机会进一步充实过去未来得及论证的一些命题和观点。数年之后，随着“敌人”意象在我头脑中越来越清晰，皮格马利翁效应在拙著上竟然应验了，这部期待了十年的著作终于完整地呈现在世人面前。“十年磨一剑”，人生能有多少个十年呢？当我完成最后一个字时，不禁感慨万千，我不知道是什么力量驱使我从一个众所周知、耳熟能详的日常语词演绎出如此洋洋洒洒的几十万字著作，尽管我知道它不是一部完美的作品，甚至可能谈不上是一“剑”，但它的确是我珍视的另一个“孩子”。

敌人作为自我的镜像，无论其意象的建构还是将其非人化都需要辩护，尤其需要哲学而不只是意识形态上的辩护，为敌人辩护其实就是为我们自己辩护。但是，写作《敌人论》是不需要辩护的，因为辩护就是寻找借口为自己开脱。由于我不懂俄语、德语、法语和日语等重要语言，因此，我无法直接从这些国家的许多优秀学者关于“敌人”问题的论著中吸收思想营养，这给我的研究带来了许多遗憾，希望以后有机会努力学习，并在修订拙著时予以弥补。每当我在写作的过程中遇到困难甚至质疑写作的意义时，我就告诫自己：完成这部著作之后，我就封笔不再撰写学术论著了。不是因为畏惧学术研究的艰辛，而是在当下的学术环境中想要在理论上有所建树实太难了，甚至是不可能的事情。而且，每一次写作都是一场思想的冒险，不知道著作的命运究竟会如何，我常常担忧它可能胎死腹中，也怀疑它能否遇到伯乐。我之所以常常有“金盆洗手”的念头，不是因为我对学术的厌倦，而是源自我对学术的敬畏。

在美国访学期间，有一天夫人打电话告诉我，儿子问她：“老爸写作《敌人论》到底有什么价值？”面对这个问题，我陷入了深深的沉思，感谢儿子提出的我至今都无法回答的问题。也许是一种巧合，我一直想在适当的时候写一本书纪念一位伟大的中国女性——我的祖母，她因为战争、因为“敌人”而饱受人间苦难，但她始终“爱自己的敌人”，并宽恕了“敌人”。如果她在九泉之下有知，我相信她一定会为拙著的问世倍感欣慰，因为她的爱促成了本书的诞生，而我也试图在拙著中回答她一直没有在理论上解决的问题。拙著的问世适逢世界纪念反法西斯战争和我国纪念抗日战争胜利 70 周年，或许它也算反思敌人问题的“一种”理论吧。

2009 年 6 月初稿于北京

2015 年 4 月二稿于丹佛

2015 年 11 月定稿于长沙

策划编辑：杨宗元
责任编辑：罗　晶
装帧设计：肖　辉　彭莉莉

**图书在版编目（CIP）数据**

敌人论/左高山著.
—北京：中国人民大学出版社，2016.3
（国家哲学社会科学成果文库）
ISBN 978-7-300-22570-8

Ⅰ.①敌…　Ⅱ.①左…　Ⅲ.①本体论-研究　Ⅳ.①B016

中国版本图书馆 CIP 数据核字（2016）第 039090 号

**敌人论**

DIREN LUN

左高山　著

中国人民大学出版社　出版发行
（100080　北京中关村大街 31 号）

涿州市星河印刷有限公司印刷　新华书店经销

2016 年 3 月第 1 版　2024 年 11 月第 4 次印刷
开本：710 毫米×1000 毫米 1/16　印张：23
字数：361 千字　印数：3,501－6,500 册

ISBN 978-7-300-22570-8　定价：108.00 元

邮购地址 100080　　北京中关村大街 31 号
中国人民大学出版社读者服务部　电话（010）62515195　82501766